사서삼경의 이해

박종혁 / 장창호

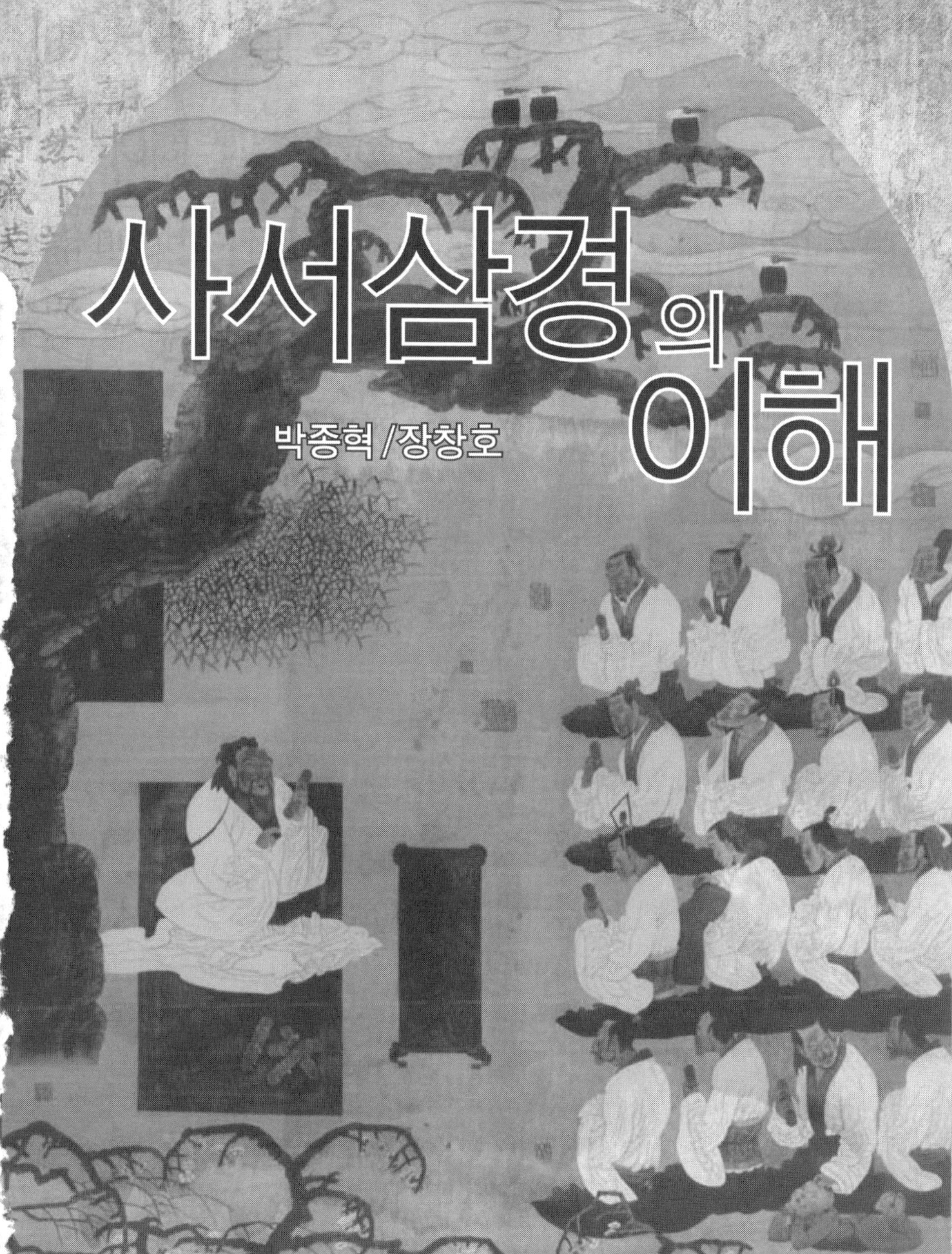

국민대학교 출판부

일러두기

1. 교재임을 감안하여 주석을 배제하였다.
2. 인용문의 경우 경서는 번역문과 원문을 병기하였고 나머지는 번역문만 게재하는 것을 원칙으로 삼았다.
3. 인용문의 부호는 " "를 사용하였고, 주요 개념은 ' '에 넣어 표시하였다.

   예) '경' / '전'
4. 본문 가운데 서적은 『 』안에, 편명은 「 」안에, 서적과 편명을 병기할 때는 『 · 』안에 넣어 각각 표시하였다.

   예) 『논어』 / 「학이」 / 『논어 · 학이』
5. 한자를 병기할 필요가 있을 경우 인명이나 주요 용어는 우리말 뒤에 괄호로 표기하였고, 책명과 편명은 『 』나 「 」안에 괄호없이 병기하였다. 처음 나오는 단어 또는 문맥상 필요할 경우를 제외하고 되도록 우리말로 표기함을 원칙으로 삼았다.

   예) 공자(孔子) / 금고문(今古文)

   『상서 尙書 · 우서 虞書 · 요전 堯典』

   『詩 시』 / 「국풍 國風 · 주남 周南」 /

   『시 · 국풍 · 주남 · 관저 關雎』
6. 인물의 생졸연대와 왕의 재위기간은 괄호로 표시하였다. 다만 인물의 생졸연대의 경우 가능한 표기하되 확실하지 않거나 논란이 많은 것은 가급적 제외하였다.

머리말

원래 유교 경전의 핵심은 논어, 맹자와 5경인 시경, 서경, 역경, 춘추, 예기에 실려 있었다. 중국 남송시대에 이르러 주희가 예기의 내용 가운데 대학과 중용을 따로 뽑아 논어, 맹자와 함께 4서로 정했고, 여기에 시경, 서경, 역경 3경을 더하여 4서3경의 체계를 확립하였다.

우리나라는 조선 초기에 주희의 성리학을 국가의 통치이념으로 삼았기 때문에 사서삼경이 매우 중시되었고, 그 사상적 영향과 전통이 면면히 이어져 내려와 오늘날까지 우리의 의식과 삶에 깊이 투영되어 왔다.

이같은 전통 때문에 사서삼경은 여전히 우리에게 소중한 고전으로 인식되고 있으며, 사서삼경의 각 경전을 번역하거나 강해한 책도 상당한 분량에 이른다. 그러나 근래에는 소수의 전공자를 제외하고, 일반 독자가 사서삼경의 내용을 모두 일독하고 이해하기란 현실적인 여건상 쉽지 않은 일이기도 하다. 그런데 이같은 편의를 도모해 줄 경학 개략과 사서삼경의 핵심경구(警句)를 함께 접할 수 있는 입문서는 생각보다 드물어 보인다.

필자들은 대학의 교양 강좌로 사서삼경을 강의하면서 매번 경학 개략과 사사삼경의 경구(警句)를 함께 다룬 사서삼경 입문서의 필요성을 공감하던 터에 국민대 출판사의 출간계획에 힘입어 이를 실행에 옮길 수 있게 되었다.

이 책의 제목을 『사서삼경의 이해』로 명명한 것은, 이 책을 사서삼경에 대한 본격적인 연구서로서가 아니라 사서삼경을 쉽게 이해할 수 있도록 돕는 안내서로서의 성격에 역점을 두었기 때문이다.

이 책은 크게 세 부분으로 나뉜다. 먼저 경학 전반을 설명한 경학 통론이 있고, 다음으로 사서삼경 각 경서마다 해제를 달았으며, 끝으로 사서삼경의 경구를 뽑아 주석과 해설을 덧붙였다. 경학 통론과 개별 경서의 해제는 가능한 한 전문용어나 한자어를 풀어쓰려고 노력하였으며, 경구 강해 부분은 각 경서에 담긴 핵심 내용을 독자들이 직접 확인하고 경전의 지혜를 엿볼 수 도록 하였다. 주석은 주자 주(朱子注)나 구주(舊注)만을 고집하지 않고 최신의 학설도 과감히 적용하여, 해설을 읽으면 자연히 내용이 이해되도록 노력하였다.

탈고를 하고 보니 여기저기 손길이 필요한 곳이 한두 군데가 아니다. 많은 질정을 바라면서 이를 무릅쓰고 내놓는다. 공자가 주역을 얼마나 열심히 읽었던지 책을 묶었던 가죽 끈이 세 번이나 끊어졌다는 고사가 『사기』에 보인다. 이 책을 안내서로 삼아 사서삼경이 낡아 헤어지도록 읽고자 하는 이들에게 일조가 된다면, 필자로서도 큰 보람으로 여길 것이다.

2006년 2월

필자.

목 차

머리말 iii

I 경전(經典)으로서의 사서삼경

1. 경전의 정의와 연원 …… 3
   1) 경과 전의 정의 …… 3
   2) 명칭의 유래 …… 9
   3) 경의 연원 …… 13
2. 경전의 범위와 완성 …… 19
   1) 육경과 육예 …… 19
   2) 육경의 배열순서 …… 20
   3) 『악경』문제 …… 23
   4) 5경에서 13경까지 …… 27
3. 경학의 변천과 논쟁 …… 37
   1) 금고문논쟁의 발생 …… 37
   2) 금고문논쟁의 전개 …… 48
   3) 금고문학의 통합과 한학의 부활 …… 53
   4) 금고문학의 비교와 논쟁의 영향 …… 60

II 사서 입문

1. 『논어』 …… 71
   1) 편찬과 작자 …… 71
   2) 사상과 내용 …… 83
   3) 가치와 영향 …… 92

2. 『맹자』 ··· 95
1) 편찬과 작자 ··· 95
2) 사상과 내용 ··· 108
3) 가치와 영향 ··· 117
3. 『대학』 ··· 121
1) 편찬과 작자 ··· 121
2) 사상과 내용 ··· 131
3) 가치와 영향 ··· 134
4. 『중용』 ··· 137
1) 편찬과 작자 ··· 137
2) 사상과 내용 ··· 144
3) 가치와 영향 ··· 149

Ⅲ 삼경 입문

1. 『시경』 ··· 153
1) 편찬과 작자 ··· 153
2) 사상과 내용 ··· 178
3) 가치와 영향 ··· 181
2. 『서경』 ··· 184
1) 편찬과 작자 ··· 184
2) 사상과 내용 ··· 189
3) 가치와 영향 ··· 196
3. 『역경』 ··· 197
1) 편찬과 작자 ··· 197
2) 내용과 사상 ··· 201
3) 가치와 영향 ··· 206

Ⅳ 사서삼경 경구의 지혜

1. 사서의 경구 강해 ··· 211

1)『논어』 ······ 211
2)『맹자』 ······ 237
3)『대학』 ······ 262
4)『중용』 ······ 274
2. 삼경의 경구 강해 ······ 286
1)『시경』 ······ 286
2)『서경』 ······ 309
3)『역경』 ······ 332

I

경전(經典)으로서의 사서삼경

1. 경전의 정의와 연원

1) 경과 전의 정의

(1) 경의 정의

'경(經)'은 서적의 일종이지만 어떤 서적을 '경'이라 부르면 일반 서적과 구별된다. '경'이라는 명칭에는 분명히 그 서적을 높이 받드는 의미가 포함된다. 그렇다면 어떤 책을 두고 '경'이라 부르는가? 이 질문에 답하기 전에 우선 '경'이란 말이 갖는 의미를 살펴보자. 중국의 가장 오래된 자전(字典)인 허신(許愼/30~124년)의 『설문해자 說文解字』에서는 "경은 베를 짤 때의 날실이다."라고 풀이하였다. 청대(淸代)의 단옥재(段玉裁/1735~1815년)는 여기에 주를 달아 "베틀의 날실을 경이라 하며, 반드시 먼저 날실이 있은 다음에 가로로 짜는 실이 있게 된다. 그러므로 삼강오륜과 육예(六藝)를 천지의 상경(常經)이라고 한다."라고 부연 설명하였다. 말하자면 베를 짤 때 먼저 경(經)실, 곧 날실을 위아래로 고정시켜 세운 다음에 위(緯)실을 좌우로 왕복하는 작업을 반복하는데, 날실은 항상 그 자리에 고정되어 있으므로 이는 마치 삼강오륜의 도덕이나 6경(六經)의 가르침이 영원히 변하지 않는 도리가 됨과 같다는 것이다. 따라서 사전적 의미로 '경'은 영원히 변치 않는 원칙이나 도리를 가리킨다.

『설문해자』 이래로 '경'을 해석하는 전적이 점차 많아지고 의미도 확대되었다. 동한(東漢) 말기에 유희(劉熙)가 지은 『석명 釋名』에서는 "경은 길이다. 마치 길이 트이지 않은 곳이 없어 항상 사용할 수 있음과 같다."라고 하여 '경'을 사통팔달한 길과 연관시켜 상용(常用)할 수 있음을 강조하였다. 사실상 '경'은 '상(常)'과 동의어로 '항상 기본'이란 뜻을 지닌다. 예를 들어 『상서 尙書 · 주고 酒誥』의 "經德秉哲(덕행을 행하고 명철한 지혜를 지녔다.)"라는 구절을 공안국(孔安國)의 『상서전 尙書傳』은 "能常德秉智(능히 항상 덕행을 행하고 명철한 지혜를 지녔다.)"라고 풀이하였고, 다시 두예(杜預/222~284년)는 "경은 상도이다. (經者, 道之常。)"라고 주(注)를 달아 '경'과 '상'을 같은 의미로 보았다. 또한 공영달(孔穎達/574~648년)의 『상서정의소 尙書正義疏』에서는 "천하를 다스리는 방도로 항상 행해야 할 아홉 가지 일이 있다. (治天下之道, 有九種常行之事。)"라고 하였는데, 『중용 中庸』에 이미 "무릇 천하와 국가를 다스림에 아홉 가지 기본 원칙이 있다. (凡爲天下國家有九經。)"라는 구절이 있다. 이처럼 고서에서는 '상'과 '경'을 서로 통용하고 있으며, '경'의 의미에는 늘 '항상 기본'이란 뜻이 포함된다. 그러므로 '경'이란 사람이 일용하는 상도(常道), 곧 날마다 삶에 적용되는 항상 기본이 되는 원칙으로, 자기 수양의 최고 지침이자 남을 다스리는 근본 도리이다. 이러한 해석에는 '경'을 특별히 높이거나 특별히 깎아내리는 의미가 보이지 않는다.

그러나 후대에 와서 '경'의 의미에 학파에 따른 가치판단이 개입된다. 금문가(今文家)는 '경'을 극도로 숭상하는 반면에, 고문가(古文家)는 '경'을 일반 서적의 통칭(通稱)으로 본다. 우선 금문가는 '경'을 성인(聖人), 곧 공자(孔子)가 지은 책이라고 본다. 동한 때 나온 왕충(王充/30~100년)의 『논형 論衡 · 대작 對作』편에는 "성인이 경을 지었다."라고 쓰여있고, 서진(西晉) 사람 장화(張華/232~300년)의 『박물지 博物志』도 "성인의 저작을 경이라 한다."고 하였다. 이들 모두 성인이 구체적으로 누구인지 밝히지 않았지만, 일반적으로 금문가에서 말하는 성인은 바로 공자이며 '경'은 공자의 가르침을 담은 책이라 여긴다. 이에 대하여 청대에서 금문학(今文學)을 가장 먼저 제창한 공자진(龔自珍/1792~1841년)의 『육경정명 六經正名』은 '경'은 공자의 저작을 지칭하는 고유명사이며, '경'의 범위는 바로 6경이라고 명확하게 설명한다. 육조(六朝)시대 양(梁)나라 사람 유협(劉勰/465~521년)의 『문심조룡 文心雕龍·종경 宗經』은 한 걸음 더 나아가 "경은 영원한 최고 도리이며 불후의 큰 가르침이다."라고 하여 '경'을 극도로 높이 받들었다. 이러한 견해는 후대의 금문가들이 공자를 유학(儒學)의 정점에 두고 내린 정의이다. 대체적으로 한대(漢代)에 들어와 유학이 널리 성행하자 공자를 만세의 사표(師表)로 추앙하였다. 이에 따라 공자의 가르침을 전하는 '경' 또한 높이 받들었다. 다만 이러한 관념은 '경'의 한 단면만 대표하며 '경'에 대한 완전한 정의는 아니다. '경'에 대한 높은 가치의 부여는 '경'의 지위가 격상한 이후의 관념을 반영한다.

반면에 고문가는 '경'은 모든 서적을 일컫는 명칭이라고 여긴다. 장태염(章太炎)의 『국고논형 國故論衡』에 따르면, 실로 묶은 책을 통틀어 '경'이라 한다. 예를 들어 패엽(貝葉) 위에 쓴 고대의 불경(佛經)이나, 죽간(竹簡) 위에 쓴 유가의 경전 모두 실로 묶어 만들었다는 공통점이 있다. 따라서 '경'이란 바로 실로 엮어 꿰맨 서적을 통칭한다는 것이다. 고문가들은 '경'은 공자 이전에도 존재하였고 또한 그가 직접 지은 책이 아니므로 6경 또한 공자의 전유물이 아니라고 본다. 무엇보다도 고문가들은 고대의 서적을 판본의 크기에 따라 경(經)·전(傳)·논(論)으로 구별한다. 청내 송상봉(宋翔鳳)이 편집한 정현(鄭玄)의 「논어서 論語序」에 따르면, 『춘추 春秋』의 크기가 2척(尺)4촌(寸)이고 『효경 孝經』은 1척2촌으로, 6경은 모두 2척4촌 크기의 간책(簡冊)이라고 소개하였다. 또한 서한 선제(宣帝/재위 B.C. 74~B.C. 49년) 때 환관(桓寬)이 지은 『염철론 鹽鐵論·조성 詔聖』에도 고대의 관서(官書)는 법률서나 경서를 막론하고 2척4촌이 통례라고 하였듯이, 고대의 6경은 모두 2척4촌 규격의 죽간을 사용하였다. 이처럼 고문가가 '경'을 모든 서적의 통칭이라고 할 때 이는 판본의 크기에 의거하며, 여기에는 아무런 가치판단이 개입되지 않는다.

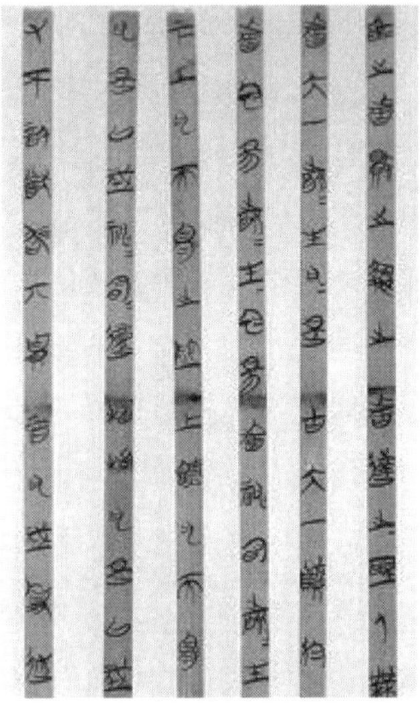

약 2400년전의 곽점초묘죽간(郭占楚墓竹簡)

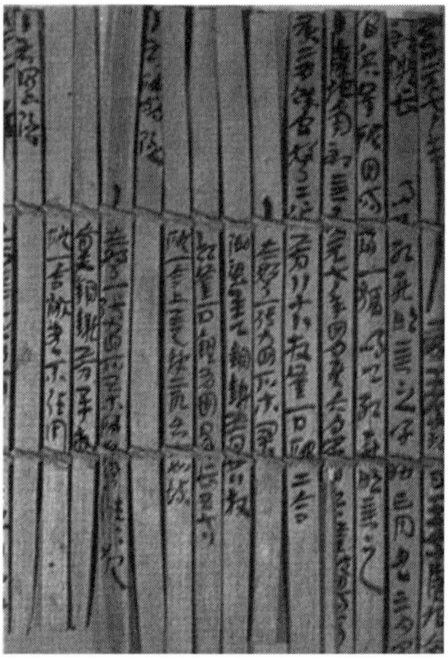

죽간을 차례로 엮어서 만든 간책(簡冊)

그런데 고문가의 주장에는 한계가 따른다. '경'을 서적에 대한 통칭이라 보는 견해는 타당하나, 판본의 크기나 간책을 엮은 재료에 따라 '경'과 '전'을 구별하는 것에는 문제가 있다. 『사기 史記 · 공자세가 孔子世家』에 '위편삼절(韋編三絶)'이란 구절이 나온다. 공자가 『역 易』을 너무 많이 읽어 간책을 묶었던 가죽끈이 세 번이나 끊어졌다는 기사인데, 이 사실은 '경'을 실이 아닌 가죽으로도 묶었음을 알려준다. 또한 2척4촌 규격의 간책이 '경'이라면 『시 詩』와 『서 書』 등을 공자 당시에도 '경'라 불렀을 것이다. 그러나 『논어』은 물론이고 심지어 『논어』보다 100여년 뒤에 나온 『맹자 孟子』에서도 『시』와 『서』 등을 아직 '경'이라 부르지 않았다. 또한 후대에 와서 『시』와

『서』 등 6경만 여전히 '경'이라 부르고, 같은 관서였던 법률서는 왜 '경'이라 부르지 않았는가도 여전히 풀리지 않는 의문이다.

위에서 보았듯이 '경'의 의미에 대한 금문가와 고문가의 견해는 상충된다. 그러나 양자 사이에서 최소한의 공통분모를 찾아 정의를 내리자면 '경'은 도(道)를 담은 책이라는 것이다. 우리가 일반적으로 '경'이라 하면 그 책에 담긴 내용에 따라 그렇게 부르는 것이지, 결코 형태나 규격에 따라 그렇게 부르지 않는다. 고문학에 속하는 『모시전 毛詩傳』에서도 "경은 상(常)이다." 라고 하였듯이, '경'이란 우리가 배우고 따를만한 일상(日常)의 도리와 각 방면의 으뜸 도리를 담고 있는 책이다. 예를 들어 도가(道家)의 최고 도리를 담은 책을 노자(老子)의 『도덕경 道德經』이라 하고, 묵가(墨家)의 최고 도리를 담은 책을 『묵경 墨經』이라 하며, 심지어 의술의 최고 도리를 담고 있는 책을 『의경 醫經』이라 한다. 이처럼 '경'이란 말에는 한 학설의 기본 도리와 핵심 내용이라는 뜻이 포함된다. 즉 유가의 6경은 공자의 저작 여부를 떠나 바로 유가의 핵심 도리를 전하는 책이므로 '경'이라 부르는 것이다.

그러면 유독 유가의 경전만 왜 『유가상서 儒家尙書』나 『유경시 儒經詩』라고 부르지 않는가? 이것은 한나라 무제(武帝/재위 B.C. 156~B.C. 87년)의 독존유술(獨尊儒術) 정책, 곧 유가의 학술만 국가의 공식 학문으로 숭상하고 나머지 제자백가(諸子百家)를 태학(太學)에서 내쫓은 정책기조와 관련이 깊다. 무제가 유가 외에 제지백가를 내쫓은 이래로 유가의 핵심 전적을 따로 구별하여 부를 필요가 있었다. 따라서 『시』·『서』·『예 禮』·『악 樂』·『역』·『춘추』 등 유가의 기본 전적을 종래에는 육예(六藝)라고 불렀으나 이를 대신하여 차츰 6경 또는 5경이라 부르게 되었고, 후대에 와서는 마침내 개별 경서 뒤에 '경'이란 명칭을 붙여 『시경』·『서경』 등으로 존칭하는 것이 일반화되었다. 말하자면 유학이 한대 이후로 거의 국교화가 되어 학술사상의 주류로 군림하면서부터 '경'이라고 하면 곧 유가의 경전을 의미하며 이러한 인식은 지금까지 통용된다.

(2) 전의 정의

'경'과 상대되는 개념이 바로 '전(傳)'이다. 왕충의 『논형·대작』에서 "성인은 경을 짓고 현인(賢人)은 전을 지었다."라고 하였고, 장화의 『박물지』도 "성인의 저작을 경이라 하고 현인의 저술을 전이라 한다."라고 하여 작자의 신분에 따라 '경'과 '전'을 구분하였다. 북송(北宋)시대 문장가인 구양수(歐陽修/1007~1072년)의 「춘추론 春秋論」에서 "전은 경을 해설하는 방편이다."라고 하였고, 청대 마서진(馬瑞辰)의 『모시전전통석 毛詩傳箋通釋』도 "전은 경문(經文)이 언급하지 않은 것을 보충 설명한다."라며 내용에 따라 '경'과 '전'을 구별하였다. 그리고 장학성(章學誠/1738~1801년)의 『문사통의 文史通義』는 주(周)나라 말에서 한나라 초까지의 유가들이 경서의 도리를 더욱 깊게 천명할 목적으로 '전'과 '기(記)'를 지었다면서 『삼례 三禮』와 『춘추삼전 春秋三傳』 등을 예로 들었다.

근대에 들어와 장태염의 『국고논형』은 판본의 크기에 따라 '경'과 '전'을 구별하였다. 그에 의하면 '전'은 6촌 크기인 전(專)의 가차자(假借字)로 『설문해자』에서는 6촌의 부(簿)라고 불렀다. 부는 6촌 크기의 수판(手板), 곧 홀(笏)이고, 전(專)이라 부르는 것은 길이가 '경'과 다르기 때문이다. 또한 '논(論)'은 원래 윤(侖)으로, 죽간을 차례대로 엮어 만든 책이며 8촌의 크기이다. 그러므로 『논어 論語』는 공자와 제자 사이에 오간 말을 문답의 차례에 따라 편집하여 만든 책이라고 보았다. 그러나 『논어』는 결코 문답의 차례대로 엮어진 책이 아니다.

『춘추공양전 春秋公羊傳』에 실린 정공(定公) 1년의 기사를 보면, "주인이 경서의 구두를 익히고 그에 대한 전을 묻다. (主人習其讀而問其傳。)"

라는 구절이 있는데, 하휴(何休/129~182년)는 "전은 훈고(訓詁)를 말한다."라고 주를 달았다. 『춘추삼전』이 모두 '경'의 의리(義理)를 논설하는 반면에, 『모시전 毛詩傳』은 훈고에 치중한다. 이로 볼 때 '전'은 당연히 훈고와 의리를 겸하여 '경'의 자구(字句)를 풀이하고 경서 내용을 분석・종합하여 그 의미를 심층적으로 설명함을 본분으로 삼는다. 『춘추경전집해 春秋經傳集解』에 실린 두예의 서문에 "전은 때로는 경의 본문보다 먼저 서사(敍事)로 시작하고, 때로는 경의 본문 뒤에서 경의(經義)를 끝맺음하며, 때로는 경문에 의거하여 도리를 천명하고, 때로는 경문을 종합하여 상이한 부분을 합치시킨다."라고 하여 '전'의 본 뜻과 기능을 잘 설명하였다.

'전'은 대부분 공자의 제자와 그의 후학들이 기록한 것으로, 일부는 공자의 언론과 사적이고, 일부는 공문(孔門)의 학설과 훈고이며, 일부는 예의제도이다. 예를 들어 『논어』는 공자 문하의 제자들이 공자의 언행을 기록한 책이고, 『예기 禮記』는 72제자와 후학들이 공문의 학설과 장고(掌故) 및 예의 제도를 기록한 책이다. 그러므로 작자라는 관점에서 보면 '전'은 공자 제자나 공자 문하에서 나온 후학 등 현인이 지은 책이고, 내용적 관점에서 보면 '전'은 '경'의 자구를 풀이하고 나아가 경의(經義)에 대해 보다 심층적으로 평론을 가한 책으로, 일반인의 '경'에 대한 이해를 도와주는 해설서인 것이다. 이러한 해설서 가운데 판본의 크기와 작가 및 내용의 성격에 따라 어떤 것은 '전'이 되기도 하고, 어떤 것은 '기'가 되기도 한다.

2) 명칭의 유래

(1) 선진과 양한의 명칭

선진(先秦)시대 고서 가운데 6경을 가장 먼저 '경'이라 부른 기록은 『장자

莊子 · 천운 天運』이라고 할 수 있다. 「천운」을 보면 공자가 노자에게 "저는 『시』 · 『서』 · 『예』 · 『악』 · 『역』 · 『춘추』 6경을 다룬지 스스로 생각해도 오래되어 그 내용을 잘 압니다."라고 하였다. 여기에는 '경' 뿐만 아니라 이미 6경이란 말도 나온다. 하지만 「천운」은 『장자』의 「외편 外篇」에 속하는데, 대부분 학자들이 「외편」을 위작(僞作)이라 여기므로 그 기록을 다 믿을 수는 없다.

다음으로 『순자 荀子 · 권학 勸學』에도 '경'자가 보인다. 「권학」에서 순자가 "배움은 어디에서 시작해서 어디에서 끝나는가? 경을 외우는 것에서 시작하여 『예』를 읽는데서 끝난다."라고 하였는데, 여기에서 순자가 말한 '경'은 『시』와 『서』 등 6경을 두루 가리킨다. 이는 순자 당시, 곧 전국(戰國)시대 말기에 유가들이 이미 자기 학파의 도를 전하는 책을 '경'이라 하였음을 말해준다. 다만 『예』를 따로 떼어 거론하여 마치 『예』와 '경'이 별개의 범주인 것 같으나, 아마 『예』는 반드시 실천이 뒤따라야하는 최종 학문이라 별도로 책이름을 들어 강조하지 않았는가 여겨진다. 그러나 순자 당시에도 아직 6경이라는 명칭은 없었다.

유가의 전적 가운데 『시』 · 『서』 · 『예』 · 『악』 · 『역』 · 『춘추』 이 여섯 가지 책을 최초로 '경'이라고 명시한 것은 『예기』이다. 『예기 · 경해 經解』에 "그 나라에 들어가면 거기의 교화를 알 수 있다. 그쪽 사람들이 온유하고 돈후함은 『시』의 교화이고, 식견이 트이고 시야가 원대함은 『서』의 교화이고, 아량이 넓고 선량함은 『악』의 교화이고, 정결하고 꼼꼼함은 『역』의 교화이고, 공검하고 정중함은 『예』의 교화이고 글을 짓고 사리를 포폄함은 『춘추』의 교화이다."라고 하였다. 본문에는 '경'자나 6경이란 명칭이 보이지 않고, 「경해」라는 편명에만 '경'자를 사용하여 『시』 · 『서』 등 6경을 차례대로 개괄하였다. 비록 「경해」편의 전체 내용에 본격적으로 '경'을 정의하고 '경'의 의리를 해석하는 부분이 별로 없어 아쉽지만, 「경해」라는 편명을 통하여

『시』와 『서』 등 여섯 전적을 '경'으로 인식한다는 사실만은 알 수 있다. 하지만 『예기·경해』에서도 여전히 6경이란 용어는 아직 사용되지 않았다.

『예기·경해』를 포함해서 선진시대의 문헌에는 6경의 실체는 있었으나 6경이란 명칭은 아직 없었다. '경'이 유가의 경전을 가리키는 존칭이자 전용명칭이 된 것은, 사실상 서한의 무제 건원(建元) 5년(B.C. 136년)에 세운 오경박사(五經博士)에서 시작되었다. 5경만 박사를 세운 것은 6경 가운데 『악』이 없어졌기 때문이다. 물론 '경'박사를 두는 시책이 무제가 처음은 아니였다. 무제 이전에 문제(文帝/재위 B.C. 180~B.C. 157년) 때 이미 한영(韓嬰)과 신공(申公)을 『시』박사로, 구양생(歐陽生)을 『서』박사로 세웠으며, 경제(景帝/재위 B.C. 157~B.C. 141년) 때도 원고생(轅固生)을 『시』박사로, 호무생(胡毋生)과 동중서(董仲舒)를 『춘추』박사로 세운 적이 있다. 그러나 『악』을 제외한 나머지 다섯 경서를 5경이라 부르고, 개별 경서 또한 단독으로 '경'이라 부르며 나아가 '경'을 연구하는 학문을 경술(經術) 또는 경학(經學)이라고 부른 것은 무제 때에 이르러 보편화되었다. 말하자면 무제가 오경박사를 세운 이후에 '경'이 비로소 유가 경전을 가리키는 정식 명칭이 된 것이다.

(2) 개별 경서의 명칭

5경이 비록 『시』·『서』·『역』·『예』·『춘추』의 총칭이고 단독 1경 또한 '경'이라 불렀지만, 개별 경서의 정식 명칭에는 아직 '경'자가 덧붙지 않았다. 예를 들면 양한시대만 해도 개별 경서인 『시』나 『서』를 '경'이라고 부르긴 했지만 아직 『시경』이나 『서경』이라 부르지는 않았다. 개별 경서 뒤에 '경'자를 덧붙인 최초의 문헌상 기록은 『진서 晉書·속석전 束晳傳』에 나오는 '易經二篇(역경 2편)'과 '卦下易經一篇(괘하역경 1편)' 두 구절이다. 『진서

』는 당대(唐代)에 완성된 역사서이다. 이로 보아 개별 경서의 명칭과 '경'자와의 결합은 당대에 시작된 것으로 보이나 사실은 그렇지 않다. 당대 초기에 완성된 공영달의 『오경정의 五經正義』는 여전히 『역』을 『주역 周易』으로, 『서』를 『상서 尙書』로, 『시』를 『모시 毛詩』라고 불렀고, 아직 『역경』·『서경』·『시경』 등으로 부르지 않았다. 이처럼 당대 초기까지는 경명(經名)과 '경'자를 결합한 명칭은 사용하지 않았다. 『속석전』의 기록은 여전히 '역·경 2편(易·經二篇)'과 '괘하역·경 1편(卦下易·經一篇)'으로 읽어야 옳다고 보인다.

경서의 명칭 뒤에 '경'자가 함께 사용된 사실상 최초의 사례는 송대에 와서야 비로소 확인된다. 남송(南宋) 초기에 요강(廖剛)이 쓴 『시경강의 詩經講義』가 최초로 『시경』이란 두 글자를 합하여 사용하였다. 이 책 이후로 개별 경전에 '경'자 붙여 『시경』·『서경』·『역경』 등으로 높여 부르는 명칭이 점차 일반화되어 마침내 어린 학생에서 대유(大儒)까지 흔히 쓰는 명칭이 되었다. 예를 들어 남송 이후에 주희(朱熹/1130~1200년)의 『시집전 詩集傳』 8권은 머리제목을 『시경·권1』·『시경·권2』 등으로 붙였다. 또한 명말청초(明末淸初)에 나온 왕부지(王夫之/1619~1692년)의 『시경전소 詩經傳疏』와 청대에 나온 단옥재의 『시경소학 詩經小學』·『역경이문석 易經異文釋』·『서경비지 書經備旨』 같은 저서명에서 확인하듯이 『시경』·『서경』·『역경』이란 명칭의 사용이 매우 자연스럽게 되었다.

정리하면, 최초에는 단지 『시』·『서』·『역』·『예』·『춘추』 이 여섯 가지 고대 전적은 단순히 책이름이었고 따로 '경'이라는 명칭이 붙지 않았다. 공자의 정리 작업을 거치면서 바로 유가의 기본 도리를 전하는 책을 의미하는 전용어로 자리를 잡았다. 선진시대에는 각자의 도를 전하는 책을 '경'으로 불렀고 유가의 경전도 6경이라 불렀으나 여기에 존숭의 의미는 없었다. 서한에 들어와 무제의 오경박사 확립이 유가의 5경과 제자백가서가 확연히 구별되는 분기점이자 존칭으로 승격하는 결정적인 계기가 되었다. 다만 5경을 '경'이라 높였지만 오랜 세월동안 개별 경서 뒤에 '경'자가 덧붙지는 않았다. 남송 초기에 와서야 비로소 '경'자와 개별 경명이 결합하여 『시경』·『서경』·『역경』으로 부르기 시작하였고 이렇게 일반화된 명칭이 오늘까지 이어진다.

3) 경의 연원

(1) 최초의 서적

'경'은 고대 인류가 쌓은 지식의 집합체로 기록의 형식을 빌리고 아울러 책이란 형태를 사용하여 오늘날까지 내려오고 있다. 그러므로 '경'은 '경'이 지어진 시점까지 중국문명 변천과정을 집약한 중간 결산이라고 볼 수 있다. 이런 관점에서 보면 '경'은 황하문명 최초의 응용문자이다. 황하문명 최초의 응용문자는 당연히 정부에서 국가대사를 기록한 글로 주로 국가상징물인 청동기물에 새겨 넣거나 관서(官書)였던 죽간서 또는 백서(帛書)에다 옮겨 적었다. 모두 보존을 목적으로 한 기록 문서였다가 점점 분량이 쌓이자 자연스럽게 서적이 되었다. 예를 들어 『서경』이 그러하다.

고대인은 중대한 사안이 발생하면 대부분 먼저 점을 치고 점괘에 따라 행동 방향을 결정하였다. 갑골문(甲骨文)에 남아있는 수많은 복사(卜辭)가 이를 증명한다. 이렇게 점복에 쓰인 말과 갑골과 같은 점복 도구에 표시된 기호 등은 문자가 있기 이전에도 있었고, 문자를 가진 이후에는 이를 다시 정리하여 장차 있을 복서(卜筮)의 용도에 대비하였을 것이다. 이런 종류의 점복 기록이 누적되어 또한 서적이 되었다. 예를 들어 『역경』이 그러하다.

감(鑑)과 호부(虎符) 등 청동기물에 새겨진 고대의 기록

또 다른 정황은 인간의 희로애락을 읊은 가요를 수집하여 책으로 엮은 경우이다. 『한서·예문지 藝文志』에 의하면 옛날의 군왕은 각 고을에 시를 수집하는 관리를 두어 이를 통하여 민간의 풍속과 시정의 득실을 살펴보았다고 한다. 채시관(采詩官)이 수집해온 시가 바로 민간에서 유행하는 가요이며 이 가운데에서 우수한 민간가요를 골라 편집하여 책으로 엮었다. 예를 들어 『시경』이 그러하다.

그러나 『시』는 역사를 기재하는 『상서』와 복서(卜筮)를 담고 있는 『주역』과 비교할 때 상대적으로 나온 시기가 늦다. 『상서』와 『주역』은 혹은 기록의 보존을 목적으로 혹은 장래 점복에서의 응용을 목적으로 모여져 자연스럽게 책이 되었고, 『시』의 경우 가요의 수집이 국가권력에 의해 의도적으로 추진되었으므로 서적 편찬이란 관념이 생긴 다음에야 책으로 엮어졌다. 당연히 시간적으로 뒤처질 수밖에 없다.

『예기 · 옥조 玉藻』에 보면 천자의 동작은 좌사(左史)가 기록하고 천자의 언론은 우사(右史)가 기록한다고 적고 있다. 『상서』의 내용을 보면 대부분 고대 제왕의 사적과 언론으로 구성되어 있다. 이러한 고대의 역사 외에도 당시의 정치제도와 예의제도를 적고 있는 책도 필요하였을 것이다. 예를 들어 『예경』이 그러하다.

주나라를 정점으로 하는 종법질서가 무너지고 제후들이 득세하면서 각 지방정권마다 자신들의 관점에서 당시의 역사를 기록하였다. 『맹자』에서 진(晉)의 승(乘)과 초(楚)의 도올(檮杌) 및 노(魯)의 춘추(春秋)가 의미상 동일하다고 하였는데 바로 제후국의 관점에서 쓴 역사라는 뜻이다. 『춘추』는 원래 노나라의 역사를 지칭하는 고유명사이나 공자가 이를 개인적으로 고쳐 쓰면서 『춘추』의 편년체 체재와 『춘추』라는 명칭은 그대로 계승하였다. 오늘날 볼 수 있는 편년체 역사서로는 공자의 『춘추』가 가장 오래되었다.

(2) 경서의 초기용도

각 경서의 처음 용도는 앞에서 설명한 각 경서의 연원과 밀접한 관계가 있다. 첫째, 『역』은 명백하게 복시의 용도로 쓰였다. 진(秦)나라 시황제(始皇帝)가 분서(焚書)할 때도 『역』은 복서류에 속하는 책이라 하여 화를 모면하였다. 『한서 · 예문지』에 "진나라에 이르러 책을 태웠으나 『역』은 점을 치는 일이라 전하는 사람이 끊어지지 않았다."라고 한 기록으로 볼 때 진나라 통일 후에도 『역』은 단순한 점복서에 불과하였다. 사상적 중요성은 없다고 여겼기 때문에 태우지 않았던 것이다. 물론 당시의 점치는 사람에게는 필독서였다.

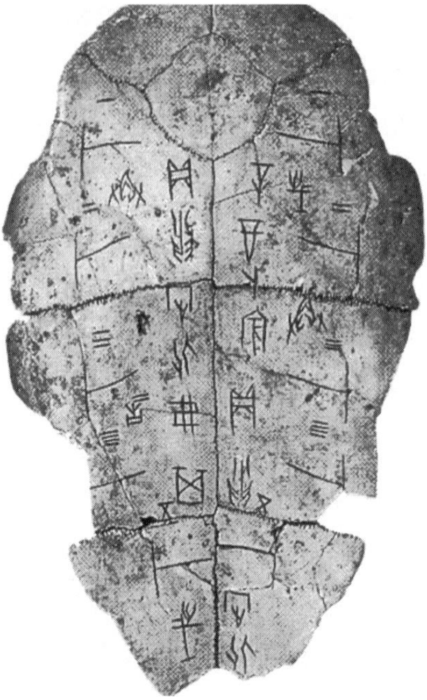

고대인들은 귀갑(龜甲)의 갈라진 문양을 보고 길흉화복을 점쳤다.

둘째, 『서』는 역사적 사실을 기재한다. 이 책은 문자로 기재된 고대인의 생활기록이자 지혜의 보고이다. 선조의 생활기록부는 후대의 거울이 되며, 그들의 누적된 지혜를 보존한 자료는 후대의 진보에 참고가 된다. 『서』는 당시 지식인에게 고대의 문헌 정보를 얻기 위한 필독서였다.

셋째, 『시』는 당시의 운문총집(韻文總集)이다. 원래는 정부 주도로 수집하여 편성한 시집으로 종묘제례 · 조회 · 연회 등 의전행사에 제공되어 『악』과 아울러 사용하였다. 통치자는 『시』를 통하여 정치의 득실과 교화의 효과를 저울질하고 민간의 풍속 및 민정을 관찰할 수 있었다. 학인(學人)들은 『시』를 통하여 기본적인 글자와 어휘를 익히고 역사를 배웠으며 나아가 개인적으로 인간의 정감을 표현하는 법과 사회적으로 응대와 진퇴의 지혜를 흡수하였다. 『시』는 『서』보다는 늦게 나왔지만 내용이 풍부하고 문채도 뛰어나다. 또한 운(韻)을 사용하여 기억하기 쉬우므로 고대에도 『시』는 『서』보다 훨씬 더 일반화된 독본이었다.

넷째, 『예』는 고대의 정치제도와 예의법도를 기재한 책이다. 통치가들은 『예』를 통하여 고대의 문물제도를 검증하고, 일반 선비들은 『예』를 통하여 한편으로 예의범절에 관한 지식을 습득하고 한편으로 자신의 수양을 추구한다. 『논어 · 태갑 泰甲』에 "『시』에서 감흥을 일으키고 『예』에서 인격이 바로 선다. (興於詩, 立於禮。)"라고 하였고, 「계씨 季氏>에서는 "『시』를 배우지 않으면 대화를 나눌 수 없다. (不學詩, 無以言。)"라고 하면서 "『예』를 배우지 않으면 자립할 여지가 없다. (不學禮, 無以立。)"라고 하였다. 이처럼 『시』와 『예』는 대부분 동시에 언급되는 경우가 많다. 그러나 먼저 『시』를 배운 다음에 『예』에 입문하므로 『예』가 한 차원 높은 단계의 학문이라 하겠다. 『시』가 주로 문학적 수사법과 사회적 응대를 위한 학문이라면, 『예』는 예의 실천과 집행을 통하여 수양의 완성과 처세의 적응을 위한 학문이다.

다섯째, 『춘추』는 역사서이다. 원래 노나라의 역사를 가리키는 명칭으로 독자가 한정되어 널리 전파되기 어려웠다. 후대에 공자가 이를 근거로 첨삭을 가하고 미언대의(微言大義)를 부여하여 자신의 『춘추』로 고쳐 쓴 이후로 비로소 세상에 널리 알려졌다. 후대의 학자들은 『춘추』를 통하여 전대의 역사적 사실에 관한 지식을 얻고, 나아가 정신을 본받아 현세의 일을 처리하는 거울로 삼았다. 특히 후대의 역사가들은 공자의 춘추필법을 역사 기술의 금과옥조로 높이 받든다.

정리하면, 고대의 경서는 정부에서 실용을 목적으로 지은 관용 서적이며, 학자나 선비들은 지식을 얻으려는 목적으로 경서를 읽었다. 『시』는 가장 널리 읽고 읊어진 책이자 초학자의 독본이다. 『서』는 다음으로 보편화된 책으로 정도가 약간 심화된 중급자의 독본이다. 『예』는 한층 높은 단계의 독본으로 학습자 대부분이 성인이다. 『춘추』의 독자는 더욱 소수이며, 『역』은 점복서로 내용이 매우 심오하여 널리 읽히기 어려워 독자가 극소수로 한정된다. 하지만 점복을 익히려는 사람 말고도 높은 수준의 학문을 지향하는 지식인이라면 반드시 깊이 연구하면서 읽어야 할 책이기도 하다.

2. 경전의 범위와 완성

1) 육경과 육예

육예(六藝)가 바로 6경이다. 사마천(司馬遷)의 『사기 · 공자세가』에 “공자는 『시』 · 『서』 · 『예』 · 『악』을 가르쳤는데, 제자들이 대략 삼천 명이고 6예를 통달한 자가 72명이나 되었다.”라고 하였다. 「골계열전 滑稽列傳」에도 공자의 말을 인용하여 “6예는 치도(治道)에 있어 동일하다. 『예』는 인간을 절제시키고, 『악』은 조화를 이루고, 『서』는 정사(政事)를 말하고, 『시』는 정의(情意)를 표현하고, 『역』은 신화(神化)를 추구하고, 『춘추』는 도의(道義)를 말해준다.”라고 하였다. 모두 6예라는 명칭으로 6경의 내용을 설명한다. 가의(賈誼/B.C. 200∼B.C. 168년)의 『신서 新書』는 더 분명하게 “『시』 · 『서』 · 『역』 · 『춘추』 · 『예』 · 『악』 여섯 가지 저술을 6예라고 한다.”라고 명시하였다.

6예라는 명칭은 서한 초기에 주로 사용되었고 오히려 6경보다 이르게 사용되었다. 최소한 서한의 무제 이전에는 6예가 더 일반화된 명칭이었고, 무제가 오경박사를 세우고서야 6경 또는 5경이란 명칭도 함께 사용하였다. 그러나 반고의 『한서 · 예문지 · 육예략 六藝略』이란 명칭에서 보듯이 후한 때도 여전히 6예라는 용어가 유행하였다.

6예에는 또 다른 내용이 있다. 『주례 周禮 · 지관 地官 · 보씨 保氏』에 나오는 6예는 6경이 아니라 예(禮) · 악(樂) · 사(射) · 어(御) · 서(書) · 수(數) 등의 여섯 가지 예능을 뜻한다. 그런데 『주례』는 공자의 고택(古宅)에서 나왔다고 하나 선진시대의 전적 가운데 『주례』를 인용한 책이 전혀 없다.

경제(景帝)의 아들인 하간(河間)의 헌왕(獻王/B.C. ?~B.C. 130년)이 바쳤으나 박사관을 세우지 못하였고, 뒤에 가서 유흠(劉歆/B.C. 53~B.C. 25년)이 비부(秘府)에서 교서(校書)를 하면서 발견하였다고 주장하여 진위에 대한 논란이 많은 전적이다. 적어도 서한 초기 이전에는 『주례』에서 말한 6예을 언급한 전적을 찾을 수 없다. 그러므로 6예는 서한시대에는 원래 6경을 가리키는 별칭이었으나 『주례』에서 여섯 가지 예능을 가리킨 것이 6경과 차별화되는 분기점이 되었다고 할 수 있다.

특히 송대 이후로 주희의 『사서집주 四書集注』가 크게 유행하자 6예는 예・악・사・어・서・수 이 여섯 가지 재능만을 가리키는 용어로 굳어진다. 예를 들어 『논어・술이 述而』의 '游於藝(유어예)'라는 구절을 주희의 『논어집주』는 "예는 곧 예악의 문화이며 사(射)・어(御)・서(書)・수(數)의 법도이다."라고 풀이하였다. 이는 『주례』의 해설을 전폭적으로 수용하였을 뿐만 아니라 또한 송유(宋儒)의 6예에 대한 관념을 대표한다.

2) 육경의 배열순서

6경의 배열순서가 그렇게 중요하지 않은 것 같으나 사실은 경학의 중요한 문제와 연관된다. 왜냐하면 배열순서에 따라 경에 대한 견해가 달라지기 때문이다. 6경의 배열은 크게 두 가지로 나눠진다. 하나는 『시』・『서』・『예』・『악』・『역』・『춘추』의 순서이고, 다른 하나는 『역』・『서』・『시』・『예』・『악』・『춘추』의 순서이다.

먼저 6경을 『시』・『서』・『예』・『악』・『역』・『춘추』의 순서로 배열하는 것은 금문가의 배열법이며, 이는 그들의 '탁고개제(託古改制)'설과 관련이 있다. 금문가에게 공자는 탁월한 교육가이자 개혁적 정치가이다. '탁고개제'설이란 공자가 표면상 주나라 종법질서로의 회귀 곧 복고를 기치로 내세웠으나 사실상 춘추시대의 난맥상을 개혁하려는 데에 참뜻이 있다는 주장이다. 금문가는 기본적으로 6경은 공자가 지었으며 그 목적은 제자들을 가르치고 아울러 이를 통하여 '탁고개제'를 실현하고자 하였다고 믿는다. 그러므로 가르치는 자가 학습자의 수준에 맞게 교과 과정을 편성하듯이, 6경도 마땅히 각 경서의 내용 수준에 따라 쉬운 내용에서 점차 심오한 내용 곧 난이도 순으로 배열해야 교육의 순서에도 합당하며 고서적의 근거에도 부합한다고 주장한다. 이에 따라 금문가는 이러한 배열 순서를 시종일관 고수하며 금문학의 표시로 삼는다. 『시』·『서』·『예』·『악』·『역』·『춘추』의 순서로 배열한 고서로는 『논어』·『장자』·『예기·왕제 王制』·『사기·유림전 儒林傳』·『춘추번로 春秋繁路·옥배 玉杯』 등이 있다.

천정에 '만세사표(萬世師表)'의 현판이 걸린 곡부(曲阜) 공묘(孔廟)의 대성전(大成殿) 내부. 금문가들은 공자를 탁고개제한 소왕(素王)이자 인류의 스승으로 숭앙한다.

다음으로 6경을『역』·『서』·『시』·『예』·『악』·『춘추』의 순서로 배열하는 것은 고문가의 배열법이며, 이는 그들의 '육경개사(六經皆史)'설과 관련이 있다. '육경개사'설은 6경은 모두 고대의 역사기록이라는 학설이다. 고문가에게 공자는 선대의 역사가 가운데 한 명이다. 그들은 6경을 주공(周公)이 지은 옛 전적이지 결코 공자가 지은 책이 아니라고 여긴다. 그들은 공자가 "옛것이 옳다고 믿으며 좋아하는(信而好古)" 사람인데다 "해설을 하고 창작을 않는다(述而不作)."라고 공언하였으므로 6경에 대하여도 정리 작업만 하였을 뿐이라고 주장한다. 심지어 공자가『춘추』를 다시 쓴 사실조차 기존의 역사자료를 재편집해서 후세 사람에게 전해준 것에 불과하다고 여긴다. '육경개사'설의 핵심은 공자는 고대 역사의 정리자이고 6경은 모두 공자가 전해주는 고대사이므로 역사인 이상 마땅히 시대 순서별로 배열해야 한다는 주장이다. 이에 따라 고문가는 반드시 역사의 관점에서 경서를 논하고 배열하며 이를 고문학의 표시로 삼는다.『역』·『서』·『시』·『예』·『악』·『춘추』의 차례가 배열한 고서로는『한서·예문지』의 「육예략」과 「유림전」 등이 있다.

고문가들이 공자보다 더 숭앙하는 주공(周公)

이밖에『예기·경해』는『시』·『서』·『악』·『역』·『예』·『춘추』의 순으로, 가의의『신서·육술 六述』은『시』·『서』·『역』·『춘추』·『예』·『악』의 순으로,『사기·골계열전』은『예』·『악』·『서』·『시』·『역』·『춘추』의 순으로 배열하였으나 별다른 의미는 없다.

3) 『악경』 문제

6경이란 명칭에서 보듯이 이는 여섯 가지 경서를 가리킨다. 최소한 전국시대 말기에서 한나라 초기까지의 문헌 기록에는 6예 또는 6경 안에 분명히 『악 』이란 경서가 포함되었다. 그러나 한나라 무제가 오경박사를 세운 시기를 전후해서 『악』의 흔적이 더 이상 보이지 않는다. 이 책이 사라진 원인에 대한 금고문가의 공방 또한 첨예하게 갈라진다.

『논어 · 자한 子罕』에서 공자가 "내가 위(衛)나라에서 노나라로 돌아온 다음에 『악』이 바르게 되었고 아(雅)와 송(頌)이 각기 제자리를 찾았다. (吾自衛反魯, 然後樂正, 雅頌各得其所。)"라고 하였다. 이 진술은 공자 자신의 말로 매우 믿을만한 사료이다. 공자가 『악』을 바로잡았다면 반드시 바로잡을 전적이 존재해야 한다. 그렇다면 공자가 이른바 정악(正樂) 작업을 할 당시에 『악』이란 전적이 존재하였다는 말이 된다. 그러나 공자 이후로 유가의 기록 가운데 『맹자』와 『순자』를 비롯해서 『예기 · 악기 樂記』까지 『악경』에 대한 언급이 전혀 보이지 않는다. 더욱이 『한서 · 예문지』의 「육예략 · 악류 樂類」에는 『악』이란 이름은 있고 '경'이 없으며 단지 「악기 樂記」23편만 저록하였다. 그렇다면 『악경』이란 실체가 없는데도 왜 「육예략」이라고 하였는지 금고문학파의 설명이 전혀 다르다.

(1) 진화소멸설(秦火消滅說)

고문가는 『악』이 원래 있었으나 진시황이 분서할 때 유실되었다고 본다. 왜냐하면 고문가는 6경이 주공이 지은 옛 경전이므로 『악경』은 당연히 존재하였으나 진화(秦火) 때 소실되어 후대에 보이지 않게 되었다고 주장한다. 그러나 고문가의 이러한 주장에는 몇 가지 풀리지 않는 의문점이 있다.

첫째, 『사기·시황본기 始皇本紀』에 보면 분서할 당시 "박사관이 직책상 필요가 아닌데도 천하에 감히 『시』·『서』와 제자백가서를 소장하는 자가 있으면 남김없이 태위에게 신고하여 모조리 불태워버린다. (非博士官所職, 天下敢有藏詩書百家語者, 悉詣守尉雜燒之。)"라고 명령하였다. 이 명령을 역으로 해석한다면 박사관은 업무상 필요한 책을 보관할 수 있었다. 그렇다면 경서가 보존될 여지가 있었고, 실제로 서한 초기에 『악』을 제외한 다른 5경은 다시 세상에 나오거나 복원되었다. 그런데 왜 유독 『악』만 예외인가?

둘째, 『악』이 존재하였다 해도 분서 와중에 완전히 소멸되었을 가능성은 물론 있다. 그러나 과연 『악』의 실체가 존재하였다면 분서를 피하고 서한 초기까지 전해진 수많은 고대 전적 가운데에서 『악경』의 말을 일언반구라도 인용한 책이 전무한 실정은 어떻게 설명해야 하는가? 그렇다면 『악』은 아예 경서 자체가 존재하지 않았던 것은 아닐까? 고문가는 이런 의문들에 대하여 명쾌한 답을 내놓지 못한다.

(2) 시경악보설(詩經樂譜說)

금문가는 기본적으로 『악』은 시경에 부록된 악보이며, 아악(雅樂)이 바르게 된 후에 소멸되어 보이지 않게 되었다고 여긴다. 고문가의 학설을 검토한 결과 『악』은 근본적으로 경서가 존재하지 않았다는 금문가의 주장은 일리가 있다. 특히 『악』이 『시』의 악보라는 학설은 여러모로 근거가 있다.

첫째, 『시』는 원래 노래에서 기원한다. 예를 들어 『상서·우서 虞書』에서 "시는 정지(情志)를 말하며, 노래는 가사를 읊는다. (詩言志, 歌永言。)"라고 한 구절을 『한서·예문지』에서는 "그러므로 희로애락의 마음을 느껴야 이를 노래로 읊는 소리가 나온다. 그렇게 읊어대는 말을 시라 하고 그렇게 읊조리는 소리를 노래라 한다."라고 풀이하였듯이, 시와 노래는 불가

분의 관계가 있다. 『시』 305편은 모두 시이자 또한 모두 노래이다. 노래에는 가사과 악보가 있으며, 가사가 바로 『시』이고 악보가 바로 『악』이다.

둘째, 공자는 음악이 성정을 감화시켜 치국과 평천하에 도움을 준다고 보고 예와 악을 동시에 거론하는 경우가 많았다. 예를 들어 『논어』를 비롯하여 『의례 儀禮·연례 燕禮』와 『예기·향음주의 鄉飮酒義』 등을 보면, 음악을 사용하는 방식과 음악을 사용하는 뜻 그리고 어떤 상황에서 어떤 음악을 사용하는지 사례를 예와 결부시켜 서술한다.

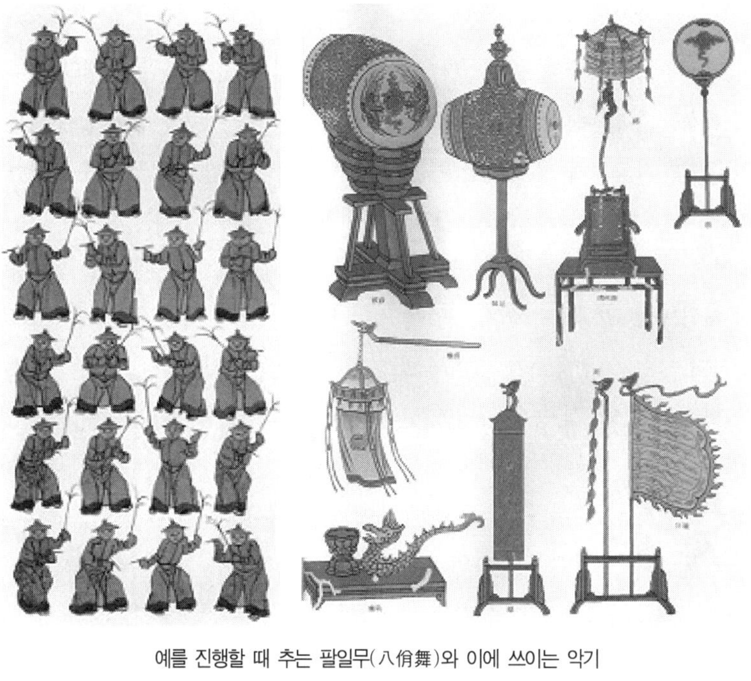

예를 진행할 때 추는 팔일무(八佾舞)와 이에 쓰이는 악기

셋째, 『논어·태백 泰伯』에서 공자는 "『시』에서 감흥을 일으키고 『예』에서 자립을 이루고 『악』에서 시와 예를 완성한다. (興於詩, 立於禮, 成於

樂。)"고 하여 『시』·『예』·『악』 세 가지를 서로 연관시키고 있다. 시를 통하여 일어난 감흥을 음악에 맞춰 노래로 승화되고 예의 진행도 음악 연주의 도움을 받을 때 완성된다. 더욱이 『사기·공자세가』에서 "『시』 305편은 공자가 모두 악기로 연주하고 노래로도 불러보아 소·무·아·송의 음절에 맞는지 검증하였다. 『예』와 『악』이 이로부터 설명할 수 있게 되자 왕도가 갖춰지고 6예를 완성하였다"라고 한 기록을 보면 이러한 관계는 더욱 명확해진다.

이로 볼 때 『악』은 『시』와 더불어 『예』의 진행에 쓰였음을 알 수 있다. 『시』를 노래하고 연주하던 악보가 바로 『악』이고, 『악』이 쓰이는 장소가 바로 『예』가 진행되던 곳이었다. 『예』의 진행에 쓰인 『악』은 노래와 연주에 중점을 두기 때문에 이를 문자로 옮겨 기록하기가 매우 곤란하다. 창법과 연주법을 기록할 수 없었다면 이를 책으로 제작하는 작업도 당연히 불가능하다. 더욱이 악보상의 음률을 부호화하여 책으로 기록하기에는 자수가 너무 많아 소요된다. 간책이 몹시 귀하였던 당시 실정에 비추어볼 때 엄청난 비용과 물력 또한 감당하기 쉽지 않았을 것이다. 이와 같이 여러 가지 제약으로 인하여 『악』은 전용서가 없이 극소수의 간략한 악보만 『시』에 부록으로 등재되었고, 『악』의 응용 규범 역시 『예』에 부록으로 등재되었다. 아쉽게도 진의 분서 때 이른바 '시서백가어'에 지목되어 『시』와 『예』에 부록된 극소수의 악보마저 다 타버리고 없어져 후대에는 더 이상 『악』이란 문헌을 볼 수 없게 되었다. 이상이 금문가의 시경악보설이다.

정리하면, 공자가 『악』을 매우 중시하여 공문의 후학들이 『예기·악기 樂記』를 통하여 공자의 뜻을 보충하지만 원래의 『악』을 대신할 수는 없다. 다만 진화 이후에 악보가 산실되고 『악』과 결합된 의례가 차츰 사라지면서 극소수에 불과하였던 『악』의 경문조차 전무해지자 『악경』은 원래 전용서가 없었다는 설과 진화에 전부 훼멸되었다는 설과 『시경』이 곧 『악경』이라는 시경악보설 등 여러 가지 학설이 제기되었다. 이 가운데에서 금문가의 시경악보설이 비교적 타당하다. 하지만 이들 학설 모두 구체적인 증거가 없으므로 어느 주장도 완전히 신뢰하지는 못한다.

4) 5경에서 13경까지

(1) 5경의 전승

『시』·『서』·『역』·『예』·『춘추』 5경은 유가사상의 정수를 담은 경전이다. 5경은 편찬과 편집 과정에 어떤 형식으로도 공자가 관여하였으므로 고대의 유가 전적 가운데 특히 높이 받들어진다. 남송 때 주희가 사서삼경을 따로 정하기 전까지 한대에서 당대까지 오로지 5경만이 유가의 정통 경전으로 높이 추앙받았다. 또한 5경에 기재된 내용은 정치와 윤리 및 학문의 기본 도리이자 중국 사회를 움직이는 으뜸 규범으로 숭상하였다.

이러한 5경이 전승되는 과정은 그렇게 순탄하지 않았다. 위에서 살펴보았듯이, 5경 이전에 전통적으로 불리었던 6경은 이름만 존재하고 『악경』은 실체가 없다. 서한 초기에도 6예라는 명칭은 전해졌지만 『악』이라는 경서는 존재하지 않았다. 한무제 때 오경박사가 성립하여 『시』·『서』·『역』·『예』·『춘추』 5경은 모두 박사를 세웠으나 유독 『악』만 경문이 전하지 않아 박사를 세우지 않았다. 이때부터 5경이 '경'을 대표하는 전용명사가 되었고, 『악』은 단지 경명(經名)만 있고 '경'의 실체가 없어 마침내 '경'의 범주에서 사라졌다. 이것이 『악』에 일어난 변화이다.

5경 가운데에 『역』·『서』·『시』·『춘추』 등 4경은 비록 사승(師承)의 전수에 따라 '전'만 다르지 '경'은 모두 하나이다. 그러나 『예』의 경우 서한 초에 박사를 세울 때는 『의례』를 '경'으로 삼았고, 무제가 오경박사를 세웠을 때의 『예』 박사 대덕(戴德)과 대성(戴聖) 두 사람이 전하는 것은 『예기』였다. 『예기』는 원래 『예』의 경의(經義)를 해석한 '기'이지 '경'은 아니다. 『한서·예문지』에 '기'가 131편이 있다고 기록하였다. 이 중에서 대덕과 대성은 각자가 중요하다고 여기는 편을 골라 전하므로 양자의 내용이 달라 이를 각각 『대대예기』와 『소대예기』라고 부른다. 당대에 와서 공영달(孔穎達)이 『오경정의 五經正義』를 지을 때 『예경』은 『소대예기』를 취하고 한대에는 '경'으로 여겼던 『의례』를 포함시키지 않았다. 이는 '기'가 '경'의 지위로 격상된 경우로, 5경 가운데 『예』에 일어난 변화이다.

『주례』·『의례』·『예기』를 '삼례(三禮)'라 한다. 『주례』는 나중에 발견한 고문경서로 『일례 逸禮』 또는 『주관 周官』으로도 부른다. 『주례』는 국가의 제도를 기재하고, 『의례』는 세속의 구체적인 예의범절을 기재하고, 『예기』는 예의 추상적 도리를 기재한다. 그러나 가치를 따지면 '기'인 『예기』가 '경'인 『주례』와 『의례』보다 훨씬 높게 평가된다. 제도와 예절은 시대와 지역에 따라 달라질 수 있지만 도리는 이성에 호소하므로 시공을 초월하여 적용되기 때문이다.

『주례』는 모두 6편으로 6관으로 나뉘며 천(天)·지(地)·춘(春)·하(夏)·추(秋)·동(冬) 6관은 각자의 부서를 이끌고 직무를 분장한다. 『의례』는 현재 17편이 전해지며 유향(劉向)의 『별록 別錄』본 곧 정현이 금고문을 합하여 주를 단 본이다. 내용은 고대의 관(冠)·혼(婚)·상(喪)·제(祭)·사(射)·어(御)·조(朝)·빙(聘) 등 여덟 가지 예의를 다루고 있다. 『예기』는 공자 문하의 제자와 그들의 후학이 예에 대하여 기록하고 논한 글을 후대에 와서 이를 모아서 편찬한 책이다. 대덕이 편집한 『대대예기』는 85편이었으나 현재 39편만 전하고, 대성이 편집한 『소대예기』는 49편으로 바로 오늘날 통행하는 『예기』이다.

『춘추』의 면모 역시 일변하였다. 서한 초에 『춘추』박사로 세워진 학자는 먼저 공양학파(公羊學派)의 호무생(胡毋生)과 동중서(董仲舒)였고, 나중에 곡량학파(穀梁學派)인 하구(瑕丘)지방의 강공(江公)을 세웠다. 이 양가의 학문은 모두 『춘추』의 경문을 설명하는 '전'으로 당연히 '경'이 아니다. 서한의 무제 말년에 『좌씨전』이 발견되었고 동한 때 유흠이 『좌전』박사를 세우자고 주장하였으나 뜻을 이루지 못하였다. 당대에 와서 공영달의 『오경정의』는 『춘추』에서 『좌전』만 취하여 '경'으로 삼고 『공양전』과 『곡량전』 이 두 '전'은 취하지 않았다. 이는 『예기』가 '기'에서 '경'으로 된 경우와 매우 흡사하며, 5경 가운데 『춘추』에 일어난 변화이다.

『공양전』·『곡양전』·『좌전』을 흔히 '춘추삼전(春秋三傳)'이라 부른다. 『좌전』은 춘추시대 인물인 좌구명(左丘明)이 지은 '전'으로 역사적 사실을 주로 기술하고 경문의 뜻을 해설하는 부분이 적으며, 어떤 것은 '경'만 있고 '전'은 없으며 어떤 것은 '전'만 있고 '경'이 없기도 하다. 『공양전』과 『곡량전』은 훈고를 위한 '전'으로 경문의 뜻을 주로 해설한다. 『춘추』의 미언대의는 『공양전』에서 가장 많이 발명하였고, 『곡양전』에도 공자의 말을 많이 기재하여 참고할만하다. '3전'을 각각 평가하면, 『좌전』은 문장도 뛰어나고 내용도 상세하나 반드시 사실이 아닌 경우가 종종 있고, 『공양전』은 평론이 엄격하고 날카로우나 반드시 늘 적용되지 않는 경우가 종종 있고, 『곡량전』은 깔끔하나 편폭이 짧은 점이 아쉽다. 그리고 『공양전』과 『곡양전』은 '경'을 떠나서는 쓸모가 없으나 『좌전』은 독자적으로도 역사적 가치를 지닌다.

정리하면, 5경은 한대의 5경과 당대의 5경 두 종류가 있다. 전자는 한대에 오경박사를 세울 당시의 5경이고, 후자는 당대에 공영달의 『오경정의』에 실린 5경으로 내역이 서로 다르다. 그러나 오늘날까지 전하는 5경은 공영달이 정한 5경이다.

한의 5경	『역』·『서』·『시』·『의례』·『춘추곡량전/춘추공양전』
당의 5경	『역』·『서』·『시』·『예기』·『춘추좌씨전』

(2) 13경의 완성

5경의 내역이 한대에서 당대 초기까지 변동이 있었지만 여전히 5경이란 명칭에 익숙해서 공영달은 다섯 가지 경서만 뽑아서 『오경정의』를 편찬하였다. 그러나 실제로 '경'의 수효가 5경에 국한되지 않고 7경·9경·10경·11경·12경 등으로 확대되어 마침내 13경에까지 이른다. '경'의 분류가 이렇게 복잡해진 원인은 명확하지 않지만 동한 때 나온 반고(班固)의 『한서·예문지·육예략』에서 비롯되지 않았나 여겨진다.

『한지·육예략』은 6예를 저록(著錄)하면서 『역』·『서』·『시』·『예』·『악』·『춘추』·『논어』·『효경』·『소학』 등 9경으로 분류하였다. 이 가운데에서 『예』류(類)에는 고경(古經)과 경(經) 외에 '기' 103편과 『주관』6편이 있었고, 『춘추』류(類)에는 고경 외에 『좌씨전』·『공양전』·『곡량전』이 있었다. 반고는 6경 외에 『논어』·『효경』·『소학』을 정식으로 '경'에 편입시키고 『좌전』과 『주관』을 대대적으로 선양하였다. 예를 들어 그는 『주관』 밑에 "왕망(王莽) 때 유흠이 박사를 두었다."라고 새삼 주를 달아 강조하였다. 또한 『좌전』을 『춘추경』 바로 뒤에 첫 번째로 배열시키고 좌구명이 공자가 『춘추』를 지은 참뜻을 밝히기 위하여 '전'을 지었다며 『좌전』을 대대적으로 부각시켰다. 『좌전』은 동한 때 일시적으로 박사에 세워졌으나 광무제(光武帝) 때 다시 철폐되었다. 반고가 박사에서 이미 내쫓긴 『좌전』을 특별히 선양한 것은 고문경에 경도된 그의 경학관을 감안할 때 다분히 의도적이며 후세에 끼친 영향도 매우 크다. 『한서·예문지』는 고대의 도서목록 가운데 가장 중요한 자료의 하나로 손꼽히기 때문에 『한서·예문지』가 특별히 선양한 전적은 자연히 후대 학자들의 주목을 받을 수밖에 없다. 그러므로 경의 범위를 5경에 국한시키지 않고 9경으로 확대한 반고의 분류 작업은 경학사에서 매우 중요한 의미를 지닌다.

7경이란 말은 『후한서 後漢書·조전전 趙典傳』에 처음 보인 이래로 대체로 세 가지 설이 있다. 첫째는 기존의 6경에 『논어』를 더하였으며 『후한서·장순전 張純傳』의 이현(李賢)주에 보인다. 둘째는 6경에서 『악』을 빼고 『논어』와 『효경』을 더하였으며 송대의 유창(劉敞)과 왕응린(王應麟)의 설이다. 셋째는 『시』·『서』·『주례』·『의례』·『예기』·『역』·『춘추』이며 곧 청대의 강희(康熙)황제가 어찬(御纂)한 7경이다.

9경이란 말은 당대에 처음 보인 이래로 두 가지 설이 있다. 첫째는 『역』·『서』·『시』·『주례』·『의례』·『예기』·『춘추』·『논어』·『효경』으로 7경에다 『논어』와 『효경』을 더하였다. 둘째는 『역』·『서』·『시』·『주례』·『의례』·『예기』·『좌전』·『공양전』·『곡량전』으로 『시』·『서』·『역』 3경에다 '3예'와 '춘추 3전'이 더하여졌다.

하지만 7경설과 9경설에 앞서 남조(南朝) 유송(劉宋)에는 이미 '경'의 범위를 10경까지 확대해 놓았다. 『송서 宋書·백관지 百官志』의 기록에 의하면, 국자감 조교를 10명 두었는데 『주역』·『상서』·『모시』·『예기』·『주관』·『의례』·『춘추좌씨전』·『공양전』·『곡량전』에 각각 1명씩 두고 『논어』와 『효경』을 합하여 1명을 두었다. 『논어』와 『효경』을 합하여 조교를 1명만 두어 명의만 10경이지 실질적으로 11경이 된다.

후한 영제 때 태학 앞에 세운 희평석경

후한의 영제(靈帝)가 희평(熹平/175~183)연간에 채옹(蔡邕)에게 명하여 낙양(洛陽)의 태학(太學) 문전에 석경(石經)을 세운 이래로 위(魏)나라의 정시(正始/240~248)연간에도 세 가지 서체의 석경을 세웠다. 당대에 들어와 문종(文宗)도 개성(開成) 2년(837)에 장안(長安)의 태학에다 『역』·『서』·『시』·『주례』·『예기』·『의례』·『춘추좌씨전』·『공양전』·『곡량전』·『논어』·『효경』·『이아』 등 12석경을 세웠다. 이에 이르러 '경'의 범위가 이미 12경까지 확대되었는데, 특별하게도 '경'을 읽는데 필요한 자서(字書)인 『이아』가 처음으로 '경'에 편입되었다.

후촉(後蜀/934~965년)의 군주 맹창(孟昶)도 성도(成都)의 학관에 석경을 세웠는데, 『역』·『서』·『시』·『주례』·『예기』·『의례』·『춘추좌씨전』·『공양전』·『곡량전』·『논어』·『맹자』 등 11경이다. 이때는 『효경』과 『이아』가 빠지고 원래 자부(子部)에 속한 『맹자』가 처음으로 경서의 반열에 오른 것이 특기할 만하다.

위에서 열거한 7경에서 12경까지 각자의 관점에 따라 채택된 내역이 서로 다르다. 하지만 그 범위가 모두 『역』·『서』·『시』·『주례』·『예기』

당나라의 옛 수도 장안(長安) 곧 지금의 서안(西安) 비림(碑林)에 보관 중인 석경

·『의례』·『춘추좌씨전』·『공양전』·『곡량전』·『논어』·『효경』·『이아』·『맹자』 등 13경을 벗어나지 않는다. 이에 따라 남송의 광종(光宗) 때에 이르러 마침내 경서의 반열에 오르내리던 13경을 모두 함께 모아 출간한 13경 합간본이 나왔다. 청대의 건륭황제(乾隆皇帝)는 이를 전본(殿本)으로 출간하였다. 출간의 총책임자 완원(阮元)은 송대본을 중각(重刻)하면서 『십삼경교감기 十三經校勘記』을 지어 넣었으며 『십삼경주소 十三經注疏』본을 완성하였는데 바로 오늘날 우리가 보는 13경합간본이다.

13경 중에서 12경은 모두 『한지·육예략』에 수록된 책이고, 『맹자』만이 수록되지 않았다. 『맹자』는 원래 『한지·제자략 諸子略』의 유가류(儒家類)에 수록된 자서(子書)로 송대 이후에야 13경에 편입되어 비로소 경서로 승격하였다. 그리고 비록 『한지·육예략』에 수록되었지만 춘추 3전은 모두 원래 '전'이고, 『예기』는 원래 '기'이며 『논어』 또한 '기'이다. 『이아』는 『한지·육예략』에 『효경』류에 수록되었고, 『효경』의 성격 또한 『예기』의 각 편과 유사하므로 마땅히 '기'에 속한다. 『이아』는 『시』와 『서』를 중심으로 5경의 글자 뜻을 풀이하는 책으로 여러 전적의 훈고가 잡다하게 혼재하므로 역시 '기'에 가깝다. 결국 『효경』과 『이아』 이 두 경전 모두 원래는 '경'이 아니었으나 '기'가 '경'으로 승격한 격이 된다.

이로 볼 때 13경은 명목상으로는 13경이지만 그 가운데에 명실상부한 '경'은 『역』·『서』·『시』·『주례』·『의례』·『춘추』 등 6경뿐이다. 여기에다 『좌씨』·『공양』·『곡량』 등 『춘추』의 세 '전'과 『예기』·『논어』·『효경』·『이아』 등 네 부의 '기' 및 『맹자』라는 한 부의 자서를 합쳐서 13경을 구성한다. 이 가운데에 『춘추』의 경문은 '3전'에 공통적으로 합쳐져 있으므로 통틀어 13경이라고 한다.

13경 합간본의 구성

『주역정의』	위(魏) 왕필(王弼)·강백(康伯) 주(注), 당(唐) 공영달 정의(正義)
『상서정의』	한(漢) 공안국 전(傳), 당 공영달 정의
『모시정의』	한 모형(毛亨) 전(傳), 정현 전(箋), 당 공영달 정의
『주례주소』	한 정현 주, 당 가공언(賈公彦) 소(疏)
『의례주소』	한 정현 주, 당 가공언 소
『예기정의』	한 정현 주, 당 공영달 정의
『춘추좌전정의』	진(晉) 두예(杜預) 주, 당 공영달 정의
『춘추공양주소』	한 하휴(何休) 주, 당 서언(徐彦) 소
『춘추곡량전주소』	진 범영(范寧) 주, 당·양사훈(楊士勛) 소
『논어주소』	위 하안(何晏) 등(等)주, 송(宋) 형병(邢昺) 소
『효경주소』	당 현종(玄宗) 주, 송 형병(邢昺) 소
『이아주소』	진 곽박(郭璞) 주, 송 형병 소
『맹자주소』	한 조기(趙岐) 주, 송 형병 소

(3) 사서삼경

사서삼경(四書三經)은 남송 효종(孝宗)의 순희(淳熙/1174~1189)연간에 주희가 정하였다. 4서는 『논어』·『맹자』·『대학』·『중용』을 가리키며,

3경은 『시경』·『서경』·『주역』을 가리킨다. 경학은 송대에 이르러 매우 급격한 변화를 겪는다. 이러한 변화는 경서에 대한 회의와 집대성하는 과정에서 비롯된다. 주희는 『주역본의 周易本義』를 집필하였는데 구설과는 매우 달랐으며, 연이어 『시집전 詩集傳』을 썼는데 완전히 기존의 「모시서 毛詩序」를 무시하고 새로운 학설을 내놓았다. 또한 제자인 채침(蔡沈)을 시켜 『서집전 書集傳』을 저작하도록 하였는데 공영달의 전과 해석이 달랐다.

남송의 주희(1130~1200년) 초상

주희는 나아가 『논어』와 『맹자』 그리고 『예기』 중에서 「대학」과 「중용」 두 편을 따로 뽑아 4서라 명명하고, 구주(舊注)와 결별하여 새롭게 주를 단 『논어집주 論語集注』·『맹자집주 孟子集注』·『대학장구 大學章句』·『중용장구 中庸章句』를 『사서집주 四書集注』라 명명하였다. 특히 『대학』과 『중용』이 일약 경서로 따로 독립한 것은 주희가 볼 때 이 두 책이 유가 학설의 뛰어난 개론으로서 손색이 없다고 여겼기 때문이다. 『맹자』는 당대부터 경서로 승격시키자는 논의는 있었으나 시종 성식으로 경서 내접은 받지 못하였다. 송대에 이학(理學)이 흥성하면서 성리학자(性理學者)들이 『맹자』의 성선설(性善說)과 사단설(四端說)을 특히 중시하여 이에 『맹자』가 마침내 4서의 한 자리를 차지하게 되었다. 주자 이후로 4서는 공문(孔門)의 도통을 보여주는 경전으로 높이 받들어진다.

종래의 한학(漢學)은 5경이 학술의 중심이었으나 송학(宋學)은 4서가 학술의 중심이 되어 5경보다 먼저 배워야 할 기본 과목으로 인식하였다. 더욱이 원대(元代)에 와서 4서가 과거 시험의 출제 과목이 되고 출제 범위가 주희의 『사서집주』로 정해진 이후로 『사서집주』는 독서인의 필독서가 되었다. 이에 따라 주자학의 주가가 더욱 높아지자 그가 정한 4서3경은 마침내 5경의 학술적 지위를 완전히 대신하였고, 이러한 현상은 청대에서 한학이 부활하기 전까지 계속되었다.

정리하면, 경학은 주희가 종래의 훈고 중심에서 공자의 미언대의를 중시하면서 마침내 의리(義理) 중심으로 새롭게 집대성되었으며 이는 정현이 한말(漢末)에 이룬 성과와 흡사하다. 그러므로 4서3경에 대한 새로운 해석 체계를 보여주는 주자의 주석을 정현과 공영달로 대표되는 구주와 구별하여 신주라고 부른다. 주희의 신주는 사실상 자신의 사상체계 확립에 경서를 동원하였고, 『대학』과 『중용』에 적용된 장구학(章句學)은 경서 체재를 자의적으로 편집하기도 하였다. 송대의 경학은 일정한 부분에 있어서 주석의 권위가 경서를 압도하였고, 주자학이라는 명칭에서 보듯이 경학의 본류에서 많이 벗어났다. 명대에 와서는 지나치게 의리학(義理學)에 치중하여 엄밀한 의미에서 철학이지 경학이 아니라고도 할 수 있다.

3. 경학의 변천과 논쟁

1) 금고문논쟁의 발생

(1) 금고문의 초보적 정의

'경'은 본래 고대부터 내려온 가장 오래된 서적이나 주대 이후에 보편적으로 유행하던 교양서적이므로 필연적으로 당시에 통행되던 문자로 써야 하였다. 진나라에 이르러 천하를 통일한 후 문자를 통일하자 '경'을 다시 진대의 문자로 다시 개사(改寫)하였다. 서한에 와서도 역시 서한에서 유행하였던 서체인 예서(隸書)로 바꿔 써야 하였다. 이는 모두 문자의 변화에 따라 '경'을 읽기 편하게 하기 위한 조치로 원래 별로 언급할 가치가 없는 문제이다.

그러나 '경'이 주·진·한 3대를 거치면서 문자가 세 번 바뀌고 또 그 사이에 큰 변란이 많이 일어나 한 권의 같은 경서라도 쓰인 문자에 따라 금문(今文)과 고문(古文)의 구분이 생기고 이로 인하여 매우 많고 복잡한 문제를 야기하였다. 이 문제는 비단 경서 자체의 진위 문제가 걸려있을 뿐만 아니라 경학의 연구 방향과 방법론과 관계되며, 심지어 경학의 본질과 유가사상의 흐름 등 유가 학술 전반에 걸쳐 심대한 영향을 끼치게 된다. 어떤 면에서 금고문문제의 해결이 바로 경학의 핵심이고 금고문논쟁사가 경학의 역사이기도 하다.

이른바 금문은 서한시대에 통행되던 예서를 가리키며, 고문은 진대 이전에 사용된 주대의 고문자를 가리킨다. 서한의 예서는 오늘날에도 많은 사람이 알아보지만 진대 이전의 고문자는 오늘날은 일부 전문가를 제외하고는 거의 알아볼 수 없다. 설사 진대와 시간적으로 가장 가까웠던 서한에

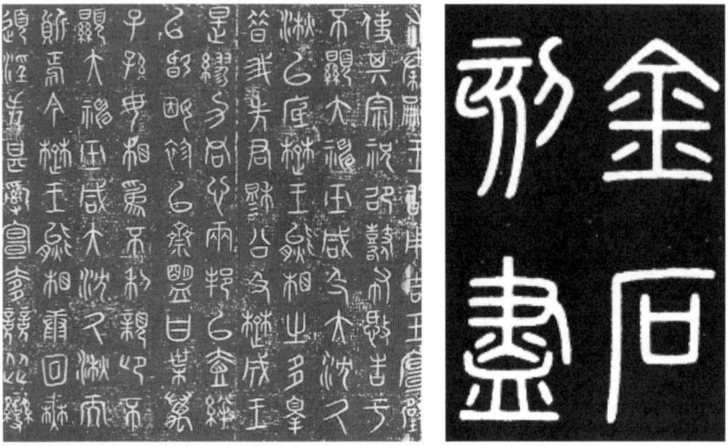

선진시대의 주문(籀文)과 진대의 통일 서체인 소전(小篆)

도 고문을 알아 볼 수 있는 사람은 극소수에 불과하였다. 『금문상서』에 없는 「태서 泰誓」가 나중에 나오자 박사들이 모여서 읽었고, 『고문상서』가 통째로 공자의 고택(古宅) 벽에서 발견되자 공자의 11대 손이었던 공안국이 능히 해독하여 이를 기반으로 집안을 일으킨 예에서 보듯이, 서한에는 이미 고문자를 읽을 줄 아는 사람이 드물었다. 그렇다면 경서에 쓰인 고문자의 면모가 어떠한가? 이 점에 대하여도 오늘날은 완전히 알 방도가 없다. 고문자의 글자체를 혹자는 주문(籀文)이라고 하고, 혹자는 대전(大篆)이라고 하며, 혹자는 은주(殷周)의 고문과 전국시대의 주문을 겸한 문자라고 하는데, 아마도 육국(六國)시대에 동방에서 사용한 문자일 것이라고 추측하는 형편이다.

정리하면, 경서는 출처와 사용한 문자에 따라 금문과 고문의 구분이 있다. 서한 초기에 경서를 복원하여 전할 때 대부분 기억에 의존하여 구술로 옮겨 적었고 사용한 문자는 당연히 당시에 유행하던 예서였다. 뒤에 와서 진대 이

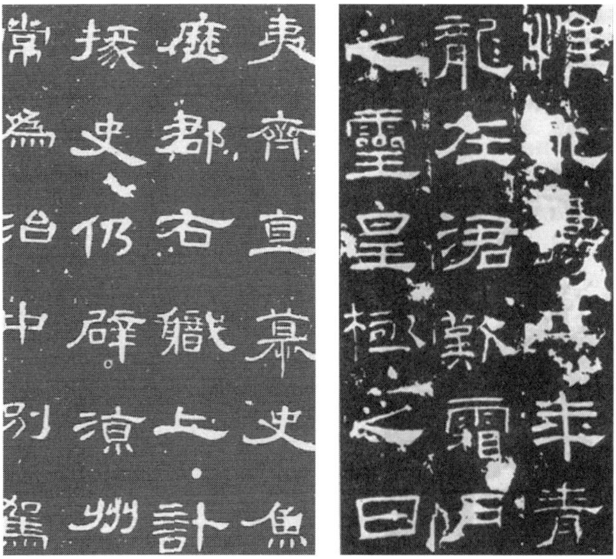

한대의 유행 서체인 예서(隸書)와 예서체로 새긴 후한 환제 때의 예기비(禮器碑)

전의 옛 경서를 새로 발견하였는데 당연히 진대 이전의 문자로 쓰여 있었다. 이로 인하여 한대 당시에 유행하던 예서로 옮겨 쓴 경서를 금문경이라 부르고 진대 이전의 고문으로 쓰인 경서를 고문경이라 불렀다. 그러나 경서의 금고문 문제는 단지 사용한 문자가 금문의 예서인가 아니면 고문의 대전인가의 단순 구분에 있지 않다. 보다 큰 문제는 고문경서가 서한에 통용하던 문자로 된 금문경서가 이미 크게 유행한 이후에 발견된 사실에 있다.

(2) 금고문문제의 발단

경서의 금고문문제는 표면적으로 문자의 불일치에서 발생한 것으로 경서의 내용과 무관한 것 같으나 사실은 그렇지 않다. 이 문제가 발생한 진정한 원인은 결코 문자에 있지 않으며, 오히려 시대적 변환기에 경서를 전수하는 인물과 경문 자체의 차이에서 기인한다. 이로 인하여 경서의 의의가 달라지고, 경서에 대한 관점이 달라지며, 심지어 공자에 대한 견해 또한 달라진다. 이처럼 심각한 견해차의 근저에는 사실은 박사라는 학술적 권위와 정치적 기득권 장악이라는 계산이 깔려있다. 그러므로 금고문문제는 언제든지 밥그릇으로 비화할 소지를 안고 있었다. 이 문제를 전반적으로 살펴보려면 우선 이러한 공방의 불씨를 누가 남겼으며 무엇 때문에 이처럼 복잡한 혼란을 야기하였는지 문제의 발단을 알아보는 것이 중요하다.

금고문논쟁의 원인 제공자 진의 시황제

금고문문제라는 혼란의 원인 제공자는 바로 역사적으로 분서갱유(焚書坑儒)로 악명이 높은 진시황(秦始皇) 영정(嬴政/재위 B.C. 246~B.C. 210년)이다. 시황제 34년(B.C. 213년)에 유생들이 군현제 강행을 반대하고 봉건제 부활을 주장하였다. 이에 승상 이사(李斯/B.C. ?~B.C. 208년)가 차제에 사적인 학문으로 정치를 비판하는 행위를 봉쇄하기 위하여 유생들이 반대의 근거로 삼는 서적을 모두 불태울 것을 건의하였다. 시황제가 건의를 받아들여 진나라 역사서와 의약·점복·농업 등 실생활에 관계된 서적을 제외하고 유가의 『시』·『서』와 제자백가서를 포함하여 개인이 소장한 책을 모조리 거둬들여 태우게 하였다. 또한 감히 어쩌다가 『시』·『서』를 언급해도 기시(棄市)의 형에 처하고, 옛것을 들먹여 현실을 비판하는 자는 족형(族刑)에 처하고, 영을 내린 후 30일 이내에 책을 소각하지 않으면 묵형(墨刑)을 가해 관노(官奴)로 삼았다. 이런 엄벌 때문에 진 이전의 학술 관련서적은 태학의 박사관이 직책상 소장한 것 외에는 분서의 화를 면치 못하였다. 물론 개중에는 중죄를 무릅쓰고 책을 감추거나 분서의 명령을 피해 달아난 유생이 행여 있을 수 있다. 하지만 고대의 전제체제 하에서 감히 영을 어기고 책을 숨기는 학자는 극히 드물었을 것이다. 그러므로 진 이전의 고서는 이때 거의 불태워 없어졌다고 봐야한다.

더군다나 진시황제 사후에 천하를 쟁패하는 과정에서 항우(項羽)가 진의 수도 함양(咸陽)에 진격하여 궁궐을 불태우면서 그나마 태학의 박사들이 소장하였던 전적 대부분도 끝내 불태워지는 화를 면하지 못하였다. 왜냐하면 함양궁이 석 달 동안이나 불탔는데 고대의 전적들 대부분 죽간이나 백서(帛書)로 제작되어 불에 쉽게 잘 탔기 때문에 경서가 남아있을 가능성은 더욱 희박하다.

한나라 건국 이후 집권층은 진의 분서는 학술을 억압한 문화파괴 행위이며 결국 망국을 재촉한 요인 가운데 하나였다고 여겼다. 이에 제 2대 황제인 혜제(惠帝) 4년(B.C. 191년)에 협서률(挾書律)을 해제하고 대대적으로 고서를 수집하여 문화의 발전을 도모하였다. 협서률이란 시황제가 분서의 명령과 함께 서적의 개인적 소장을 금지한 법률이다. 협서률이 해제되자 개인이 몰래 숨겨두어 분서의 화를 면한 책들이 점차 하나 둘씩 모습을 드러내었다. 초기에 나온 경서로는 복생(伏生)이 전한 『상서』와 『삼가시 三家詩』 등이 있었는데 모두 예서로 쓰여 졌다.

그런데 무제 말년에 노공왕(魯恭王)이 궁궐을 넓히려고 공자의 고택을 헐자 벽안에서 진나라 이전의 고문으로 쓰인 『상서』·『예』·『춘추』·『논어』·『효경』 등이 발굴되었다. 애제(哀帝/재위 B.C. 27~B.C. 1년) 때에는 교서랑(校書郞) 유흠이 비각(秘閣)에서 『주례』와 『좌씨전』을 발견하였고,

또 모공(毛公)은 『시경』을 전수하였는데 모두 고문이었다. 이에 금문과 고문의 구별이 생겨났다. 13경의 금고문 연원을 따지면 아래와 같다.

유가 경전 가운데 『역』은 점복에 관한 책이라 분서의 화를 당하지 않았다. 그러나 전하(田何)가 전한 『역』은 금문이었고 무제 때에 『역』박사를 세웠다. 선제(宣帝/재위 B.C. 74~B.C. 49년) 때는 시수(施讎)·맹희(孟喜)·양구하(梁丘賀) 등을 『역』박사에 세웠고, 원제(元帝/재위 B.C. 49~B.C. 33년) 때도 경방(京房)을 박사로 삼았다. 이 4가는 모두 전하의 문하에서 배출되었으므로 금문에 속한다. 고문을 전하는 인물로는 비직(費直)과 고상(高相)이 있다.

제남(濟南) 출신의 복생은 원래 진의 박사로 벽에다 『상서』를 숨겨 소장하였다. 문제(文帝/재위 B.C. 180~B.C. 157년) 때에 장고(掌故) 조착(鼂錯)을 시켜 복생의 집에서 『상서』를 전수받게 하여 모두 29편을 얻어 금문으로 옮겨 적었다. 『상서』의 전수는 시작부터 금문이었다. 무제 때 구양

당(唐)대에 왕유(王維)가 그린 복생애경도(伏生愛經圖)

생(歐陽生)을 『상서』 박사로 세웠다. 선제 때는 하후승(夏侯勝)과 하후건(夏侯建) 두 사람을 박사로 삼았는데, 하후승을 대(大)하후라 부르고 하후건을 소(小)하후라 부른다. 위의 세 사람은 모두 복생의 문하에서 나왔다. 무제 말년에 노공왕이 공자의 고택을 헐 때 얻은 『고문상서』는 금문보다 16편이 더 많다.

『시』는 비록 분서를 겪었지만 가장 보편적인 교재이고 많은 사람들이 외울 수 있어 경서가 없어도 자연스럽게 전수되었다. 한나라 초기에 노(魯)지방 출신의 신배공(申培公)이 『시』의 훈고 작업을 하였고, 제(齊)지방 출신의 원고생와 연(燕)지방 출신의 한영이 『시』의 '전'을 지었다. 이상 『노시 魯詩』·『제시 齊詩』·『한시 韓詩』 삼가시(三家詩)는 모두 금문으로 쓰여졌다. 신공과 한영은 문제 때 박사에 세워졌고, 원고생은 경제 때 박사에 세워지면서 금문의 3가시가 모두 박사에 세워졌다. 또 모공(毛公)이란 인물이 『시』를 전문적으로 다뤄 하간헌왕(河間獻王/B.C. ?~B.C. 130년)의 박사가 되었고, 자기의 시학은 공자 제자의 자하(子夏)에게서 전수되었다고 자칭하였다. 모공이 다룬 『시』는 고문으로 『모시 毛詩』라고 부른다.

『예』는 『주례』·『의례』·『예기』 세 가지가 있다. 한나라 초에 노나라 지방의 고당생(高堂生)이 『토례 土禮』 17편을 전하였는데, 『토례』가 바로 현재까지 전해지는 『의례』로 금문에 속한다. 선제 때 후창(后倉)에게 전수되었고, 후창은 이를 제자 대덕(戴德)·대성(戴聖)·경보(慶普)에게 진수하였다. 이 세 사람은 모두 박사에 세워졌다. 대덕이 전하는 것을 『대대예기』라 하고, 대성이 전하는 것을 『소대예기』라 한다. 『예기』는 원래 '기'이지 '경'이 아니므로 금고문문제가 없다. 『주례』는 유흠이 비부(秘府)에서 교서할 때 발견한 책으로 고문으로 쓰여 있었다. 『한서·예문지』에서는 이를 『주관』으로 불렀으며, 주로 관제(官制)를 기재하고 있어 일상적 예의범절을 주로 다루는 『의례』와 내용이 다르다.

『춘추』는 경제 때 호무생이 『춘추』를 전하여 박사가 되었다. 동중서는 호무생과 동문으로 모두 공양학을 전하며 무제 때 『춘추공양』박사에 세워졌다. 선제 때에는 호·동 양씨의 문하생인 엄팽조(嚴彭祖)와 안안락(顔安樂)을 공양박사에 세웠다. 그리고 한나라 초기에 하구의 강공이 『춘추곡량전』을 전수하여 그의 손자가 박사에 세워졌다. 『공양』·『곡량』 양전은 모두 금문이며, 반면에 『좌씨전』은 고문에 속한다. 북평후(北平侯) 장창(張蒼)·양왕태부(梁王太傅) 가의(賈誼)·경조윤(京兆尹) 장창(張敞)·대중대부(大中大夫) 유공자(劉公子)가 모두 『춘추좌씨전』을 수학하였다. 평제(平帝/재위 1~5년) 때 『모시』·『일례』·『고문상서』와 더불어 박사에 세워졌으나 동한에 와서 광무제(光武帝)가 모조리 폐하였다. 『공양』·『곡량』·『좌전』 모두 『춘추』의 '전'이다. 『춘추』는 원래 공자가 지은 것인데 『춘추』라는 '경' 자체도 금문과 고문의 구분이 있다. 금문경은 은공(隱公) 원년에서 시작하여 애공(哀公) 14년에서 끝나고, 고문경은 은공(隱公) 원년에서 시작하여 애공 16년에서 끝난다.

『논어』는 서한에 들어와 『제론 齊論』과 『노론 魯論』이 나왔다. 『제론』의 전수자로는 왕양(王陽)이 유명하다. 『노론』의 전수자로는 공분(龔奮)·하후승(夏侯勝)·위현(韋賢)·노부경(魯扶卿)·소망지(蘇望之)·장우(張禹) 등이 모두 명가로 손꼽힌다. 『제론』과 『노론』은 모두 금문이다. 고문으로 된 『논어』는 공벽(孔壁)에서 출토된 것으로 『고론 古論』이라고 부른다. 안창후(安昌侯) 장우(張禹)는 『노론』를 전하면서 또한 『제론』과 『고론』을 참고하여 특별히 『장후론(張侯論)』이라 부른다. 『장후론』이 바로 오늘날 통행하는 『논어』이다.

『효경』은 금문본 18장(章)이 바로 오늘날 전해지는 『효경』이고, 고문본은 22장으로 이미 없어졌다. 『이아』는 금문과 고문의 구별이 없다. 『맹자』는 원래 자서로 근본적으로 금고문문제와 관계없다. 그리고 『악』은 경서 자체가 없다.

(3) 금고문논쟁의 발생 원인

이상에서 보듯이 진대에 책을 불태우고 서한에는 다시 책을 수집하여 이를 전수하는 과정에서 경서의 금고문문제가 발생하였다. 한대에 대부분 박사에 세워져 전해지며 당시의 유행 서체인 예서로 된 책이 바로 금문경서이고, 금문경보다 나중에 나왔으나 진대의 이전의 고문서체로 된 책이 바로 고문경서이다. 물론 고문경서가 나타나기 전까지 금문이라는 명칭도 없었다. 그러므로 『사기·유림전』에도 공안국이 자신이 소장한 『고문상서』를 "금문으로 읽었다."며 문자의 차이만 구분하고 별다른 의미를 두지 않았다.

문제는 한나라 초기에 금문이 먼저 박사에 세워지면서 비롯된다. 금문은 『역』의 시·맹·양구·경 4가, 『서』의 구양·대하후·소하후 3가, 『시』의 제·노·한 3가, 『예』의 대대·소대 2가, 『공양』의 엄·안 2가, 모두 14박사가 세워졌다. 박사가 완전히 금문가 일색이며 금문가들은 이미 기득권을 누리고 있었다. 이에 반하여 고문의 가장 이른 전수자는 『좌씨춘추』를 전한 장창(張蒼)·가의·장창(張敞) 등이나 정치적인 이유로 선양되지 못하고, 서한 말 동한 초에 와서야 교서령 유흠이 비로소 박사에 세우자고 주장할 정도였다. 무제 말년에 공자의 고택 벽에서 고문경서를 발견할 즈음에는 금문가는 이미 박사라는 학술적 권위와 함께 학술상의 독점적 지위가 확보한 뒤였다. 고문가들은 이를 무너뜨리기 위하여 금문으로 된 경서는 원전(原典)의 찌꺼기로 금문학은 불완전한 경서를 움켜쥐고 억지를 부린다고 금문가의 아픈 곳을 찌르며 몰아 부쳤다. 더욱이 완벽하지 못한 금문경서를 대신하여 출토된 진경(眞經)인 고문경을 학관에 세울 것을 요구하자 사정이 달라졌다. 금문가들도 이에 질세라 뒤늦게 발견된 고문경을 아예 위조된 경서로 치부하고 논쟁할 가치조차 없다고 무시하였다. 금문가로서는 뒤늦게 나타나 고문을 표방하는 학설에 큰 위협을 느꼈고, 기득권을 유지하려면 순순히 받아들일 수 없었다. 이에 금고문학의 갈등이 공식화되면서 양자의 격돌은 피할 수 없었다. 마침내 경학의 주도권을 놓고 치열한 논쟁은 시작되었고, 논쟁의 과정에서 감정적 대립까지 더하여 확전에 확전을 거듭하게 된다.

경서의 금고문논쟁은 안팎의 발생 요인이 있으며 이를 종합하면 크게 네 가지로 귀납된다. 첫째, 금고문논쟁은 왕조의 교체과정에서 발생한 통용 문자체의 변화에서 비롯되었다. 진대에 분서를 겪으면서 거의 모든 고문경이 없어지거나 감춰졌고, 서한에 들어와 협서률을 해제하여 경서가 복원될 때까지 일정 기간의 경서 공백기가 있었다. 최초의 경서 전수자인 복생은 자기가 소장한 고문본 경서를 예서로 옮겨 적게 하였다. 그리고 다른 전수자의 경우도 일부는 기억에 의존하여 구술하면서 금문으로 필사하도록 하였다. 그러므로 고문경이 나오기 전까지는 서한 초기의 경서와 경설(經說)은 어떤 출처를 막론하고 모두 금문일 수밖에 없었다. 적어도 외형상 진대 이전의 고문경서와 예서로 쓴 한대의 경서 양자의 서체는 확연히 구별되었다. 진에서 한이라는 왕조의 교체에 따라 고문에서 금문이라는 통용 문자의 변화도 일어났기 때문이다.

둘째, 고문경서의 명분상 우위가 오히려 금고문논쟁을 유발하는 도화선이 되었다. 진대의 분서로 말미암아 많은 경서가 소멸되어 서한의 경서 복원과 전수 작업이 순탄하거나 완벽할 수 없는 정황에서 공자의 고택 벽에서 고문경이 출토되자 의혹이 봇물처럼 터져 나왔다. 『고문상서』는 『금문상서』29편보다 16편이 많았고, 『일례』는 39편이나 있었으나 『의례』는 17편에 불과하였다.

산동 곡부 공자고택 안의 옛 우물과 고문경이 나왔다는 문제의 공벽(孔壁)

또한 유흠은 교서령으로 있으면서 『주관』과 『좌씨전』을 발견하였고, 모공이 다루었던 이른바 『모시』는 고문본으로 금문본인 『삼가시』와 달랐다. 이처럼 얼핏 비교하면 금문은 뭔가 빠트리고 부족한 것 같고 고문은 완전한 것 같으며, 고문은 오래된 판본이어서 원본에 가까운 것 같고 금문은 구술과 심법에 의거하여 끼어 맞춘 잡본(雜本)같아 보인다. 그러므로 고문가들이 진경(眞經)임을 앞세워 짜깁기에 의존하여 불완전한 금문경서를 몰아내자는 주장은 기세당당한 대의명분이 있어 이미 기득권을 차지한 금문가에게 큰 위협이 되었다. 금문가에게는 이러한 명분상 열세를 뒤집을 논리 개발이 시급하였다.

셋째, 금고문논쟁은 경학박사라는 학술 주도권을 확보를 위한 공방에서 비롯되었다. 금문가에게는 이미 각자의 사승에 따른 정설이 있어 학술적 권위를 인정받고 있었다. 그런데 고문가의 집요한 도발은 금문학의 사법(師法)

과 가법(家法)의 권위를 부정하였다. 이에 금문가들은 금문학의 학맥과 전통을 수호하기 위한 논리를 개발한 결과 고문경은 위조된 것이라고 강조하여 고문경을 박사에 세우는 것을 결사반대하였다. 고문가의 권위 부정이나 금문가의 위경(僞經) 논리 모두 명분만 학술적 논쟁이지 사실상 본질은 상대방을 몰아내고 경학박사 자리를 차지하기 위한 밥그릇 싸움의 의미가 더 크다.

넷째, 금고문 논쟁의 가장 큰 원인은 금고문경서의 내용상 불일치에서 비롯된다. 고문경과 금문경은 기록한 문자가 다를 뿐만 아니라 내용도 다른 곳이 매우 많다. 예를 들어 『시』의 경우 『모시』와 『삼가시』가 다르며, 『춘추』의 경우 『좌전』과 『공양』·『곡량』 2전이 많이 다르며, 『예』의 경우 『주례』와 『의례』는 근본적으로 종류가 다른 책이며, 『서』의 경우 『금문상서』와 『고문상서』가 편수부터 차이가 많이 난다. 경의 내용이 다르므로 따라서 학설도 달라지며 경에 대한 관점도 완전히 갈라진다.

2) 금고문논쟁의 전개

금고문논쟁은 유흠이 고문경서를 학관에 세울 것을 요구하면서 본격적으로 시작되었다. 그 이전에도 고문경서는 이미 민간에서 유행하여 전수되는 과정을 밟았다. 심지어 『좌씨춘추』의 경우 서한 초에 장창이 다루었고 가의가 훈고를 달았으며, 수대에 걸쳐 사승(師承)되어 유흠에게 이르기 전까지는 아직 쟁론이 일어나지는 않았다. 무제 말년에 노공왕이 궁궐을 지으려고 공자의 고택을 헐자 벽 안에서 다량의 고서가 출토되면서 금고문문제가 대두하였으나 쟁론의 단계까지 이르지는 않았다. 서한 말기에 유흠이 공개서한을 발표하여 고문경서를 학관에 세울 것을 주장하자 금문가들이 반발하여 마침내 금고문 두 경설(經說)이 서로 극한적으로 대립하는 대논전이 공식적으로 점화되었다.

(1) 제 1차 금고문논쟁 : 유흠의 「양태상박사서」

서한 말에 비각의 교서를 총괄한 유향

본격적인 금고문논쟁은 유흠이 고문경을 학관에 세울 것을 요구에서 시작되었다. 유흠은 유향(劉向/B.C. 79?~B.C. 8?)의 아들로 부자가 함께 비각에서 교서 작업을 총괄하면서 『춘추좌씨전』을 발견하였다고 한다. 애제 건평(建平/B.C. 6~B.C. 3년)연간에 유흠이 『춘추좌씨전』·『모시』·『일례』·『고문상서』 등을 모두 학관에 세울 것을 요구하였다. 애제는 유흠에게 영을 내려 오경박사들과 논의하도록 하였으나, 오경박사들은 유흠과 토론조차 하지 않으려 하였다. 이에 유흠은 태상박사들을 공개 비판하는 서신을 지어 올렸는데, 『한서·유흠전』에 실린 「양태상박사서 讓太常博士書」의 내용을 요약하면 다음과 같다.

노나라 공왕이 공자의 옛집을 헐어 궁을 지으려다 무너진 벽 속에서 고문경서를 얻었다. 『일례 逸禮』 39편 있었고, 『서』가 16편 더 있었는데 바로 『고문상서』이다. 한무제 천한(天漢/B.C. 100~B.C. 97년) 이후에 공자의 11대손인 공안국(孔安國) 집안에서 이를 조정에 바쳤으나 갑작스레 무고(巫蠱)의 난을 만나 시행되지 못하였다. 이에 좌구명이 지은 『춘추좌씨전』은 오랫동안 비각에 소장되어 발견되지 못하였다. 성제(成帝/B.C. 33~B.C. 7년)

때에 비부의 도서를 교서하다가 『고문상서』·『주례』·『좌전』 등을 발견하여 이 세 경서가 다시 세상 빛을 보게 되었다. 그런데 유흠이 금문경과 고문경을 비교해 보니 금문경은 옛날의 참모습이 아니었다. 그러므로 유흠은 태학을 세우거나 봉선(封禪)과 순수(巡狩)의식 같은 국가대사를 거행할 때 금문경은 일의 근원을 가르쳐주지 못한다고 꼬집으며, 고문경이 금문경보다 완벽하며 가치가 높다고 역설하였다. 나아가 유흠은 금문가들의 결점은 "여전히 찌꺼기를 붙잡고 불완전한 것을 지키며 학술 체제가 와해될까 두려워하는 사심을 품어 좋고 옳은 것을 따르려는 공평한 마음이 없다."고 단정한다. 또한 금문가들은 혹은 질투의 마음을 품고 사실을 외면하고 끼리끼리 상종하면서 여론몰이로 시비를 가린다고 비판한다. 끝으로 유흠은 금문가들이 오히려 이 세 경서 가운데 『고문상서』는 불완전하다 여기고 『좌씨춘추』는 『춘추』를 바르게 전하지 못한다고 말하니 어찌 슬프지 않겠냐며 개탄하면서 논쟁을 거부하는 태상박사들을 격렬하게 질타하였다.

그러나 유흠의 언사가 지나치게 과격하여 당시 대유(大儒)들의 큰 분노를 샀다. 광록대부(光祿大夫) 공승(龔勝)은 상소를 올려 스스로 죄를 청하고는 벼슬을 내놓고 낙향하였다. 대사공(大司空) 사단(師丹)은 대노하여 유흠이 오래된 전장제도의 전통을 짓밟고 선대 황제들이 세운 오경박사를 폄하하였다고 상주(上奏)하였다. 일시에 온 조정이 시끄러워져 큰 소란이 일어나자 유흠은 자기 죄가 두려워 후임자를 물색하기를 청하고 하내태수(河內太守)로 물러났다.

이번 논쟁은 결론적으로 고문가의 철저한 실패로 돌아갔다. 금문가의 세력이 워낙 드세어서 유흠은 지방관으로 쫓겨났다. 고문가의 첫 번째 도전이 실패한 것은 고문학의 세가 아직 미약하였기 때문이지만, 고문가의 입장에서 아쉬운 점은 논쟁을 도발한 언사가 지나치게 과격하여 정식으로 논쟁도 못해 보고 철저히 패배한 사실이다. 제 1차 논쟁은 고문학이 금문학과 분명한 선을 긋고 대립의 진영을 갖춘 데에 의의가 있다.

(2) 제 2차 금고문논쟁 : 운대 논쟁

두 번째 금고문논쟁은 동한의 광무제(光武帝) 건무(建武/25~55년)연간에 일어났다. 상서령(尙書令) 한흠(韓歆)은 상소문를 올려『비씨역 費氏易』과『좌씨춘추』를 학관에 세울 것을 요청하였다. 이에 광무제는 공경대부(公卿大夫)와 박사들이 운대(雲臺)에 모여 어전에서 상호 토론하도록 조서(詔書)를 내렸다.

박사 범승(范升)은『좌전』은 공자가 짓지 않고 좌구명이 지었으며 사법의 전수 또한 계보를 이을만한 사람이 없는 점을 지적하였다. 그리고 선대의 황제들이 박사를 세우지 않았는데 새삼스레 세울 이유가 없다고 주장하였다. 당시 범승과 한흠의 논쟁은 해가 중천에 이를 때까지 계속되었다. 범승은 조정에서 물러난 후 다시 상주하여『비씨역』과『좌전』이 두 가지는 근본적으로 조사(祖師)가 존재하지 않아 사승되지 않는 점과『좌전』의 14가지 오류를 열거하였다. 또한 사마천이『좌전』을 많이 인용하여 5경과 공자의 말씀을 왜곡시켰으며,『좌전』이 기록할 수 없는 기사가 31건이 있다고 주장하였다. 진원(陳元)이 상소를 올려 반박하자 다시 범승과 진원 사이에 논쟁이 오갔다.

광무제는 끝내『좌전』박사를 세웠다. 태상이 네 명의 박사후보를 천거하면서 진원을 첫 번째에, 이봉(李封)을 두 번째에 두었다. 광무제는 진원이 범승과의 논쟁이 지나쳤다며 이봉을 박사로 세웠다. 그러나 대부분 유학자들은『좌전』박사를 두는 것을 반대하여 공경대부 이하 많은 신료들이 여러 차례 조정에서 논쟁을 벌였다. 얼마 후 이봉이 병사하자『좌전』은 자연스럽게 학관에서 폐지되었다.

이번 논쟁은 결과에 관계없이 『좌전』이 끝내 학관에 들어선 점이 주목되므로 고문가가 한차례 승리한 것으로 보아야 한다. 물론 『좌전』박사 문제로 조정이 한창 시끄러울 즈음에 이봉이 병사함으로써 『좌전』이 다시 폐지되어 표면상 승리는 금문가에게 돌아갔다. 그러나 이번 논쟁은 어전 논쟁을 통하여 광무제의 지지를 얻어 『좌전』이 일시나마 박사에 세워졌다. 이는 바로 고문가의 세력이 점점 커졌음을 의미한다. 자신들의 학술적 주장이 황제의 지지를 얻을 정도에 이르렀다는 사실은 고문가에게는 매우 의미심장한 쾌거였으나 금문가에게는 위기의식을 점점 고조시켰다. 제 2차 논쟁은 고문가가 교두보를 확보하여 약진의 발판을 마련한 시기였다.

(3) 제 3차 금고문논쟁 : 백호통 논쟁

동한 장제(章帝/재위 75~88년) 건초(建初/76~83년) 원년에 황제가 가규(賈逵/30~101년)를 입궐시켜 경전을 강의하도록 명하였다. 가규는 『좌전』이 『공양춘추』와 『곡량춘추』 2전보다 나은 점을 조목조목 강조하였다. 또한 기회가 있을 때 마다 황제에게 『고문상서』의 장점을 진언하였다. 장제는 가규의 강의를 매우 좋아하여 또 다시 가규에게 『삼가시』와 『모시』의 이동(異同)에 관하여 정리하도록 명하였다. 가규는 또한 『주관해고 周官解故』도 찬술하였다.

이 당시 금문가 이육(李育)은 『공양춘추』를 전공하여 41가지 조목을 들어 『좌전』을 비판하였다. 건초 4년(79년)에 장제가 태학의 박사들을 비롯하여 가규·노공(魯公)·정홍(丁鴻) 등 여러 유학자들을 백호관(白虎關)으로 불러 5경의 동이(同異)를 토론하도록 하였다. 백호관은 동한의 도읍지인 낙성성(洛陽城) 북궁(北宮)의 부속건물 가운데 하나이다. 백호관 논쟁은 서한의 선제 감로(甘露)3년(B.C. 51년)에 황제가 조칙을 내려 미앙궁(未央宮)

석거각(石渠閣)에서 벌어진 오경동이(五經同異) 논쟁과 함께 중국경학사에서 가장 유명한 학술회의로 손꼽힌다.

여기에서 금문가인 이육은 『공양춘추』의 대의를 가지고 가규를 공격하였으나, 고문가인 가규의 변론도 조리가 있어 서로 승부를 가리지 못하고 중단하였다. 하지만 이 시기에 이르러 고문학은 금문학과의 논쟁에서 백중지세를 보일 정도로 세력이 매우 왕성해졌다. 반고는 백호통에서 나온 학자들의 의견을 절충하여 정리한 『백호통의 白虎通義』를 편찬하였고 지금까지 전해진다.

3) 금고문학의 통합과 한학의 부활

(1) 정현의 금고문학 통합

금고문의 분립 상황은 서한 말에서 본격적으로 시작되어 동한 말까지 약 200년 동안 오래 지속되었다. 금문가는 금문가의 문호를 지키고, 고문가는 고문가의 문호를 지켰다. 금문가는 고문가들이 경서를 위조하여 5경의 본말을 전도시켰다고 배척을 하였다. 이에 고문가는 금문가들이 조각난 편린을 움켜쥐고 파낭을 이루어 진상을 왜곡하고 진품을 시기한다고 꼬집었다. 이 시기의 금문가는 경서를 주해할 때 결코 고문가의 학설을 채택하지 않았고, 고문가가 경서를 주해할 때 역시 금문가의 학설을 채택하지 않았다. 예를 들어 금문학자 하휴(何休)가 『공양춘추』를 주해하면서 고문인 『주례』의 설을 채택하지 않았고, 정중(鄭衆)・가규・마융(馬融/79~166) 등은 『좌씨춘추』와 『주례』의 주를 달면서 금문가의 학설을 채택하지 않았다. 그리고 허신(許愼)도 『오경이의 五經異義』를 저술하면서 금문학설과 고문학설을 구분하였다. 이로 볼 때, 이 시기의 금고문경설의 분립은 매우 엄격했음을 알 수 있다.

그러나 동한 말엽 환제(桓帝/132~167)와 영제(靈帝/167~189) 사이에 정현이란 재야의 대학자가 출현하면서 사정이 크게 변하였다. 당시 금문학자 하휴가 공양학을 좋아하여 『춘추공양해고 春秋公羊解詁』를 지었고, 연이어 『공양묵수 公羊墨守』·『좌씨고황 左氏膏肓』·『곡량폐질 穀梁廢疾』 3부작을 펴내어 곡량학과 좌씨학을 동시에 공격하였다. 정현은 이에 맞서 『발묵수 發墨守』·『침고황 鍼膏肓』·『기폐질 起廢疾』 3부작을 지어 반박하였다. 하휴는 정현의 3부작을 보고서는 "정현이 내 방에 들어와 내 창을 쥐고서 나를 치는구나!"라고 탄식하였다고 한다.

금고문학설을 통합한 대유(大儒) 정현

정현은 본래 경조(京兆)의 제오원(第五元)을 사사(師事)하여 먼저 『경씨역 京氏易』과 『공양춘추』에 통달하였다. 이 두 가지는 모두 금문에 속하므로 한대의 가법에 비추어 볼 때 정현은 마땅히 금문가의 가법을 지켜야 하였다. 그러나 정현은 뒤에 가서 또 동도(東都)의 장공조(張恭祖)에게서 고문에 속하는 『주관』을 전수받았다. 이처럼 정현은 금문과 고문을 구별하지 않고 겸하여 수학하였다. 그는 금문가법을 묵수하지 않고 오히려 금문가의 고질병을 반박하고 심지어 치료하고자 나섰다. 그러므로 정현의 저술은 양한(兩漢)을 통틀어 비견할만한 학자가 없을 만큼 풍부했으며, 내용 또한 금고문학을 망라하였다.

정현의 학문하는 방법은 사법과 가법의 묵수보다는 금고문학 양자를 융합하는 태도를 취하였다. 예를 들어 정현의 『모시전 毛詩箋』은 『모시』를 위주로 했으면서도 또한 『삼가시』의 해석도 취하여 『모시』의 뜻과 합치되지 않는 부분이 많다. 그리고 『삼가시』는 『모시』 정전(鄭箋)으로 인하여 자연스럽게 세상에서 잊혀갔다. 정현의 『상서주 尙書注』 역시 금문과 고문의 학설을 두루 채용하여 마융의 주와 달랐고, 이 책이 유행하자 구양씨와 대·소하후의 『상서』도 잊혀졌다. 정현의 『의례주 儀禮注』 역시 금문과 고문 학설을 아울러 채용하였고, 이 책이 유행하자 대·소대의 금문『의례』는 잊혀졌다. 이밖에 정현은 고문의 『주관』을 주석하였고, 금문의 『예기』도 주석하였다. 이에 이르러 금고문은 하나로 혼합되었다.

정현의 경학은 가법을 지키지 않았다기보다는 오히려 스스로 일가를 이루어 가법을 파괴하였다고 표현해야 적절하다. 정현이 이렇게 양한 경학의 전통적 가법을 배제하고 심지어 파괴하는 방법으로 금고문을 집대성하였다. 경학의 새로운 전통 수립은 정현 개인의 학문적 업적이자 또한 동한 말기 경학의 매우 흥미로운 변화이다. 말하자면 금고문문제는 동한 말 즈음에는 대립에서 통합의 추세로 돌아섰으며, 아울러 정현의 출현을 계기로 금고문은 사실상 이미 하나로 융합되었다.

금고문문제는 서한 말에서 동한 말에 이르기까지 약 200년 동안 논쟁이 끊이지 않았으나, 한 가지 이상한 현상이 눈에 띈다. 양한 시대를 통틀어 금고문논쟁 과정에서 겉으로 볼 때 금문학이 결코 좌절한 적이 없다. 금문가는 14명이나 박사를 세웠으나 고문가는 일시적으로 박사에 세워졌을 따름으로 금문학이 절대적 우세를 보였다. 그러나 재미있는 사실은 『후한서』에 실린 저명한 금문가가 오히려 고문가에 비해 적은 점이다. 고문가로는 정중·두림(杜林)·위굉(衛宏)·환담(桓譚)·가규·마융 등이 있으며, 모두 크게 이름을 떨친 경학자이다. 이는 고문학이 민간에서 유행하며 세력을 점차 키워온 결과이다. 금문학은 화려한 외양과 다르게 속으로는 위축되고 있었던 것이다. 반면에 고문학은 제1차 논쟁 이래로 뿌리를 내리고 동한시대 전체에 걸쳐 꾸준히 성장하였다. 논쟁을 거듭하면서 금문과 어깨를 나란히 할 정도가 되었고 마침내 정현에 이르러 우뚝 솟아 금문을 압도하게 되었다.

(2) 금고문논쟁의 중지

위진(魏晉)시대에는 고문가의 세력이 더욱 두드러진다. 회제(懷帝) 때 흉노(匈奴)가 일으킨 이른바 영가(永嘉/307~312년)의 난으로 『역』은 양구·시씨·고씨 3가의 역학(易學)이 없어지고, 맹씨·경씨·비씨 3가의 역학 역시 전수자가 없었다. 『서』는 구양씨와 대·소하후의 상서학(尙書學)이 없어졌다. 『제시』는 이미 위대에 없어졌고 『노시』는 진대에서 없어졌으며 『한시』는 비록 남아 있었지만 이미 전수자가 사라졌다. 『공양춘추』와 『곡량춘추』도 비록 존재하였으나 없는 것과 매한가지였다. 진나라에서 세운 박사는 한나라 14금문박사를 계승한 것은 하나도 없어 금문의 사법이 마침내 끊어졌다. 이는 동한 말 이래로 금고문이 마구 섞이면서 일어난 현상으로 금고문논쟁은 이미 의미가 없었다.

동한 말에 정현의 경학 곧 정학(鄭學)이 성행하였다면, 위진시대는 왕숙(王肅/195~256)의 경학 곧 왕학(王學)이 성행하여 금고문의 혼합을 더욱 심화시켰다. 경학의 전승관계로 볼 때 왕숙은 원래 복생의 17대 제자에 해당하며 당연히 금문가에 속한다. 하지만 왕숙은 가규와 마융의 고문학도 좋아하여 금고문학을 병행하였다. 이처럼 왕숙의 학문 노선이 겉으로는 정현과 비슷하나 그는 오히려 정학을 적극 반대하였다. 왕숙의 정현에 대한 반대는 금고문의 가법에 의한 것이 아니고 정학의 성취를 질투하는 감정적 요소가 다분히 개입되어 그야말로 반대를 위한 반대였다. 그는 어떨 때는 금문학설을 가지고 정현의 고문학설을 반박하고, 어떨 때는 고문학설을 들고 나와 정현의 금문학설을 비판하였다. 또한 『공자가어 孔子家語』와 『공총자 孔叢子』 이 두 전적을 위작하여 자기의 주장을 인증하는 근거로 삼았고, 심지어 「성증론 聖證論」을 지어 오로지 정현만을 공격하였다.

왕숙은 딸을 사마소(司馬昭)에게 출가시켜 진무제(晉武帝) 사마염(司馬炎)이 그의 외손이다. 그는 왕실의 힘을 빌려 자기가 주해한 『상서』·『시』·『논어』·『삼례』·『좌전』과 아버지 왕랑(王朗)의 『역전 易傳』을 모두 학관에 세웠다. 이 때문에 왕숙 생전에는 왕학이 정학보다 훨씬 크게 득세하였다. 다만 왕학도 정학과 마찬가지로 가법에 관계없이 금고문을 혼합하는 경학의 큰 흐름은 무시하지 않았다. 오히려 왕학이 득세함으로써 금고문의 혼합을 더욱 가중시킨 측면이 있다.

이밖에 이 시기에 나온 경학 저작 가운데 매이(梅頤)가 지어 바친 『고문상서공안국전 古文尚書孔安國傳』과 두예의 『좌전집해 左傳集解』 그리고 범녕(范寧)의 『곡량집해 穀梁集解』 등이 주목할 만하다. 어떤 것은 고문에 속하고 어떤 것은 금문에 속하나 이 시기에 와서는 아무도 금고문을 따지지 않았다. 다만 남북조(南北朝)의 대립에 따라 경학도 남학(南學)과 북학(北學)으로 대별될 뿐이다. 이를 정리하면 다음과 같다.

경 서	남조의 경학	북조의 경학
주 역	왕필(王弼)의 주	정현(鄭玄)의 주
상 서	공안국(孔安國)의 전	정현의 주
좌 전	두예(杜預)의 집해	복건(服虔)의 주
시	모시전(毛詩傳)	모시전
예	정현의 주	정현의 주

위의 표에서 보듯이 남북조시대에는 고문이 금문보다 훨씬 성행했음을 알

수 있다. 그러나 당시에는 금문과 고문의 쟁론 자체가 없어졌다. 금고문논쟁이 중국학술사에서 일시적으로 중단되었음을 알리는 시기였다.

(3) 금고문 대립의 해제

초당(初唐) 시기에 와서 공영달이 『오경정의』를 편찬하였다. 『오경정의』는 한대 이래의 주석을 광범위하게 참고하여 그 가운데에서 적합한 학설을 모아 두 번의 교정을 거쳐 확정된 관찬(官撰)의 주석서이다. 관찬이므로 당시 학자에게는 절대적인 영향을 끼쳤으며 이로 인하여 위진시대 이래로 분열되었던 학설과 사상의 통일을 앞당겼다. 채택된 경서와 주석의 종류를 살펴보면, 『주역』은 왕필(王弼)과 한강백(韓康伯)의 『주』를, 『상서』는 매이(梅頤)본과 공안국의 『전』을, 『시』는 『모시』에 정현이 단 전(箋) 곧 『모시정전 毛詩鄭箋』을, 『예』는 『예기』에 정현의 주를, 『춘추』는 『좌전』에 두예의 집해(集解)』를 각각 채택하였다. 원래부터 금고문의 다툼이 없는 『역』과 『예기』를 제외하고 나머지는 모두 고문경을 채택하였고, 게다가 왕필의 주 역시 고문의 『비씨역』에 속한다. 이로 볼 때, 공영달의 『오경정의』는 온통 고문경서 일색이다.

관찬의 『오경정의』가 고문경서 일색이라고 해서 이를 두고 고문학의 완전한 승리라고 예단하면 곤란하다. 왜냐하면 공영달이 『오경정의』를 편찬할 때에는 금고문을 구별하지 않았기 때문이다. 예를 들어 당대에는 9경으로 관리를 뽑았는데, 9경이란 『주역』·『상서』·『모시』에 『삼례 三禮』와 『춘추삼전 春秋三傳』을 합한 것을 말한다. 이 가운데 『예기』와 『좌전』은 대경(大經)에 속하고, 『모시』·『주례』·『의례』는 중경(中經)에 속하며, 『주역』·『상서』·『공양전』·『곡량전』은 소경(小經)에 속한다. 9경의 금고문 구성을 보면 『의례』·『공양전』·『곡량전』은 모두 금문에 속하며,

『모시』·『주례』·『좌전』은 고문에 속한다. 이처럼 금고문이 혼재되었으며 금고문을 구별하는 관념이 거의 사라졌다.

동한 말엽의 정현에서 위진시대의 왕숙까지 금고문은 하나로 혼합되었고, 그 이후로 고문학의 성세(聲勢)가 금문학을 능가하였다. 당대에 들어와 금고문의 대립은 표면상 고문의 완전한 승리로 끝난 듯 보이지만 사실은 더 이상 금고문을 가지고 쟁론을 벌이는 사람이 없었다. 금고문은 이미 하나로 합쳐져 나눌 수가 없었으므로 이 시기는 오히려 금고문의 대립이 해제되었다고 해야 옳다.

(4) 금고문논쟁의 부활

송대 이후에 경학의 중심이 의리 위주의 정주학(程朱學) 곧 성리학으로 크게 바뀌지만 이는 금고문 문제와 무관하다. 거의 해제되다시피 오랜 세월 잠복하였던 금고문 문제는 청대에 들어와서 경학의 중요한 화두로 재등장하였다. 청대 초기에 고염무(顧炎武)가 명대 말기 이래로 성리만 논하고 책을 보지 않는 폐해를 지적하면서 '경학을 버리고서는 이학도 없다'고 주장하여 한학(漢學)의 싹을 다시 발아시켰다.

하지만 이 시기는 아직 문호가 엄격히 구분되지 않아 한학과 송학의 중간지대에 머물렀다. 뒤이어 건륭(乾隆/1735~1795년)시대 이후로 혜동(惠棟)·대진(戴震) 등이 나와 '경학을 위한 경학'을 주장하면서 의리보다 실증을 우선시하는 고증학파를 형성하였다. 이는 청초의 학술이 송학을 버리고 한학으로 복귀하였음을 의미한다. 이로 인하여 허신과 정현의 학문이 다시 크게 각광을 받는다.

도광(道光/1820~1850년)시대 이후로는 허신과 정현 등 동한의 학문에서 점점 위로 올라가 서한의 경학으로 복귀하였다. 『시』는 『삼가시』를, 『서』

는 복생을, 『예』는 『의례』를, 『춘추』는 『공양전』을, 『역』은 『맹씨역』을 각각 숭상하여 『모시』·『고문상서』·『주례』·『춘추좌씨전』은 모두 배척을 받는 신세가 되었다. 서한시대 14박사의 학설이 다시 부활하고 금고문문제가 다시 불거졌다. 이에 따라 금고문학이 또 다시 각자의 가법과 문호를 고수하며 첨예하게 대립하게 된다.

청대 말기에는 강유위(康有爲)의 『신학위경고 新學僞經考』와 『공자개제고 孔子改制考』는 금고문의 대립을 더욱 뜨겁게 달아오르게 하였다. 강유위는 『신학위경고』에서 고문경은 모두 유흠의 위조에서 나왔다고 공격하였고, 『공자개제고』에서는 5경은 모두 공자가 '탁고개제(託古改制)' 곧 옛것을 빌어 현재의 제도를 개혁하려는 목적으로 지었다고 주장하였다. 경서의 용도를 경세치용(經世致用)에 두고 현실 개혁의 이론적 근거로 삼고자하는 강유위의 주장은 마지막 남은 고문학 대가 장태염(章太炎)의 강렬한 반발을 샀다. 격렬한 공방의 여파가 지금까지 남아 문호 상호간의 기치가 여전히 뚜렷하게 대조된다.

4) 금고문학의 비교와 논쟁의 영향

(1) 금고문학의 비교

경학의 금고문문제는 표면적으로 단순히 학파간의 논쟁으로 보이지만 속으로는 밥그릇 다툼이라는 권력 투쟁의 성격을 내포하고 있다. 그럼에도 불구하고 이 논쟁은 본질적으로 학술적인 논쟁이다. 그러므로 장기간에 걸친 논쟁 과정에서 축적된 경학에 대한 연구 성과와 파생된 경학 연구의 방법론 등 학술에 대한 영향이 지대하다.

당의 오도자(吳道子)가 그린 '先師孔子行敎像' 제하의 탁본

금고문학의 관점은 매우 상이하다. 우선 연구 대상이 되는 경서의 본질에 대하여 서로 다른 관점을 지닌 채 상호 불신한다. 금문가들은 6경 대부분을 공자가 지었으며, 그 가운데에 고대의 사료가 섞여있는 것은 단지 공자가 '탁고개제'한 수단이자 미언대의를 밝히는 방편의 일환으로 본다. 예를 들어 맹자가 『춘추』에 대하여 "그 사적은 제환공(齊桓公)과 진문공(晉文公)의 일이고, 그 문장은 역사체이고, 그 의의는 공자가 가만히 취사선택을 하였다."라고 평하였다. 금문가들은 여기에서 더 나아가 『춘추』뿐만 아니라 6경 전체의 주지(主旨)가 미언대의에 있지 역사적 사실의 기재에 있지 않다고 여긴다. 그러므로 금문가들은 기본적으로 공자를 정치가·철학가·교육가의 성격을 한 몸에 지닌 인류사상 가장 위대한 성인으로 추앙한다.

반면에 고문가들은 6경을 고대의 사료로 여겨 '6경은 모두 역사'라는 관점을 지닌다. 고문가들은 공자 스스로 옛것을 굳게 믿고 좋아하여 설명만 하고 창작을 하지 않는다고 밝혔듯이 공자를 전대의 사료를 모아 정리하고 나아가 고대의 문화를 후대에 전달한 역사가로 본다.

이처럼 금고문가 양자는 공자를 바라보는 시각부터 현저한 차이를 보인다. 물론 여기에는 두 학파 모두 감정이 작용하여 고의적으로 사사건건 이견을

공자를 소왕(素王)으로 숭앙하여 궁궐처럼 화려한 용무늬를 새긴 공묘 대성전의 돌기둥

내세운 측면도 없지 않다. 이들의 대립된 주장을 취합하면 대체로 아래와 같이 정리된다.

① 학술적 주장의 차이

	금문학	고문학
(1)	공자를 숭상한다.	주공을 숭상한다.
(2)	공자는 천명을 받은 소왕(素王)이다.	공자는 선사(先師) 가운데 한 명이다.
(3)	공자는 철학가·정치가·교육가이다.	공자는 사학가에 가깝다.
(4)	6경은 공자가 저술하였다.	6경은 고대의 사료이다.
(5)	공자는 '탁고개제(託古改制)'하였다.	공자는 옛것을 좋아하여 '술이부작(述而不作)'하였다.
(6)	미언대의 위주의 『춘추공양전』을 중시한다.	역사 기술 위주의 『춘추좌씨전』을 중시한다.
(7)	경학파이다.	사학파이다.

	금문학	고문학
(8)	사법과 가법이 뚜렷하여 경의 전수 과정을 대부분 파악할 수 있다.	발견 경로가 불명확하여 경의 전수 과정을 파악하기 어렵다.
(9)	서한 때 모두 학관에 세워졌다.	서한 때 주로 민간에서 유행하였다.
(10)	서한시대에 성행하였다.	동한시대에 성행하였다.
(11)	고문경은 유흠이 위조하였다고 배척한다.	금문경은 진대 분서의 잔재라고 배척한다.
(12)	『의례』·『공양전』·『곡량전』·『소대예기』·『대대예기』·『한시외전』 등이 현존한다. 『금문상서』 29편은 『고문상서』에 실려 있다.	『모시』·『주례』·『좌전』·『고문상서』 등이 현존한다. 『고문상서』는 『금문상서』보다 16편이 더 실려 있다.
(13)	위서(緯書)의 존재를 믿으며, 공자의 미언대의를 보충한다고 여긴다.	위서를 믿지 않으며, 날조되고 미신적인 것이라고 배척한다.
(14)	연원이 제학(齊學)에서 비롯되어 천인관계에 대한 담론에 능하며 비교적 이론적이다.	연원이 노학(魯學)에서 비롯되어 전장제도의 유산을 지키며 비교적 실용적이다.
(15)	제도를 논할 때는 『예기·왕제』편에 비탕을 둔다.	제도를 논할 때는 『주례』에 비탕을 둔다.

② 제도의 차이

	금문학	고문학
정치 체제	존왕(尊王)을 기치로 내건다. 통일과 왕천하(王天下)를 중시한다. 중앙집권을 지향한다.	제후와 귀족의 기득권을 중시한다. 제후의 칭백(稱伯)을 허용하여 일방의 패권(霸權)을 인정한다. 지방분권을 지향한다.
순수(巡狩)	천자의 순수 횟수가 많아야 한다. 5년에 1번 순시한다.	천자의 순수 횟수가 적을수록 좋다. 12년에 1번 순시한다.
왕제(王制)	봉건에 기초하여 봉지를 오복(五服)으로 나누며 각각 500리(里)로 한다. 분봉(分封)은 현실을 중시하여 3등급으로 나눈다. 공(公)과 후(侯)는 사방 100리, 백(伯)은 사방 70리, 자(子)와 남(男)은 사방 50리로 하여 귀족의 욕구를 억제하고 대국의 반란을 방지한다. 왕기(王畿) 안에 봉국(封國)을 둔다.	봉지를 구복(九服)으로 나누며 역시 각각 500리로 한다. 분봉은 5등급으로 나눈다. 공은 사방 500리, 후는 사방 400리, 백은 사방 300리, 자는 사방 200리, 남은 사방 100리로 한다. 봉국을 합하여 사방 만리가 된다. 봉국의 규모는 변경할 수 없다. 왕기 안에 봉국을 두지 않는다. 왕기는 천리로 한다.

	금문학	고문학
관제 (官制)	천자는 사도(司徒)·사마(司馬)·사공(司空) 등의 삼공(三公)을 둔다. 구경(九卿)과 27대부(大夫) 및 81사(士)을 합하여 모두 120명으로 숫자를 제한하고 증설을 허락하지 않는다. 경(卿)의 세습이 없었고 선거(選擧)가 있어 외부 인재의 등용이 가능하다.	천자는 태사(太師)·태부(太傅)·태보(太保) 등의 삼공을 두며 관속(官屬)은 없다. 또한 삼공의 부(副)로 소사(少師)·소부(少傅)·소보(少保) 등의 삼소(三少)를 두며 삼고(三孤)라고 부른다. 그 아래 육경(六卿)을 두고, 육경 아래 대부와 사 및 서인의 숫자를 제한하지 않아 관리가 모두 만이천 명이나 된다. 세경(世卿)은 있고 선거는 없어 권력이 외부로 분산되지 않도록 한다.
제사 (祭祀)	사직(社稷)에서 천신(天神)을 봉향한다. 천자는 태묘(太廟)가 있었으나 명당(明堂)은 없었으며, 칠묘제(七廟祭)는 모두 시제(時祭)였다. 천자는 정월에 남교(南郊)에서 하늘에 지내는 체제(禘祭)를 지냈으며, 원조를 조묘(祖廟)로 모셔와 합사(合祀)하는 협제(祫祭)를 지낸다.	사직에서 인귀(人鬼)를 모두 봉향한다. 천자에게 태묘는 없었고 명당이 있었다. 칠묘제(七廟祭)는 일시제와 월시제의 구분이 있었다. 교외에서 체제를 지냈으며 협제를 지내지 않는다.
상제 (喪制)	박장(薄葬)과 단상(短喪)을 주로 한다.	전통 형식을 중시하여 후장(厚葬)을 주로 하며, 상례를 성대하게 거행한다.
세제 (稅制)	원근(遠近)에서 모두 십일(什一)을 취한다. 십정(十井)에서 일거(一車)를 내게 한다.	원근에 따라 차등을 둔다. 일전(一佃)이 일거를 내도록 한다.
혼제 (婚制)	천자가 후비(后妃)를 취(娶)할 때 하빙(下聘)의 예는 행하지 않으며, 친영(親迎)의 예를 행한다.	천자가 후비를 취할 때 하빙의 예를 행하며, 친영하지는 않는다.
형제 (刑制)	형기를 마치면 거세하지 않는다.	형기를 마치면 거세한다.
산택 출입	공상(工商)의 이익을 보호하고, 산택(山澤)의 출입을 금지하지 않고 공개하여 평민들이 이용할 수 있게 한다.	귀족의 요구에 부응하여 산택을 모두 관에 편입시키고 평민들의 출입을 엄격히 통제한다.

(2) 금고문논쟁의 영향

금문과 고문 두 경학파는 출처를 달리하는 텍스트의 진위를 두고 각자 문호를 세우고 가법을 엄수하였다. 서로 첨예하게 대립한 나머지 상대방의 경설이면 무조건 반대하여 때로는 지나친 주장을 마다하지 않았다. 예를 들어 '6경은 공자가 직접 지었다'는 금문가의 주장은 공자가 '탁고개제'하였음을 뒷받침하기 위한 학설이다. 하지만 객관적으로 볼 때 공자는 6경을 정리하여 경학의 기초를 마련하였지 직접 저작한 것이 아니므로 지나친 주장이다. 그리고 고문가의 '6경은 모두 역사'라는 주장 역시 너무 지나치다. 만약 6경이 모두 역사라면 6사(六史)라고 해야지 하필 6경이라고 하는가? 6경은 결코 전부 사료에만 그치지 않으며, 6경의 편찬 동기와 목적으로 볼 때 6경의 사료적 요소는 부차적인 작용으로 '6경'의 본질과는 거리가 멀다. 그러므로 '육경개사설'은 6경의 부차적 작용을 가지고 6경의 주작용을 왜곡한 혐의가 다분하다.

금고문의 본격적 대립은 유흠이 고문경 박사 쟁취에 나서면서 시작되었고 논쟁은 결국 밥그릇 싸움이라는 감정적 요소가 개입되었다. 일반적으로 감정적 요소가 개입된 논쟁은 객관적 판단보다 주관적 견해가 앞서기 마련이다. 고문가가 금문경서를 불완전한 찌꺼기라고 공격하자 금문가는 고문경서를 위조되었다고 맞섰다. 금고문가 모두 자기들의 주장만 옳다고 고집하고 객관적으로 상대방 학설의 장점을 살피고 흡수하려는 태도가 없었다. 비록 정현이 나와 금고문 양 학설을 혼합시켰으나 완전히 융화되기에는 양자의 경계선이 너무 뚜렷하다. 이러한 맹목적 대치는 경학사 전반을 관통하여 어떤 학자를 막론하고 경학에 입문하는 순간 양자택일을 강요당한다. 이처럼 무조건적인 자파 옹호와 상대방 배척 등 학술적 주장의 자의성과 객관성 결여는 금고문논쟁이 경학에 끼친 부정적 폐해이다.

하지만 금고문논쟁은 자연히 상대방 학설을 압도하기 위한 학술 방법론을 개발하는 경쟁을 수반하였다. 특히 도전하는 입장에 섰던 고문가들은 자기들의 학설을 증명하기 위하여 동한 때 문자훈고학(文字訓詁學)이란 연구방법을 발명하였다. 고문가들은 『이아』와 『설문해자』 같은 문자훈고학에 큰 권위를 부여한다. 허신의 『설문해자』는 정현의 전주(箋注)와 더불어 고문학파의 기초 학문이 되었고, 『이아』도 『주례』와 『모시』와 같은 계열에 서게 되었다. 그러므로 『이아』를 읽으면 자기도 모르게 이미 고문학에 입문한 격이 된다.

청대 초기는 한학과 송학을 겸하였지만 혜동(惠棟)과 대진(戴震)이 나와 '경학을 위한 경학'을 주장하면서 동한의 경학이 부활하고 이를 뒷받침하는 연구방법인 문자훈고학과 음운학 등 소학(小學)이 크게 성행하게 되었다. 이러한 시대적 소산이 단옥재의 『설문해자주』이다. 소학은 고적 해석에 크게 도움이 되는 기초학문이자 경학연구에 매우 중요한 보조학문으로 중국이 큰 자부심을 가질만한 인문학 연구방법이다. 소학이 성행한 후로 많은 고적에 대한 연구와 정리에 큰 성취를 가져왔다. 금고문논쟁이라는 경학의 미해결 과제가 소학의 발전에 학술적 토양이 되었고 마침내 경학연구의 방법론인 고증학(考證學)이 발전하는 데 결정적인 초석이 된 것이다. 이 점은 금고문논쟁이 남긴 긍정적인 영향이다.

물론 금문학파는 훈고학은 고문경을 위조한 혐의를 엄폐하기 위한 수단이며 문자학에서 말하는 육서(六書)의 원리 또한 위조하였다고 지적한다. 더욱이 청대의 고문가들이 음운학과 훈고학에 빠져 경학의 의리 연구를 포기하였다고 비판한다. 심지어 강유위는 소학은 지엽말단적인 기교로 6경이라는 대도(大道)와 함께 할 수 없으며 청대 경학은 훈고파 때문에 자질구레하고 지리멸렬하게 변하였다고 탄식하였다. 대체로 금문가들은 훈고학은 경서를 연구하는 도구에 불과하며 평생 여기에만 몰두하면 공자가 6경에 의탁한 미언대의를 터득할 수 없다고 본다. 고문가들이 지나치게 소학에만 몰두하여 경서의 전체 대의 설명에는 소홀한 면이 없지 않으므로 금문가의 주장은 전혀 근거가 없는 비판은 아니다.

고문가들은 기본적으로 호고주의(好古主義)적 역사관이 지니어 요순시대를 최고의 태평성세로 여긴다. 여기에는 두 가지 작용이 따른다. 하나는 긍정적 작용으로 요순시대의 재현을 목표로 이를 지향해가는 과정에서 후대 사람들의 향상심을 촉발시킨다. 다른 하나는 잠재적인 작용으로 후대 사람 마음속에 옛날 제도는 모두 좋고 옳으며 지금 사람은 어떻게 해도 옛날의 요순만 못하다는 퇴행적 관념에 사로잡히기 쉽다. 지금이 옛날만 못하다는 관념은 사람들로 하여금 단지 옛 것만 답습하고 새 것을 창조하는 잠재력을 방해하는 부작용을 낳는다. 이 때문에 중국인 대부분 옛 성현의 말을 빌리지 않으면 감히 자기표현을 하지 못하고 만사를 옛날 일을 기준으로 삼는 경향이 있다. 고문가의 지나친 호고주의는 분명히 새로운 발상에 방해가 되며, 이는 금문가들이 청대의 고문가들을 비관적 복고 색채가 농후하다고 비판하는 빌미가 되었다.

이처럼 금고문학이 후대의 학술과 문화 전반에 끼친 영향은 부정적 측면과 긍정적 측면이 모두 있다. 이를 정리하면 다음과 같다.

부정적 방면	긍정적 방면
(1) 무조건적 파벌주의를 고수하였다. (2) 위조의 풍조를 조장하였다. (3) 금문가의 의리 지향적 공리주의(空理主義)는 실용적 학문의 발달을 저해하였다. (4) 고문가의 호고주의로 인한 퇴보적 관념이 지배하여 창조적 의지의 형성을 저해하였다. (5) 소학의 과다한 발달로 지엽말단적 자구해석에 치중하여 방법론이 오히려 경학의 주류를 이루는 폐단을 낳았다.	(1) 박사를 세우기 위한 경쟁으로 인하여 학문 연구의 풍토를 조성하였다. (2) 경으로 인재를 뽑는 문치주의 전통을 확립하였다. (3) 소학과 같은 학문 방법론과 사전 등의 공구서 개발을 촉진하였다. (4) 다양한 역사 관념의 형성에 도움을 준다. (5) 요순시대로의 복귀란 이상주의적 목표로 인한 향선심(向善心)의 형성과 이에 따른 도덕주의적 전통을 확립하였다.

(3) 금고문논쟁의 평가

경서는 원래 선인들의 지혜와 고대 문화의 정수가 누적된 기록으로 근본적으로 금문과 고문의 구분이 있을 필요가 없다. 진시황의 분서가 발단이 된 금고문논쟁은 텍스트의 진위 규명에 그치는 단순한 학술 논쟁이 아니다. 논쟁의 본질은 학술적 논쟁을 수단으로 박사라는 기득권의 수호와 경학의 정통성 확보를 위한 정치적 투쟁에 있다. 금고문 두 학설은 각자 장단점이 있다. 정현은 양자의 장단점을 혼합시켰으나 양가의 논쟁에 종지부를 찍지는 못하였다. 논쟁의 불씨는 청대에 와서 되살아나 상호 배척하는 강도가 결코 양한 시대에 뒤지지 않는다. 이처럼 논쟁 과정에서 생겨난 경쟁심은 경학의 방법론 개발을 유발하기도 하였지만, 오랜 불신감과 감정적 대응은 학설의 객관성을 상실하게도 하였다.

금고문논쟁은 경학의 핵심 주제이자 여전히 가장 큰 미해결 과제이다. 누구나 경학에 입문하면 반드시 금고문논쟁을 이해하여야 경학의 전모가 파악된다. 금고문논쟁은 경학을 이해하는 실마리이자 관문인데 묘하게도 논쟁을 접하는 순간 자기도 모르게 논쟁의 한 당사자가 되어 버린다. 결론적으로 금고문문제는 중국 경학의 알파요 오메가이다. 때로는 논쟁의 배타적 본질로 인하여 학설의 객관성이 결여되지만 실제로는 논쟁을 통하여 경학의 내용을 더욱 풍부하게 살찌운 공로가 더 크다. 또한 논쟁의 원인을 제공하였던 진시황의 폭거가 오히려 경학의 다양성에 결정적 밑거름이 되었다는 사실은 매우 역설적이면서 흥미롭다.

II

사서 입문

1. 『논어』

『논어 論語』는 유가의 가장 기본 경전인 4서의 하나로 공자의 가르침을 직접 전하는 가장 확실한 문헌이다. 이 책의 내용은 주로 공자와 제자 사이에 오고간 문답과 대화로 구성되었으며, 구성 방식은 비교적 간결한 어록체이다. 어록체로는 현존하는 중국 고서 중에서 가장 오래된 경전이라 할 수 있다. 『논어』는 유가의 핵심 사상인 인(仁)을 바탕으로 치세와 인생의 교훈을 담고 있다. 그러므로 공자와 공문(孔門) 제자들의 사상과 행적을 연구하려면 반드시 『논어』에서 출발해야 한다.

1) 편찬과 작자

(1) 『논어』의 명칭

『논어』라는 명칭은 『예기 禮記·방기 坊記』에 최초로 보인다. 이는 서한(西漢)의 무제(武帝) 이전에 이 책명(冊名)이 이미 존재하였음을 알려준다. 왜 『논어』라고 불렀는지 학자에 따라서 설명이 각기 다르기 때문에 중요한 것을 간추리면 다음과 같다.

우선 반고(班固)의 『한서 漢書·예문지 藝文志』에 "『논어』는 공자가 제자에게 응답한 것, 당시의 인물 및 제자가 서로 말을 나눈 것, 선생님의 말씀을 얻어들은 것이다. 당시 제자들이 각자 기록하였는데 공자께서 돌아가시자 문인들이 서로 함께 모아서 체계적으로 편찬하였으므로 『논어』라 한다. (論

語者, 孔子應答弟子, 時人及弟子相與言, 而接聞於夫子之論也。當時弟子, 各有所記, 夫子旣卒, 門人相與輯而論纂, 故謂之論語。)"라고 하였다. 반고의 설명에 따르면, 『논어』의 '논'은 논찬하다는 의미이고 '어'는 선생님의 말씀이란 의미로, 합하면 공자의 말을 모아 이를 간추려서 일정한 순서로 편집하였다는 뜻이다. 그렇다면 『논어』라는 명칭은 편찬 당시부터 있었고, 누가 붙였는지 분명하지 않지만 문맥상 공자의 제자들이 붙인 것으로 보인다. 그리고 송대(宋代)의 형병(邢昺)은 『논어집주소 論語集注疏』에서 정현(鄭玄)의 『주례주 周禮注』가 "대답하여 설명함을 '어'라 한다. (答述曰語。)"라고 한 말에 근거하여 『논어』에 실린 것은 모두 공자가 제자와 당시 인물에게 응답한 말이므로 '어'라고 하였으며, 틀림없이 논찬의 과정을 거치고 함부로 짓지 않았음을 나타내려고 '어'자 앞에 '논'자를 덧붙였다고 주장한다. 반고와 형병 모두 '논'을 동사로 '어'를 목적어로 보아 공자와 제자의 대화를 논찬하였다고 보았다.

그러나 동한(東漢) 사람 유희(劉熙)의 『석명 釋名』에서는 『논어』는 공자와 제자의 말을 기록한 책이라 전제하고, '논'을 형용사로 보고 '어'를 동사로 보아 '논어'는 곧 조리가 있게 자기의 말을 설명한다는 뜻이라고 하였다. 원대(元代)에 와서 하이손(何異孫)의 『십일경문대 十一經問對』에서는 『논어』의 '논'은 토론하다는 뜻으로 제자가 공자의 말을 기록한 것, 공자가 제자의 질문에 대답한 것, 제자끼리 서로 질의하고 응답한 것, 당시 사람들이 서로 대화한 것, 신하가 임금의 질문에 대답한 것, 공자 사제(師弟)가 대부의 질문에 대답한 것 등 모두 토론의 내용을 담고 있으므로 『논어』라고 부른다고 주장하였다. 그러나 양백준(楊伯峻)는 그의 『논어역주 論語譯注』 서문에서 하이손의 주장은 후대에 나온 주관적 견해라고 일축하였다.

제자들과 학문을 토론하는 공자의 모습

근래에는 채념생(蔡念生)·배보현(裴普賢) 등 일군의 학자들이 『논어』의 명칭을 매우 새롭게 풀이한다. 이들의 풀이에 따르면, 『논어』의 '논'과 '어'는 일종의 문체로, 문답에 관계없이 많은 사람을 대상으로 말한 것은 '논'이고, 오로지 한 사람 또는 특정 몇 사람을 대상으로 말한 것은 '어'이다. 예를 들어 「학이 學而」편의 "공자가 말하였다. '배운 것을 늘 실습하니 또한 즐겁지 아니한가!' (子曰 : 「學而時習之, 不亦說乎 ! 」)"는 많은 제자들을 대상으로 한 말이므로 '논'에 속하고, 「이인 里仁」편의 "공자가 말하였다. '증삼아, 나의 도는 하나로 관통된다.' (孔子曰 : 「參乎 ! 吾道一以貫之。」)"는 증삼 한 사람의 대상으로 한 말이므로 '어'에 속한다. 심지어 왕정지(王靜芝)의 『경학통론 經學通論』은 '논'과 '어'가 각각 문체를 지칭하는 상용 명사이면서 늘 함께 사용되었으며, 그 당시 '논어'라고 하면 바로 공자가 제자를 가르치거나 토론하고 문답한 필기를 가리킨다고 하였다. 이를 증명하기 위하여 왕정지는 『예기 禮記·방기 坊記』에서 공자가 군자는 자기 어버이의 허물은 덮어주고 장점을 높이 산다고 말한 다음 "『논어』에 말하였다. '삼년 동안 아버지가 행하던 방식을 바꾸지 않는다.' (論語曰 :「三年無改於父之道。」)"라고 인용한 구절을 예로 들었다. 이때의 '논어'란 바로 공자 제자들이 기록한 필기본을 가리키는 고유명사이며 공자가 이를 인용하였다는 것이다. 그러나 왕씨의 주장은 공자 생전에 『논어』가 완성되어 유행하였음을 뜻하는데 이를 일반론으로 받아들이기 어렵다.

정리하면, 『논어』란 명칭은 당시 편찬자가 붙였으며 언어의 논찬이란 뜻이다. 양한(兩漢)시대에는 『논어』라는 명칭이 일반화되어 부르기 편하게 줄여서 '논' 또는 '어'라고 불렀으며, 보다 상세하게 『논어설 論語說』이라고도 하였다. 때로는 '전(傳)' 또는 '기(記)'라고도 불렀는데, 양웅(揚雄)의 『법언 法言・효지 孝至』에서는 『논어』의 원문을 인용하며 '전'이라 하였고, 『후한서 後漢書・조자전 趙咨傳』에서는 『논어』의 원문을 인용하며 '기'라고 하였다. 『논어』를 '전'과 '기'로 부르는 것은 간책(簡策)의 규격과 관계가 있다. 왜냐하면 한대의 『논어』는 간책의 길이가 '경(經)'보다 짧았기 때문이다. 한대는 죽간(竹竿)을 엮어서 책을 만들었다. 정현의 「논어서 論語序」는 6경과 같은 '경(經)'은 길이가 2척(尺) 4촌(寸)의 죽간을, 『효경 孝經』은 절반인 1척 2촌의 죽간을, 『논어』는 8촌의 죽간을 각각 사용한다고 기록하였다. 참고로 한척(漢尺)은 오늘의 55.92mm에 해당한다. 장병린(章炳麟)은 '전'은 원래 6촌(六寸)의 부(簿)로 전(專)의 가차자(假借字)라고 해석하였다. 그러므로 『논어』를 '전'이라고 부르는 것은 간책의 길이가 '경'과 다르기 때문이며, 척촌으로 볼 때 한대의 『논어』는 아직 '경'을 보좌하는 '전'과 '기'의 지위에 머물었음을 알 수 있다.

(2) 『논어』의 체재

현행본 『논어』는 첫 편 「학이」편에서 마지막 편 「요왈」편까지 모두 스무

편이다. 이들 편명을 소개하면 다음과 같다.

제 1편	「학이 學而」	제 11편	「선진 先秦」
제 2편	「위정 爲政」	제 12편	「안연 顔淵」
제 3편	「팔일 八佾」	제 13편	「자로 子路」
제 4편	「이인 里仁」	제 14편	「헌문 憲問」
제 5편	「공야장 公冶長」	제 15편	「위령공 衛靈公」
제 6편	「옹야 雍也」	제 16편	「계씨 季氏」
제 7편	「술이 述而」	제 17편	「양화 陽貨」
제 8편	「태백 泰伯」	제 18편	「미자 微子」
제 9편	「자한 子罕」	제 19편	「자장 子張」
제 10편	「향당 鄕黨」	제 20편	「요왈 堯曰」

『논어』의 편명은 모두 각 편의 제 1장에 나오는 첫 행 중 맨 처음 두세 글자를 취하여 편명으로 삼았다. 또한 『논어』의 편명은 단지 각 편을 표시하는 형식적인 명칭일 뿐이고 각 편의 내용과는 아무런 상관이 없다. 이는 『시경』의 편명 취하는 방법과 비슷하며 후대의 『맹자』도 이를 따랐다. 각 편마다 대략적인 주제를 추출할 수는 있지만 완전히 일치하지 않으며, 각 장(章)마다 내용이 독립되었다고 보는 것이 옳다. 각 편마다 용어 또한 전체적으로 통일되지 않았고 같은 문장의 중복도 종종 눈에 띈다.

일반적으로 앞의 10편과 뒤의 10편을 구분하여 각각 '상론(上論)'과 '하론(下論)'이라고 부른다. 이것은 편의상의 구분일 뿐이고 책에 별도로 표시하지는 않는다. 다만 제 10편 「향당」은 주로 공자의 용모와 사적을 기록하고 있어 『논어』 전체를 마무리하는 자리에 있어야 마땅하다고 여겨진다. 또한 '상론' 10편과 '하론' 10편의 문체가 약간 차이가 난다. '하론' 10편에서는 "君子有三思"나 "君子有九思"처럼 품목을 먼저 거론한 후 설명하는 방식을 취하고 있는데, 이는 분명 '상론' 10편의 기술 방식과 뚜렷하게 대비된다. 혹자는 이것을 '하론' 10편의 편자(編者)가 '상론' 10편과 다르다는 유력한 증거로 삼기도 한다. 「계씨」편의 경우 '자왈(子曰)' 대신에 모두 '공자왈(孔子曰)'을 사용한 것도 독특하다. 혹자는 이 편을 『제론 齊論』으로 보고 있지만 이는 『논어』의 전본(傳本)과 관련된 문제이고 확실한 증거는 없다. 참고로 왕충(王充)의 『논형 論衡』에서는 『논어』가 본래 30편이었다고 주장하지만 믿을 수 없다.

(3) 『논어』의 편찬 과정과 작자

『논어』가 어떻게 만들어졌으며 누가 지었는가? 『논어』가 공자의 언행과 사적을 주로 기록한다고 해서 공자가 직접 저술했다고는 보지 않는다. 논어의 편집 과정과 작자에 대한 단서는 『한서 · 예문지』가 잘 제공하므로 그 내용을 다시 한 번 더 살펴보자.

> 『논어』는 공자가 제자에게 응답한 것, 당시 인물 및 제자가 서로 말을 나눈 것, 선생님의 말씀을 얻어들은 것이다. 당시 제자들이 각자 기록하였는데 공자께서 돌아가시자 문인들이 서로 함께 편집하여 논찬하였으므로 『논어』라 한다.

위의 내용은 다음과 같은 몇 가지 정보를 제공한다.

첫째, 『논어』의 일부는 당시 제자들이 공자에게 수업을 받으며 질의응답한 내용을 적어 놓은 필기이다.

둘째, 『논어』의 일부는 당시 제자들이 공자의 평상시 가르침을 수시로 적어 놓은 기록이다.

셋째, 『논어』의 일부는 공자가 열국(列國)을 주유(周遊)할 때 수행한 제자들이 스승의 주요 언행을 모아둔 다큐멘터리이다.

넷째, 『논어』의 일부는 제자들 상호간의 문답과 공자의 사제(師弟)가 대부(大夫) 등 당시 인물들과 나눈 대화이다.

종합하면, 『논어』는 공자와 그의 제자들의 언행과 사적을 두루 모아 편집 작업을 거친 후 완성된 서적이다. 무엇보다 중요한 사실은 『논어』가 완성되기까지 자료의 기록과 이를 수거하여 편찬한 주체가 공자의 제자들이라는 점이다. 공자의 언행과 사적은 절대적 부분이 『논어』를 통해서 전해지며 공자의 사상을 알아보기 위한 확실한 자료도 『논어』가 가장 중요하다. 하지만 『논어』는 결코 공자 본인이 직접 지은 저서가 아니다. 『논어』가 인류의 위대한 유산으로 남은 것은 오로지 공자의 제자들이 자료를 기록하고 나아가 제자와 심지어 제자의 제자들이 합심하여 이를 질서정연하게 논찬한 공로이다.

『논어』를 찬술한 작자에 대하여는 대체로 다음의 네 가지 견해가 대표적이다. 첫째, 반고의 『한서・예문지』에서는 공자 사후에 문하제자들의 공통 편찬이라고 광범위하게 지목하였다. 둘째, 정현의 「논어서 論語序」는 보다 구체적으로 공자의 제자 중에서도 중궁(仲弓)・자유(子游)・자하(子夏) 등이 편찬하였다고 지적하였다. 이는 아마 자유와 자하가 공문사과(孔門四科) 가운데 문학에 능하였으므로 한대의 유가들이 이를 근거로 추측한 것이며 실제적인 증거는 없다.

셋째, 당대(唐代)에 와서 유종원(柳宗元)의 「논어변 論語辯」은 『논어』에 증자(曾子)의 죽음이 기록되었음을 근거로 증자의 제자가 지었다고 단정하였다.

증삼은 공자보다 46세나 어리고 증자는 오래 살다 죽었다. 이 책에서 증자의 죽음을 기록하였는데 공자와는 시간적 거리가 매우 멀다. 증자가 죽었을 때 공자의 제자는 생존한 이가 거의 없었다. 나는 증자의 제자가 지었다고 여긴다. (曾參少孔子四十六歲。曾子老而死, 是書記曾子之死, 則去孔子也遠矣。曾子之死, 孔子弟子略無存者矣。吾意曾子弟子爲之也。)

『논어·태백』편에 "증자가 병이 있었다. (曾子有疾。)"라는 구절이 두 번이나 나오는 것으로 보아 시기적으로 『논어』가 증자가 죽은 다음에 완성되었다는 주장은 합리적이다. 그렇다고 반드시 증자의 제자가 지었다고 볼 수 없다.

넷째, 정이(程頤)는 '자(子)'라는 존칭 문제를 들고 나와 『논어』의 작자가 증자(曾子)와 유자(有子)의 제자라고 주장하였다. 그는 『논어』에서 공자의 제자 가운데 유독 증자와 유자에 대해서는 이름을 부르지 않고 '자'라고 호칭하였음을 근거로 이유를 내세웠다. 정이 이전에 당대(唐代)의 유종원도 이런 주장을 펼쳤다. 그러나 『논어』에는 증자와 유자 외에도 민자(閔子)와 염자(冉子)도 있는 것을 보아 '자'라고 존칭한 사실만으로 특정 제자가 지었다고 볼 수 없다. 사실상 정현과 정이의 주장 모두 추측에 근거하여 믿을 수 없다.

『논어』의 기록 가운데 가장 늦은 사적은 증자의 죽음이다. 증자는 공자보다 46세가 어리므로 증자가 죽었을 때는 이미 공자가 죽은 지 60년 내지 70년이 지난 다음이다. 또한 『논어』에서 노(魯)나라 애공(哀公)처럼 공자 사후의 시호(諡號)를 사용하였는데, 이로 보아 『논어』가 공자가 죽은 뒤 수십 년이 지난 다음 완성되었음이 충분히 증명된다. 그러므로 『논어』의 편찬은 시간상으로 결코 몇 명의 제자들만의 참여로는 설명될 수 없으며, 오히려 제자의 제자들을 포함해서 오랜 세월에 걸쳐 완성된 집단 저작물로 보아야 한다.

(4)『논어』의 전본과 판본

『한서 · 예문지』에 따르면, 한대에는『논어』는『노론 魯論』·『제론 齊論』·『고론 古論』등 세 종류의 전본(傳本)이 있었다.『노론』과『제론』은 한대 당시 유행하던 예서(隷書)로 쓰여 모두 금문(金文)에 속하고,『고론』은 진대(秦代) 이전의 문자로 쓰여 고문(古文)에 속한다. 한대 초기에는『노론』과『제론』만 유행하였고『고론』은 보이지 않았다.『제론』과『고론』은 수나라와 당나라 사이에 없어지고 현재『노론』만 전해진다.

『노론』은 옛날 노나라 지방에서 유행하여 그 지방 사람들이 배웠던『논어』의 전본이며, 모두 20편으로 현행『논어』의 근거가 된다. 한나라 초기에『노론』을 전하는 대표적 인물로는 안창후(安昌侯) 장우(張禹)가 손꼽힌다.『제론』은 옛날 제나라 지방에서 유행하여 그 지방 사람들이 배웠던『논어』의 전본이며, 모두 22편으로 20편은『노론』과 겹쳐지고「문왕 問王」과「지도 知道」 2편이 더해진다.「문왕」편은 학자에 따라서는「문옥 問玉」의 오기(誤記)라고 주장한다.『노론』과 겹쳐지는 20편 중에는 장(章)과 구절이『노론』보다 늘어난 것도 제법 많다. 한나라 초기에『제론』을 전하는 인물로는 왕길(王吉)이 명가(名家)로 손꼽힌다.

『고론』은 노공왕(魯恭王)이 공자의 고택을 헐면서 그 벽에서『고문상서 古文尙書』와 함께 출토되어 나온 전본을 말한다. 모두 21편으로 기존의「요왈 堯曰」편에서 "子張問何如可以從政" 이하의 구절을 따로 떼어「종정 從政」편이라 하였다. 20편의 차례가『노론』·『제론』과 다르며, 더욱이 경문(經文)이 서로 다른 것이 400여 글자에 달한다. 하안(何晏)의『논해집해 論語集解 · 서 序』에 따르면, 공자의 11대 후손이자 한무제(漢武帝) 때 박사였던 공안국(孔安國)이『고론』의 훈해(訓解)를 달았으나 세상에 전하지 않으며, 동한(東漢)의 순제(順帝) 때에 마융(馬融)도 훈해를 달았다고 한다. 그러나 금문가들은 『고론』을 위조되었다고 의심하며, 심지어 혹자는 공안국의 『고논어전 古論語傳』 자체를 하안이 위조하였다고 여긴다.

『논어』의 판본(版本) 가운데 한대 이전의 대표적인 것은 『장우론 張禹論』이다. 서한 말엽 『노론』의 대표적인 전승자인 장우는 만년에 『제론』도 좋아하였다. 그가 『노론』 20편을 기준으로 양자를 종합하여 중복되거나 의심하는 부분을 없애버리고 각자의 장점을 취하여 후세에 전하는 판본이 바로 『장우론 』이다. 그러므로 『장우론』은 『논어』의 판본 중 제 1차 개정판이라 할 수 있다. 뒤이어 동한 말엽에 정현이 논어의 주를 달면서 『장후론』를 바탕으로 『제론』과 『고론』을 참고하여 혼합하였고 이것이 바로 현행본 『논어』의 근원이 되는 판본이다. 그러므로 정현의 『논어주』는 『논어』의 제 2차 개정판이라고 할 수 있다.

(5) 『논어』의 주소(注疏)

서한시대의 논어학은 금문과 고문의 파별이 있었다. 위에서 말한 『노론』과 『제론』은 금문에 속하고 『고론』은 속한다. 안창후 장우가 『노론』과 『제론』을 종합하여 전하는 것이 『장우론』이고, 공안국은 『고론』을 전하면서 훈해를 달았다고 한다. 동한 때에는 마융이 『고론』에 주를 달았으나 동한 말에는 정현의 『논어주』가 더 크게 유행하였다. 정현의 『논어주』는 『신당서 新唐書・예문지』에는 가장 첫머리에 올랐는데 『송사 宋史・예문지』에는 보이지 않는 것으로 보아 당과 송 사이에 사라진 것으로 여겨진다. 근세에 돈황(敦煌)의 천불동(千佛洞)에서 정현의 『논어주』 잔본(殘本)이 발견되어 그 일부나마 참고할 수 있다. 삼국시대에는 왕숙(王肅)이 『논어해 論語解』를 지었는데, 고의로 정현의 주와 다른 입장을 취하여 새롭게 주를 달았다. 왕숙의 경설(經說)이 오로지 정현을 겨냥한 반대를 위한 반대였으므로 주해(註解)에 무리한 부분이 적지 않다. 진(晉)에서는 왕필(王弼)이 『주역 周易』과 『노자 老子』 외에 『논어』도 주를 달았다.

이 시기에 가장 중요한 『논어』 주소본(注疏本)은 단연 하안(何晏)의 『논어집해』이다. 하안은 한과 위나라 경학 8대가의 학설을 두루 채집하여 『논어집해』를 완성하였고 그의 『집해』는 송대까지 가장 유행하였다. 일반적으로 하안의 『논어집해』를 『논어』의 구주(舊注)라고 부르며 지금까지 전해진다. 정현의 주와 비교하면, 남북조(南北朝)시대에 북조는 정현의 주가 성행하였고, 남조는 하안의 집해를 위주로 하였다. 『구당서 舊唐書·경적지 經籍志』와 『송사·예문지』 모두 하안의 『집해』가 첫머리에 올랐으며, 남송 이후 주희(朱熹)의 『논어집주 論語集注』가 나오기 전까지 『논어』의 주소학(注疏學)에서 정현의 주를 대신하여 독보적 지위를 누렸다. 송대의 형병(邢昺)은 여기에다 소(疏)를 달았다. 그러므로 하안의 『논어집해』를 『논어』의 제 3차 개정판이라 불러도 무방하다.

남북조 당시의 유명한 저작으로는 양(梁)나라 황간(皇侃)의 『논어의소 論語義疏』를 꼽을 수 있다. 황간의 『의소』는 남송 무렵 없어졌으나 청나라 건륭(乾隆) 연간에 일본에서 발견되어 다시 중국으로 역수입되어 전해진다.

당대는 논어학의 명저가 별반 출현하지 않았고, 한유(韓愈)를 위시하여 이고(李翺)의 『논어필해 論語筆解』가 명맥을 겨우 이어면서 송학(宋學)의 단서를 여는 역할을 하였다. 송유(宋儒)의 논어학 중에서 가장 먼저 손꼽히는 것은 형병의 『논어정의 論語正義』이다. 현행 『십삼경주소 十三經注疏』본의 『논어소 論語疏』가 바로 형병의 '소'이다. 그의 『정의』는 황간의 『의소』 에 근거하였으나 지엽적인 것을 잘라 버리고 의리(義理)를 중심으로 전한다. 그야말로 고증 위주의 한학(漢學)에서 의리 위주의 송학(宋學)으로 전환되는 시기의 저작이라고 하겠다. 뒤이어 정이(程頤)가 의리적 관점에서 『논어설 論語說』

을 지어 『논어』를 높이 평가하자 이때부터 의리로 경서로 풀이하는 풍조가 본격적으로 열리기 시작하였으며, 범조우(范祖禹)을 위시하여 정씨 형제의 많은 제자들이 『논어』를 연구하였다.

특히 남송 때 주희(朱熹)는 정자(程子)를 계승하여 송유 11가의 학설을 모아 『논어집주 論語集注』를 편찬하였고, 또한 별도로 『논어혹문 論語或問』과 『논맹정의 論孟精義』를 짓기도 하였다. 원(元)나라의 인종(仁宗) 때에는 과거의 출제를 주자(朱子)의 『사서집주 四書集注』에 근거하라고 결정하였다. 이후로 『집주』는 『논어』 주소학의 정통이 되었고 구주로 불리는 하안의 『논해집해 論語集解』를 대신하여 신주(新注)로 불리게 된다. 논어학에서 주자의 『집주』가 독주하는 상태는 명대를 거쳐 청나라 초기까지 계속되었다.

청대의 논어학은 유태공(劉台拱)의 『논어변지 論語駢枝』를 필두로 초순(焦循)의 『논어통석 論語通釋』에 이르러 비로소 송학의 영향에서 벗어나 한대의 옛 모습을 회복한다. 뒤이어 나온 유보남(劉寶楠)의 『논어정의 論語正義』는 하안의 『집해』를 위주로 여러 학설을 상세하게 채집하여 상세한 면과 박식한 면에서 구주를 능가한다는 평가를 받는다. 금문학이 다시 성행하게 되자 유봉록(劉逢祿)의 『논어술하 論語述何』과 송상봉(宋翔鳳)의 『논어발미 論語發微』 등이 나왔는데 또한 스스로 일가를 이루는 저작들이다.

정리하면, 현존하는 논어의 주는 크게 구주와 신주로 나뉜다. 구주는 바로 『십삼경주소』에 실린 위나라 하안의 『논어집해』로 송나라 형병의 소가 달려 있다. 신주는 남송 주희의 『논어집주』로 원대와 명대 이후로 관학(官學)이 되었으며, 유가에서 정통성을 인정을 받아 영향력에 있어서는 지금도 구주를 압도한다. 하지만 입문자에게는 구주와 신주 모두 필독서이다.

2) 사상과 내용

(1) 공자(孔子)의 생애

『논어』는 공자의 제자와 재전제자(再傳弟子)들의 공동 저작이지만 『논어』의 중심인물은 어디까지나 공자이다. 공자는 노양공(魯襄公) 22년 곧 주영왕(周靈王) 21년(B.C. 552년)에 태어나 노애공(魯哀公) 16년 곧 주경왕(周敬王) 41년(B.C. 479년) 그의 나이 74세에 서거하였다. 공자의 자(字)는 중니(仲尼)이고 이름은 구(丘)이다. 춘추시대 말기 노나라 추읍(鄹邑) 지금의 산동성 곡부(曲阜) 출신이며, 은(殷)나라 왕족 혈통을 이은 송(宋)나라 귀족의 후예이다. 증조부 방숙(防叔) 때 난리를 피해 송나라에서 노나라로 왔다. 아버지 숙량흘(叔梁紇)은 추읍(鄹邑)의 대부(大夫)이자 유명한 역사(力士)였으며, 만년에 안씨(顔氏)의 여식 징재(徵在)를 취하여 공자를 낳았으나 공자가 3세 때 별세하였다. 공자는 어린 시절 홀어머니 슬하의 빈곤한 환경 속에서 칭고지기와 같은 잡역을 마다 않다가 15세에 비로소 학문에 뜻을 세웠다. 20세에 아들 이(鯉)를 낳았고, 이는 나중에 자사(子思)를 낳았다. 딸은 공야장(公冶長)에게 출가하였고 이복형 맹피(孟皮)의 여식은 남용(南容)에게 출가하였다.

공자는 역사적으로 주공(周公)을 흠모하였고 주대의 전통 문화와 예법을 습득하여 차츰 명성을 쌓았다. 50세가 넘어 노나라 정공(定公)에게 대사구(大司寇)로 중용되어 경(卿)의 반열에 오른다. 당시 공자는 노나라의 정권을 농단하던 맹손(孟孫)·숙손(叔孫)·계손(季孫) 등 이른바 3손씨(三孫氏)의 세력을 누르고 공실(公室)의 권력을 회복하여 하(夏)·은(殷)·주(周) 삼대(三代)의 종법질서가 살아있는 문화국가를 건설하려는 포부을 지녔으나 이상은 끝내 좌절되고 56세 때 실각하고 만다. 그 후 14년간 문하생들을 데리고 열국을 주유하면서 또 다시 이상의 실현을 꾀하였으나 69세 때 그것이 불가능함을 깨닫고 마침내 고향인 노나라로 돌아가 제자들의 교육에 전념하며 『시경』과 『서경』 등 고전을 정리하고 『춘추』을 저술한다. 이 무렵 공자는 아들 이를 비롯하여 애제자 안연(顔淵)과 자로(子路)가 잇달아 죽는 불행을 겪다가 74세의 일기로 세상을 떠났다. 학자에 따라서는 공자의 향년을 72세 또는 73세로 여긴다. 제자는 모두 3,000명이나 되었으며, 특히 예·악·사·어·서·수 등 6예에 능통한 고제자(高弟子)만도 72명이나 되었다.

송대 마원(馬遠)이 그린 공자초상

청 동치11년에 그린 공묘 대성전의 공자초상

늘 읍례(揖禮)를 행하는 모습은 공자의 예를 중시하는 성품을 상징한다.

공자는 천성적으로 공부를 좋아하여 남에게 묻고 배우기를 마다하지 않았다. 심지어 장자(莊子)는 공자가 "노자(老子)에게 예(禮)에 대하여 물었다.(問禮於老聃。)"라고 대서특필하여 유가를 난처하게 만들지만, 이는 오히려 공자의 호학하는 흉금이 엿보이는 좋은 예이기도 하다.

또한 공자는 남을 가르치는 것을 게을리 않았던 위대한 교육자였다. 중국 최초로 사학을 세워 개인이 인재를 양성하는 기풍을 수립한 첫 번째 인물이며, 특히 만년에 제자들과 함께 6경 등 고적을 정리하여 중국 고대 문화를 집대성한 공로는 고대 제자백가의 사상가 가운데 가장 빛난다.

(2) 공자사상의 기본 성격

은상(殷商)에서 서주(西周)까지 중국 고대사회의 사상적 주류는 '예(禮)'를 중시하였다. '예'란 하늘의 원칙이며 땅의 도리이며 인간의 실천덕목이었다. 그러나 동주(東周)을 거치면서 춘추시대에 이르자 전통적 중례(重禮)사상이 사라지고 천하가 난세에 빠졌다. 신하가 임금을 시해하고 자식이 부모를 시해하고 군비 증강을 위하여 군마(軍馬)와 소는 살찌우면서 백성은 굶주려 서로 잡아 먹게 되어 예의는 물론이고 형벌조차 두려워하지 않는 세태가 되었다. 더욱이 정치적으로 주나라 왕실을 정점으로 예를 앞세운 봉건질서가 이미 무너지고 천하의 중심축이 무력을 앞세운 열국의 제후에게 급격히 옮겨 갔다. 공자는 이러한 종법질서의 붕괴를 목도하고 공허한 예론(禮論)만 가지고는 혼란한 사회를 되돌리기에 역부족이라고 결론짓고 새로운 이념인 '인(仁)'을 제시하였다. '인'이란 '예'에서 진일보한 사상이라고 하겠다.

공자는 궁극적으로 '극기복례(克己復禮)'할 것을 주장하였다. 그러나 그는 이에 앞서 시대의 광류(狂流)를 되돌려 원래의 종법질서를 회복하려면 무엇보다도 '인'의 뒷받침이 있어야 한다고 보았다. 왜냐하면 덕(德)을 바탕으로 하는 인정(仁政)만이 위정자의 가장 강력한 무기이고 결국 '인자무적(仁者無敵)'이라는 것이다. 공자는 정치는 예의에 의거하여 백성을 교화함이 가장 이상적이지만 이에 앞서 위정자는 백성을 살리는 호생의 덕을 갖출 것을 강조하였다. 그러므로 공자는 '인'이야말로 위정자가 갖추어야 할 최고의 도덕이라고 여긴다.

이와 동시에 공자는 '인'의 원칙은 모든 인간에게 보편적으로 적용된다고 본다. 그는 '인'을 '애인(愛人)' 곧 남을 사랑하는 것이라고 정의하였다. 이때의 남이란 모든 인간을 포괄하는 개념으로 '애인(愛人)'은 인류애적 의미를 지니며, 이를 실제 생활에서 적용할 때는 자기 부모와 형제에 대한 골육의 정을 점차적으로 타인에게 확장시켜 나가야 함을 강조한다. 이른바 '유기급인(由己及人)'과 '충서지도(忠恕之道)'는 모두 '인'의 본질을 설명하면서 또한 '인'을 실천하는 차례를 설명하는 개념이다. 이것은 공자가 '인'을 기초로 종래의 종법사상을 이론적으로 더욱 정교하게 완성했음을 의미한다.

부모에게 효도하고 형제 사이에 우애하는 마음을 확장하면 사회적으로 노인네를 공경하고 친구에게 신의를 보이고 남을 돌보게 된다. 인이 대내적 가족집단에서 대외적 사회집단으로 확산될 때, 종적으로 세대 사이에 사랑을 바탕으로 갈등을 해소하고, 횡적으로 이웃과의 신뢰를 바탕으로 평화가 보장된다. 말하자면 효제(孝悌)라는 가족집단의 대내적 도리가 사회 구성원 모두 인덕(仁德)을 지향하는 사회집단의 대외적 도리로 승화된다. 위정자는 다만 더욱 인애(仁愛)를 장려하는 정치를 펴면 되며, 이를 통하여 종법질서를 회복하여 천하의 안정과 평화를 도모한다는 것이 공자의 기본구상이다.

그런데 '인'을 실천하는 과정에서 '예'라는 형식과 절차가 필요할 경우가 많다. 공자가 볼 때 '예'는 전통적 형식이면서 관습적인 사회규범이다. '예'라는 전통과 규범을 따름으로써 오히려 '인'의 사회성과 객관성이 확실히 보장

받게 된다. 공자가 옛 전통을 존중하고 '예'라는 형식을 중시하는 것도 바로 이 점에 기인한다. 이처럼 공자의 '인'과 '예' 사상은 정치적으로나 사회적으로도 인간을 위한 도덕이 중심을 이루는 인간중심주의이다.

그러나 유가의 예교는 지나치게 강조하면 오히려 인간의 자유를 구속한다. 실제로 후대에 와서 예교가 형해화(形骸化)된 권위주의로 변질되어 심지어 예의가 사람을 잡아먹는다고 원성을 살 정도로 반(反)인간적인 굴레가 되었다. 원래 공자에게는 예교는 목적이 아니라 '인'의 실천을 돕는 수단일 뿐이고, 궁극적으로는 인간다운 삶의 보장을 '인'의 완성으로 여겼다. 그러므로 공자는 '인'과 '예' 사이의 조화를 강조하였다. 왜냐하면 공자 사상의 또 다른 핵심은 중용(中庸)이기 때문이다. 공자 사상의 핵심을 고리타분한 예교로 돌린다면 공자의 '인'을 잘못 이해하였다. 이는 후대의 말유(末儒)가 통치자와 합작하여 사회 전반의 권위적 통제권을 확보하려고 인륜도덕이란 이름으로 예교를 정치적으로 악용한 결과이다. 예교의 변질은 결코 공자의 초심이 아니며 공자가 억울해야 할 부분이다.

공자는 하·은·주 삼대의 고유문화를 회복하는 것을 이상으로 삼았다. 그의 '인'과 '예' 그리고 '충서'의 도리에 대한 견해는 매우 독창적이고 참신하나, 스스로 "옛 것을 좋아하고 옛 것을 믿는다. (好古而信古。)"라고 호고주의자로 자처하면서 아예 "설명은 하되 창작은 않는다. (述而不作。)"라고 선언하였다. 공자의 이러한 태도는 후세의 비판적 학사들에게 유가를 과거의 경험에 의존한 보수주의 집단으로 여기는 결정적 단서를 제공한다. 장점으로는 선인들의 경험과 지혜를 취하면서 시행착오를 줄여 사회적 비용의 절감하는 효과가 있으며, 단점으로는 지나치게 수구를 고집한 나머지 개인의 창의성을 가로막아 사회적 정체를 초래한다. 확실히 현대의 많은 동양인들이 변화와 발전의 관념이 우위에 있는 서양과 비교하여 동양사회의 상대적 낙후와 정체의 원인을 공자의 호고주의 곧 유가의 보수성에서 찾으면서 이를 맹목적 서구 배우기의 빌미로 삼아 버린다.

(3) 『논어』의 주요 내용

① 인(仁)

『논어』는 공자 학설의 핵심을 담고 있는 대표적 문헌이다. 공자사상의 핵심은 '인'이고, 여기에 『맹자』의 '의'가 덧붙인 '인의(仁義)'가 바로 유가사상의 핵심이다. '인'은 『논어』의 출발점으로 모두 58장에 걸쳐 107차례나 나타난다. 주요 내용을 소개하면 다음과 같다.

「안연」편에서 제자 안연이 '인'에 대하여 묻자, 공자는 예가 아닌 것은 보지도 듣지도 말하지도 움직이지 말고 오로지 자신의 이기적 욕심을 극복하고 예로 돌아가는 것이 '인'이라고 하였고, 또 다른 제자 중궁(仲弓)에게는 "자기가 싫어하는 것을 남에게 행하지 않는 것"이라고 답하였다. 「옹야」편에서는 자공(子貢)에게 "자신이 나서고 싶으면 남을 먼저 내세우라."라고 가르쳤고, 번지(樊遲)에게는 "남을 사랑하는 것"이라고 개괄하였다.

「술이」편에서 '인'을 행하려는 마음가짐이 중요하다며 '인'에 경지에 도달하는 방법을 제시하였고, 「학이」편에서는 교묘한 말솜씨와 멋진 외모에 치중하는 것은 불인(不仁)한 경우가 많다고 경계하였다. 「이인」편에서 "군자는 인을 떠나서는 이름을 내세울 곳이 없다."라고 '인'의 중요성을 강조하고, '인'을 행하는 사람에겐 적이 없으며 '인'을 행하는 임금에겐 대적할 자가 없다고 '인'의 효용을 강조하였다. 그리고 「위령공」편에서는 자기 자신을 희생하고 공동체의 선을 완성하는 살신성인(殺身成仁)의 정신을 '인'을 실천하는 극치 곧 '인'의 최고 경지로 제시하였다.

② 도(道) · 덕(德) · 예(禮)

「이인」편에 "아침에 도를 들으면 저녁에 죽어도 좋다."고 '도'에 대한 갈구를 표현하였다. '도'의 구체적 내용에 대해서는 공자가 자기의 '도'는 오로지 한 가지라고 말하자 제자인 증자(曾子)가 '충서(忠恕)'일 뿐이라고 보충설명을 하였다. '충서'의 도리는 바로 역지사지(易地思之)의 정신을 가리키며 이는 '인'의 본질이기도 하다. 한편 「위령공」편에서는 인간이 '도'의 영역을 넓히는 주체이지 '도'가 인간을 넓히지 않는다고 인간중심주의를 선언하였다.

'덕'은 '인'의 주요한 내용으로 수양과 실천을 통하여 축적되어 외부로 표현된다. 「옹야」편에서 공자는 중용의 덕을 중시하였고, 「이인」편에서는 '덕'을 지닌 사람은 반드시 뜻을 같이 하는 이웃이 있어 결코 외롭지 않다고 '덕'의 보편성을 지적하였다. 그러나 '덕'을 행하려면 여러 가지 어려움이 따른다. '덕'의 방해물로는 「위령공」편에서 교묘한 말이 '덕'을 혼란에 빠트린다고 하였고, 「양화」편에서는 남의 비위를 맞추며 아첨하거나 여론에 부화뇌동하는 것을 '덕'의 적이자 '덕'을 포기하는 행위라고 규정하였다.

『논어』에서 '예'는 '인'과 함께 매우 중요한 개념이며, '인'을 행하는 궁극적인 목표도 '극기복례(克己復禮)'이다. 부모를 봉양하고 장례를 치루고 제사를 지내는 일 모두 '예'에 따라야 하고 학문을 널리 익히는 것도 결국은 '예'로써 절제하고 판단해야 한다. 하지만 '예'는 단순히 형식적 제약이 아니며 본실은 오히려 형식적 번거로움을 피하고 예의를 실천하는 성의에 있다고 설파한다. 예의는 형식적 사치보다는 검소함이 낫고 상례 또한 예법에 따라 순조롭게 진행되는 것보다 슬퍼하는 마음이 더 중요하다는 강조한 것은 공자가 결코 고답적 형식주의자가 아님을 잘 보여준다. 그러므로 「학이」편에서 유자(有子)는 '예'의 실천은 상황에 따른 조화의 정신이 중요하다고 강조한다.

③ 인정(仁政)

공자가 추구하는 이상적 정치는 '인정(仁政)'을 바탕하는 덕치주의(德治主義)이다. 덕치주의의 모범 사례로는 요(堯)·순(舜)·우(禹)·탕(湯)·문(文)·무(武)·주공(周公) 등을 들고, 모두 '덕'으로써 백성을 이끌고 '예'로써 백성을 교화하는 정치를 펼쳤다고 칭송하였다. 덕치의 전제 조건은 집정자가 먼저 자신을 바로잡은 것이고, 그런 연후에 남을 바로잡을 수 있었다고 강조한다. 이렇게 집정자가 예의를 좋아하고 신의를 지키는 모범을 보이면 사방의 백성들이 짐을 싸매고 찾아온다고 주장한다.

'인정'을 실천하는 정책으로는 부민(富民)·교민(敎民)·이민(利民) 등의 방략을 제시하였다. 우선 백성을 배부르게 먹이고 민생을 부유하게 하며, 백성을 가르치지 않고 전쟁터로만 내몰지 말며, 법제를 백성의 편의에 따라 개폐하여 백성의 이익에 따라야 한다는 것이다. 특히 「위정」편에서 노나라 애공이 백성을 복종하게 하는 방도에 대하여 묻자, 공자는 무엇보다도 정직하고 유능한 관리를 등용하여 부패하고 무능한 관리 위에 두어 민의에 부합하는 정치를 해야 백성들이 수긍하고 따른다고 조언하였다.

'인정'의 최고 목표는 집권자의 개입이 없이 사회가 자율로 잘 굴러가는 무위(無爲)의 정치이다. 이는 도가의 무위정치와 다르며 「위령공」편에서 보듯이 순임금이 별로 하는 일 없이 천하를 태평하게 만든 것은 정사를 훌륭한 인재에게 일임한 결과라 하였다. 「안연」편에서도 덕정과 예교의 결과로 백성 상호간의 소송 자체가 발생하지 않는 것이 공자 자신의 소망이라고 토로하였다. 이 모두가 덕치의 소산이나 지나치게 이상적이라서 양백준(楊伯峻)의 『논어역주 論語譯注』에서는 이를 환상이라며 일축하였다.

④ 군자(君子)

'군자'는 원래 나라의 임금을 가리키는 말이나 뒤에 와서 귀족에 대한 존칭으로 탈바꿈하였다. 『논어』에서 공자는 '군자'를 이상적 인격자로 보았으며, '군자'에 대하여 다음과 같이 다양하게 정의를 내리며 설명하였다. 「옹야」편에서 인의라는 본질과 예악(禮樂)이라는 형식이 조화를 이루어야 '군자'가 된다고 하였고, 「위정」편에서는 '군자'는 일정한 형태와 용도를 지닌 그릇과 다르며 박학다식하여 광범위하게 쓰일 수 있어야 한다고 하였다. 「헌문」편에서 자로(子路)가 '군자'에 대하여 묻자, 공자는 '군자'는 자신을 수양하고 자기 일을 성실히 하면서 남을 기쁘게 하고 백성을 편안하게 사람이라고 대답하였다. 「안연」편에서는 "군자는 걱정하지 않고 두려워하지 않는다."라고 하였고, 「이인」편에는 "군자는 밥 한 끼 먹을 시간이라도 인을 떠나지 않으며, 아무리 바빠도 반드시 인과 함께 하며, 넘어지고 엎어지는 위기의 순간에도 반드시 인에 따른다."라고 하면서 "군자는 말은 더디게 하나 실천에 옮기는 데는 민첩하다."라며 '군자'의 형상을 설명하였다.

『논어』에서 '군자'는 여러 곳에서 소인(小人)과 대비시켜 언급된다. 「안연」편에는 "군자는 남의 장점을 이루어주고 남의 단점은 이루어주지 않는다. 소인은 이와 반대이다."라고 하였다. 「헌문」편에는 "군자이면서 어질지 않은 사람은 있지만 소인이면서 어진 사람은 없다."라고 하였고, 또한 "군자는 인의에 통달하나 소인은 재물의 이득에 통달하다."라고 하였으며, 「이인」편에도 "군자는 의에 밝고 소인은 이득에 밝다."라고 하였다. 「자로」편에는 "군자는 남의 의견과 조화를 이루나 부화뇌동하지 않으며, 소인은 남의 의견에 부화뇌동하나 조화를 이루지는 못한다."라고 하였다. 이와 같이 '군자'와 소인이 대비되는 구절 대부분 공자가 제자의 질문에 답하는 형식이 아니라 공자가 자발적으로 발언하는 형식이다. 이는 아마 양자의 대비를 통하여 제자들로 하여금 소인을 경계하고 적극적으로 '군자'의 길을 배우도록 유도하는 교육법의 일환으로 여겨진다.

3) 가치와 영향

공자는 인도주의적 인류애와 치열한 구도정신으로 만년에 이르러 더욱 명성을 떨쳤으며 각국에서 찬미를 받았다. 그의 고향 노나라에서는 그를 나라의 가장 큰 어른이란 뜻으로 국로(國老)로 받들었다. 사후에는 제자들이 공자를 하늘의 해와 달과 같은 분이라고 칭송하였으며, 심지어 나면서부터 세상의 모든 이치를 깨닫고 아는 분이라고 신격화하였다. 한나라 무제가 제자백가를 내쫓고 유학을 국교로 채택하자 공자는 유가의 비조(鼻祖)에서 만대의 사표(師表)가 되는 성인(聖人)의 지위에 올라 인류의 스승으로 지금까지 추앙되고 있다. 이에 따라 공자의 어록이 담긴 『논어』의 지위도 크게 격상하였다.

『논어』는 원래 제자백가서의 하나로 자서(子書)에 속한다. 그러나 동한 때 반고의 『한서·예문지』가 『논어』를 9경의 하나로 경서의 반열에 올린 이후로 경서의 지위를 확실히 다졌다. 더욱이 한대 이래로 아동들은 글자를 익힌 다음 반드시 『논어』와 『효경』을 읽어야 했으므로 『논어』는 선비가 되기 위한 필독서였다. 송대 이후에 주희가 『논어』·『대학』·『중용』·『맹자』를 묶어 『사서집주』를 지으면서 점차적으로 4서3경이 5경의 자리를 대신하게 된다. 그리고 상대적으로 내용이 쉬운 4서가 갈수록 3경보다 더 대중의 환영을 받아 유가경전을 대표함에 따라 『논어』의 지위도 독보적이 되었다. 더욱이 원나라 인종(仁宗) 황경(皇慶) 2년(1313년)에는 과거(科擧)의 시제(試題)를 반드시 4서에서 출제하되 주자의 『집주』에 실린 해설에 근거하도록 영을 내렸다. 이런 독점적 지위는 청대의 광서(光緖) 27년(1901년) 과거제도가 폐지될 때까지 유지되었다.

천자의 궁궐을 방불케 하는 곡부 공묘의 전경. 중국의 도처에 공묘가 있다.

당의 수도 장안(長安) 곧 지금의 서안(西安)에 남아있는 국자감. 공자의 어록인 『논어』는 언제나 국자감 유생들의 필수 과목이자 과거시험의 필수 과목이었다.

위에서 보았듯이, 『논어』는 4서 가운데 으뜸가는 경전으로 송대와 원대 이후 국가의 공인 아래 약 600여년이나 지식인의 필독서가 되었고, 지금도 중국의 고대 사상과 문화의 원류를 연구할 때 가장 먼저 찾아야 할 필독서이다. 『논어』의 영향을 가장 많이 받은 유가 전적은 동일하게 어록체에 속하는 『맹자』이다. 공자의 사상은 아성(亞聖)이라 불리는 맹자에 의해 계승되고 심화되었다. 『맹자』와 비교하면 『논어』는 간결하고 함축적인 고어라서 반복하여 읽을수록 공자의 인격과 새롭게 만나는 묘미가 있다. 그래서 4서 가운데 『논어』는 나이가 들어 다시 읽을 때 비로소 가치를 재발견한다는 평가가 많다. 이밖에 『논어』는 춘추시대의 열국을 돌아다니며 제자들과 문답을 나눈 기록이기 때문에 고대중국의 사회사·교육사 등의 귀중한 자료도 된다. 그리고 이 책의 교훈은 여전히 현대인의 실생활에 적용될 만큼 통시적(通時的)이다. 확실히 『논어』는 사람을 인과 향선(向善)의 길로 인도하는 예지의 보고이다.

2. 『맹자』

유학을 흔히 공맹의 도라 부르며 유가를 대표하는 인물로 공자와 맹자를 든다. 중당(中唐)시대의 대표적 문장가이자 유학자였던 한유(韓愈)는 "공자의 사상은 크고 넓은데 오로지 맹자만이 그 종지를 터득하여 전하므로 성인의 사상을 살펴보려면 반드시 맹자에서 출발해야 한다."고 강조하였다. 맹자는 공자 사후 약 백년 뒤에 태어나 정치적으로 왕도정치의 실현을 위하여 천하를 주유하였고, 사상적으로 성선설을 기초로 제자백가들과 치열한 논쟁을 펼쳤다. 맹자는 유가의 정통성을 지키면서 공자의 '인(仁)'을 인의론(仁義論)로 확대하여 유가의 사상적 체계를 심화시켰다. 『맹자』는 바로 맹자의 이러한 정치적 주장과 학술적 사상을 담고 있는 경전이다.

1) 편찬과 작자

(1) 『맹자』의 체재

『맹자』의 체재는 『논어』와 매우 유사하다. 문체가 양자 모두 어록체이며 편명을 취하는 방식도 동일하다. 다만 문장 형식에 있어서 『맹자』는 『논어』의 단문(短文)식 어록체에서 거의 독립된 논설문 형태의 장편 어록체로 변모하였다. 그리고 『논어』의 어록이 '자왈(子曰)'의 형태로 공자의 가르침을 단방향으로 진술하는 독백체가 많은 반면에 『맹자』의 어록은 맹자와 상대방이 쌍방향으로 오가는 대화체 위주라는 점도 특징이다.

『맹자』 역시 각 편의 첫째 장 앞에 먼저 나오는 두세 자를 취하여 편명으로 삼았다. 예를 들어 제 3편의 첫 장이 “滕文公爲世子, 將之楚, 過宋而見孟子。(등문공이 세자가 되었을 때 초나라로 가려고 송나라를 지나다가 맹자를 만났다.)”로 시작되는데, 앞의 세 글자를 따서 「등문공」편이라고 부르는 방식이다. 이처럼 『맹자』의 편명도 단지 각 편을 표시하는 형식적인 명칭일 뿐, 각 편의 내용과 상관이 없다.

현행본 『맹자』는 모두 7편이고, 편명은 각각 상하로 나뉘어져 실제로 14편이 된다. 『맹자』의 각 편을 상하로 나눈 것은 동한 말년 조기(趙岐)가 주를 달면서 시작되어, 지금까지 14편의 구분을 그대로 사용한다. 이를 열거하면 다음과 같다.

제 1편	「양혜왕상 梁惠王上」	「양혜왕하 梁惠王下」
제 2편	「공손추상 公孫丑上」	「공손추하 公孫丑下」
제 3편	「등문공상 滕文公上」	「등문공하 滕文公下」
제 4편	「이루상 離婁上」	「이루하 離婁下」
제 5편	「만장상 萬章上」	「만장하 萬章下」
제 6편	「고자상 告子上」	「고자하 告子下」
제 7편	「진심상 盡心上」	「진심하 盡心下」

『맹자』도 『논어』와 마찬가지로 각 편마다 여러 개의 장이 있고, 장과 장 사이에 내용상 연관성은 없으며 각자 독립적이다. 표현 방식에 있어서 『논어』는 공자의 용모와 동작이 비교적 상세하게 묘사하였는데, 「향당」편이 대표적이다. 또한 『논어』에는 제자끼리의 대화나 제자의 의견만 나오는 장절도 적지 않다. 반면에 『맹자』의 대부분은 단지 맹자의 발언과 출처만 기재할 뿐이고 맹자 개인 신상에 관한 묘사가 거의 드물다. 『논어』에는 증삼

(曾參)이 죽은 뒤 제자를 소집하는 것처럼 재전제자(再傳弟子), 곧 제자의 제자가 등장하나 『맹자』에는 맹자와 제자만의 문답만 보이고 제자의 제자는 전혀 등장하지 않는다.

(2) 내서와 외서의 구분

『맹자』가 7편이라고 한 가장 오랜 기록은 서한의 사마천이 지은 『사기·맹순열전 孟荀列傳』이다. 그런데 동한에 와서 반고의 『한서·예문지·제자략 諸子略』은 『맹자』가 11편이라고 기록하고, 응소(應邵)의 『풍속통 風俗通·궁통 窮通』에는 "맹자가 내외서 11편을 지었다."라며 『외서』의 존재를 언급하였다. 또한 조기의 「맹자제사 孟子題辭」는 맹자가 "7편을 지었고, 모두 261장에 34,695자이다."라고 소개한 다음 아래와 같이 보충 설명하였다.

> 또한 『외서』4편이 있는데, 「성선변」·「문설」·「효경」·「위정」 등이다. 그 문장이 깊이가 없는 것이 내편과 서로 닮지 않았다. 『맹자』의 본모습이 아니고 후세에서 그대로 모방하여 위탁한 듯하다. (又有外書四篇, 性善辯·文說·孝經·爲政, 其文不能宏深, 不與內篇相似。似非孟子本眞, 後世依放而託也。)

조기는 먼저 7편 외에 『외서』4편의 존재를 확인하고 편명까지 밝혔다. 이로써 동한 말까지 『외서』가 분명히 존재하였고 『맹자』에 관한 한 당대의 전문가였던 조기가 볼 때 『맹자』를 모방하여 지은 위작(僞作)이라고 단정할 만큼 내용상 문제가 많았음을 알 수 있다.

『맹자외서』는 역사적으로 크게 세 차례 출현하였다. 첫 번째의 것은 앞에서 언급한 한대의 『외서』로, 조기가 위작이라며 주를 달지 않아 사라져버려 그 면모를 알 수 없다. 『한시외전 韓詩外傳』과 『문선주 文選注』 등의 고서를 보면 『맹자』에서 나온 말이라고 인용한 출처를 밝혔으나, 현행본 『맹자』 7편에는 보이지 않는 구절들이 많다. 현행본 7편에 없는 이런 구절들은 『외서』의 진위를 떠나서 바로 한대의 『맹자외서』에서 나왔다고 추정된다.

두 번째는 송대의 것으로 손혁(孫奕)과 유창시(劉昌詩)이란 인물이 앞뒤로 나타나 한대본 『외서』를 재발견한 소식을 전하였다. 이들은 흥미롭게도 『외서』의 편명 문제를 부각시켰는데, 특히 유창시는 4편의 편명이 각각 「성선 性善」·「변문 辯文」·「설효경 說孝經」·「위정 爲政」으로 읽어야 맞자고 주장하였다. 그러나 동시대의 적호(翟灝)가 나와서 이것들은 한대에 유포되던 『외서』가 아닌 또 다른 위작이라고 반박하였다.

세 번째의 것은 명대에 출현한 『외서』로 바로 오늘날 전해지는 『맹자외서』이며, 각각 「성선변」15장·「문설」17장·「효경」20장·「위정」8장해서 모두 4편 60장으로 구성되었다. 명대본 『외서』도 당연히 한대본 『외서』의 원형은 아니다. 이 책 역시 발견자로 위장한 요사린(姚士粦)이 위서 전문가답게 여러 고서 안에 현행 7편본에는 등재되지 않았지만 『맹자』에서 나왔다고 밝힌 인용문들을 잡다하게 끌어 모아 짜깁기하였다는 것이 정설이다. 비록 위서이나 내용 가운데에 『내서』7편의 미진한 부분을 보충할 수 있는 장절이 적지 않아 일독의 가치는 있다.

(3) 『맹자』의 편집 과정과 작자

『맹자』의 작자가 누구이고 어떤 과정을 거쳐서 완성되었는가? 이 문제에 대한 역대 학설을 귀납하면 대체로 맹자자작설·사제합작설·제자공저설·재전제자 참여설 등 네 가지로 대별된다. 그리고 주요 쟁점은 당시 제후의 시호 문제·제자의 호칭 문제·문체의 통일 문제·아성 맹자의 무오류 문제 등 네 가지로 요약된다.

① 맹자자작설(孟子自作說)

최초로 이 설을 제기한 사람은 조기이다. 그의 「맹자제사」를 보면 "이 책은 맹자가 지은 것이다. 그러므로 총괄하여 『맹자』라 한다."라고 규정하였다. 말하자면 『논어』는 제자들이 공자의 좋은 말씀을 기록하였다가 편집하였으므로 『논어』라 하였지 『공자』라고 부르지 않았고, 『맹자』는 맹자가 『논어』을 모방하여 지었으나 그가 직접 지었으므로 『맹자』로 하였다는 뜻이다. 조기는 『맹자』의 저작 과정을 이렇게 설명하였다.

> 물러나 수제자 공손추와 만장 무리와 더불어 질의응답한 내용을 모아 편집하고 또한 법도에 맞는 말을 직접 간추려 7편을 저서하였다. (退而論集所與高弟子公孫丑・萬章之徒, 難疑答問, 又自撰法度之言, 著書七篇。)

조기는 맹자가 학생들의 필기를 취합한 자신의 강의록 중에서 핵심 내용을 정리하여 『맹자』를 지었다고 보았다.

후대에 송대의 주희(朱熹)는 문장의 풍격이 전후로 매우 일치한다는 관점에서 맹자 자신이 지었으며, 만일 아니라면 학문이 아주 뛰어난 수제자가 지었을 것이라고 다소 어정쩡한 의견을 내었다. 청대의 염약거(閻若璩)는 표현 방식에 있어서 『논어』는 제자가 지었으므로 공자의 용모를 매우 상세하게 묘사하였으나, 『맹자』는 자기의 손에서 나왔으므로 말과 출처만 기록할 뿐이라고 지적하였다. 그러나 맹자보다 늦게 죽은 임금의 시호가 등장하는 문제에 대하여 염약거는 맹자 사후에 제자들이 추가로 기입해 넣었다고 해명하였다. 맹자의 제자들이 가필하였다는 염약거의 이러한 설명은 도리어 『맹자』가 완전히 맹자 한 사람만의 손에서 나온 저작이 아니라는 반증이 된다.

② 사제합작설(師弟合作說)

이 설의 근간은 맹자가 직접 지은 부분도 있고 제자들이 기록한 부분도 있는데 이것들을 모아 맹자가 차례대로 편집하였다는 주장이다. 가장 먼저 이 설을 제기한 고서는 사마천의 『사기·맹순열전』이다.

> 물러나 만장 무리와 더불어 『시경』과 『서경』을 서술하고 공자의 학설을 설명하여 『맹자』7편을 지었다. (退與萬章之徒, 序詩書, 述仲尼之意, 作孟子七篇。)

사마천은 『맹자』7편의 저작 작업은 만장 등 일군의 제자가 참여한 가운데 맹자가 주도하여 그의 생전에 완성하였다고 분명하게 설명하였다.

초순(焦循)의 『맹자정의 孟子正義』는 이를 받아 문답류(問答類)의 문장은 평소 제자들과 주고받은 말을 여러 제자가 각자 기록해 두면 맹자가 이를 취합하여 편집하였고, 문답이 오가지 않은 부분은 맹자의 자찬(自撰)이며, 양혜왕이나 제선왕 등 당시 제후와의 대화와 경자(景子)나 순우곤(淳于髡) 등 당시 인물과의 문답 역시 제자들이 기록하고 맹자가 이를 모아 편집하였다고 맹자의 주도적 역할을 자세히 설명하였다. 위원(魏源)의 『맹자연월고 孟子年月攷』는 악정자(樂正子)·서자(徐子)·진자(陳子) 등 다른 제자들은 '자'라고 존칭하고 만장과 공순추만 이름을 부른 것은 두 사람이 친히 구술(口述)을 받아 적었기 때문이라고 주장하였다. 말하자면 『맹자』는 맹자가 친히 구술하였고 만장과 공손추 두 제자가 이를 받아 기록한 합작품인 것이다.

사제합작설에 의하면, 제자의 호칭 문제는 만장과 공손추는 기록자이므로 본인의 호칭은 높이지 못하고 이름을 그대로 적었으며, 책의 채재와 내용이 통일된 것은 맹자 한 사람이 주도하였기 때문이며, 나아가 맹자 사후의 임금

시호가 등장하는 문제는 오늘날 책의 개정판을 내는 것처럼 만장과 공손추가 나중에 가필하였기 때문에 가능하다고 설명한다.

③ 제자공저설(弟子共著說)

맹자 제자 몇 사람이 공저하였다는 학설은 삼국시대에 오(吳)나라 요신(姚信)이 최초로 주장하였고, 당대에 와서 한유와 장적(張籍)이 다시 이 문제를 정식으로 제기하였다. 장적은 고대는 군사부일체(君師父一體)의 사회이므로 제자를 수천 수백씩 많이 둔 스승이 돌아가시면 생전에 기록하여 둔 스승의 학설을 모아 이를 책으로 만들었는데 맹자가 바로 이런 경우라고 하였다. 한유는 아예 맹자의 제자 만장과 공손추가 맹자의 발언을 기록하였다고 지목하였다.

송대에 와서 조공무(晁公武)의 『군재독서지 郡齋讀書志』는 시호 문제를 거론하며 한유의 주장을 뒷받침하였다.

> 지금 그 책을 살펴보면 맹자가 만난 제후들 모두 시호를 부른 채 실려 있다. 예를 들어 제선왕 · 양혜왕 · 양양왕 · 등문공 · 노평공이 이들이다. 대체로 죽은 다음에 시호가 있다. 맹가가 책을 지을 때 만났던 제후가 모두 죽지는 않았을 것이다. 또한 혜왕 원년에서 평공의 죽음까지 무릇 70년이다. 맹자가 혜왕을 만나자 왕이 그를 가리켜 노인이라 했으니 필히 이미 연로하여 결코 평공의 죽음을 보지 못한다. 후세 사람이 추가하였음이 분명하다. (今考其書, 載孟子所見諸侯, 皆稱謚, 如齊宣王 · 梁惠王 · 梁襄王 · 滕文公 · 魯平公是也。夫死然後有謚: 軻著書時所見諸侯, 不應皆死。且惠王元年至平公之卒, 凡七十年。孟子見惠王, 王目之曰叟, 必已老矣, 決不見平公之卒也, 後人追爲之, 明矣。)

『맹자』에 기재된 당시 임금의 시호 가운데 일부는 맹자 사후에 정해졌으므로, 맹자 생전에 당연히 그들의 시호를 알지 못한다. 더욱이 노평공의 경우 이미 연로한 맹자가 만난 양혜왕의 원년보다 70년 뒤에 죽었으므로 그의 시호를 알 리 만무하다. 조공무는 바로 이런 점들이 후대 사람이 가필한 증거라고 보았다.

청대에 와서 최술(崔述)의 『맹자사실록 孟子事實錄』은 여기에다 다음과 같은 두 가지 증거를 추가하였다. 첫째, 『맹자』에 역사와 지리에 관한 기술이 사실과 다른 경우가 있는데, 아성(亞聖)인 맹자가 직접 지었다면 이런 오류가 발생할 수 없다. 둘째, 맹자의 자작이라면 제자들을 높여 '자'라는 부르지 않았을 것이고, 유독 제자 중에서 만장과 공손추만 '자'라고 호칭하지 않은 것은 바로 만장과 공손추가 저자이므로 자신들을 높여 부르기가 불편하였기 때문이다. 근대 학자 양계초(梁啓超)는 최술의 학설을 근거로 『맹자』가 지어진 시기를 가장 빨라도 주나라 난왕(赧王) 59년(B.C.269년) 양양왕이 죽은 다음이라고 추산하였다.

④ 재전제자참여설(再傳弟子參與說)

이 설은 제자공저설의 미진한 점을 보충하여 후대로 갈수록 호응을 얻는 학설로, 송대의 학자 임지기(林之奇)가 가장 먼저 제기하였다. 그의 「맹자강의서 孟子講義序」에 따르면, 『맹자』는 만장과 공순추 등의 제자가 주로 지었으며 일부는 제자의 제자가 관여하였는데, 예를 들어 만장을 높여 부른 '만자왈(萬子曰)'이란 표현이 바로 만장의 문인이 기록하였다는 증거라고 것이다.

청대 학자 주광업의 『맹자사고 孟子四攷』는 우선 『맹자』가 수십 년에 걸친 행적과 수십 명에 달하는 인물의 문답을 서술하는 방대한 분량이므로 결코 동일한 시기에 한 사람의 손에서 나온 책이 아니라고 전제하였다. 말하자면 복잡한 공정에 비하여 전후의 내용이 통일되고 맹자의 언동이 상세한 까닭은, 만장과 공손추 무리가 수십 년 동안 항상 맹자 곁을 따르며 기록한 덕분이라는 것이다. 나아가 주광업은 각 장 첫 머리의 '맹자왈(孟子曰)'은 맹자 본인이 할 수 있는 표현방식이 아니며 바로 제자들이 『논어』를 모방하여 스승의 교훈을 전하는 방식임을 강조하면서, 아울러 책 제작을 마무리하는 일부 작업은 재전제자가 참여하였다고 결론지었다.

> 그 후에 유고를 편집・정리하는 일 또한 아마 악정자를 비롯하여 공도자・옥려자・맹중자의 제자가 함께 하였을 것이다. 왜인가? 이들은 모두 맹자 문하의 수제자로 7편 가운데에 이들의 이름을 가리킨 적이 없으며, 악정자를 공손추와 호생불해 모두 '자'라고 불렀다. 맹자라 해도 그렇게 하지 않았으니 승경의 이름을 부른 예와는 다르다. 이는 당연히 그의 제자가 추가로 고친 것이다. 그리고 첫편을 맹자로 시작하여 마무리를 악정자로 한 것은 이유가 없을 수 없다. (其後編次遺文, 又疑樂正子及公都子・屋廬子・孟仲子之門人 與爲之, 何也? 諸子皆孟門高弟, 七篇中無斥其名者, 而樂正子則公孫丑・浩生不害皆稱爲子。卽孟子不然, 與勝更呼名之例不同, 當是其徒所追改, 而首篇以孟子始, 以樂正子終, 未必不由也。)

여기에서 중요한 점은 『맹자』라는 책의 골격은 공손추와 만장 등 수제자들이 이미 거의 완성하였고, 맹자 사후에 재전제자들도 마무리 작업에 참여하였으나 그 범위는 자신들의 스승 곧 맹자의 수제자들에게 '자'를 붙여 존칭하는 사실과 맹자 사후에 죽은 임금의 시호를 적어 넣는 일 정도에 그쳤다는 사실이다.

(4) 『맹자』의 지위 변화

『맹자』는 이른바 오늘날 아성(亞聖) 맹자의 언행을 적은 경서로, 『논어』와 더불어 가장 대중적인 유가경전이다. 그러나 『한서 · 예문지』와 『수서 · 경적지』는 물론이고 『구당서 · 경적지』까지 『맹자』를 모두 『장자』와 『한비자』와 함께 자서(子書)로 분류하였다. 사실상 당대 이전에는 유가의 정통을 일컬을 때 일반적으로 주공(周公)과 공자를 병칭하였고, 맹자는 순자(荀子)나 양웅(揚雄)과 같은 반열에 있었다.

『맹자』가 자서에서 13경의 하나로 경서의 지위에 오르기까지 오랜 세월이 걸렸다. 조기의 「맹자제사」에 의하면, 서한의 문제(文帝) 때 『논어』 · 『효경』 · 『이아』와 더불어 학관(學官)에 세워지고, 박사제자원(博士弟子員)을 두어 전기박사(傳記博士)라고 불렀다고 한다. 그러나 『한서』에는 이에 대한 아무런 기록이 없어 믿을 수 없다. 다만 왕충(王充)의 『논형』을 비롯하여 『한서』와 『설문해자』 및 『후한서』에서 『맹자』를 인용할 때 '전왈(傳曰)'이라고 한 것으로 미루어 보아 양한에서 남북조까지 『맹자』는 6경을 보조하는 전기(傳記)로서 경서와 자서 중간에 있었다. 동한 때는 조기가 처음으로 『맹자장구』를 지어 맹자의 학설을 선양하였으나, 위진남북조에 이르러 노장(老莊)의 현학(玄學)이 성행하고 유학이 일시적으로 쇠퇴한 탓에 맹자 역시 주목을 받지 못하였다.

당대에는 한유가 적극적으로 나서 맹자를 요 · 순 · 탕 · 무왕 · 문왕 · 주공 · 공자의 도통을 잇는다고 선포하였다. 더욱이 오대(五代)에 이르러 후촉주(後蜀主) 맹창(孟昶)이 11석경(石經)을 새기면서 『역』 · 『서』 · 『시』 · 『의례』 · 『주례』 · 『예기』 · 『공양』 · 『곡량』 · 『좌전』 · 『논어』 등과 함께 『맹자』를 포함시켰다. 이는 『맹자』가 경서에 편입한 최초의 경사이며 괄목상대의 계기가 되었다.

송대에 들어와서 『맹자』의 지위는 그야말로 수직상승하여 한대와 비교할 때 금석지감이 들 정도로 달라졌다. 북송 인종(仁宗/재위 1022~1063년)조에 9경을 각석(刻石)할 때도 포함되었고, 남송 고종(高宗/재위 1127~1162년) 때는 어필로 친히 쓴 『맹자』를 각석하여 국자감(國子監)에 세움으로써, 당대의 개성(開成) 연간에 세운 12석경에서 빠진 한 자리를 채워 13석경이 되게 하였다. 이때부터 『맹자』의 경서적 지위가 확정되어 마침내 13경의 하나가 되었다. 경사는 여기에 그치지 않았다. 광종(光宗/재위 1189~1194년) 때 황당(黃唐)이 처음으로 『13경주소』의 합간본을 간행하자 진진손(陳振孫)의 「직재서록해제 直齋書錄解題」는 『맹자』가 실로 순자와 양웅 이하와 한 자리에 놓고 거론할 수준이 아니라며, 『논어』와 병칭한 '어맹(語孟)'이란 용어를 최초로 사용하여 나란히 경부(經部)에 편입시켰다. 이는 『맹자』가 『논어』와 같은 반열에 올랐으며 도서 목록에서도 경부에 안착하였음을 의미한다. 『맹자』의 달라진 위상은 여기에 그치지 않았다. 이에 앞서 북송 때 신종(神宗/재위 1067~1085년)은 왕안석(王安石)의 건의를 받아 『논어』와 『맹자』를 나란히 겸경(兼經)이라 하고 과거의 한 과목으로 삼았다.

학술적으로는 정이(程頤)가 『맹자』를 높이 평가하여 훈해를 달았다. 남송에 이르자 주희는 정자의 뜻을 이어받아 『논어』와 『맹자』에다 『예기』에서 『대학』과 『중용』 두 편을 뽑아 이를 합하여 4서라 명명하고 집주(集注)를 달았다. 이후로 4서는 기존의 5경을 대신하여 유가의 기본경선이 되었고 이에 따라 맹자의 지위 또한 특수해져 공자에 버금가게 되었다. 원대에 이르러 인종 황경(皇慶) 2년(1313년)에 과거의 시제를 반드시 『4서』에서 출제하고 답안과 채점을 주자의 『사서집주』에 근거하도록 결정하였다. 이후로 명대와 청대에도 이 원칙은 바뀌지 않았다. 청대의 광서(光緖) 27년(1901년)에 과거제도가 폐지됨에 따라 마침내 관서(官書)로서의 지위는 사라졌다. 그러나 경서로서의 지위는 여전히 유지되어 수신의 필독서로 추앙받고 있다.

(5)『맹자』의 주소

『맹자』는 일찍부터 자서로 취급되어 진시황의 분서 때 자서를 제외한 덕에 다행히 화를 모면하였고, 따라서 원전에 대한 금고문 논란도 없다. 한대에 출현한『외서』의 진위가 다소 시비의 대상이 된 외에 전본과 판본의 전승에 별반 복잡한 문제가 없다.

고서의 기록을 종합하면, 한대부터 당대까지『맹자』의 주는 10가(家)가 있었으나 9가는 실전되고 단 하나만 지금까지 전해진다. 바로 조기의『맹자장구 孟子章句』가 현존하는 가장 오래된『맹자』주이며, 그 서문에 해당하는「맹자제사 孟子題辭」도 함께 실려 있다. 조기는 동한 말 인물로 자(字)가 빈경(邠卿)이고 벼슬은 태상(太常)까지 올랐으며『후한서』에 전(傳)이 있다.『사고총목제요 四庫總目提要』 한대의 유가들은 경서에 주를 달 때 대부분 훈고에 치중하는데 조주(趙注)는 구어에 가깝게 쉽게 풀이하였다고 평하였다. 또한 청대 완원(阮元)의『13경주소교감기 十三經注疏校勘記』는 조기의 학문이 마융과 정현에 비해 약간 고루해도 용어가 쉽고 조리가 분명하다고 칭찬하였다. 당연히『맹자』를 연구할 때 빠트릴 수 없는 필독서이다.

조기의 주 이후에『맹자』에 대한 주소(注疏) 작업은 한동안 침체되었다가 당대에 와서 몇 종류가 나왔다. 그러나 모두 실전되고 오직 임신사(林愼思)의『속맹자 續孟子』2권만 지금까지 전해진다. 북송에 이르자 정이(程頤)를 필두로『맹자』의 주를 다는 풍조가 크게 일어난다. 손석(孫奭)은『맹자음의 孟子音義』2권과『맹자정의 孟子正義』14권을 지었는데,『맹자정의』는 주소체(注疏體) 같지 않은데다 자신이 삭제한 조기의 장별 주제를 소(疏)에서는 해설하는 등 손석의 저작으로 보기에는 오류가 너무 많다. 주자를 위시하여 많은 학자들이 다른 사람의 위작(僞作)이라고 여기나, 현행하는『13경주소』본에 들어가 있다.

송대의 『맹자』주는 의리(義理) 방면에 치중하여 많은 성과를 거두었다. 남송 효종(孝宗/재위 1162~1189년)조에 주희가 이 성과의 진수를 집대성하여 『맹자집주』7권을 펴내자 가장 통용되는 『맹자』주석본이 되었고, 이에 따라 조기의 주는 날로 쇠퇴하였다. 『맹자집주』를 살펴보면, 훈고와 장별 주제는 조기의 설을 많이 채택하였으나 의리의 핵심을 포착하여 이를 간명하게 해석하는 장점이 있어 원·명대 맹자학의 중심이 되었다. 이외에 원대에는 정복심(程復心)의 『맹자연보 孟子年譜』1권이 전해진다.

명대의 맹자학은 열기와 성과 모두 송대만 못하였다. 대표적 저작으로는 학경(郝敬)의 『맹자설해 孟子說解』14권이 있으나 일부만 전해진다. 진사원(陳士元)의 『맹자잡기 孟子雜記』4권의 경우 명목은 전기(傳記)이나 내용은 경문 해설을 위주로 한다.

청대는 고증학이 부활하여 송대의 의리 위주의 주와 구별된다. 이 시기의 주는 단연 초순의 『맹자정의』30권이 청대의 맹자학을 집대성한 대표작으로 손꼽힌다. 또한 주소의 상세함에 있어서 이 책을 뛰어넘는 『맹자』주가 없다는 평가도 받는다. 대진(戴震)의 『맹자자의소증 孟子字義疏證』3권은 청대의 주로는 드물게, 『맹자』만 해석하기 보다는 자기의 철학을 천명하는 부분이 비교적 많아 참고 가치가 높다. 이밖에 임조린(任兆麟)의 『맹작시사략 孟子時事略』·주광업의 『맹자사고』4권·염약거의 『맹자생졸연월고』·위원의 『맹자연표 孟子年表』 등은 대부분 맹자의 사적을 주로 연구한 역작들이다.

후대에 『맹자』를 연구하고 주를 단 저작이 매우 많지만 그 가운데에서 가장 중요한 주소 세 가지를 꼽으면 조기의 『맹자장구』와 주희의 『맹자집주』 그리고 초순의 『맹자정의』를 들 수 있다. 조주(趙注)는 해석이 간명하고 알기 쉬우나, 의리에 대한 설명이 얕고 약간 고루하다. 『집주』는 해석이 간단명료하고 의리에 대한 설명이 깊으나, 간혹 자기의 주관으로 맹자의 뜻을 이해한다. 『정의』는 규모가 방대하고 내용이 광범위하며 고증이 상세하나, 지나치게 번잡한 점을 간과할 수 없다.

2) 사상과 내용

(1) 맹자의 생애

아성(亞聖) 맹자

맹자는 전국시대 추(鄒)나라 사람으로, 이름이 가(軻)이고 자가 자여(子輿) 또는 자거(子車)이다. 대체로 주나라 열왕(烈王) 4년(B.C. 372년)에 태어나 주나라 난왕(赧王) 26년(B.C. 289년)에 세상을 떠난 것으로 추정한다. 그는 노(魯)나라 공족 맹손(孟孫)의 후예이자 환공(桓公)의 13대손이다. 부친의 이름은 철(激)이고 자는 공의(公宜)로 후대에 성국공(郕國公)이라 부르며, 어머니 장씨(仉氏)는 현모(賢母)로 유명하다. 어릴 적에 부친을 여의고 어머니 홀로 그를 키웠는데 아들의 교육을 위해 세 번 이사를 하고 베틀의 옷감을 가위로 잘라 버린 고사가 유향(劉向)의 『열녀전列女傳』에 실려 있다.

사마천은 맹자가 자사(子思)의 문인(門人)에게 학업을 배웠으며, 조기는 맹자가 커서 공자의 손자 자사를 스승으로 모셨다고 각각 적고 있다. 하지만 맹자가 태어났을 때는 공자가 죽은 지 약 100년이 지나 공자의 손자 자사는 물론이고 증손자조차 시간적으로 맞지 않는다. 맹자 스스로 「이루하」에서 자기는 공자의 문하생이 되지 못하고 다른 사람에게서 사숙하였다고 토로하였는데, 이로 미루어 보아 아마도 무명의 유학자에게 배운 듯하다.

맹자는 학문을 닦은 다음 제・위・등나라 등지를 돌아다니며 제후들에게 '인의(仁義)'를 강의하고 왕도(王道)정치로 나라를 다스리고 천하를 통일하는 방도를 설파하였다. 그러나 당시 각국의 제후들은 맹자를 겉으로 공경하였지만 속으로 세상 물정에 어두워 비현실적이라 여겼다. 그러자 그는 차례로 제나라 위왕(威王)과 송나라 임금 언(偃)과 만났으나 역시 뜻을 이루지 못한다. 등문공이 정공(定公)의 세자일 때 잠시 만났다가 결국 고향 추나라로 돌아왔고 그 뒤에 또 다시 노나라로 갔다. 노나라 평공(平公)을 만나려 하였으나 그의 측신 장창(臧倉)의 방해로 무산되자 맹자는 이를 하늘의 뜻으로 돌렸다. 등문공이 즉위하자 등나라로 갔다. 등나라는 사방 50리에 불과한 소국이고 강대국 제나라와 초나라 사이에 끼여 있어 포부를 펼 수 없었다. 허행(許行)의 신도 진상(陣相)과 격론을 벌린 것도 이 시기였다.

70세가 다 되어 위나라로 가서 혜왕(惠王)을 만났으나 맹자를 신임하지 않았다. 그 이듬해에 혜왕이 죽고 아들 양왕(襄王)이 즉위하여 만났으나 실망한 나머지 전혀 왕 같지 않다는 말을 남기고 제나라로 갔다. 이때 제나라는 위왕은 이미 죽고 선왕이 재위하였다. 선왕이 이웃 연(燕)나라를 치면서 맹자의 의견을 묻자 출병을 맹자는 만류하였다. 그러나 선왕은 연나라를 쳤고, 맹자가 거듭 철병을 건의하였으나 받아들이지 않았다. 이윽고 이듬해에 반격을 받아 제나라가 대패하는 것을 목격하자 제나라를 떠났다. 맹자는 제나라를 떠나면서 국경 부근에서 3일을 머물렀는데 선왕이 끝내 잡지 않았다. 마침내 더 이상 자기의 이상을 실현하기 힘들다고 깨닫고 정치 일선에서 물러나 제자들과 공자의 학문을 강론하며 저작 활동에 전념한다.

(2) 맹자사상의 기본 성격

고대의 유가사상은 공자가 집대성하고 맹자가 이를 이론적으로 심화시켰다. 그러므로 맹자의 사상을 거론할 때 공자와 비교하면 전모를 파악하기 편하다. 맹자사상의 연원이 공자에게서 비롯되므로 양자의 학설이 대체로 유사하지만 약간 다른 점도 있다. 6경에 근거하여 인륜을 밝히는 교화를 중시하고 괴력난신(怪力亂神)에 대하여 언급을 피하는 점은 양자가 동일하나, 공자는 평담하게 말하고 맹자는 격렬하게 말한다. 공자는 인간의 습성이 서로 비슷하다고 하였으나 맹자는 인간의 본성이 착하다고 하였다. 공자는 '인'만 말하였으나 맹자는 '인의'를 합하여 말하였다. 공자는 '지(志)'만 언급하였으나 맹자는 '지언(知言)'과 '양기(養氣)'를 깊게 설명하였다. 공자의 '인'과 '충서(忠恕)'는 개인의 수양에 국한되지만 맹자를 이를 정치와 사회철학에 응용하였다. 정치를 논하면서 공자는 대부분 원칙만 제시하고 제도를 언급하지 않았으나 맹자는 인정(仁政)을 거론하고 법과 제도를 상세히 설명하였다. 이것은 공자와 맹자가 처하였던 시대적 환경과 개인적 기질의 차이에서 기인한다.

공자가 처한 시대는 춘추의 말기이고 맹자가 처한 시대는 전국의 중기이다. 춘추시대는 제후들이 형식적이나마 존왕양이(尊王攘夷)의 기치를 내세웠으나 전국시대의 제후들은 약육강식의 전쟁과 합종연횡의 국제 질서 속에서 이미 종법질서의 개념조차 없었다. 민생은 도탄에 빠져 아사자가 속출하고 도덕은 붕괴되어 말이 좋아 백화제방(百花齊放)이지 이단의 사설(邪說)이 횡행하였다. 공자는 이단과의 싸움은 해로우므로 피하라고 가르쳤지만, 맹자는 논쟁적이라 평가를 들을 만큼 몸을 던져 이들을 질타하였다. 예를 들어 천하에 가득 차 있다는 양주(楊朱)의 극단적 이기주의와 묵적(墨翟)의 허위적 겸애설을 몰아냄을 자신의 사상적 급무로 여겼으며, 이익을 미끼로 세치 혀를 놀려 임금을 유혹하는 소진(蘇秦)과 장의(張儀)와 같은 종횡가(縱橫家)와 인간의 본성에 대하여 왜곡된 해설을 일삼는 고자(告子)와 같은 명가(名家) 등을 상대로 치열한 논쟁을 벌인다. 맹자의 학설이 다소 전투적인 까닭이 여기에 있다.

맹자의 궁극적 목표는 왕도정치의 실현이며 노년까지 열국을 주유한 이유이므로 왕도와 패도(覇道)의 구분은 양보할 수 없는 원칙이다. 공자가 한편으로 관중(管仲)이 그릇이 작고 사치스럽고 예도 모른다고 비판도 하였지만, 한편으로 제환공(齊桓公)의 패업을 도와 전쟁을 중지시킨 공로를 관중의 인덕(仁德)함으로 돌리기도 하였다. 이에 반하여 맹자는 왕도정치를 갈구하는 입장에서 관중이 제환공을 도와 이룩한 패업 자체가 부당하다 여기고 관중의 공이 대단하지 않다며 경시하였다. 공자는 몇 차례나 제환공을 언급하고 진문공(晉文公)도 한 차례 평가한 적이 있다. 그런데 맹자는 제선왕이 제환공과 진문공에 대하여 묻자 공자의 문도들은 제환공과 진문공의 사적을 일절 입에 올리지 않는다고 선을 그었다. 이 때문에 혹자는 맹자를 공자에 비해 강경하고 고루한 원칙주의자라고 비판한다. 그러나 춘추시대가 상대적으로 느슨했던 반면에 전국시대는 경쟁이 치열하고 정황이 급박하던 시기였음을 감안할 때 이는 시대적 환경에서 비롯된 차이로 이해된다.

시대적 차이로 인하여 공자와 맹자가 군신 관계를 바라보는 표현하는 방법도 판이하다. 공자는 "임금은 신하를 예로써 부리고 신하는 임금을 충심으로 섬긴다."라고 하였으나, 맹자는 "임금이 신하를 개와 말 취급하면 신하는 임금을 평민처럼 대하고, 임금이 신하를 먼지나 티끌 취급하면 신하는 임금을 원수처럼 대한다."라고 하였다. 비슷한 주제로 두고 선택한 언어가 공자는 임금과 신하와의 조화를 바탕으로 둔 '예'와 '충'인데 반하여 맹자는 임금과 신하의 대립을 전제로 비하와 적대의 용어를 동원하였다. 이처럼 맹자의 사상이 공자에게서 비롯되었지만 사상의 표현 방식이 종종 전투적 자세를 취하며 적대적 용어를 적지 않게 구사한다. 이 점은 맹자의 사상을 이해함에 있어서 매우 흥미로운 사전 지식이며 독자의 관심을 유발하는 중요한 요소가 된다.

(3) 『맹자』의 주요 내용

① 성선(性善)

인간의 본성은 원래 착하다는 성선설은 맹자의 가장 대표적 학설이자 가장 대중화된 학설이다. 사실상 맹자의 사상은 성선설에서 출발하여 인의설로 완성된다. 전목(錢穆)은 맹자의 학설은 성선설 · 양기설 · 지언설 이 세 가지를 천명한 공로가 있는데 이 세 가지는 실은 하나로 바로 성선의 뜻을 발명한다고 강조하였다. 물론 맹자 이전에 공자도 "본성은 서로 가깝고 습관은 서로 멀다."라고 성을 언급하였으나, 이는 결코 본성의 선악에 대한 언급이 아니며 또한 공자의 주요 관심사도 아니었다. 그러나 「등문공 · 상」에 "맹자는 성선을 말하고 입을 열면 반드시 요순을 일컬었다."고 한 기록을 보아 성선설은 맹자의 주된 학설이었다.

맹자의 성선설은 본성에 대한 고자(告子)와의 토론을 중심으로 「고자 · 상」 앞부분 몇 장에 집중되어 있다. 맹자가 성선설을 주장하는 이론적 근거는 대략 세 가지가 있다. 첫째, 인간은 짐승과 다른 본질을 갖고 있다. 둘째, 마음이 착하므로 본성이 착하며, 선한 본성은 사람이 타고난 천성이다. 셋째, 성인(聖人)과 나는 같은 인류이며 사람은 누구나 다 요순과 같은 성인이 될 근본을 공유한다. 이로 보아 성선설은 바로 인간과 짐승과의 구별에서 출발하여, 궁극적으로 성인의 경지를 도덕적 목표로 제시하여 인간의 향상심을 고취하고 있음을 알 수 있다.

그러므로 「고자 · 상」에서 맹자는 인성의 차별성보다 인성의 공통점에 착안하여 성선설을 전개한다. 맹자는 착하지 못한 사람은 그의 자질 탓이 아니며, 타고난 자질을 볼 때 착하게 될 수 있다고 본다. 왜냐하면 사람은 모두 남을 측은하게 여기는 마음 곧 측은지심(惻隱之心)과 부끄러워 하는 마음 수오지심(羞惡之心)과 사절하고 양보하는 마음 곧 사양지심(辭讓之心)과 옳고 그름을 가리는 마음 곧 시비지심(是非之心)을 갖추고 있기 때문이다. 맹자는 이러한 인의예지(仁義禮智)의 마음은 인간이 원래부터 타고난 마음으로 이 네 가지 단서가 없으면 사람이 아니라고 단정하였다.

맹자는 인성은 본래 선하나 인간의 행위가 반드시 선하지만도 않음은 수양을 하지 않아 착한 본성을 상실한 경우, 인의에 따라 행동하지 않고 자포자기한 경우, 인간이 얼마나 존귀하다는 것을 생각조차 하지 않는 경우, 주변 환경의 영향을 받는 경우 등을 이유로 들었다. 그리고 이렇게 상실하고 자포자기하고 무지하고 나쁜 환경에 지배를 받는 현상을 타파하려면 교육이 필요하다고 보아, 위정자의 교화란 바로 인간 본성의 회복을 최우선 과제로 삼아야 한다고 주장한다. 이는 맹자가 전국시대에 제후들이 공리(功利)만을 앞세우며 백성의 생명을 경시하는 세태를 목격하고 이를 교육을 통하여 교정하여 인륜을 바로 세울 필요성을 절감하였기 때문이다. 말하자면 맹자는 바로 인간의 존엄성을 설명하고 또한 회복하려는 목표로 성선설을 제시한 것이다.

② 인의(仁義)

공자의 사상은 인을 바탕으로 도에 이르러 덕을 완성하는 체계이다. 맹자는 여기에 의를 추가하여 인·의·도·덕이란 유가의 사상적 체계를 완성하였다. 공자도 '의'를 말하였으나 '인'과 독립된 개념으로 따로 떼어서 언급하였다. 그러나 맹자는 「양혜왕·상」 제 1장부터 "왕께서 하필이면 이(利)라고 말씀하십니까? 인의(仁義)가 있을 뿐입니다."라며 '인'과 '의'를 한 어휘로 사용하며 자신이 열국을 주유하는 궁극적인 목표는 오직 '인의'의 선양에 있음을 밝혔다. 또한 「이루·상」의 "인은 사람이 편히 쉬는 집이고, 의는 사람이 가야 할 바른 길이다"와 「고자·상」의 "인은 사람의 마음이고, 의는 사람의 길이다." 등에서 보듯이 '인'과 '의'를 함께 언급하였다. 이처럼 맹자는 공자의 '인'을 계승하여 이를 독창적인 인의설로 심화시켰다.

맹자는 인의가 마음에 뿌리를 둔다고 하였다. 인의는 곧 인간의 타고난 착한 마음에서 나왔으며 인륜도덕의 본질이라는 의미이다. 그러므로 맹자는 인륜도덕의 본질이 되는 '인'에 머물지 못하고 '의'에 따르지 않으면 이는 자포자기하는 것이라고 강조한다. 맹자는 '인의'를 집과 길에 많이 비유한다. 일반적으로 집은 생활의 근거지로 거기 머물러야 편안하며, 집에 가거나 집을 나서려면 반드시 길로만 가야 한다. 마찬가지로 '인'은 착한 마음이므로 근본이고, '의'는 사리의 당연함이므로 올바른 방향이다. 행동이 '인'에서 나와 '인'으로 향하여야 '의'가 된다. 구체적으로 표현하면, '인'은 작게는 남의 불행을 차마 보지 못하는 불인지심(不忍之心)이고, 확대하면 박애(博愛)의 마음이다. 그러므로 행위의 방향이 측은지심와 박애의 원칙에 합당하면 그것이 바로 '의'라는 것이다.

인의설은 성선설에 이론적 근거를 두고 인륜 도덕의 본질을 설명하나 사실은 맹자의 정치적 주장인 왕도정치의 핵심 내용이기도 하다. 맹자는 예를 들어 '인'은 남을 해치는 것과 같은 일을 차마 못하는 마음이며, '의'는 남의 것을 훔치는 것과 같은 일을 하지 않는 원칙이라고 정의한다. 임금도 무고한 사람을 죽이면 어진 임금이 아니고, 자기 땅이 아닌데 차지하면 의로운 임금이 아니다. 위정자는 항상 "인에 머물고 의로 말미암아야(居仁由義)" 하므로 맹자가 양혜왕에게 "인의만 있을 뿐이다"라고 강조한 것이다. 또한 맹자는 「고자·상」에서 학문의 궁극적 목표도 '인의'의 회복에 두었다. 왜냐하면 '인의'는 착한 본성의 구체적 표현으로 인륜도덕의 극치이자 본질이기 때문이다.

③ 인정(仁政)

인정론 역시 성선설을 기초로 하는 맹자의 정치철학이다. 맹자는 남의 불행을 차마 보지 못하는 불인지심을 확대하여 백성의 고통을 차마 보지 못하는 불인지정(不忍之政)을 펼칠 것을 주장하고, 이를 어진 정치 곧 '인정'이라 하였다. '인정'의 요체는 백성을 아끼고 보호하고 교화하여 요순임금의 정치를 실현하는 데에 있다. 보민(保民)의 구체적 방법으로 맹자는 백성에게 항산(恒産)를 정해주고 효제(孝悌)의 도리와 같은 인륜을 밝히는 교육을 실시하되, 위정자는 항상 여민동락(與民同樂)의 정신으로 백성들과 고락을 함께 하라고 주문한다.

맹자는 정치를 왕도정치와 패도정치 양자로 구분한다. 모두 강성한 국가의 건립을 목표로 하나, 왕도는 덕으로 다스리고 백성의 뜻을 존중하고, 패도는 힘으로 다스리며 제후의 권력을 우선시한다. 세금을 적게 거두고, 형벌을 감해 주고, 부역을 줄여 제때에 농사를 짓고 가축을 기를 수 있어 백성이 기꺼이 따르는 정치가 '인정'이다. 반면에 세금은 많고, 형벌은 무겁고, 부역이 잦고, 농번기에 전쟁을 일으켜 백성을 강제 동원하고, 이웃 약소국을 위협하는 정치는 폭정이다. 왕도는 '인정'을 베풀어 천하를 얻을 수 있고, 패도는 폭정에만 의지하므로 나라는 얻으나 천하를 얻을 수 없다. 이에 맹자는 전쟁을 일삼았던 춘추오패(春秋五覇)는 탕·문왕·무왕의 죄인으로 규정하였다.

맹자는 선대 성왕(聖王)의 전장제도를 본받고 현능한 인재를 등용하라고 권한다. 선왕의 제도를 따르면 시행착오를 줄일 수 있으며 현능한 인재를 등용하여 예우하면 천하의 인재들이 모여들어 힘들지 않고도 왕도정치를 실현할 수 있기 때문이다. 또한 주요한 정책을 결정할 때 측근에 좌우되지 말고

국론이 모이기를 기다려 이에 따를 것을 권유한다. 또한 군신관계는 임금이 신하를 수족처럼 소중히 여기면 신하도 임금을 충심으로 존중하므로 상호 평등할 것을 주장하였다.

그런데 맹자의 정치적 주장 중에서 가장 눈길을 끄는 것은 바로 중민(重民)사상과 역성(易姓)혁명의 인정이다. 『고문상서』도 백성이 나라의 근본이라 적고 있지만, 맹자는 한 걸음 더 나아가 "백성이 가장 귀중하고, 사직(社稷)이 그 다음이고, 임금은 가볍다."고 선언하였다. 더욱이 「양혜왕하」에서는 걸(桀)과 주(紂)임금은 '인의'의 도리를 해치어 이미 일개 도적과 같으므로, 신하라도 죽일 수 있다고 하였다. 이것은 폭군은 교체할 수 있다는 주장으로, 봉건시대 당시로서는 참으로 대담한 발상이다. 이는 맹자가 역대 군왕들에게 별로 환영받지 못하는 가장 큰 이유이다.

④ 지언(知言)과 양기(養氣)

『공손추상』에서 맹자는 자기의 장점으로 "남의 말을 잘 분석하고, 나의 호연지기(浩然之氣)를 잘 배양한다."고 하였다. 지언양기설(知言養氣說) 역시 정자(程子)가 옛 성인들이 발견하지 못한 것을 발명하였다고 평가한 맹자만의 독창적인 수양론이다.

이른바 '지언'이란 남의 말을 듣고 말을 한 사람의 마음을 알아내는 능력을 말한다. 맹자는 인의의 도리에 합당하지 않는 말로 피사(詖辭)·음사(淫辭)·사사(邪辭)·둔사(遁辭) 네 가지로 꼽고, "편파적인 말에서 무엇이 가려졌는지 알고, 방탕한 말에서 어디에 빠져 있는지 알고, 간사한 말에서 얼마나 도리에 벗어났는지 알고, 회피하는 말에서 무엇이 궁색한지 안다."라고 하였다. 또한 맹자는 이 네 가지 말은 마음에서 생겨나며, 이러한 마음이 정치에 실현된다면 필연적으로 정사에 큰 해를 남길 것이라고 경계하였다. 맹자가 고자에게 "천하 사람을 이끌고 인의의 도리에 화를 입힐 것은 필히 너의 말이로다."라고 간파한 것도 바로 '지언'의 효과이다.

맹자의 수양 공부는 착한 본성을 잘 보존하고 배양하는 존양(存養)의 공부이다. '양기'는 곧 존양의 목적을 달성하기 위한 수단이다. 맹자는 호연지기(浩然之氣)에 대하여 말하기 어렵다고 토로하였다. 단지 의가 축적되어 이루어지며, 평소 인의의 도리에 합당하게 꾸준히 선을 행한다면 생명의 기운이 충만하여 도덕적 이성과 조화를 이루게 된다고 설명한다. 맹자는 '양기'의 과정에서 무엇보다도 외부의 유혹이나 충동 때문에 그르치지 말고, 또한 한꺼번에 졸속으로 이룰 수 없으므로 조급하게 이루려 들지 말라고 간곡히 당부한다. 맹자가 '양기'의 구체적 방법에 대하여 직접 언급하지는 않았으나, 「진심・하」에서 "마음 수양에는 과욕(寡慾)보다 나은 것이 없다."라고 한 말은 '양기'에도 적용된다. 그리고 「등문공・하」의 "부귀해도 음란하지 않고, 가난해도 뜻을 바뀌지 않으며, 권세나 무력 앞에 굴복하지 않는다."라며 「공손・하」의 "스스로 되돌아보아 올바르면 비록 천군만마가 앞에 있어도 나는 앞으로 나아간다."는 선언은 바로 호연지기의 효과이자 실천으로 볼 수 있다.

3) 가치와 영향

선진(先秦)시대 학파의 계통을 따지자면, 당시 유・묵・도・법 4가가 나란히 대치할 때 맹자는 유가의 한 지류에 불과하였고, 그 지위는 일파의 종사(宗師)인 노자와 묵자에 비할 수 없었다. 그러나 오늘날 맹자의 지위는 이들을 능가한다. 그의 어록 『맹자』는 경서가 되어 오랜 세월 사인(士人)의 필독서가 되었고, 본인은 공묘(孔廟)에 배향(配享)되어 아성의 칭호로 만인의 추앙을 받는다. 이는 물론 맹자의 빼어난 학술적 성취와 유가에 대한 공헌이 가져온 당연한 결과이다.

'아성묘'라 적혀있는 산동 제남 추성(鄒城)의 맹묘

맹자는 공자와 더불어 유가의 양대 지주이다. 철학 방면에서 맹자의 가장 큰 성취는 성선설의 발명이다. 성선설은 공자 사후로 적막했던 유가학파에 새로운 활기를 불러 일으켰다. 특히 성선설은 생의 가치를 적극적으로 긍정함으로써 인간의 향상심을 고무시킨다. 송유(宋儒) 정이(程頤)는 "맹자가 세상에 큰 공을 세웠으니 그가 성선을 말해서이다."라고 높이 평가하였다. 이로 볼 때 성선설은 맹자에게 그가 순경(荀卿)을 제치고 유가의 정통이라 인정받는 분수령이 된다. 맹자의 성선설은 후대에 와서 정주(程朱)로 대표되는 성리학파의 사단칠정론의 이론적 근거가 되었고, 또한 육상산(陸象山)과 왕양명(王陽明)의 심학에도 지대한 영향을 끼쳤다. 인의론 역시 『논어』에서는 독립적으로 쓰이던 '의'를 '인'과 결합시킴으로써 '인'의 범주를 확대하고 실천성을 강화하는 성과를 낳았다.

청대 옹정황제의 어필 사액현판과 맹자의 경학적 지위를 말해주는 대련

정치 방면에서의 괄목한 성과는 민본주의적 중민사상이다. 백성을 사직과 군주보다 우위에 두는 발상은 당시로서는 매우 혁명적이며, 실제로 후대에 와서 역성혁명의 이론적 근거가 되었다. 그러므로 역대 제왕 가운데 일부는 맹자의 정치사상에 매우 민감한 거부 반응을 보인다. 특히 명나라 태조 주원장(朱元璋)은 맹자의 중민사상에 크게 불만을 표시하였고, 마침내 『맹자』 중에서 중민사상과 관계된 장절 85장을 모두 삭제한 『맹자절록 孟子節錄』을 따로 짓게 하고, 이 85장 안에서는 시제를 내지 못하도록 하였다. 심지어 한동안 공묘(孔廟)의 배향까지 중지시켰다. 이처럼 봉건군주에게 맹자의 중민사상은 눈엣 가시와도 같았으나, 그의 왕도론은 역대로 군왕 교육의 좋은

교과서이자 특히 경연(經筵)의 단골 의제가 되었다.

이 밖에 맹자는 중국문학에도 큰 족적을 남겼다. 『맹자』는 예리한 필봉과 명쾌한 논리, 그리고 무엇보다도 황하의 둑이 터진 듯 걷잡을 수 없는 기세는 한 편의 훌륭한 의론산문으로도 손색이 없다. 한대의 정론(政論)산문은 물론이고, 당대의 한유 등 고문가들에도 많은 영향을 끼쳤고, 특히 송대 이후의 고문가들의 작문 학습에 『맹자』는 매우 주요한 교재 중의 하나였다. 지언설(知言說)은 그의 지인논세(知人論世)의 이론과 함께 후대의 문학비평론에서 작가 연구의 한 방법론으로 주목받는다. 양기설(養氣說)은 문학 방면으로 문기설(文氣說)의 연원이 되며, 또한 유가 수양론의 근간이 된다. 호연지기는 대장부의 형상이자 선비 정신의 표상으로 수양의 목표가 된다.

맹자의 호변(好辯)은 그의 의지와 상관없이 결과적으로 『맹자』의 가치를 높였다. 맹자는 유가의 학맥을 지키려는 위도자(衛道者)이길 자처하여, 유가 이외의 학설과 치열한 논쟁을 전개하였다. 이 과정에서 뜻하지 않게 다른 고서에서는 이미 실존된 논쟁 상대방의 학설이 『맹자』에 실려 보존된다. 허행(許行)・고자(告子)・진중자(陳仲子)・자막(子莫)・백규(白圭) 등의 학설이 전모는 아니지만 일부나마 보존된 것은 모두 맹자가 호변한 덕분이라 해도 과언이 아니다.

3. 『대학』

『대학』과 『중용』은 원래 『예기』의 제 42편과 제 31편이었다가 따로 떼어져 나와 독립된 경전으로 자리를 잡았다. 이러한 연유로 둘을 합하여 '학용(學庸)'이라고도 부른다. 『대학』은 초학자가 경서에 입문할 때 처음 접하는 경서이다. 반면에 『중용』은 도덕의 최고 경지와 표준을 제시하는 경서로 4서의 사상체계를 마무리할 때 공부한다. 그러므로 4서를 읽는 순서는 『대학』에서 시작되어 『중용』으로 마감한다. 비록 두 경전의 분량이 『논어』와 『맹자』에 비해 절반도 되지 않지만 중요성은 '논맹(論孟)'에 못잖다.

1) 편찬과 작자

(1) 『대학』의 명칭

『대학 大學』은 경전의 명칭이기 이전에 '대학'이란 어휘 자체가 갖는 여러 가지 함의가 있다. 원래 '대학'이란 말은 대체로 세 가지 뜻이 있다. 첫째는 고대의 교육기관인 소학(小學)과 구별하여 최고 학부인 태학(太學)을 가리킨다. 고대에는 천자의 원자(元子)를 비롯한 여러 자식과 공경과 사대부의 적자(嫡子) 및 평민 가운데 재주가 뛰어난 자제까지 15세가 되면 '대학'에 입학하여 수신(修身)과 치인(治人)의 도리를 배웠다. 주희의 「대학장구서 大學章句序」에서 "대학이란 책은 옛날 태학에서 사람들을 가르치던 방법."이라고 정의하였다. 말하자면 '대학'은 태학에서 학생들에게 가르친 학문의 방법론이었다.

둘째는 『예기』의 한 편에 속하였던 「대학」은 위정자가 정치를 하는 도리를 적은 글로 인식되었다. 동한의 정현은 『삼대목록 三代目錄』에서 "이름을 「대학」이라 한 것은 언급한 범위가 넓은 학문이라 정치에 적용할 수 있어서이다." 라고 하였다. 당대의 공영달도 『예기정의 禮記正義』에서 "「대학」은 학문을 이루는 일을 논하고 나라를 다스릴 수 있고 명덕을 천하에 밝힌다." 라고 하였다. 모두 「대학」을 천자를 비롯한 위정자의 올바른 도리와 관련을 짓고 있다.

셋째는 문자 그대로 큰 도리를 담론하는 학문 곧 대인(大人)의 학문을 가리킨다. '대학'을 대인의 학문이라고 한 것은 주희의 『대학장구』에 보인다. 대인은 덕과 학문을 겸비하여 인격이 완성된 사람 곧 성인군자이고, 대인의 학문이란 성인군자 곧 대인이 되기 위한 학문을 말한다. 명칭에서 알 수 있듯이 『대학』은 고대의 태학 생도들이 학문과 정치 및 도덕에 관한 최고의 도리를 배워 완성된 인격에 이르는 방법을 제시하는 경전이다.

(2) 『대학』의 편장

『대학』은 송대 이전에는 줄곧 『예기』의 1편으로 수록되어 있었고 따로 장절(章節)이 나누어져 있지 않았다. 동한 때 정현이 주를 달고 당대에 와서 공영달이 소를 달 때 주소 작업의 편리를 위하여 '大學之道'에서 '止於信'까지 한 단락을 자르고 '子曰聽訟'에서 끝까지 한 단락으로 자른 적이 있지만 장절은 나누지 않았다.

송대에 와서도 정호(程顥)와 정이(程頤) 형제가 「대학」에 틀리고 빠뜨린 것이 많다고 여겨 임의로 고친 부분은 있어도 장절을 억지로 나누지는 않았다. 그러나 주희가 『대학장구』를 저술하면서 『대학』의 장절을 다음과 같이 나누어 놓았다.

	시작 구절	끝 구절	자수
경 1장	大學之道, 在明明德,	而其所薄者厚, 未之有也.	205자
전 1장	康誥曰 : 克明德.	克明峻德. 皆自明也.	26자
전 2장	湯之盤銘曰 : 苟日新,	君子無所不用其極.	40자
전 3장	詩云 : 邦畿三千,	此以沒世不忘也.	203자
전 4장	子曰 : 聽訟,	此謂知本.	36자
전 5장	此謂知本. (程子曰衍文也.)	此謂知之至也. (所謂所謂致知在格物者, ……此謂物格, 此謂知之至也.)	10자 (134자)
전 6장	所謂誠其意者, 毋自欺也.	故君子必誠其意.	118자
전 7장	所謂修身在正其心者,	此謂修身在正其心.	72자
전 8장	所謂齊其家在修其身者.	此謂身不修, 不可以齊其家.	92자
전 9장	所謂治國必先齊其家,	此謂治國在齊其家.	271자
전 10장	所謂平天下在治其國者,	此謂國不以利爲利, 以義爲利也.	46자

주자의 『대학장구』에 많은 영향을 끼친 정호(程顥)

먼저 주희는 『대학』을 한 장의 '경'과 열 장의 '전'으로 나누었다. 예를 들어 『소대예기 小戴禮記』본의 '大學之道'에서 '未之有也'까지의 205자를 잘라 「경 1장」이라 하고, 『소대예기』본의 '此以沒世不忘也'에서 '湯之盤銘' 사이에 있는 '康誥曰 …… 皆自明也'까지의 26자를 잘라 「전 1장」으로 부르는 방식이다.

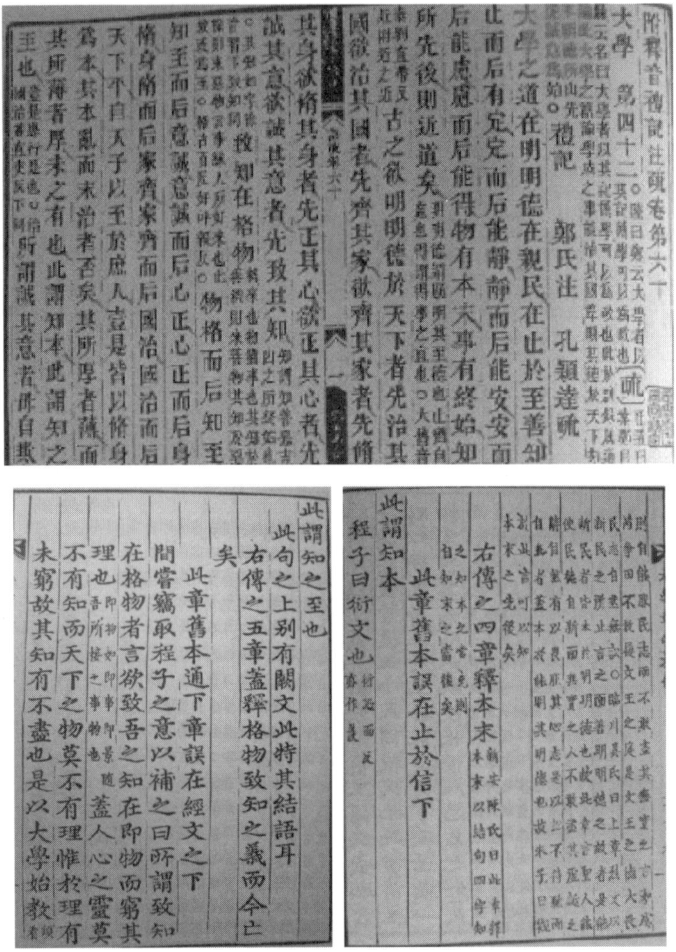

편장 체례가 서로 다른 위의 『예기 · 대학』편과 아래의 『대학장구』

「전 7장」에서 「전 10장」까지만 『예기 · 대학』의 원문과 차례가 같고 앞의 6장은 모두 다르다. 이에 대하여 주희는 '경'은 공자의 말씀인데 증자가 기록하였고, '전'은 증자가 풀이한 '경'에 대한 해설인데 증자의 문인들이 기록하였다고 설명한다. 『예기』라는 오래된 고전에서는 「대학」은 한 편의 짧은 경문에 불과하였다. 그러나 주희는 이를 '경'과 '전'으로 나누어 전혀 새로운 『대학』이란 체재를 편성해 버렸다.

「경 1장」 뒤에 배열된 열 장의 '전'도 각 장절의 차례가 『소대예기』의 「대학」과 많이 다르다. 이에 대해서도 주희는 "옛날 본에는 틀리고 빠트린 것이 많다. 이제 정자가 정한 것에 의거하고 다시 경문을 참고하여 달리 차례를 매긴다."라고 하였다. 예를 들어 '詩云瞻彼淇澳' 한 절을 제 6장에서 「전 3장」으로 옮기고, 아울러 「전 5장」 '此謂知本'과 '此謂知之至也' 사이에 글이 빠졌다는 정자의 의견에 따라 134자를 채워 넣어 '전'의 본문이 되게 하였다. 이상에서 보듯이 4서에 속한 『대학』은 『예기·대학』의 원래 면모가 아니다. 실제로 『예기·대학』을 읽으면 한 사람 손에서 나온 것처럼 문체가 일관되며 내용도 통일된다. 그러므로 아직도 많은 학자들은 주희가 '경'과 '전'을 구분해 놓은 것에 대하여 동의하지 않는다. 하지만 오늘날 대부분 독자는 주희가 분류한 장절의 순서대로 『대학』을 읽는다.

(3) 『대학』의 작자

『대학』의 작자에 대해서 당대 이전의 학자는 아무런 언급을 하지 않았다. 송대에 와서 정이가 "공씨(孔氏)의 유서(遺書)"라고 하였으나 정확하게 누구라고 밝히지 않았다. 오히려 주희가 이 문제를 명쾌하게 설명하였다. 그는 『대학』을 한 장의 '경'과 열 장의 '전'으로 나누면서 '경'은 "공자의 말씀인데 증자가 기술하였다."라 하고, '전'은 "증자의 뜻인데 문인들이 기록하였다."고 단언하였다. 증자와 증자 문인의 공저라고 여긴 증거로는 『대학』 속의 '증자왈(曾子曰)'을 들었다. 하지만 이러한 주장은 『대학』의 사상 체계와 서술의 순서를 감안하여 추정한 것이고, 청대에 와서 대진(戴震)의 『대학보주 大學補注』와 왕중(汪中)의 『대학평의 大學平義』 모두 주희의 설은 근거가 빈약하다고 지적하였다. 혹자는 주희가 4서를 따로 구분한 이론적 근거를 마련하기 위한 방편의 일환으로 이렇게 주장한다고 여긴다.

『대학』의 작가에 대한 논의는 항상 증자의 참여 정도가 핵심 쟁점이다. 최술(崔述)의 『考信錄 고신록』은 주희의 주장에 이의를 제기하며 증자의 문인이 참여한 사실은 부정하였으나 '전'은 증자가 지었다고 보았다. 그러나 육규훈(陸奎勳)은 『대학』에서 『고문상서·태갑 大甲』을 인용한 것을 근거로 서한의 무제 이후에 나왔다고 보았으며, 유정섭(兪正燮)의 『계사유고 癸巳類稿』는 "『대학』은 본래 한대의 『시』·『서』박사가 잡다하게 수집한 것이다."고 하였다. 이들의 주장에 따르면, 『예기·대학』은 적어도 서한 이후에 나왔으며 이에 따라 증자와 그의 문인이 작자라는 설은 설득력이 없게 된다. 최근의 연구 성과에 의하면, 『대학』의 구성과 내용을 검토해 볼 때 『대학』은 4서 중에서 가장 늦게 나왔으며, 나온 시대도 『계사유고』의 주장과 별반 차이가 없다고 본다. 『대학』은 강령과 조목이 뚜렷하게 서 있다. 이는 『대학』이 엄밀하게 구성된 의론체의 문장으로 이미 단편적인 언행을 기록하여 엮은 『논어』와 『맹자』와는 격이 다르며, 기언체(記言體)와 의론체와 섞여 있는 『중용』과도 다르다. 이로 볼 때 『대학』이 4서 중 가장 늦게 나온 경서임은 틀림이 없다.

(4) 『대학』의 편집

『대학』은 주희가 『예기』에서 「대학」편을 따로 떼어내 독립된 경서로 개편하였음은 주지의 사실이다. 서한 때 『예기』는 대덕(戴德)이 전하는 『대대예기 大戴禮記』85편과 대성(戴聖)이 전하는 『소대예기 小戴禮記』49편이 있었다. 지금까지 전하는 것은 『소대예기』로 바로 오늘날 우리가 보는 『예기』이다. 『예기』는 공자 당시부터 서한의 선제(宣帝)까지 전해지는 예에 관한 여러 가지 글을 모아 편집하였기 때문에 글의 내용과 성격도 각자 다르고 출처와 작자도 대부분 알 수 없다. 따라서 「대학」편도 앞에서 이미 언급하였지만 작성 시기와 작자를 분명하게 확정지을 수 없다.

「대학」과 「중용」은 『예기』의 다른 편들과 달리 내용과 사상이 독특하여 학자들의 주목을 끌었다. 그러나 송대 이전에는 단행본으로 나온 적이 없었다. 사마광이 『중용대학광의 中庸大學廣義』을 지었는데 「대학」과 「중용」편을 『예기』에서 분리한 최초의 시도였다. 정호와 정이 두 형제가 본격적으로 「대학과 「중용」을 연구하였고, 주희가 이를 계승하여 아예 『예기』에서 독립시켜 『논어』와 『맹자』와 함께 4서라 불렀다. 이에 따라 유학의 중심이 5경에서 4서로 급격히 옮겨갔다.

주희는 『대학』을 『예기』에서 독립시키면서 『예기』본에 착간(錯簡)이 많다고 여겨 이를 대대적으로 개수한 '경' 1장 205자 '전' 10장 1,546자의 개정본을 세상에 내놓았다. 특히 '전' 10장 가운데의 제 5장은 원문이 사라졌다는 정자의 단정에 의거하여 주희 자신이 직접 만들어 보충해 넣었다. 없어진 부분을 채워 넣었다고 해서 일반적으로 이 장을 「보망장 補亡章」이라 부른다. 「보망장」은 「대학장구서」와 함께 문장이 좋고 주희의 학설을 박력 있게 표현하여 『대학』의 원문에 버금갈 만큼 후대의 학인들에게 널리 애송된다.

주희의 이러한 개수 작업은 그의 딕월한 천재싱과 근면한 연구 태도를 보여주지만 주관에 따른 무리라는 비판을 면할 길이 없다. 주희의 『대학장구』에 반발하여 명대의 왕수인(王守仁) 곧 왕양명은 『예기・대학』 구본의 고문을 그대로 채용하여 『대학고본방석 大學古本旁釋』4권을 내놓았다. 청대에 와서도 『예기정의』주소본을 기준으로 송상봉(宋翔鳳)이 『대학고의설 大學古義說』2권을, 이광지(李光之)가 『대학고본설 대학고본설』을 각각 내고 주희의 개수 작업에 반대하는 입장을 표명하였다. 그러나 후대의 꾸준한 비판에도 불구하고 주희가 편집한 『대학장구』는 『대학』을 체계적으로 학습하는 데 편리하고, 또한 『대학』을 널리 보급하는 데에 큰 소임을 다하는 것도 사실이다.

『대학』의 '전' 10장에는 『시경』과 『서경』이 많이 인용하였는데, 인용한 경문의 뜻풀이가 『시경』과 『서경』의 본뜻과 벗어나거나 단장취의(斷章取義)한 경향이 다소 있다. 예를 들어 '전' 10장의 제 3장에 인용한 시는 원래 「위풍 衛風 · 기오 淇澳」시에 들어있는 한 구절로 위나라 장공(莊公)의 군자다운 용모와 기상을 노래하였으나, 『대학』 본문에는 학문과 수양 등과 연관지어 '지어지선(止於至善)'을 해설하는 데에 사용하였다. 주희도 이러한 문제점을 인식하고 잡다하고 계통이 없기는 하지만 숙독하고 잘 음미하면 깨우치게 될 것이므로 일일이 다 지적하지는 않겠다고 부연설명하였다.

(5) 『대학』의 주소

「대학」편의 주석서로 가장 중요한 것은 정현의 『예기주』이다. 당태종이 공영달에게 명하여 지은 『예기정의 禮記正義』는 정현의 주를 기본으로 정의와 소를 달았다. 남송 말엽에 나온 『13경주소』본도 『예기정의』를 채택하였다. 주희가 나오기 전까지 「대학」편도 정현의 주와 공영달의 정의가 가장 전통적이고 권위가 있는 주석서이었다. 『예기정의』의 「대학」편에 대한 해석은 두 가지 특성이 있다. 첫째, 「대학」편은 제왕의 학문이며 치도를 밝힌 글이라 보았다. 이는 주희가 『대학』의 윤리성에 중점을 두고 인격의 완성을 이루려는 학문 곧 대인의 학문으로 보는 것과 확연히 구별된다. 둘째, 『예기정의』는 「대학」편의 윤리적 바탕을 '성의(誠意)'로 보았다. 예를 들어 공영달은 「대학」편 후반부를 "이 경은 '성의'에 관한 일을 널리 밝혀준다."고 해석하였다. 「대학」편을 천자나 임금이 '성의'를 바탕으로 나라를 잘 다스리고 천하에 덕을 밝히는 경문으로 파악한 것이다.

주희는 처음으로 효종(孝宗)의 부름을 받았을 때 『대학』의 격물치지(格物致知)론을 강해하였고, 만년에 광종(光宗)에게 진강(進講)한 것도 『대학』이었다. 그의 『대학장구』는 순희(淳熙) 16년(1189년)에 완성되었다. 『주자어류 朱子語類』를 보면 그는 자신이 『대학』에 기울인 노력이 사마광이 『자치통감 自治通鑑』에 쏟은 심혈에 비견된다고 술회하였다. 『대학장구』의 특징을 요약하면 다음과 같다.

첫째, 주희는 『대학』의 기본 골간을 학문의 궁극적인 목표를 논술한 삼강령(三綱領)과 이를 실천하는 차례를 논술한 팔조목(八條目)으로 삼았다. 『대학』이 학문하는 강령이므로 『대학』을 통달하여 다른 경서를 보면 이것이 바로 격물치지가 된다. 유가의 기본 경전인 4서 중에서도 『대학』은 가장 기본이 되는 경전이고 4서의 체계가 『대학』을 바탕으로 완성된다. 그러므로 『대학』은 주희가 집대성한 신유학(新儒學)을 가장 대표하는 경전이라 할 수 있다.

둘째, 주희는 『대학』의 작자로 증자를 상정함으로써 유가의 도통을 확립하였다. 증자는 『논어 · 이인』에서 공자가 "나의 도는 하나로 관통된다."고 한 말을 받아 "선생님의 도는 충서(忠恕)일뿐이다."고 하였다. '충'은 '성의'를 뜻하며 '서'는 역지사지의 정신으로 인의 구체적 덕목이므로 증자가 공자의 도통을 이어 받았다고 충분히 여겨지는 대목이다. 주희는 공자와 맹자 사이를 이어주는 도통의 연결자로 증자와 자사로 규정하고 이들이 각각 『대학』과 『중용』의 저자임을 내세워 4서로 대표되는 신유학의 정당성을 확보하였다. 경학의 중심이 기존의 5경에서 4서로 이동하는 것은 곧 자신의 학문이 도통의 끝자락에 서있음을 의미하기 때문이다.

셋째, 『대학장구』는 기존 훈고학의 성취를 배척하지 않고 활용하였고 의리(義理)에 바탕을 두고 체계적 해설로 성리학 이론의 토대를 마련하였다.

특히 「전 5장」에서 '此謂知本' 이하에 '전'이 없어졌다고 치지격물(致知格物)론을 보충해 넣은 것이 좋은 본보기다. 그러나 없어진 경문을 주희 본인의 주관에 의하여 임의적으로 보충해 넣은 것은 그 당시부터 논란의 되었고, 후대에 와서도 반주자학파의 좋은 공격 구실이 되었다.

명대의 왕양명도 『대학』을 깊이 연구하였고 매우 독창적인 견해를 가졌다. 그는 정현과 공영달과 마찬가지로 '성의'를 대학의 주제로 보았고, 특히 주희의 『대학장구』를 반대하고 「대학」 고본(古本)으로 되돌아가자고 주장하였다. 왜냐하면 「대학」은 원래 잘못되고 빠진 곳이 없기 때문에 고본을 읽어야 한다는 것이다. 왕양명과 주희의 가장 큰 차이는 격물치지에 대한 해석이다. 첫째, 격물에 대하여 주희는 '격'은 이른다(至)의 뜻이고 '물'은 사물로 보아 격물을 사물의 이치를 궁극까지 연구하는 것으로 보았다. 반면에 왕양명은 '격'은 바로잡는다(正)는 뜻이고 격물은 곧 격심(格心)이며, 선을 행하고 악을 버려 마음의 본체로 돌아가는 것이 격물이라고 하였다. 둘째, 치지(致知)에 대하여 주희는 '지'를 지식(知識)으로 보아 지식을 끝까지 추구하여 사물에 대하여 모른 것이 없게 되는 경지라고 보았다. 반면에 왕양명은 '지'란 마음의 본체 곧 양지(良知)로 외부의 사물과 형식에서 지식을 구할 필요가 없다고 보았다. 선과 악을 구별하여 아는 것이 양지이고, 내재하는 양지를 통하여 지행합일의 이상을 실행하는 것이 목표이다. 이렇게 주자학과 양명학은 근본 개념부터 다른 입장을 취하므로 『대학』에 대한 해설 방향이 사사건건 상반된다. 후대의 『대학』에 대한 논란은 모두 『대학고본』과 『대학장구』 가운데 어느 입장을 따르는가의 문제로 집중된다.

2) 사상과 내용

(1) 『대학』의 삼강령과 팔조목

『대학』은 전문이 1,751자에 불과한 짧은 분량이지만 4서 중에서 가장 조직적으로 기술된 경전이다. 『대학』의 내용은 주희가 삼강령(三綱領)이라고 명명한 명명덕(明明德)·신민(親民)·지어지선(至於至善)과 팔조목(八條目)이라고 명명한 격물(格物)·치지(致知)·성의(誠意)·정심(正心)·수신(修身)·제가(齊家)·치국(治國)·평천하(平天下)로 요약된다. 이 3강령과 8조목은 수기치인(修己治人)의 지침으로 가까운 것에서 먼 것까지 순차대로 달성하도록 조직되어 유가의 학문하는 목표를 명확하게 제시한다.

3강령은 『대학』의 궁극적인 목표로 '명명덕'은 인간의 밝은 덕목을 밝힌다는 뜻으로 정치적 이상을 지향하고, '신민'은 백성을 새롭게 한다는 뜻으로 사회적 이상을 지향하고, '지어지선'은 지극한 선의 경지에 머문다는 뜻으로 개인적 이상을 지향한다. 3강령은 곧 이상적인 정치를 통하여 이상적인 사회를 만들고 이러한 일을 할 이상적인 인간을 교육하여 양성한다는 세 가지 원칙이다. 8조목은 앞의 세 가지 원칙을 구체적으로 실천하는 여덟 단계의 덕목을 말한다. 실제적으로 이 8조목 안에 이른바 '대인지학(大人之學)'의 범위가 다 들이가 있다.

8조목은 다시 '격물'에서 '정심'까지 사물의 이치를 궁구하고 사람의 마음을 바르게 하는 대내적 공부와 '수신'에서 '평천하'까지 자신을 닦고 남을 다스리는 대외적 실천으로 대별된다. 각 조목은 마치 하나의 연쇄고리처럼 연결되었으며, '수신' 조목이 대내적 공부와 대외적 실천을 이어주는 역할을 하는 논리 구조이다. 정현과 공영달의 구주는 8조목의 핵심을 '성의'에 둔 반면에 주희는 '격물치지'에 둔다. 주희가 '전' 10장의 제 5장은 원문이 탈락되었다고 보고 보충해 넣었다는 그 유명한 「보망장」이 바로 "이것을 일러 근본을 안다고 한다."라고 시작되는 이른바 격치론(格致論)을 담고 있다. 사물의 이치를 궁극에 이르도록 연구하여 얻은 지혜를 바탕으로 천하의 평화를 구현한다는 발상은 유가만의 독특한 이론이다. 대체로 재야(在野)의 학자들은 대내적인 궁리정심(窮理正心)에 치중하고, 관직에 뜻을 둔 학자는 대외적인 수기치인(修己治人)에 치중하게 된다.

(2) 『대학』의 주요 내용

① 성의(誠意)

'성의'는 8조목 가운데 「전 6장」에 나오는 덕목이다. '성의'는 수신의 중요한 바탕이 되며, 『중용』의 "정성됨은 하늘의 도이고 정성되게 하는 것은 사람의 도이다. (誠者, 天之道也; 誠之者, 人之道也。)"와 일맥상통하는 도리이다. '성의'는 주자의 『대학장구』와는 달리 『예기·대학』에서는 이른바 「경 1장」 바로 뒤에 와서 "此謂知本, 此謂知之本。所謂誠其意者, 毋自欺也。"로 이어진다. 상대적으로 정현과 공열달의 고주(古注)가 '성의'를 더 중시하였다고 할 수 있다.

'성의'는 "자기의 뜻을 성실되게 한다. (誠其意)"라는 뜻이다. 여기서의 성실은 사실상 정성·진실·충실 등과 동의어이다. 자신의 의지를 진실되게 한다는 것은 곧 자신의 내재적 자아를 충실히 하여 본연의 착한 성품을 유지함을 의미한다. 이는 맹자의 성선설과 맥을 같이하는 부분이다. 외재적 실천의 시작인 '수신'을 위해서는 무엇보다 내면적으로 자신에게 충실하고 진실해야 한다.

'성의'의 중요한 내용은 '신독(愼獨)'이다. '신독'이란 사람이 홀로 있을 때를 조심하고 혼자만이 알고 행하는 일에도 정성을 다하는 자세를 말한다. 유가에서는 '신독'의 경지를 수양의 목표로 삼으며, 또한 군자와 소인을 구분하는 기준이 된다. 자아가 충실하지 못한 소인은 남이 볼 때는 자신을 위장하여 선을 행하지만 일단 남의 이목이 사라지면 본심을 드러내어 온갖 나쁜 짓을 저지른다. 그러나 군자는 마치 진리의 눈이 자기를 지켜본다고 여겨 홀로 있어도 성실한 자아를 유지한다. 『논어』의 "날마다 세 가지 일로 반성한다"와 『시경』의 "마치 깊은 연못을 굽어보듯이, 마치 엷은 얼음 위를 밟듯이 하네."가 바로 자아 충실과 신중을 내용으로 하는 '신독'의 표현이다. 『대학』은 '성의'의 효용으로 덕이 일신을 윤택하게 마음이 넓어지고 몸이 편안해진다고 하였다.

② 혈구지도(絜矩之道)

『대학』의 마지막 장은 정치적 이상의 실현인 '평천하'를 논하면서 "군자는 혈구지도(絜矩之道)가 있다"고 강조하였다. '혈구'란 말은 『대학』을 상징하는 중심 어휘 가운데 하나이다. 하지만 『대학』에 처음 보이는 생소한 용어라 학자에 따라 해석이 구구하다. 정현은 '혈구지도'를 "마땅히 집행하되 동작이 이를 잃지 않는 것이다."로 풀이하는데 무슨 뜻인지 모호하다. 주희는 '혈'은 '헤아리다'의 뜻이며 '구'는 네모를 그릴 때 쓰는 굽은 자로, '혈구지도'는 곡척을 재어서 법도를 얻는 것처럼 임금도 사람의 마음이 다 같음을 깨달아 정사를 행할 때 이를 미루어 백성의 입장에 서서 생각함을 비유한다고 풀이하였다.

『대학』의 본문에는 "윗사람에게 당하면 싫은 일을 아래 사람에게 시키지 말고, 아래 사람에게 당하면 싫은 일로 윗사람을 섬기지 말라. …… 이것을 혈구지도라 한다."라고 하였다. 이것은 『중용』에서 공자가 "충서(忠恕)가 도에서 멀지 않으니 나에게 가해짐을 원하지 않는 것을 가지고 또한 남에게 가하지 말라."고 한 말과 마치 한 입에서 나온 양 서로 일치한다. 주자의 설명을 빌리자면, '충'이란 자기 자신을 다하는 도리 곧 '성(誠)'과 같으며, '서'는 내 자신을 미루어 남에게 미치는 것 곧 남의 입장에 서서 생각하는 역지사지의 정신이다. '충서'가 비교적 개인의 인덕(仁德)을 위주로 한다면, '혈구지도'는 좀 더 실천의 범위가 확대되어 천하를 다스리는 데 적용되는 인덕이다. 하지만 '혈구지도'와 '충서' 모두 인도(仁道)의 구체적 실천으로 인정(仁政)을 주장하는 유가의 정치론에서 위정자에게 요구하는 필수 덕목이다.

유가의 학설체계에서 사물의 이치를 끝가지 파고들면 결국 성선설을 만난다. 성선설은 인정과 왕도정치의 이념적 바탕이다. 『대학』 역시 대내적 공부의 시작은 '격물치지'이고, 이를 단계적으로 확대해 나간 대외적 실천의 정점은 '왕천하'이다. 그리고 '왕천하'의 핵심은 '혈구지도'이다. 이처럼 '혈구지도'와 '격물'은 일관되게 연결되므로 청대의 혜사기(惠士奇)는 그의 『대학설 大學說』에서 『대학』의 전체 맥락을 총괄하여 "『대학』은 격물에서 시작하여 혈구로 끝난다."라고 하였다.

3) 가치와 영향

『대학』은 비록 작자가 분명하지 않고 완성된 시대가 서한 이후로 추정되어 다른 4서에 비해 늦다고 할지라도 유가 학문의 목표와 그 방법론을 제시한다는 점에서 경서로서 가치는 여전하다. 『대학』은 학문을 하는 목적과 순서를 비교적 알기 쉽고 체계적으로 설명하는 경전이다. 초학자에게는 『대학』을 통달한 후 다른 경서를 읽으면 그 도리를 올바르게 이해하는 길잡이가 된다. 더욱이 『대학』은 전적의 완성 시기를 불문에 붙인다면 『논어』·『맹자』·『중용』의 학설을 종합하여 이를 체계적으로 요약한 공로가 있다. 그러므로 『대학』 한 권을 통하여 4서의 면모와 나아가 유가 경전의 정치사상을 일별하기에 매우 유용하다.

그러나 『대학』의 진정한 가치와 경서로서 후대에 끼친 영향은 『예기 · 대학』이 아니고 주희의 『대학장구』에서 나온다. 경학사의 관점에서 볼 때 『대학』은 송대 이후 성리학의 주요한 근거가 되는 경전이다. 사실상 『대학』은 철두철미하게 주자에 의해서 편집되고, 주자에 의해서 해설이 주도되어, 성리학의 전도를 위한 주자의 학문, 곧 주자학의 산물이다. 송대 이후로 유가의 경학은 5경을 대신한 4서의 시대였고 성리학의 시대였고 주자학의 시대였다. 주희는 원문에 충실하기 보다는 자기의 학문 체계에 충실해서 원문의 순서를 바꾸거나 원문을 아예 지어서 넣기까지 하였다. 그러므로 현재 우리가 보는 『대학』은 주희의 『대학』이라고 할 수 있다.

여기에 반발하여 명대의 왕양명은 『대학』은 천 년 이상 전승된 고본인데 주희가 무슨 권리로 잘못되었다고 단정하여 개보수할 수 있느냐고 의문을 제기하였다. 또한 왕양명은 주자가 양심에 어긋난 짓을 하였고 결과적으로 공자를 배반하였는데도 학자들이 "주자를 배반하는 일은 중시하면서도 공자를 배반하는 일은 대수롭게 여기는 것은 아닐까?" 라며 주자학의 권위에 눌린 당시 학풍을 개탄하였다. 이 말은 주자의 권위와 영향이 얼마나 대단하였는지 반증한다. 그러나 주자학의 권위가 절대적인 한국은 물론이고, 주자학의 권위가 상대적으로 느슨한 중국에서도 왕양명의 이러한 주장은 거의 이단시되었다. 『대학장구』의 영향은 그야말로 독보적이었다.

내용면에서 볼 때 『대학』은 '평천하'를 이루는 데에 필요한 덕목을 순서대로 서술한 제왕학의 교본이지만 3강령은 현대인의 향상심을 고취하기에 여전히 유용하다. 인간의 밝은 이성을 밝혀 최고의 도덕적 경지에 이르러 정착하라는 이 가르침은 인간에 대하여 높은 가치와 기대감을 부여하는 장점이 있다. 그러나 이 강령이 실천으로 옮겨질 때 종래에는 수기(修己)의 교훈에 치중하고 치인(治人)의 목표는 구호에 그친 아쉬움이 있다. 현대사회에서는 한 걸음 더 나아가 『대학』의 가르침 중에서 치인(治人)의 목표를 적극적으로 수용하여 『대학』의 가치를 재정립하는 사고의 전환이 필요하다.

4. 『중용』

1) 편찬과 작자

(1) 『중용』의 명칭

'중용'은 그 뜻을 파악하기 쉽지 않다. 정현은 '중용'이란 중화(中和)의 작용을 설명하므로 붙인 명칭이며 중화를 상도(常道)로 삼는다고 풀이하였다. 간략은 하지만 금방 이해하기 어려운 설명이다. 이에 비해 주희는 『중용장구中庸章句』 첫머리에 정자의 말을 인용하며 좀 더 쉽고 상세히 설명한다.

> 정자께서 말씀하셨다. "치우치지 않는 것을 '중'이라고 하고, 바뀌지 않는 것을 '용'이라 한다. '중'은 천하의 바른 도리이고, '용'은 천하의 정해진 이치이다." (子程子曰 : 「不偏之謂中, 不易之謂庸。中者天下之正道, 庸者天下之定理。」)

치우친다는 것은 과(過)와 불급(不及)을 의미하며, 바뀌지 않는 것은 함부로 변하지 않고 늘 일정하다는 의미이다. 주희 자신도 중용의 뜻을 "'중'이란 치우치지도 않고 기울지도 않고, 지나치지도 모자라지도 않음을 말한다. '용'은 항상이란 뜻이다. (中者, 不偏不倚, 無過不及之名。庸, 常也。)"라고 정의를 내렸다.

주희와 정자의 풀이를 종합하면, '중'은 언제 어디서 누구에게나 가장 알맞고 올바른 도리이고, '용'은 이런 도리가 항상 존재하여 영원불멸하다는 뜻이다. 그러므로 '중용'이란 얼핏 보기에 적당히 중간만 선택하면 된다는 쉬운

길 같지만, 사실은 상당한 수양의 덕을 쌓지 않고는 도달하기 힘든 경지의 도리이다.

(2) 『중용』의 편장

『중용』의 편수는 『예기』에는 원래 1편이나, 뒤에 와서 양무제(梁武帝)의 『중용강소 中庸講疏』1권부터 하양승(夏良勝)의 『중용설 中庸說』17권까지 여러 가지 편수를 소개한다. 하지만 편수를 늘려 잡아도 원문 자체는 아무런 차이를 보이지 않는다. 그러므로 『중용』은 『대학』과 달리 『예기·중용』의 원래 차례와 서로 같고 문장도 일치한다. 다만 장절이 나눠져 있을 뿐이다. 『예기·중용』의 장절은 「대학」편과 마찬가지로 원래 나눠지지 않았다. 그러나 주소 작업의 편리를 위하여 공영달이 2권 33단원으로 나누었고, 주희의 『중용장구』에 이르러 내용에 따라 새롭게 33장으로 나누었다. 주희는 『중용장구』의 후기인 「서중용후 書中庸後」에서 자신의 장절 분류작업을 아래와 같이 총괄하여 설명하였다

> 오른 편은 『중용』1편 33장이다. 첫 장은 자사가 공자께서 전한 뜻을 탐구하여 입언한 것으로 대체로 『중용』1편의 요지이다. 그 아래 10장은 공자께서 전에 하신 말씀을 인용하여 증명하였다. 12장까지 또 자사의 말이나 그 아래 8장은 다시 공자의 말씀을 가지고 증명하였다. 22장에서 마지막 장까지는 또 모두 자사의 말이며, 반복하여 추론하고 서로 발명함으로써 전달하고자 하는 뜻을 다하였다. 내가 일찍이 그 책을 조심스레 읽고 외람되게 임의로 이와 같이 장을 나누었다. (右中庸一篇三十三章, 其首章, 子思推本先聖所傳之意以立言, 蓋一篇之體要; 而其下十章, 則引先聖之所嘗言者以明之也。至十二章, 又子思之言, 而其下八章, 復以先聖之言明之也。二十一章至卒章, 則又皆子思之言, 反覆推說,

互相發明, 以盡所傳之意者也。某嘗伏讀其書, 而妄以己意分其章句如此。)

주희의 설명에 따르자면, 33장은 다시 발언 주체와 내용에 따라 크게 네 단락으로 나눠진다. 첫 번째 큰 단락은 제 1장 '天命之謂性, 率性之謂道。'에서 '致中和, 天地位焉, 萬物育焉。'까지 모두 1장이며, 『중용』의 강령에 해당한다. 두 번째 큰 단락은 제 2장 '仲尼曰 : 君子中庸, 小人反中庸。'에서 제 11장 '遯世不見知而不悔, 唯聖者能之。'까지 모두 10장이며, 공자의 말로 구성되어 있다. 세 번째 큰 단락은 제 12장 '君子之道, 費而隱。'에서 제 20장 '雖愚必明, 雖柔必强。'까지 모두 9장이며, 제12장만 전부 의론이고 나머지 8장은 공자의 말과 의론이 병행한다. 특히 제 20장은 『중용』에서 가장 긴 장으로 다른 장에 비하여 매우 길다. 마지막 네 번째 큰 단락은 제 21장 '自誠明, 謂之性。'부터 제 33장 '上天之載, 無聲無臭, 至矣。'까지 모두 13장이며, 전체가 의론으로만 구성되었고 마지막 장은 『시경』을 여섯 차례나 집중적으로 인용하였다.

(3) 『중용』의 작자

『중용』의 작자를 자사(子思)로 보는 것이 다수설이다. 사마천의 『사기 · 공자세가 孔子世家』에서 "자사가 중용을 지었다."라고 한 것을 필두로 많은 경학가들이 이에 동조한다. 정현의 『삼대목록』은 "공자의 손자 자사 급(伋)이 지어 성인 조부의 덕을 밝게 빛나게 하였다."고 하였고, 공영달의 「예기정의서」도 "중용은 자사 급이 지었다."라 하였고, 육덕명(陸德明)의 『경전석문 經典釋文』도 중용은 자사의 저작이라고 인정하였다. 물론 주희의 『중용장구』도 자사가 작가라는 전제하에 지어졌다. 또한 반고의 『한서 · 예문지 ·

제자략』의 유가류(儒家類)에 『자사』23편이 기록되어 있고, 완효서(阮孝緒)의 『칠록 七錄』에 『자사자 子思子』7편이 들어있다. 그리고 고적에 인용된 『자사자』의 문구가 지금의 『중용』과 일치하는 것도 있다. 『자사자』와 『예기 · 중용』이 동일한 자료라고 단정할 수 없으나 자료의 출처는 동일한 것으로 보인다. 이 때문에 옛날에는 『중용』의 자사저작설에 대해여 학자들이 별다른 이의를 제기하지 않았다.

그러나 『중용』의 자사저작설을 받아들인다면 자사가 공자보다 60세 정도 아래이므로 『중용』의 저작연대가 『논어』와 별반 차이가 없게 되는 문제점이 있다. 정자가 "이 편은 곧 공자문하에 전수되는 심법이다. 자사가 그것이 오래되어 차이가 날까 두려워하여 책에 기록하여 맹자에게 전수하였다."라고 하였는데 『맹자』에는 『중용』과 관계된 언급이 전혀 없다. 송대의 구양수(歐陽修)는 『중용』이 자사가 지은 것이 아니라고 하였고, 청대의 최술도 『중용』의 작가에 대하여 의문을 제기하고 『중용』은 『맹자』 이후에 나왔다고 추정하였다.

현대에 와서는 진대와 한대에 성립되었다는 설이 많은 호응을 받는다. 예를 들어 『중용』의 제 5장에 "지금 천하는 수레의 궤폭이 같고 문자의 서체가 같으며 행실의 도리가 같다. (今天下車同軌, 書同文, 行同倫。)"라고 적고 있다. 이 기사는 내용상 분명히 진시황의 천하통일 이후에 단행한 도량형 통일과 문자의 통일 및 분서갱유에 의한 학술사상의 통일 등을 가리키며, 이는 『중용』이 진대 이후에 나왔다는 유력한 증거가 된다. 따라서 『중용』의 '子曰'은 '부자(夫子) 곧 선생님께서 말씀하시기를'이라고 일단 번역은 되지만, '자'가 공자를 가리키는 것인지 아니면 '자사'를 가리키는 것인지 분명하지 않은 곳이 많다.

무엇보다 내용적으로나 문체적으로도 『중용』의 작자를 자사로 보는 것은 문제가 많다. 예를 들어 제 1장은 "하늘이 명하는 것을 일러 성이라 한다."

진시황릉에서 출토된 2호 동(銅)마차와 안에 문자가 새겨진 진대의 되
수레의 폭과 도량형의 통일은 진대의 이후의 일이다.

(天命之謂性。)에서 시작해서 "중과 화에 이르면 하늘과 땅이 제자리를 잡고 만물이 잘 자라게 된다. (致中和, 天地位焉, 萬物育焉。)"로 끝난다. 책명이 『중용』인데 제 1장에는 '중화(中和)'라는 말만 있고 '중용'이란 용어는 보이지 않다가 제 2장부터 등장한다. 이는 『중용』의 본격적 시작이 제 2장부터 시작되는 것을 의미한다. 문체 또한 제 2장부터는 '仲尼曰(중니왈)'이라 해서 공자의 말을 각 장의 첫머리에 인용하는 형태가 계속된다. 이렇게 볼 때 제 1장은 체계적 논설체이고 제 2장부터는 어록체로 문체가 판이하다.

이 문제에 대하여 김용옥 교수는 그의 『중용강의』에서 "이 1장은 『중용』이라는 책을 편집하면서 어떤 사람이 후대에 완벽한 자기의 견해를 가지고 『중용』 전체를 요약해서 자기의 논문을 붙인 것"이라고 추측하였다. 그는 또한 『중용』의 후반부가 '성(誠)'에 대한 서술이 주를 이룬 것으로 보아 노자의 『도덕경 道德經』이 『도경』과 『덕경』으로 나뉘듯이 『중용』도 『도덕경』처럼 『중용경』과 『성경』으로 나눌 수 있다고 하였다. 그렇다면 "문제가 되는 20장 이하의 성론(誠論)은 아무리 올려가도 전국말에서 한대로 내려와야 한다."라고 하면서 "이 성론을 붙인 사람이 나중에 편집하면서 전체를 포괄하는 내용의 제 1장을 써서 앞에다 붙였을 가능성"이 많다고 결론지었다. 매우 수긍이 가는 해석학적 원전 비판이다.

이처럼 체재의 복잡성과 문체의 통일성 등 여러 인소를 감안하면 『중용』은 동일한 시대에 한 사람의 손에서 나온 것 같지 않다. 그러므로 『중용』은 자사 본인보다는 진대와 한대를 거치면서 자사의 문인들의 손에 의하여 지어졌고, 제 1장과 20장 이하의 작가는 동일인일 가능성은 있지만 그가 2장에서 19장까지의 작자보다 시대적으로 앞설 수는 없다.

(4) 『중용』의 편집

『중용』은 『예기』 제 31편에서 빠져나와 『대학』과 함께 4서의 하나로 독립한 경서이다. 『중용』은 주희가 4서에 편입시키기 이전에도 이미 동한 때 단행본으로 세상에 유포되고 있었다. 『한서 · 예문지』에 『중용설 中庸說』2권이 수록된 것이 좋은 예이다. 이밖에 『수서 · 경적지』에는 육조시대 송나라의 대옹(戴顒)이 쓴 『예기중용전 禮記中庸傳』2권과 양무제의 『중용강소』1권이 실려 있다. 당대에도 이고(李翱)가 『중용설 中庸說』을 지었고, 송대에는 호원(胡瑗) · 사마광 등이 『중용』에 대한 강해와 논설을 지었다. 이처럼 『중용』은 『대학』보다 이르게 또한 광범위하게 단행본 취급을 받고 중요시되었다.

그러나 『중용』의 지위가 더욱 격상된 계기는 주희가 스승으로 받드는 정호와 정이 형제가 "『중용』은 공자학파에 전수된 심법(心法)"이란 평가였다. 주희는 이정자(二程子)의 이러한 성리학적 관점을 계승하여 『중용장구』와 『중용혹문 中庸或問』 등을 저술하면서 마침내 『중용』을 『예기』에서 독립시켜 4서의 하나로 편입시켰다. 이후로 『중용』은 송대 성리학자들의 중요한 텍스트가 되었다.

(5) 『중용』의 주소

『중용』에 대한 주석은 『중용』이 원래 『예기』의 일부분이었기 때문에 『예기』주의 일부분으로 존재하였다. 주희가 『예기』에서 떼어내어 장구를 달기 전에는 별도의 독립된 주석본은 당연히 없었다. 주희의 『중용장구』는 별도의 독립된 주석본으로 『중용』주의 면모를 일신시켰을 뿐만 아니라 주석의 내용과 형식도 참신하였다.

주석을 다는 방법에 있어서 주희의 『사서집주』는 '집주'와 '장구'로 구분된다. '집주'는 송대 유학자들의 견해를 취합하여 주를 단 형식으로 『논어집주』와 『맹자집주』가 이에 해당한다. 그러나 『대학』과 『중용』은 주희가 보기에는 순서가 마구 뒤섞이고 내용이 너무 복잡해서 주를 달기 곤란하여 주석가인 자신이 직접 원문의 장(chapter)과 구(paragraph)를 나누어 일목요연하게 정리한 다음 주석 작업을 진행하였다. 이것이 바로 '장구'라는 형식이다.

내용적인 측면에서 보면 주희는 철저하게 성리학적으로 『중용』에 접근하였다. 예를 들어 『중용』의 첫 장의 첫 구절 "하늘이 명하는 것을 일러 성이라 하고, 성에 따르는 것을 일러 도라고 하고, 도를 닦는 것을 일러 가르침이라고 한다. (天命之謂性, 率性之謂道, 脩道之謂敎。)"라고 하였다. 여기에 나오는 천명과 성에 대하여 주희는 "명은 명령이고, 성은 곧 이다. 하늘은 음양오행으로 만물을 변화시키고 생육시킴으로써 기는 형체를 이루고 이 또한 부여받았으니 명령을 받은 것이나 마찬가지다. (命猶令也; 性卽理也。天以陰陽五行, 化生萬物, 氣以成形, 而理亦賦焉, 猶命令也。)"라고 설명하였다. 그 유명한 '성즉리'가 여기에 등장하는데, 주희의 주해는 '이'와 '기'라는 성리학의 개념을 가지고 하늘과 인간의 본질과의 관계를 설명한다. 이와 같이 『중용』에 대한 전혀 새로운 접근은 송대 이학(理學)에 큰 전기를 마련하여 주었다. 말하자면 주희는 과거 유가의 현실주의적 태도를 탈피하여 우주의 근원을 탐구하고 내면의 성찰을 통하여 도심(道心)에 이루려는 신유학(新儒學)의 사상적 바탕을 정립하였다. 이런 점에서 주희의 『중용장구』는 『중용』 원전 이상의 영향력을 지녔다고 해도 과언이 아 니다.

2) 사상과 내용

(1) 중용사상의 성격

'중용'은 주희의 표현을 빌리자면 어느 한쪽으로 치우치지 않고 다른 한쪽으로 기울지도 않아 지나치지도 모자라지도 않는 평범하고 일상적인 도리이다. '중용'사상의 핵심은 '중'에 있다. '중(中)'이란 원래 깃발의 상형으로 중앙・중심・적중 등의 뜻이 있다. 기계적으로 또는 물리적으로 중간이란 의미와는 거리가 먼 개념이다. 사람과 사물 사이 또는 사람과 사람 사이에 발생하는 문제에 대하여 가장 알맞은 도리가 바로 '중'이다. '중용'을 정자가 "하늘의 바른 도리이고 하늘이 정해준 이치"라고 하였듯이, '중용'은 또한 부정에 대한 저항이며 틀린 도리에 대한 거부이다. 결코 소극적인 처세관도 아닌 것이다.

『중용』은 유가의 기본사상을 철학적으로 함축한 경전이다. 주희는 『중용』을 "정미(精微)함의 극치"라고 극찬을 하였다. 제 1장은 유가의 인생철학과 심성철학의 요지가 담겨 있고, 제 2장 이하는 이를 짜임새 있게 풀어서 설명한다. 『중용』은 유가에서 전통적으로 인간 중심으로 전개되어 온 성선의 인간관에 근거하여 천인합일(天人合一)을 중심 주제로 삼았다. 『중용』의 첫머리에 "하늘이 명하는 것을 일러 성이라 한다."라고 시작하면서 천(天)·성(性)·도(道)·교(敎) 등 어마어마한 주제를 들고 나왔다. 이것은 『중용』이 한편으로 우주자연의 섭리인 '하늘의 도'와 통하는 동시에, 한편으로 인간의 이상사회를 건설하는 데 필요한 '사람의 도'에 통하는 심법을 논하기 때문이다.

『중용』은 후반부에 "정성됨은 하늘의 도이고 정성되게 하는 것은 사람의 도이다."라고 하면서 '성(誠)'에 중심을 두었다. 스스로 참된 것은 '하늘의 도'이고 참되도록 노력하는 것은 '사람의 도'이다. 정성됨은 바로 우주자연의 기본원리인 '하늘의 도'이며, 정성되게 하는 것 곧 정성됨의 작용은 인간을 하늘의 도와 합하게 하여 이상세계로 이끄는 '사람의 도'이다. 이처럼 정성됨이 지극할 때 '중용'의 도가 이루어진다. 그래서 『중용』에서는 "정성됨은 사물의 시작이요 끝이니 정성스럽지 않으면 사물도 없다. (誠者, 物之終始, 不誠無物。)"고 하여 자연과 인간의 모든 문제를 '성'에 귀결시킨다.

'중용'에서 중요한 과제는 '중용'을 인간사회에 어떻게 적용시키느냐는 문제이다. '중용'의 길을 지키는 데는 두 가지 방도가 있다. 첫째, 항상 선(善)을 좇아 이를 실천해야 한다. 선한 것은 인간의 본성이고 하늘이 명하는 것이므로 선은 사람의 성인 동시에 하늘의 도이기도 하다. '중용'의 바탕이 성선설에서 비롯됨을 확인할 수 있는 대목이다. 둘째, 예(禮)를 지켜야 한다. 정성된 마음이 일관되면 모든 행동이 저절로 법도에 맞게 된다. 부모에 대한 효도와 형제에 대한 화목은 정성됨이 일관하면 절로 예의법도에 맞게 되고, 이를 확대하면 사회적으로 교화 작용을 하게 된다.

내면의 선이 외면의 예로 표현될 때 더욱 빛나게 되며, 이러한 선과 예를 빈틈없이 갖춰 덕이 최고의 경지에 오른 사람이 바로 이상적인 인간유형인 성인(聖人)이다. 성인이야말로 하늘의 명을 받아 세상을 다스릴 수 있고, 이러한 성인의 덕으로 교화된 사회가 유가의 이상세계인 대동(大同)사회이다. 그리고 '중용'의 도리로 움직이는 시대가 대동시대이다. 이렇게 볼 때 '중용'사상은 매우 적극적인 이상을 가진 사상체계라고 할 수 있다.

(2) 『중용』의 주요 내용

① 중용(中庸)

'중용'은 4서의 하나인 『중용』을 가리키는 고유명사이면서 『중용』에 담긴 핵심사상을 가리키는 보통명사이다. '중용'은 어느 한 쪽으로 치우치지도 기울지도 않고, 지나치지도 모자라지도 않으며, 서두르지도 늦지도 않는 우리 일상생활에서 적용하는 평범한 도리이다. 일견 쉬운 것 같지만 결코 실천하기가 쉽지 않다. 『중용』의 본문에 의하면, 인간의 희노애락이 아직 나타나지 않고 마음속에 잠복하고 있는 상태가 '중'이며, 이러한 감정이 일단 드러나면 알맞게 감정의 조화를 이룬 상태가 '화'이다. 희노애락의 감정을 제 때에 조절할 줄 아는 중화(中和)의 경지가 곧 '중용'이다. '중용'은 바로 중화가 이루어진 이상세계인 것이다.

군자는 '중용'의 도리를 늘 지키나 소인은 '중용'의 도리에 거스르며 아무런 기탄이 없다. '중용'의 도리는 실천하기 쉽지 않아 오래 지키는 사람이 드물다. 심지어 공자가 자신은 '중용'을 한달 동안도 지켜내지 못하며, 다른 것은 다하여도 '중용'만은 잘 해낼 자신이 없다고 고백하였다. 교화란 바로 희노애락의 감정을 제 때에 알맞게 조절하도록 교육함이다. 순임금은 선과 악 양 극단을 잘 살펴 '중용'의 도리를 백성에게 적용해서 지혜롭고, 안회는 '중용'을 선택하여 공자에게 칭찬을 받았다. 군자는 '중용'에 의지하여 숨거나 가려져 세상이 알아주지 않아도 후회하지 않으며, 그러므로 오직 '성인'만이 중용의 도를 끝까지 지켜낼 수 있다.

이상 『중용』 제 2장에서 제 11장까지 '중용'이 나오는 단락을 요약하여

'중용'의 중요성과 실천의 용례를 일별하였다. '중용'은 일상의 평범한 도리이나 왜 군자는 '중용'의 도리를 오래 지킬 수가 없는가? 아마도 소인은 '중용'의 도리에 거스르는 행동을 해도 아무런 기탄이 없지만 군자는 고려할 요소가 많아 쉽지 않을 것이다. 그러나 성인도 사람이고 안회도 사람이고 하늘에서 명하여 타고난 본성이 모두 같으므로 보통 사람도 '하늘의 도'를 정성되게 노력하면 또한 성인처럼 될 수 있는 것이 '중용'의 도리이다. 제 20장에서 "정성됨은 하늘의 도이고, 정성되게 하는 것은 사람의 도이다. 정성된 사람은 힘들이지 않아도 알맞게 되고 생각하지 않아도 터득하여 자연스럽게 중용의 도리에 알맞게 되니 바로 성인이다. 정성되게 하는 사람은 선을 가리어 고집스럽게 지켜나가는 것이다. (誠者, 天之道也: 誠之者, 人之道也。誠者, 不勉而中, 不思而得, 從容中道, 聖人也; 誠之者, 擇善而固執之者也。)" 라고 하였듯이, '인'으로의 올바른 길을 잘 선택해서 고집스럽게 노력하면 '중용'의 도에 이를 수 있다. 또한 제 13장에서 공자가 "도는 사람과 멀지 않다. (道不遠人)"라고 하였듯이, '중용'의 도도 사람에게서 먼 곳에 있지 않으므로 누구라도 실천이 가능하다.

② 천도(天道)

유가의 경전 중에서 천도(天道) 곧 '하늘의 도'라는 관념을 정식으로 책에다 적은 것은 우선 『역전 易傳』을 들 수 있고, 그 다음으로 『중용』을 들 수 있다. 이 두 경전 모두 '하늘의 도'는 신성하나 비밀스럽지 않고 끊임없이 뭔가를 생성하고 멈추지 않는다고 여긴다. '하늘의 도'가 멎는 일이 없이 운동을 계속함은 유가의 천도 관념이 갖는 큰 특징이자 『역전』과 『중용』 두 경전을 관통하는 큰 맥락이다. 그러나 『역전』은 도를 음과 양의 변화로 전제하고 만물의 변화와 생성은 음과 양의 작용에서 비롯되며, '하늘의 도'가 부여한 만물의 생성 법칙은 이러한 음과 양이란 두 개의 동력일 뿐이라고 여긴다.

하지만 이러한 관점은 물상과 음양과의 관계에 바탕을 두었기 때문에 물질성에 편향된 천도관이라고 할 수 있다.

『중용』에서 말하는 '하늘의 도'는 그렇지 않다. 『중용』은 한 단계 더 나아가 '하늘의 도'를 물질 밖 정신의 세계에서 찾았다. "하늘이 명하는 것을 일러 성이라 하고, 성에 따르는 것을 일러 도라고 한다."라고 하여 인간의 본성을 직접 '하늘의 도'와 연관시켰다. 인간의 정신성으로 '하늘의 도'의 영원성과 가변성을 동시에 설명하는 동력으로 삼아 인간과 '하늘의 도'와 연관시킨 것은 중요한 의미를 가진다. 하늘이 알아서 스스로 운행하는 도리가 사람과 밀접한 연관이 있으므로 인간은 '하늘의 도'를 본받아야 하며 또한 본받을 수 있게 된다.

그러면 하늘이 명하여 부여한 인간의 본성을 어떻게 해야 '하늘의 도'를 본받을 수 있는가? 이 문제에 대하여 『중용』 제 25장은 "자기 존재를 완성시키는 것은 인이고, 사물의 존재를 완성시키는 것은 지혜이다. 모두 천부의 덕성이며 내아(內我)와 외아(外物)의 가치를 종합하는 도리이다. (成己, 仁也; 成物, 知也; 性之德也, 合內外之道也。)"라고 하여 본성을 '인'이라는 정신적 동력과 '지'라는 물질적 동력으로 나누었다. 이는 바로 인성(仁性)으로써 인륜도덕을 통괄하여 정신적인 '하늘의 도'와 상응하고, 지성(知性)으로써 만물의 사리를 조명하여 물질적인 '하늘의 도'와 상응하는 구조이다. 인간의 본성을 다함은 정신적 동력으로 사회적 윤리를 확립함을 의미하고, 사물의 본성을 다함은 물질적 동력으로 자연환경을 개선함을 의미한다. 그러므로 '하늘의 도'의 본질은 정성됨이고 이것을 정성되게 하는 작용이 '사람의 도'라고 하였다. 정성됨으로 인성과 지성을 융합하면 '사람의 도'가 마침내 '하늘의 도'와 교감하게 된다는 구조이다.

하늘이 내린 도리에 순응하면 하늘도 사람의 정성됨에 감동하여 사람의 도리에 따른다는 인식은 하늘과 사람이 정성됨을 매개로 상호 교감하는 천인합일론이다. 이러한 천도관은 종래의 일방적이고 지나치게 신비화되어 막연한 '하늘의 도'를 일시에 하늘과 사람의 관계 곧 천인합일로 설정하여 보다 실제적이고 보다 구체화된 도덕론으로 전환시켰다. 말하자면 『중용』의 천도관은 물질성을 완전히 배제하지 않으면서 사실상 정신에 치중하여 『역전』에 비해 '하늘의 도'의 내용이 훨씬 치밀해지고 '하늘의 도'의 범주가 보다 더 확대되었다고 평가된다.

3) 가치와 영향

『대학』이 유가의 학문하는 방법론이라면 『중용』은 유가의 천인관계를 사유하는 본체론이다. 『대학』과 『중용』 이전에 공자학파에 가장 성취가 높고 영향력이 큰 경전은 단연 『논어』가 가장 먼저 손꼽힌다. 다만 『논어』는 각 편장이 내용이나 시간에 따라 분류되지 않았고 또한 편장의 앞뒤가 서로 연관성이 없어 사상체계를 일목요연하게 체계적으로 파악하는 데에 많은 어려움이 따른다. 이에 반하여 『대학』은 매우 일사불란한 체계를 갖추었고, 『중용』도 『대학』의 '성의'·'정심'·'수신'에 상응하는 '성신(誠身)'에서 『대학』의 '제가'에 해당하는 '순친(順親)'과 '신우(信友)'를 거쳐 『대학』의 '치국'과 '평천하'에 해당하는 '획상(獲上)'과 '치민(治民)'에 이르기까지 안에서 바깥으로 부분에서 전체로 점차 단계별로 확대되는 이론체계를 갖추었다. 이러한 학술사상의 이론적 체계화는 후학들로 하여금 경서의 도리에 손쉽게 접근하도록 많은 도움을 주며 결과적으로 경전의 대중화에 기여하였다.

『중용』은 유가 사상의 정수가 담긴 경전으로 후대에 성리학 발흥의 토대가 된 경전이기도 하다. 송대의 주희는 『대학』과 함께 『중용』의 도리를 '이'와 '기'의 관계로 풀이하여 신유학의 사상적 기틀을 마련하였고 따라서 두 경서는 성리학의 중심 경전이 되었다. 그러나 학술적 가치와 영향을 논외로 한다면 동양의 고대경전 가운데 인간의 실생활에서 가장 큰 반향을 일으키고 생활의 지침이 된 경서는 아마 『중용』일 것이다. 시대와 장소를 초월하여 인간 생활에 가장 알맞은 것, 곧 부족하지도 지나치지도 않고 언제 어디서나 존재하는 평범함이 바로 중용의 도리이다. 멈추지 않고 계속 변화하는 '하늘의 도'에 인간이 적극적으로 대처하는 도리가 바로 중용의 도리이며, 그러므로 시대사조의 변화에 주도적으로 대처하고 적응하려는 자세가 또한 중용의 도리이다. 중용의 원칙은 목표 지향적 원칙이 아니므로 고정 관념에 얽매이지 않는다. 오히려 중용은 목표를 지향하는 과정에서 당면하는 선택을 두고 능동적으로 취할 조화와 평형의 감각이다. 중용의 현대적 의의를 한마디로 개괄하면, 중용은 과정의 균형 감각이다.

III

삼경 입문

1. 『시경』

『시경 詩經』은 중국 최초의 시가총집이자 또한 중국 순문학의 시조이다. 시경은 지금으로부터 대략 2,500년에서 3,000년 이전의 약 사오백년 동안에 지어졌다. 현존하는 작품은 305편이고, 그 안에는 민간가요와 사대부의 작품 및 신에게 제사를 올린 송사(頌辭)를 담고 있다. 『시경』은 전국시대부터 6경 가운데 하나로 여겨졌고, 4서 중에서 공자의 말 이외에 가장 많이 인용된 경서이기도 하다. 남송 때 주희가 가장 중요한 경전인 3경의 하나로 편입한 이래로 더욱 절대적인 권위와 영향력을 가진 경서로 높이 받들어져 왔다.

1) 편찬과 작자

(1) 『시경』의 명칭

『시경』이라 이 명칭은 그렇게 오래되지 않았다. 고대에는 그냥 '시삼백(詩三白)' 또는 '시(詩)'라고만 불렀고, 『역』·『서』·『예』·『악』·『춘추』 등 다른 경전과 마찬가지로 '경'이란 존호(尊號)가 뒤에 붙지 않았다. 『장자 莊子·천운 天運』에 공자가 "『시』·『서』·『예』·『악』·『역』·『춘추』 6경을 연구하였다. (治詩書禮樂易春秋六經。)"라는 구절이 보이는데. 이것이 선진시대의 전적 중에서 『시경』을 6경의 하나로 일컬은 가장 오래된 기록이다. 하지만 「천운」은 『장자·외편 外篇』에 속하는데, 「외편」은 전국시대 말년 혹은 서한 시대 이후에 위탁한 저작물이라 의심되어 믿을만한 자료가 아니다. 『순자 荀子 · 권학 勸學』에도 학문의 시작과 끝을 논하면서 "경을 외우는 것에서 시작하여 예를 읽는데서 끝난다. (始乎誦經, 終乎讀禮。)"라고 하여 '경'이란 말이 나온다. 순자가 말한 '경'은 그 당시의 용어 습관으로 보아 아마 『시』와 『서』를 가리키며, 『예』를 별도로 거명한 것은 『예』는 행동으로 실천하는 최종적인 학문이라 따로 떼어 강조하지 않았을까 여겨진다. 순자 당시에는 유가들이 이미 『시』와 『서』를 포함하여 유가의 도를 전하는 책을 '경'이라 불렀다고 추정된다.

현존하는 자료를 종합하면, 『시』를 '경'자와 합쳐 『시경』이라고 부르게 된 것은 훨씬 후대의 일로 남송 초엽에 나온 요강(廖剛)의 『시경강의 詩經講義』가 최초이다. 이 책이 나온 이후로 원대와 명대를 거치면서 유가의 경전을 『시경』·『서경』 등으로 전적 이름 뒤에 '경'자를 붙여 부르는 것이 점차 보편화되어 일반인에서 대유(大儒)까지 자연스럽게 사용하는 명칭이 되었다. 예를 들어 주희의 『시집전 詩集傳』8권의 권머리 제목을 『시경 권1』·『시경 권2』 등으로 하였고, 왕부지(王夫之)의 『시경전소 詩經傳疏』와 단옥재(段玉裁)의 『시경소학 詩經小學』도 저서명에 『시경』이란 명칭이 들어가 있다. 『시경』이 종래의 『시』라는 명칭을 대신하게 된 것이다.

(2) 『시경』의 체재

현존하는 『시경』 305편은 크게 풍(風)·아(雅)·송(頌) 세 부분으로 나눠진다. 이 세 가지를 다시 세분하면 '풍'은 15국풍(國風)으로 나뉘고, '아'도 대아(大雅)와 소아(小雅)로 나뉘며, '송' 또한 주송(周頌)·노송(魯頌)·상송(商頌)으로 나눠진다.

① 국풍

『시경』에는 '15국풍'이 실려 있으며, 이 시들은 모두 15개 지역의 민간가요이다. '15국풍'은 대부분 윤색 과정을 거쳤고, 주남(周南) 11편·소남(召南) 14편·패(邶) 19편·용(鄘) 10편·위(衛) 10편·왕(王) 10편·정(鄭) 21편·제(齊) 11편·위(魏) 7편·당(唐) 12편·진(秦) 10편·진(陳) 10편·회(檜) 4편·조(曹) 4편·빈(豳) 7편 등 모두 160편이 있다. '풍'이라고 부르는 것은 이들 시가의 내용이 모두 각지 민간의 풍습과 생활상 및 사회동태를 반영하여 이로 부터 민정을 살피고 풍토를 엿볼 수 있기 때문이다. 또한 이들 시가의 악조(樂調) 또한 마치 바람이 닿지 않는 곳이 없듯이 고을마다 전파되어 누구나 다 쉽게 접촉할 수 있었다. 이처럼 내용과 악조 모두 풍속과 인정(人情)을 나타내어 '풍'이라 부른다.

「모시서 毛詩序」에 "풍은 바람이며 가르침이다. 바람으로 움직이게 하고 가르침으로 교화시킨다."라고 '풍'을 교화와 관련시켜 정의를 내렸다. 그리고 다시 "윗사람은 풍으로 아래 사람을 교화시키고, 아랫사람은 풍으로 윗사람을 찔렀다. 글에 중점을 두면서도 넌지시 간언을 했는데, 말한 사람은 죄가 없고 들은 사람은 충분히 경계로 삼을 만하여 그러므로 풍이라고 한다."라며 '풍'의 작용을 설명하였다. 이러한 해석은 '풍'을 풍자(諷刺)와 동일시한 접근법으로 아마 국풍의 본뜻은 아닌 듯하다.

국풍의 '풍'은 당연히 풍토(風土)·풍속(風俗)·풍습(風習) 등을 의미하는 '풍'이다. 왜냐하면 국풍에 실린 기요에서 각지의 풍토와 민간의 생활상 및 민심을 살펴볼 수 있기 때문이다. 현재 사용하는 풍요(風謠)라는 말이 오히려 국풍의 '풍'이란 원래 뜻에 부합된다. 예를 들어 「패풍」·「정풍」이라고 할 때 이것은 '패' 지방의 가요 또는 '정' 지방의 가요 내지 '패' 지방풍의 가요 또는 '정'지방풍의 가요를 가리키는 명칭이다.

정리하면, 『시경』에 실린 시의 편수에 있어서 '풍'은 전체 305편의 절반이 넘는 160편을 차지한다. 또한 작품의 질적인 면에서도 『시경』에 실린 시편 가운데 가장 주옥같은 시 대부분은 '풍'에 편재되어 있다.

② 아

'아'의 의미에 대하여는 형식과 내용 두 가지 측면의 접근 방법이 있다. 먼저 형식적 측면에서 보면, '아'는 '하(夏)'의 옛날 음과 비슷하며 서로 통용하였다. 『순자・영욕 榮辱』에 "월나라 사람들은 월나라를 편안히 여기고, 초나라 사람은 초나라를 편안히 여기며, 군자를 아(雅)를 편안히 여긴다."라고 하였는데, 이 책의 「유효 儒效」편에는 "초나라에 거주하여 초나라 사람이 되고, 월나라에 거주하여 월나라에 사람이 되며, 하나라에 거주하여 하(夏)나라 사람이 된다."고 하였다. 이로 보아 '아'와 '하'가 서로 통용되었음이 분명하다.

하나라는 우임금이 세운 나라로 고대에 문화가 가장 발달했던 황하유역 일대 곧 중원에 자리 잡았었다. '풍'이 여러 나라에서 유행하였던 토속적인 악조였던 것에 비해 '아'는 중원 일대에 유행하여 왕실에서 숭상되던 정악(正樂)이었다. 말하자면 중원의 표준어를 아언(雅言)이라고 불렀듯이 '아' 역시 중하(中夏)의 정성(正聲) 곧 표준 음악이었다. 『묵자 墨子・천지 天志』에서 「대아 大雅・황의 皇矣』시를 인용하면서 '대아(大雅)'를 '대하(大夏)'로 부른 것은 이에 대한 명확한 증거가 된다.

'아'는 '하'와 같은 뜻이면서 또한 '정(正)'과도 뜻이 서로 통한다. 『논어・술이』에 "공자께서 아언을 사용할 때가 있었는데, 『시』와 『서』를 거론하고 예를 거행하면서 모두 아언을 사용하였다. (子所雅言, 詩書執禮, 皆雅言也。)"라는 구절이 있다. 하안(何晏)의 『논어집해』은 정현의 주를 인용하여 "선왕의 전장과 법도는 반드시 그 음을 바르게 말한 다음에야 뜻이 완전해진다."고 말하였고, 공영달의 『논어정의』는 "아는 정(正)이다."라고 하였다. 이로 볼 때 '아'는 지역적으로는 중하의 황하유역 음악이고 가락은 바로 표준

중하(中夏)의 아악(雅樂)이 잘 보존된 한국의 종묘제악

가락으로 곧 중원의 바른 소리인 표준 음악이다. 『시경』은 모두 음악에 맞춰 노래할 수 있으며 가사의 독음과 가락은 모두 지방성이 있다. '15국풍'이 각 지방의 음과 가락으로 읊은 시가이라면, '아'는 중원의 표준음과 가락으로 읊은 시가이다.

다음으로 내용적 측면에서 보면, 「시대서 詩大序」는 "천하의 일을 말하며 사방의 풍습을 형용하는 것을 아라고 한다. 아는 왕정이 흥하고 망하는 원인을 살피는 방편이다. 정치에는 크고 작음이 있으므로 소아(小雅)가 있고 대아(大雅)가 있다."라고 하여 '아'의 내용을 정치와 연관시켰다. 「시서」의 주장은 전통적인 학설로서 '국풍'이 각 지방의 일을 노래하듯이 '아'는 확실히 중원의 천하대사를 노래하고 있으며 대부분 내용이 정치적 주제를 반영한다. '아'의 내용이 대부분 정치적 주제를 반영한다는 이 점은 별 문제가 없으나, 정치에 크고 작음이 있고 이에 따라 '소아'와 '대아'로 구분한다는 말은 이해하기 힘들다. 왜냐하면 '소아'와 '대아'로 구분한 시 가운데 내용상 어떠한 시가 큰 정치를 말하고 어떤 시가 작은 정치를 말하는지 전혀 구분이 가지 않는다. 그렇다면 「시서」의 '소아'와 '대아'는 곧 소정(小政)과 대정(大

政)이라는 설명은 설득력이 없다.

㈎ '소아'

'소아'는 녹명지습(鹿鳴之什)10편·남유가어지습(南有嘉魚之什)10편·홍안지습(鴻雁之什)10편·절남산지습(節南山之什)10편·보전지습(甫田之什)10편·어조지습(魚藻之什)14편 등 모두 74편이다. 주희의 『시집전』에 따르면, '소아'는 연회에 사용하던 음악이다. 사실상 '소아'는 연회에 관계된 시 외에도 여러 가지 내용의 시가 있다. 예를 들어 '소아'에는 '국풍'의 사부(思婦)·기부(棄婦)·연애(戀愛)·친영(親迎)시와 유사한 내용의 시가 허다하며 결코 연회에 관한 시가 다수를 차지하지 않는다. 다만 이것들은 '국풍'과 악조가 다르기 때문에 '소아'에 들어갔으며, 또한 '대아'와는 용도가 달랐을 것이다. '아'의 편성은 음악의 가락을 위주로 하였고 내용에 의한 구분이 아니란 점이 또 다시 증명된다.

㈏ '대아'

'대아'는 문왕지습(文王之什) 10편·생민지습(生民之什) 10편·탕지습(蕩之什) 11편 등 모두 31편이다. 주희의 『시집전』에 따르면, '대아'는 군신의 조회에 사용된 음악으로 축복과 훈계를 노래한 가사이다. '대아' 가운데에 확실히 이러한 내용의 시가 많다. 다만 풍자시 등 다른 내용을 가진 시도 적지 않다.

주희는 '대아'와 '소아'가 구별되는 기준이 시의 용도에 있다고 보았다. 그에 따르면, '소아'는 대부분 연회에 쓰이는 가사이므로 즐겁고 흥겨운 가락의 시이며, '대아'는 대부분 조회에서 오간 군신 사이의 축복과 훈계의 가사이므로 점잖고 장중한 가락의 시로 어조도 다르고 음절도 다르다고 하였다. 주희의 설명은 「모시서」에 비하여 매우 일리가 있다. '대아'를 읽어보면 확실히 내용의 어조와 분위기가 '소아'보다 장중함을 느낄 수 있고, 내용도 선왕의 덕을 칭송한 시가 매우 많다.

『시경』 305편 중 '아'는 가장 복잡하다. '국풍'과 유사한 시도 있고, 임금이 신하들에게 연회를 베푸는 시가 있고, 사대부가 읊은 시도 있어 작가는 천자에서 서민까지 망라한다. 그런데 '소아' 가운데 여전히 '국풍'과 유사한 시가 있으나 '대아'에는 오히려 이러한 현상이 없는 것으로 보아 '대아'와 '소아' 양자를 구별하는 편집 기준이 분명히 존재하였음을 알 수 있다. 그러나 지금으로서는 그 기준을 정확하게 알 수 없다. 다만 추측컨대, '풍'과 '아'의 구별이 악조의 차이에서 비롯되는 것과 마찬가지로 '대아'와 '소아'의 구별 또한 음절의 차이가 그 기준이 되었을 것이다.

③ 송

'송'은 두 가지 뜻이 있다. 하나는 송(誦)의 가차자로 악가(樂歌)라는 뜻이며, 다른 하나는 용(容) 곧 무용하는 모습을 뜻한다. 『주례』 정현의 주에 "송은 읊는 것을 말하며 모습을 말한다. 지금의 덕을 읊음으로써 널리 그 덕을 미화한다."라고 하였고, 「시서」에서는 "송은 성덕을 찬미하며 춤으로 나타냄으로써 성공을 신명에게 고하는 것이다. (頌者, 美盛德而形容, 以其成功告於神明者也。)"라고 하였다. 말하자면 '송'은 신이나 조상에게 제사를 지내며 그 덕을 칭송하여 노래하면서 동시에 곡조에 맞추어 춤을 출 수 있었던 시이다. '송'은 가사도 있고 노래도 있는 시일뿐만 아니라 또한 무도까지 갖추었으므로 '美盛德而形容'의 '용'은 춤을 추는 모습을 의미한다. 춤출 수 있었던 무가(舞歌)의 시라는 점이 '송'의 가장 두드러진 특색이다.

'송'도 주송(周頌) · 노송(魯頌 · 상송(商頌) 세 부분으로 갈라진다. '송'은 원래 묘당(廟堂)의 악가 곧 제사 때 신이나 조상을 칭송하던 시가로 서정적 민요가 섞이지 않았다. 그러나 '노송' 4편은 모두 살아 있는 노나라 희공

종묘제례의 엄숙한 모습과 제악에 맞춰 추는 팔일무

(僖公)을 찬미하며, 일부분은 약간 '아'에 가깝기도 하다. '상송' 가운데도 당시 임금에게 아첨하는 내용의 시가 있다.

(가) 주송

'주송'은 청묘지습(淸廟之什)10편 · 신공지습(臣工之什)10편 · 민여소자

지습(閔予小子之什)11편 등 모두 31편으로 주나라 조정에서 사용하던 악가이다. 주희의 『시집전』에 따르면, '주송'31편의 편집은 대부분 주공(周公)이 정하였고 강왕(康王) 이후의 시도 있다고 한다. 그러나 '주송'의 일부 시는 주공의 손을 거치지 않았을까 추정되는 시도 있지만 확실하지는 않고, 다만 '주송'이 『시경』 305편 중에서 가장 이른 시기에 나온 시라는 주장에는 별다른 이설이 없다. 사용된 어휘가 가장 오래 되었고, 모두 한 장(章)씩 독립되어 한 편을 이룰 뿐 아직 두 장이나 세 장 또는 여러 장이 한 편을 이루는 형식까지 진전되지 않은 것으로 보아 조기 형태의 시임은 분명하다.

㈏ 노송

'노송'은 노나라의 악가로 사지습(駟之什) 4편이 있다. 노나라는 원래 제후국으로 원칙적으로 '송'에 들어갈 수 없고 '15국풍' 안에 들어가야 한다. 주공 단(旦)은 무왕이 은나라의 주임금을 칠 때 공을 세워 노공(魯公)에 봉하였으나 조정에 남아 무왕을 보좌하였다. 무왕이 죽고 어린 조카 성왕(成王)이 왕위에 오르자 주공은 조카를 도와 재상이 되었고, 그의 장자 백금(伯禽)이 주공을 대신하여 봉국(封國)인 노나라로 갔다. 주공이 세상을 떠나자 성왕은 주공의 큰 공훈을 기리어 백금에게 노나라도 교(郊)·제(祭)·천(天) 삼망(三望)의 예를 쓸 수 있도록 허락하였고, 이로 인하여 노나라는 천자의 예악제도를 갖출 수 있어 '송'을 지어 묘악(廟樂)으로 사용하였다.

『논어·자한』에서 공자가 "내가 위나라에서 노나라로 돌아온 다음에 『악』이 바르게 되고 '아'와 '송'이 각자 제자리를 찾았다."라고 한 말로 보아 공자는 『시경』의 편집에 깊이 참여하였음을 알 수 있다. 공자는 원래 노나라 출신이고 노나라 또한 천자의 예악을 갖추어져 있어 공자가 이를 근거로 노시를 '풍'에 편입시키지 않고 '송'에 수록한 것은 합리적 선택이었다.

'노송'은 비록 명칭이 '송'이지만 실제로는 '송'체가 아니고 '풍'과 '아'에 가깝다. 그 내용 역시 모두 칭송의 노래이고 결코 묘당에서 제사하는 시가 아니다. '국풍'에 노풍(魯風)이 없는 것도 이 시들을 '송'에 편입시켰기 때문이다. 그러므로 주희의 『시집전』도 "또한 자작시를 가지고 자기의 임금을 찬미하는 것도 '송'이라 한다."라고 하여, 노풍이 되어야 할 시가 '송'에 들어가 '노송'이 된 이유를 합리화시켜 주었다.

㈐ 상송

'상송'은 모두 5편이다. 구설에는 상조(商朝)의 시로 여겼으나, 실은 상조의 작품이 아니고 춘추시대 송(宋)나라의 시이다. '상송' 중에도 그 당시의 임금에게 아부하는 내용의 시들이 있다. 아마 이 시들은 당시의 임금에게 아부하기 위하여 '송'이란 음악과 체재를 빌린 것으로 보인다. 『사기·송미자세가찬 宋微子世家贊』과 『국어 國語』 그리고 금문가들은 '상송'은 대공(戴公) 때 정고보(正考父)가 지었다고 하며, 반면에 고문가들은 정고보가 주나라 태사(太師)에게 얻었다고 주장한다. 고문가들은 '상송'이 '송'에 들어온 이유 역시 상나라의 후예가 천자의 예악을 사용할 수 있었기 때문이라고 설명하는데 일리가 있다.

(3) 『시경』의 편집과 작자

① 『시경』의 제작연대와 편집

『시경』 305편은 사용한 어휘로 볼 때 주송이 가장 이르며 대체적으로 서주 초기(B.C. 1110년 전후)의 작품이다. '대아' 중에도 몇 편은 서주 초기의 작품 같으나 대부분은 서주 중기(B.C. 900년 전후) 이후의 작품이다. '소아'는 대부분이 서주 중기 이후의 작품이고, 일부는 분명히 동주 초기(B.C. 760년 전후)에 지어졌다. '국풍' 가운데 가장 이른 작품은 대략 서주 말기(B.C.

850년 전후)에 지어졌고, 늦은 작품은 춘추 중기(B.C. 620년 전후) 이후까지 내려온다. '노송' 4편은 전부 노나라 희공(B.C. 659~B.C. 627년) 때의 작품이고, '상송' 가운데 가장 늦은 작품 또한 이 무렵에 지어졌다.

『한서·예문지』에 "옛날에 시를 채집하는 관리가 있어 임금은 풍속을 살피고 득실을 알아 스스로 참고하여 바로잡는 방편으로 삼았다."라고 하였다. 이처럼 각국의 시가를 한 곳에 모으는 일은 채시관을 두고 담당하게 하였고, 이렇게 하여 고대에 채집한 시가는 모두 3,000편 이상이 되었다고 전해진다. 그러나 공자에 이르러 3,000편 가운데 10분의 9를 잘라내고 겨우 305편만 남겼다. 『사기·공자세가』에 옛날에는 『시』가 약 3000편이나 되었는데 공자에 이르러 그 가운데 중복된 시를 버리고 예의에 합당한 305편을 엄선하여 공자가 직접 악기로 연주해보고 노래도 불러보아 음절에 맞는가를 검증하였다고 적고 있다. 이것이 그 유명한 공자산시설(孔子刪詩說)의 시작이다. 역대로 이 설이 옳다고 믿는 사람이 다수이나 또한 적지 않은 사람이 회의를 품어온 것도 사실이다. 객관적으로 볼 때 공자산시설은 다음과 같은 몇 가지 약점이 있다.

첫째, 공열달이 정현의 「시보서 詩譜序」에 소(疏)를 달면서 "고서에 인용한 시들을 살펴보면 『시경』에 보이는 것이 많고 없어진 것은 적다. 그렇다면 공자가 수록하면서 10분의 9를 버리지 않았다. 사마천이 고시가 약 3,000편이라고 한 것은 믿을 수 없다."라고 하였다. 또한 『좌전』·『국어』·『예기』 등에 인용한 『시』를 살펴보면, 여기에 인용한 시가 현행본 『시경』 305편에 보이는 것이 278편이고 없어져 보이지 않는 것이 14편이다. 실전된 시가 남아있는 시의 20분의 1에 불과한 사실은 『시경』의 원래 편수가 305편에서 크게 벗어나지 않음을 의미한다. 그러므로 공영달의 설명은 결코 근거가 없는 주장이 아니다.

둘째, 『좌전』의 「노양왕18년 魯襄王十八年」조(條)에 계찰(季札)이 노나라에서 음악을 살폈다는 기사가 있다. 계찰이 본 시는 현행 305편본과 거의 비슷하며, 다른 점은 '국풍'의 차례와 '송'이 주송·노송·상송으로 구분되지 않았을 뿐이다. 이때는 공자의 나이 겨우 8세로 당연히 『시』를 잘라내는 작업을 할 수 없다. 공자의 나이 8세에 계찰이 본 것이 현행의 305편과 거의 차이가 없는데 공자가 성장하여 다시 산시할 이유도 또한 없다.

셋째, 『논어』의 「위정」편과 「자로」편에서 공자가 분명히 '시삼백(詩三百)'이라고 하였는데, 이는 공자 당시에 노나라에서 통용되던 『시경』은 300편본임을 말해준다. 공자는 스스로 "옛것을 굳게 믿고 좋아한다."고 강조하였고, 더군다나 문헌이 부족하여 옛 것을 징험할 수 없다고 개탄해 마지않았다. 이러한 공자가 예부터 전해오는 귀중한 문헌자료의 10분의 9나 잘라내어 버렸다는 주장은 논리적으로 맞지 않는다.

공자가 비록 산시를 하지 않았지만 고시의 자료를 갖고 이를 재편성하거나 정리 작업을 하였음은 분명한 사실이다. 『논어·자한』에서 "내가 위나라에서 노나라로 돌아온 다음에 『악』이 바르게 되고 '아'와 '송'이 각자 제자리를 찾았다."라는 이 말은 공자 자신의 진술이므로 가장 믿을만한 사료이다. 혹자는 이를 두고 공자가 『악』을 바로잡았지 『시』를 바로 잡은 것은 아니라고 주장한다. 그러나 '아'와 '송'은 바로 『시경』을 말하며, 『시경』이 제자리를 찾았다는 진술은 공자가 『시경』에 크게 손을 대었다는 사실을 웅변해준다. 그러므로 공자가 『시경』을 직접 짓거나 혹은 3,000여편의 고시를 깎아내어 305편의 『시경』으로 만들지 않았다 해도 적어도 지금의 『시경』형태는 공자의 정리를 거쳐 편차가 정해졌다고 보아야 옳다. 공자가 『시경』의 연구와 정리 및 전파에 많은 노력을 기울였음은 주지의 사실이다.

② 『시경』의 작자

『시경』 305편은 한 권의 시가총집으로 대부분 작자의 성명이 드러나 있지 않다. 이 때문에 지금에 와서 305편의 작자를 찾아내는 일은 매우 어렵다. 305편 중에서 작자의 성명을 알 수 있는 작품, 확신할 수 없으나 흔적을 찾을 수 있는 작품, 완전히 살펴볼 수 없는 작품, 이렇게 크게 세 가지로 나뉘는데 좀 더 자세히 분류하면 다음과 같다.

첫째, 『시경』 중에 작자의 이름을 직접 밝힌 경우로 이런 시는 작자가 누구인지 확실히 알 수 있다. 예를 들면 「소아 · 항백 巷伯」시는 시 안에 "내시 맹자가 이 시를 지었다네. (寺人孟子, 作爲此詩。)"라는 구절이 있고, 「대아 · 숭고 崧高」시 안에도 "길보가 악보를 짓고 그 시는 공석이 지었다네. (吉父作誦, 其詩孔碩。)"라는 구절이 있다.

둘째, 『상서』 · 『좌전』 · 『국어』 · 『사기』 등의 책에 『시』의 작자를 명기한 경우가 있다. 비록 전부 믿을 수야 없지만 일정 부분 근거가 있을 수 있다.

셋째, 「모시서」에 누구의 작품이라고 기재하였지만 실제로 근거가 없는 경우가 있다. 이러한 시들은 어떤 것은 작자의 인명을 말하고, 어떤 것은 작자의 국명과 관직명만 밝히고 성명은 언급하지 않는데, 모두 별로 믿을만하지 못하다.

넷째, 정현의 전(箋)과 공영달의 소(疏)에서 누구의 작품이라고 지목하는 경우도 확실히 믿을만한 증거가 없다.

다섯째, 전혀 작가를 알 길도 없고 또한 억측에 의한 부연설명조차 없는 경우로, 이런 종류의 시가 『시경』의 대부분을 차지한다.

(4) 『시경』의 육의(六義)

육의는 『시경』에 실린 시를 분류하는 원칙이다. 『주례』의 「춘관 春官 · 태사직 太師職」에 "태사가 육시(六詩)를 가르쳤는데 풍(風) · 부(賦) · 비(比) · 흥(興) · 송(頌)이라고 한다."라고 하였으며, 「시대서」 또한 "시에는 육의가 있다. 첫째 풍이고, 둘째 부이고, 셋째 비이고, 넷째 흥이고, 다섯째

아이고, 여섯째 송이다."라고 하였다. '육시'가 바로 '육의'임을 알 수 있다.

'육의'는 여섯 항목이지만 시의 내용과 형식에 따라 크게 둘로 나눠진다. 하나는 풍·아·송으로 시의 내용과 성질에 따른 분류이고, 다른 하나는 비·부·흥으로 시의 작법과 서술방식에 따른 분류이다. 풍·아·송은 앞에서 이미 설명하였으므로 여기서는 비·부·흥만 살펴보기로 한다.

① 부

'부'는 사실을 있는 그대로 직설적으로 서술하는 방식이다. 이런 표현방식은 가장 일반적이며, 은근히 비틀지도 비유를 사용하지도 않는다. 예를 들어 「주남 周南·갈담 葛覃」 2장은 처음부터 끝까지 한 사건을 길게 설명하며, 「권이 卷耳」 4장 역시 한 사건을 길게 서술한다.

② 비

'비'는 어떤 한 사물을 사용하여 다른 한 사물을 비유하여 표현하는 방식이다. 예를 들어 여인의 화사함이 복사꽃 같다든가 못된 사람의 악행을 홍수나 맹수 같다든가 하는 표현이 바로 '비'이다. 그러나 3백편 중에 '비'의 작법이 그렇게 간단하지 않아 많은 오해를 낳고 있다. 예를 들어 정현은 『주례·태사육시 大師六詩』주에서 '비'는 "지금의 잘못을 보고 감히 직접 비판하지 못하고 비슷한 사례나 사물을 가지고 말하는 것이다."라고 하여 '비'의 작법을 비판을 함축적으로 하는 방법이라고 규정하였다. 정현의 설은 『시대서』에서 '풍'은 아랫사람이 윗사람을 풍자하여 간언을 해도 말한 사람은 죄가 없고 들은 사람은 이를 경계로 삼는다고 한 말에 영향을 받은 듯하다. 이처럼 윗사람을 풍자하는 시는 대부분 직설적인 비판이 불편하기 때문에 다른 사물을 취하여 간곡하게 돌려서 풍자하는 방식을 취한다는 것이다. 그러나 이러한 정현의 설명은 문장의 작법과 표현방식과는 다소 거리가 멀다. 공영달은 정현보다 한 걸음 더 나아가 "비는 사물에 빗대는 것으로 '무엇 같다'고 말하는 것은 모두 빗대는 말이다."라고 하였으나, 이 역시 '비'의 뜻을 만족하게 설명하지 못한다.

주희는 '비'에 대하여 종전보다 진전된 해석을 하였다. 그에 따르면 "비는 저 사물로 이 사물을 비유한다."고 하였다. 말하자면 '비'는 곧 비유하는 사물과 비유의 대상이 되는 사물 사이에 유사한 상상을 공유하며, 이에 따라 유사한 연상 작용을 통하여 사물을 이해하는 서술 방식이다. 여기에는 두려워하여 감히 말을 못하여 돌려서 말한다는 정치적인 해석이 없다. 작자가 직설법에만 의존하지 않고 비유를 쓰는 것은 문학적 언어의 특성에 기인한다. 보통의 평서문은 분명하게 설명하면 되지만 문학은 직설적 표현 외에 미감·구성·함축 등 예술기법을 필요로 한다. 그러므로 '비'라는 서술방식은 문학적으로 직설법에서 약간 진화한 가장 간단한 예술기법으로 『시경』이 문학예술인 이상 이러한 예술적 표현기법을 채용함은 당연하다. 게다가 『시경』에 사용된 '비'는 예를 일일이 열거할 수 없을 정도로 응용의 변화가 매우 다양하다.

③ 흥

'흥'은 『시경』의 작법 중에서 가장 복잡하고 난해하여 가장 문제가 된다. 『모시전』은 각 시마다 '흥'만은 앞에 '흥'이라고 주를 붙여 표시하고 주희의 『시집전』도 '흥'을 표시하였지만 모두 합치하지는 않는다. 흥체(興體)는 시의 앞 머리에서 시의 내용과는 상관없이 시 전체의 흥 곧 감흥을 불러 일으키는 말로, 아래의 글을 불러오는 방식이다. 이 때 감흥을 일으키는 방법이 매우 다양하여, 이 때문에 실제로 많은 사람들이 '비'와 '흥'을 혼동하기도 한다.

정현은 "흥은 지금 칭송할 점이 보이는데 아부가 될까 꺼림칙하여 좋은 사례를 취하여 비유로써 권장한다. (興, 見今之美, 嫌於媚諛, 取善事以喩

勸之。)"라고 설명하면서 "흥은 일을 사물에 맡긴다. (興者, 託事於物。)"라고 정의를 내렸다. 정현의 설명은 '흥'시의 내용은 찬양의 글이고 수법은 사물로 사건을 비유하는 방식이라는 뜻으로 거의 '비'와 구분이 가지 않는다. 그러므로 『모시정전 毛詩鄭箋』은 '흥'을 '비'로 해석하는 경우가 허다하다. '흥'체시의 첫머리 1·2구는 대부분 시인이 읊고자 하는 중심 사건과 무관하나 『모시정전』에서는 이들 첫머리의 말들을 중심 사건과 연관시켜 해석을 하는데 이는 거의 다 견강부회에 가깝다.

이에 반하여 송대의 정초(鄭樵)는 『6경오론 六經奧論』에서 "무릇 흥이란 본 것은 여기에 있고 얻는 것은 저기에 있다."라고 하였고, 주희는 "흥이란 먼저 다른 사물을 이야기함으로써 읊으려고 하는 말을 불러일으킨다."라고 명료하게 정리하였다. 그러나 주의할 점은 주희도 실제로 '흥'체시를 만나면 여전히 비슷한 일을 가지고 유추하고 도덕적 관점으로 따지고 들어 결국 '비'와 구분이 되지 않고 만다. 『시경』의 첫 편 「관저 關雎」를 예로 들면, 주희는 "저들이 함께 즐겁게 어울리되 서로 공경함이 또한 마치 저구새가 정이 도타우나 (암수의) 분별이 있음과 같다."라고 주를 달았는데, 여기의 '~와 같다'라는 표현은 바로 '비'의 작법이지 '흥'의 작법이 아니다. 이 시에서는 저구새의 화락(和樂)함에서 연상 작용이 일어나 군자와 숙녀의 화락함을 떠올리게 되었다. 이런 것이 바로 '흥'의 서술 방법이다. 만약 군자와 숙녀의 어울림이 저구새의 정다움과 '같다'고 하면 '비'이다.

종합하면, '흥'은 감흥을 불러일으킨다는 뜻이다. 감흥이 일어나서 먼저 다른 사물을 읊음으로써 작자가 원래 읊고자 하는 주제를 불러오는 작용을 하는 가사이다. 그 방법은 먼저 작가의 본뜻과 작품의 주제와 직접 상관이 없는 사물을 묘사하여 감흥을 일으키고, 그런 다음에 작자의 주관적인 연상 작용을 통하여 비로소 주제를 읊는 방식이다. 그러므로 '흥'은 주제의 내용과 논리적인 연관성이 없다고 보면 된다.

'흥'의 작법에는 원칙이 있다. 흥은 대부분 아주 짧은 단락이며 짧은 단락 안에 간단한 묘사가 들어간다. 이를 흥사(興辭)라고 하는데 전체 문맥하고는 아무런 상관이 없고 그저 감흥만 불러 일으킨다. 이렇게 감흥을 일으키는 작용과 사물의 묘사 부분을 합쳐서 '흥'을 이룬다. 사물의 묘사 부분만 떼어놓고 보면 얼핏 '부'와 같으나 아래의 본문을 위한 감흥을 불러일으키는 작용을 한다는 점에서 또한 '부'와 구별된다.

(5) 삼가시와 모시

경학사에서의 이른바 금고문의 대립은 『시경』의 전수에도 큰 영향을 끼쳤다. 한 대(漢代) 초기에 『시』를 전하는 학자로는 신배공(申培公)과 원고생(轅固生) 그리고 한영(韓嬰)이 있었다. 후대에는 이들이 전하는 시를 『삼가시 三家詩』라고 하는데 바로 『노시 魯詩』·『제시 齊詩』·『한 시 韓詩』이며 모두 금문본에 속한다. 이밖에 또 모공(毛公) 일가에서 전하는 시가 있는데 이를 『모시 毛詩』라고 한다. 『모시』는 고문본으로 공자의 고택 벽에서 출토되었고 선진의 옛 문자체로 썼다. 『한서·예문지』에 따르면, 모공의 『시학』은 스스로 자하(子夏)에게서 전수받았다고 하였으며, 하간(河間)의 헌왕(獻王)이 좋아하였으나 박사관에 세우지는 못하였다. 그러나 동한 이후로 『모시』가 크게 유행하고 『삼가시』는 모두 사라졌다. 이로 인하여 『모시』가 『시경』의 전본에 관한 한 독보적 지위를 누리지만, 그러나 『모시』 역시 많은 문제점을 안고 있다.

① 노시

『노시』는 신배공에서 시작된다. 『한서·유림전』에 따르면, 신배공은 노(魯)지방 사람으로 순자의 제자인 제(齊)지방 사람 부구백(浮久伯)을 섬겨

『시』를 전수받았다. 한나라 문제(文帝/재위 B.C. 180~B.C. 157년) 때 한영과 함께 『시』박사에 세워졌다. 안사고(顔師古)의 주에 "입으로 요지를 말하고, 해설하는 전을 짓지 않았다."라고 한 말을 보아 『노시』는 원래 구전되고 책으로 전하지 않았음을 알 수 있다. 『한서·예문지』에 『노고 魯故』25권과 『노설 魯說』28권이 저록되어 있으나 신공의 자작이 아니라 제자들이 기록한 것이다. 『사기·유림전』에 제자가 멀리서 찾아와 무려 1,000여명에 달하였고 박사가 된 제자도 10여명이 된다는 기록으로 보아 『노시』가 서한시대에는 매우 성하였음을 알 수 있다.

『노시』는 위진시대를 거치면서 더 이상 전하지 않는다. 『수서·경적지』에는 "노시는 서진(西晉)시대에 없어졌다."라고 하였다. 『노시』가 없어진 후에는 여러 고서에 흩어져 산발적으로 인용되는데, 이에서 면모의 일부나마 살펴볼 수 있을 뿐이다. 송대의 왕응린(王應麟)이 여러 서적에 인용된 노·한·제 3가의 시를 모아 『시고 詩考』1권을 편집하여 『삼가시』의 일문(佚文)을 보존하나, 채용한 자료가 많지 않고 빠트리고 잘못 수집한 부분이 많다. 청대에는 전문적으로 『삼가시』를 편집하고 주소를 달아 고증하는 저서가 제법 많은데, 이 가운데에 진교종(陳喬樅)의 『삼가시유설고 三家詩遺說考』가 가장 내용도 풍부하고 『삼가시』의 원류에 대해서도 매우 상세하게 고증하였다.

② 제시

『제시』는 원고생이 처음 전하였다. 『한서·유림전』에 따르면, 원고생은 제(齊)지방 사람으로 경제(景帝/재위 B.C. 157~B.C.141년) 때 박사에 세워졌으며, 제나라에서 『시』로 유명한 학자는 모두 그의 제자였다. 『한서·예문지』에 『후씨고 后氏故』와 『손씨고 孫氏故』22권이 저록되어 있다. 『제시』는 참위설(讖緯說)을 많이 사용하여 음양오행에 관한 설명이 잡다하게 섞여 있기 때문에 정리(情理)에 맞지 않고 『시』의 본래 의미를 상실하였다는 평가를 받았다.

『수서・경적지』에 "제시는 위대에 이미 없어졌다."라고 하였는데, 『삼가시』 중에서 『제시』가 가장 일찍 사라졌다. 『제시』는 가장 먼저 사라졌으므로 남은 시 또한 가장 적다. 그러나 『제시』가 한대에 『시』박사에 세워진 것으로 보아 그 당시 영향력이 매우 컸던 것 같다. 진교종의 『삼가시유설고』에 의하면, 하후시창(夏侯始昌)・후창(后蒼)・대덕(戴德)・대성(戴聖)・경보(景普)・정현(鄭玄)・반고(班固) 등 한대의 쟁쟁한 학자들이 『제시』로 유명해졌다고 한다.

③ 한시

『한시』는 한영이 처음 전하였다. 『한서・유림전』에 따르면, 한영은 연(燕)지방 사람으로 문제 때 박사에 세워졌으며, 연과 조(趙)지방 인근의 『시』를 연구하는 학자는 모두 한영에게 배웠다고 한다. 위진시대 이후에 『모시』가 크게 성행하자 『제시』가 먼저 없어지고, 『노시』가 뒤를 이어 사라지고, 『한시』만 홀로 남아 있었다. 하지만 『한시』를 배우는 사람이 극히 적었고 진나라 이후에는 『한시』를 연구하는 학자가 거의 보이지 않는다. 삼가시 가운데 가장 늦게 없어졌다. 『수서・경적지』에 여전히 『한시』20권・『한시익요 韓詩翼要』22권・『한시외전 韓詩外傳』22권이 저록되이 있다. 『한시』는 당대에도 아직 남아 있었다. 『신당서 新唐書』에는 『한시』22권이 저록되어 있으며, 이로 보아 『한시』는 당대와 송대 사이에 사라진 것으로 여겨진다. 그러나 『한시외전』은 지금까지 전해진다.

『한시외전』은 『춘추』의 잡설을 취하고 어떤 것은 고서를 잡다하게 인용하여 『시경』의 내용을 증명한다. 그러나 인용한 자료가 선진제자의 원문과 차이가 나고 '경'의 본뜻과도 서로 부합되지 않는 부분이 많다. 하지만 『한시』

만이 유일하게 『한시외전』을 남겼으며 『노시』와 『제시』보다는 보존된 작품도 많다. 『삼가시』의 남은 작품과 경의를 모은 저작으로는 위에 소개한 진교조의 『삼가시유설고』 외에, 왕선겸(王先謙)의 『시삼가의집소 詩三家義集疏』가 손꼽히며, 현행본 『시경』을 읽는데 많은 도움을 준다.

④ 모시

『삼가시』가 모두 사라진 송대 이후로 『모시』만 전해진다. 『모시』가 바로 오늘날 우리가 읽는 현행본이다. 『한서·예문지』에 「서」를 포함한 『모시』 29권과 『모시고훈전 毛詩故訓傳』 30권이 저록되었으며 모공이 지었다고 하였다. 『모시고훈전 毛詩故訓傳』에 대하여 『관당별집 觀堂別集·서모시고훈전후 書毛詩故訓傳後』에서는 『모시고훈』은 대모공(大毛公)이 지었고, 『전』 부분은 소모공(小毛公)이 보충하여 늘렸다고 설명한다. 『모시고훈전』이 바로 오늘날 우리가 읽는 『시경』의 전본이며, 보통 줄여서 『모전』 또는 『모시전』이라고 부른다. 서한 때에는 『삼가시』가 유행하여 『모시』는 학관에 세워지지 못하는 푸대접을 받았다. 그러므로 『한서·유림전』에 『시』를 전하는 학자의 경우 『삼가시』에 대한 기재는 비교적 상세하나 모공에 대한 기술은 매우 간단하여 몇 십자에 불과하며, 모공은 조나라 사람으로 하간지방 헌왕의 박사라고만 소개하였다. 이 기록으로는 모공의 성이 모씨인 것만 알겠고, 그의 이름과 『시』를 전한 경로가 어떠하고 학설은 어떠한지 전혀 알 길이 없다. 정현의 『시보 詩譜』에서 "노나라 대모공이 자기 집에서 『고훈전』을 지었고, 하간의 헌왕이 취득하여 바치고 소모공을 박사로 삼았다."라고 좀 더 자세하게 설명하였고, 오(吳)나라 사람 육기(陸璣)의 『모시초목조수충어소 毛詩草木鳥獸蟲魚疏』는 한 걸음 더 나아가 "모형(毛亨)이 『고훈전』을 짓고 조나라 사람 모장(毛萇)에게 전수하였다. 당시 사람들은 형을 대모공, 장을 소모공이라 하였다."라고 매우 구체적으로 소개한다. 여기에서 이상한 점은 시대가 내려올수록 모공에 대한 설명이 더욱 상세하다는 사실이다. 그러므로 『모시』를 전한 사람이 모공이라는 사실만 알아두는 편이 좋겠다.

『모시』는 서한 때는 별로 유행하지 않았고, 동한에 들어와서도 여전히 『삼가시』의 위세에 눌렀지만 민간의 학자를 중심으로 점차 세상에 알려지지 시작하였다. 『후한서 · 유림전』에 따르면, 『모시』는 날로 주목을 받아 위굉(衛宏)이 「모시서 毛詩序」를 짓고부터 『모시』가 크게 흥성하여 정중(鄭衆)과 가규(賈逵)가 앞뒤로 『모시』를 전하였고, 마융의 『모시전 毛詩傳』과 정현의 『모시전 毛詩箋』이 쏟아져 나왔다. 마융과 정현 같은 대유들이 일제히 『모시』에 전(傳)을 짓고 전(箋)을 단 사실은 『모시』의 위세가 이미 『삼가시』를 능가하였음을 의미한다. 이에 학자들이 대세에 따르자 위진시대 이후에 『모시』는 크게 성행하여 마침내 『모시』가 『삼가시』의 학술적 지위를 대신해서 독보적인 『시경』 전본이 되었다. 예를 들어 당대에는 공영달이 『오경정의』를 지으면서 『시경』에서는 『모시정전』을 채택하여 마침내 고문의 『모시』가 공식적으로 『시경』의 유일한 전본으로 인정받게 되었다. 이에 이르러 한대에 학관에 세워져 학술적 권위를 과시하던 금문의 『삼가시』는 거의 사라지고 유일하게 『한시』의 일부가 남아 겨우 명맥만 유지하는 처지가 되었다.

「모시서」의 작자 문제는 경학가들에게 오랜 논란거리가 되었다. 당의 육덕명은 『경전석문 經典釋文』에서 정현의 『시보 詩譜』를 인용하여 "「대서 大序」는 자하가 지었고, 「소서 小序」는 자하와 모공의 합작이다."라고 하였다. 그러나 육기의 『모시초목조수충어소』는 자하가 공자의 『시경』 305편 정리 작업에 참여하여 「서」를 지었고 위굉(衛宏)이 「모시서」를 달았다고 주장하였고, 『후한서 · 유림전』도 위굉이 「모시서」를 달았다고 적고 있다. 이밖에 송대의 왕안석은 「시서」는 시인 스스로 지었다고 하였고, 정이는 「대서」는 공자가 짓고 「소서」는 국사(國史)에서 지었다고 하였고, 청대의 강유위(康有爲)는 「시서」는 유흠 부자와 위굉의 합작이라고 하였다. 이처럼 아직

도 정해진 결론은 없다.

「모시서」에서 말하는 각 시편의 대의(大義)는 믿을 수 있는 것이 그렇게 많지 않다. 그러므로 송대의 구양수(歐陽修) 이후의 학자들은 대부분 「모시서」의 설명에 회의적인 자세를 보이며 모순점을 지적한다. 정초(鄭樵)의 「시변망 詩辨妄」과 주희의 「시서변설 詩序辨說」 모두 「시서」를 여지없이 비판하였고, 그 이후로 가법을 고수하는 일부 학자 외에 「시서」를 전부 믿는 학자는 사실상 거의 없다.

(6) 『시경』의 주소

『시경』에 대한 전문적인 연구는 서한 시대부터 시작되었다. 서한에서 전수되는 『시』는 『노시』·『제시』·『한시』·『모시』 등 모두 4가가 있었다. 당시 『삼가시』가 성행하였고 『모시』는 별로 중시되지 않았다. 노·제·한 3가의 『시』학은 대부분 『시경』을 빙자하여 자신들의 정치적 주장을 펼쳐 견강부회한 부분이 많다. 『모시』 또한 이른바 미자론(美刺論)을 펼치며 정치에 대한 풍자를 거론하였지만, 『시』의 본문을 해석할 때는 공허한 주장이 줄어들어 『삼가시』보다 훨씬 실용적이다.

『모시』는 모공이 전하며, 『한서·예문지』에 저록된 『모시고훈전』 곧 『모전』은 춘추 말기 이래 여러 유생들의 『시경』에 대한 연구가 집약된 저작이지 대모공 혹은 소모공을 막론하고 결코 모공 한 사람의 연구물은 아니다. 『모시』는 매 시편 앞에 한 단락의 간단한 설명이 있는데 이를 「시서 詩序」라고 부르고, 단지 한 편의 내용만 설명하는 것은 「소서 小序」라 한다. 또한 『시경·국풍』의 첫 번째 시 『관저』 앞에 「소서」 외에 『시경』을 전체적으로 논술하는 긴 문장이 있는데 이를 「대서 大序」라고 한다. 「소서」 대부분은 『시경』의 본뜻을 왜곡하는 경우가 많다. 많은 학자들은 「시서」는 여러 사람의 견해가 반영되어 있으며, 이러한 「시서」를 아마도 위굉이 한바탕 정리 작업을 거친 다음 슬며시 『모시전』 안에 집어넣어 배열하지 않았을까 추정한다.

『삼가시』는 서한시대에는 모두 학관에 세워졌으나 『모시』는 사학에 불과하였다. 그러나 『삼가시』는 동한에 이르러 점차 『모시』에게 밀리기 시작하였고 『모시』를 배우고 연구하는 풍조가 활발해 졌다. 『모시』는 동한시대에 성행하였다. 동한 말기의 대경학가 정현은 처음에는 『한시』를 익혔으나 나중에 다시 『모시』를 받아들임으로써 금고문 『시』학을 집대성하여 『모시전 毛詩箋』을 지었다. 정현은 동한 말기 경학계의 권위자이므로 그를 따르는 학자들은 더욱 『모시』를 중시하여 전파시켰다. 정현의 『모시전』은 『모전』에만 국한되지 않고 『삼가시』 등 금문의 경설까지 망라하여 동한시대 『시경』학의 연구 성과를 집대성하였다. 동한 이후에는 『제시』가 위나라 때 사라지고, 『노시』가 진나라 때 없어지고, 『한시』는 가장 오래 전해졌으나 역시 당대와 송대 사이에 사라지고 『모시』 하나만 홀로 남아 지금까지 전해진다.

위진 이후의 『시경』 연구자 대부분 『모시정전 毛傳鄭箋』을 위주로 한다. 다만 위나라의 왕숙(王肅)이 『시해 詩解』를 짓고 촉나라 이선(李譔)이 『모시전 毛詩傳』을 지어 정현의 전을 공격하였으나 여전히 『모전』을 높이 받들었다. 남북조 시대는 세상이 어지러워 경학이 쇠미하였으나 『북사 北史』의 「유림전서 儒林傳序」에 『시』는 모공을 위주로 한다고 적고 있다. 이 시기에 『한시』가 아직 존재하였으나 배우는 사람이 극히 드물었다.

수·당대에 들어오자 정현을 반대하는 소리와 왕숙을 반대하는 소리가 동시에 있었지만 『모시정전』을 존중하는 사람이 다수였다. 당나라 정관(貞觀) 16년(641년)에 공영달이 조정의 명을 받들어 정현의 전을 정의(正義) 곧 바른 해석으로 여겨 『모시정의 毛詩正義』을 펴내었다. 공영달의 『모시정의』는 위진남북조에서 당대까지의 『시경』에 대한 연구 성과를 총결산한 책으로

이 책이 세상에 나온 후 『모시정전』은 독보적 위치에 올라선다. 당대에서 송대 초기까지가 『모시』의 극성시대라 할 수 있다. 이 시기에 주목할 만한 『시경』 연구서가 하나 나왔는데 바로 성백여(成伯璵)의 『모시지설 毛詩指說』이다. 이 책은 기존의 『모시정전』에 전적으로 의지하지 않고 자기의 견해로 『시경』을 해석하였다. 이 책은 송대의 『시경』 해석을 위한 새로운 길을 열었으나 아쉽게도 그 당시에는 별로 사계(斯界)의 주목을 받지 못하였다.

송대의 경학가들은 과감하게 옛 학설을 의심하여 『시경』 방면에도 기존의 오류를 교정한 새로운 견해를 많이 내놓았다. 북송 중엽 무렵 경학가들은 『모시·소서』와 『모전정전』에 대하여 일정한 비판을 가하였고, 이에 따라 『모시』도 처음으로 좌절을 겪는다. 예를 들어 구양수는 『시경본의 詩經本義』을 지으면서 『모시정전』의 학설을 확실히 준수하지 않아 사실상 송대의 학자들이 『모시정전』을 따르지 않는 풍조를 선도하였다. 이후로 소철(蘇轍)이 『시집전 詩集傳』을 지어 「모시서」를 의심하였고, 정초의 『시변망』은 본격적으로 『모시정전』을 비판하고 「시서」를 반박하여 새롭게 자기의 학설을 내세웠고, 왕질(王質)의 『시총문 詩總聞』도 「시서」를 제쳐 두고 새로운 해석을 선보였다. 주희에 이르러 그가 『시집전』을 세상에 내놓으면서 마침내 「시서」를 완전히 배제하고 독자적인 『시경』 해석체계를 수립하였다.

주희는 "무릇 『시』의 이른바 풍은 대부분 마을 골목에서 노래로 불러지던 작품이며, 남녀가 서로 함께 노래하고 읊조리며 각자 자기의 감정을 말한 것이다."라고 하여 실제 상황에 부합하는 해석으로 「소서」의 진부한 도덕적 해석을 일거에 혁파하였다. '경'의 의리와 관련된 부분은 주희의 다른 저서에서 「시서」의 견해를 일부 받아들이기도 하였으나, 『시집전』만은 「시서」의 설을 한 차례도 언급하지 않았다. 「시서」는 주희의 『시집전』이 나온 이후로 그 지위가 송두리째 흔들렸고 『모시정전』의 권위도 급전직하로 무너졌다. 하지만 여기서 한 가지 주의할 점은 바로 주희의 『시집전』이 문자의 훈고 방면은 대부분 『모시정전』을 계승하였고, 『시경』에 대한 평론 또한 전통적인 설교의 입장을 고수한다는 사실이다.

일반적으로 주희의 『시집전』을 줄여 『주전 朱傳』이라 부른다. 『주전』은 주희가 세상을 떠난 후 크게 유행하여 원·명 양대에 걸쳐 풍미하였다. 『주전』의 학설은 이 시기에 이미 『모시전』과 정현의 전 및 공영달의 소를 대신하여 『시경』 해석의 정통이 되었다. 반면에 『모시』는 정현의 전과 공영달의 소 곧 『정전공소 鄭箋孔疏』로 극성기를 누리다가 가장 암담한 시기를 맞았다. 청대에 와서 『주전』의 세력이 비록 쇠퇴하였지만 조정에서는 여전히 『주전』을 국정 교본으로 삼았다. 총괄하면, 위진시대 이후의 『모시정전』과 남송 이후의 『주전』 이 양자가 『시경』주소의 양대 지주라고 하겠다.

대개 경학을 한학(漢學)과 송학(宋學)으로 구분한다. 훈고에 정통하고 옛 방식에 밝음이 한학파의 장점이고, 가법을 답습하여 변통할 줄 모름이 한학파의 단점이다. 고대 경학대가의 학설에 구애받지 않고 오로지 본문에 근거하여 『시경』의 본뜻을 추구함은 송학파의 장점이고, 훈고에 소홀하고 공허한 의리에 치중함은 송학파의 단점이다.

청대 초기에는 『시경』을 연구하는 학자들이 어느 한쪽에 치우치지 않았다. 강희(康熙) 연간(1662~1722년)에 요제항(姚際恒)의 『시경통론 詩經通論』은 한학의 잘못은 완고함에 있고 송학의 잘못은 공허함에 있다고 지적하고, 옛 학설을 비교하여 옳은 부분은 따르고 틀린 부분은 버린다고 선언하였다. 그러나 이 주장은 사실상 『모시정전』의 부활 쪽으로 치우친 경향이 없지 않다. 강희 이후에 한학의 풍조가 점차 회복되어 오히려 한학을 높이고 송학을 공격하는 것이 일반적인 기풍이 되어 청말까지 이어졌다. 비록 조정에서 인재를 선발하는 과거시험은 『주전』을 위주로 하였지만 시대의 거센 조류를 되돌리지는 못하였다.

청대의 『시경』연구는 건륭(乾隆/1735~1796년)과 가경(嘉慶/1796~

1820년) 사이에는 여전히 명대의 학풍이 남아 있었고 일시에 가법이 세워지지 않아 한학과 송학을 동시에 채용하였다. 이 시기에 주학령(朱學齡)은 『시경통의 詩經通義』를 지어 「시서」를 폐지한 잘못을 극력 반박하여 한학에 기운 경향을 보였고, 진계(陳啓)의 『원모시계고편 源毛詩稽古編』는 해석의 초점을 「시서」에 맞춤으로써 전적으로 한학을 추구하였다. 이후로 대진(戴震)의 『모정시고정 毛鄭詩考正』·마서진(馬瑞辰)의 『모시전전통석 毛詩傳箋通釋』·진환(陳奐)의 『시모씨전소 詩毛氏傳疏』 등이 나오면서 『모시』가 완전히 부활하였고, 이에 『모시정전』이 또 다시 크게 성행하였다. 그러나 이 시기에도 『주전』이 완전히 압도되지 않았으며 『모시』와 병행하였다. 특히 마서진의 『모시전전통석』은 문호의 편견에 치우치지 않아 청대의 『시경』주소 가운데 가장 뛰어난 저작 중 하나로 여겨진다. 하지만 청대의 『시경』주소는 사물의 훈고 방면에 일정한 성과를 거두었지만 『시경』의 의리를 해석하는 방면에는 분명히 송대 경학가에게 뒤진다.

청대에는 『삼가시』에 대한 수집에도 큰 성취가 있었다. 예를 들어 위원(魏源)의 『시고미 詩古微』는 『삼가시』를 숭상하여 『모시』와 정현의 전을 배척하였고, 진교종의 『삼가시유설고』와 왕선겸의 『시삼가의집소』 모두 『삼가시』를 수집하여 주석을 달았다. 이밖에 한학이나 송학의 학통에 얽매이지 않고 스스로 문호를 세운 저작으로는 최술(崔述)의 『독풍우지 讀風偶識』와 방옥윤(方玉潤)의 『시경원시 詩經原始』 등이 있다.

2) 사상과 내용

유가의 정치이념은 덕치주의(德治主義)이다. 덕치주의는 위정자가 반드시 먼저 덕을 닦아 실천하고 이를 확대하여 백성들로 하여금 인간 본연의 성정을 되찾게 교화함으로써 화평한 세상을 실현한다는 이념구도이다. 중국의 고대 군왕들은 인간의 성정을 순화함에 음악이 가장 적합하다고 보았다. 이것이 바로 유가의 전통적인 악교(樂敎)사상이다.

『논어』에 보면 공자도 소악(韶樂)을 듣고 감동하여 석 달 동안 고기맛을 알지 못하였고, 위나라에서 노나라로 돌아오자 『악』이 바로 잡혔다고 기록한다. 음악은 공자가 제자들을 가르칠 때 인격 도야에 필요한 '6예'의 한 과목이었다. 옛날의 시는 바로 음악의 가사로 인간의 감정을 밖으로 표현하고 전달하는 유력한 수단이었다. 「시서」에서는 "득실을 바로 잡고 천지를 움직이고 귀신을 감동시키는 것은 시보다 나은 것이 없다."라고 하였다. 시의 목적을 인륜을 두텁게 하고 백성을 교화시켜 풍속을 바꾸는 데에 것에 두었다. 이것이 바로 유가의 전통적인 시교(詩敎)사상이다. 유가들은 이러한 시교사상을 바탕으로 『시경』을 가장 중요한 경전의 하나로 여겨왔다.

『시경』이 유가의 선호를 받는 가장 큰 이유의 하나는 『시경』의 봉건적 요소에 있다. 「소아 · 북산 北山」에 보면 "모든 하늘 밑이 임금 땅 아님이 없고, 모든 땅 물가까지 임금 신하 아님이 없네."라고 노래한다. 「大雅 · 숭고 崧高」 · 「증민 蒸民」 · 「강한 江漢」 등도 모두 봉건적 내용을 잘 표현하고 있다.

『시경』은 또한 유가의 예악(禮樂)일치 이념에 매우 충실하다. 예악은 공사가 덕을 닦는 방법이자 사람을 교육하는 법도였으며, 정치에도 적용하여 예악으로 나라를 다스리기를 권장하였다. 예악은 주공이 왕제(王制)의 구상 아래 이를 문물제도로 제정한 이래로 모든 유가들이 중시하였다. 『시경』 가운데에 「주송 · 유고 有瞽」를 보면 당시 제사를 진행하는 전례 중에 악기 · 노래 · 춤이 잘 배합되어 있다. 「주송」 대부분이 이러한 제사의 악장이다. 「대아 · 역박 棫樸」과 「한록 旱麓」도 역시 제사의 악장이며, 「소아 · 녹명 鹿鳴」은 군신이 함께 향연을 벌이는 악장이고, 「사모 四牡」는 사신의 노고를 풀기 위하여 베푼 향연의 악장이다. 이처럼 제사와 향연의 전례를 행할 때 음악과 시가 그리고 무도가 합작하여 예악을 완성하였다.

다음으로 『시경』은 윤리도덕을 매우 중시하였다. 주나라의 봉건제도는 종법사상을 바탕으로 세워졌으며, 그러므로 가족간에도 이러한 종법질서가 엄격히 반영된 윤리도덕을 준수하라고 요구하였다. 「대아 · 사제 思齊」에 "아내에게 모범을 보이시고 형제에게 이르시어 나라를 다스리셨네."라고 읊은 것은 바로 수제치평(修齊治平)의 토대가 되었다. 「소아 · 상체 常棣」는 형제간의 우애를, 「벌목 伐木」은 친구간의 우정을 각각 노래하였다.

『시경』에서는 백성을 사랑하는 것을 매우 중시하였다. 「대아 · 문왕」에서 "주나라가 오래된 나라이라지만 천명은 새롭기만 하네."라고 읊고 있듯이 고대 중국인들은 천명이 항상 고정된 것이 아니며 변할 수 있다고 여겼다. 그러므로 임금은 "그대 더 이상 조상 생각 말고 덕이나 닦게나. 늘 천명을 따라 스스로 복을 찾아야 하리."라는 도리를 명심하고 백성을 사랑하는 덕을 닦아야 한다. '대아'의 대부분은 이러한 애민사상을 적극 권장하며, 반대로 무덕한 폭군을 풍자한 시도 '대아'와 '소아'에 가장 많다.

원래 유가에서는 문덕을 중시하고 무공을 가볍게 여기는데, 『시경』에는 상무(尙武)의 내용을 표현한 시가 의외로 많다. 그런데 『시경』에 보이는 상무정신은 침략전쟁을 고취하는 것이 아니라 폭정으로 시달리는 백성을 안타까이 여기어 폭군을 정벌하는 전쟁을 찬성한다. 예를 들어 「대아 · 황의 皇矣」는 문왕이 한번 노하여 천하 백성들의 기대에 부응하였다는 내용을 읊고 있으며, 「대명 大明」과 「하무 下武」는 무왕의 전적을 칭송하였다. 또한 「소아 · 출거 出車」와 「유월 六月」은 모두 남중(南仲)장군의 오랑캐 정벌을 노래하였고, 「상송 · 장발 長發」와 「은무 殷武」는 은상시대의 상무정신을 표현하였다.

3) 가치와 영향

『논어 · 계씨』에 "『시』를 배우지 않으면 이야기를 나눌 방도가 없다. (不學詩, 無以言。)"라고 하여 『시』의 중요성을 강조한다. 또한 「양화」에는 "『시』는 사람의 감흥을 불러일으킬 수 있고, 시정의 득실을 살필 수 있고, 많은 사람과 어울릴 수 있고, 원망을 터트릴 수 있다. 가까이는 어버이를 『모시』는 도리를 깨닫고, 멀리는 임금을 섬기는 도리를 깨달으며, 풀과 나무 새와 짐승의 이름을 많이 알게 된다. (詩, 可以怨, 可以觀, 可以群, 可以怨。邇之事父, 遠之事君, 多識於草木鳥獸之名。)"라고 하여 『시』의 용도와 작용을 열거하였다. 「자로」에도 "『시』 삼백 편을 외워서 그에게 정치를 맡겼는데 잘해내지 못하고, 사방 각국에 사신으로 보냈는데 단독으로 응대를 못한다면, 비록 시를 많이 외워도 또한 무슨 소용이랴! (誦詩三百, 授之以政, 不達; 使於四方, 不能專對, 雖多, 亦何以爲! "라며 시의 응용을 강조하였다. 이상의 설명은 『시경』이 크게 네 가지 용도가 있음을 말해 준다, 첫째, 『시』를 통하여 성정을 함양함으로써 수신에 적용한다. 둘째, 『시』를 빌어서 세상 업무에 통달함으로써 정치에 응용한다. 셋째, 시로써 외교사령(辭令)을 연습하여 상대국 임금과 응대할 때 사용한다. 넷째, 동물과 식물 등 사물의 명칭을 많이 알 수 있어 지식을 넓힐 수 있다.

위에 열거한 『논어』의 기록으로 보아 『시경』은 춘추시대에 이미 정치 · 사회 · 문화 각 분야에 걸쳐 중요한 작용하였고 이에 따라 사대부 계층의 필독서였다. 예를 들어 제후들이 만났을 때 『시경』을 읊으면서 자기의 뜻을 비유하는 것은 필수적인 외교예절이었다. 앞에서 살펴보았듯이 공자는 『시경』을 정리한 적이 있다. 공자는 학생들을 가르칠 때 『시경』을 '6예'의 중요한 과정 가운데 하나로 들면서 "『시』 삼백편을 한마디로 개괄하면 사악함이 없다."라고 하여 『시경』의 작품들 모두 인간의 순수한 감정을 표현하였다고 여졌다. 공자의 이러한 평가는 유가에서 『시경』에 접근하는 금과옥조의 지침이 되었다.

『시경』이 비록 유가의 윤리도덕을 담은 최고의 경전 중 하나이지만 『시경』은 엄연히 중국에서 가장 오래된 시가총집으로 문학적 가치와 영향을 간과할 수 없다. 『시경』305편은 이미 비・부・흥이란 여러 가지 수사 기교를 능숙하게 사용하여 "요조숙녀는 군자의 좋은 짝이라네. (窈窕淑女, 君子好逑。)"와 "옛 사람들도 말했네, 나아가도 물러가도 깊은 골짜기뿐일세. (人亦有言, 進退維谷。)" 등의 수많은 명시명구(名詩名句)를 남겼다. 특히 '15국풍'에 담긴 시가들은 당시 민초들의 애환과 사랑의 감정을 질박한 언어로 솔직하게 표현하여 오늘날도 쉽게 공감이 갈 정도로 문학적 성취도가 높다. 또한 중국에서 가장 오래된 시가집에도 불구하고 신화적인 요소가 적은 점은 매우 특이하다. 아마 이것은 시경이 중국의 북방을 근거지로 수집되어 북방민족의 실용적인 성향과 소박한 정서가 반영된 결과가 아닌가 여겨진다. 『시경』은 또한 형식적으로도 4언 1구로 된 거의 정형화된 장절을 기본으로 동형 반복하다가 결구에 가서는 어미와 운에 약간의 변화를 주면서 음악성을 배가시키는 등 중국어의 특징을 잘 살려내고 있다.

그러므로 『시경』은 후세 문학에도 많은 영향을 주었다. 장학성(章學成)의 『문사통의 文史通義』에서는 중국의 후대 문체는 전국시대에서 비롯되며 전국시대의 문체는 대부분 6경에 근원을 두는데 그 가운데에 『시경』의 영향이 가장 크다고 하였다. 특히 종횡가의 산문에 풍유(諷諭)가 많이 포함된 것도 『시경』의 영향을 많이 받았기 때문이다. 물론 『시경』 이후의 중국의 시문학은 『시경』의 절대적인 영향을 받았다. 『시경』의 '江有汜'・'振振鷺' 같은 3언시는 이백(李白)의 「천마가 天馬歌」에 와서 완성을 보았고, '誰謂雀無角, 何以穿我屋?' 같은 5언시는 한대 5언시의 기원이 되었고, 6언과 7언은 후대의 악부시(樂府詩)에 많은 영향을 주었다.

『시경』은 문학적 가치 외에 가장 오래된 고대의 문자를 잘 보관하고 있는 보고라서 훈고학의 귀중한 원천자료가 된다. 이런 점은 『시경』의 성운(聲韻)과 어휘 역시 마찬가지이다. 무엇보다도 『시경』은 고대인의 생활상을 노래로 반영하기 때문에 중국 고대의 혼인제도와 농촌생활 및 종교신앙 등 사회상 연구에 필요한 정보를 제공하는 중요한 사료이다. 또한 『시경』은 '15국풍'에서 보듯이 고대 중국 여러 지방에서 채취한 시가이므로 고대의 지리적 특성이 잘 표현되어 고대의 지리환경을 살펴보는 데도 많은 도움을 준다. 특히 『시경』에 나타난 여러 동식물을 비롯하여 궁실·의복·주거(舟車) 등의 명칭 등을 통하여 고대 명물에 대한 사전적 지식도 넓힐 수 있다.

2. 『서경』

1) 편찬과 작자

(1) 『서경』의 명칭과 편찬유래

『서경』은 중국 역사상 최초의 역사서다. 여기에는 중국의 전설적인 성군으로 일컬어지는 요순(堯舜) 시대부터 하(夏)・은(殷)・주(周) 삼대의 우(禹)・탕(湯)・문(文)・무(武)시대에 이르기까지 성군들의 말을 기록한 것이다. 원래는 수천편이나 되었는데, 공자가 이를 골라 뽑아 100편으로 만들었다.

그 명칭은 진(秦)나라 이전에는 『서 書』라는 이름으로 통칭되었다. 이는 『시경』이 『시』라고 일컬어졌던 정황과 유사하다. '서(書)'의 본래의 의미는 기록, 저술이란 뜻을 내포하고 있다.

고대 조정의 공문서는 사관에 의해 기록된 후 관청에 보관했는데, 사관이 기록한 것임을 표시하기 위해서 '서(書)'라고 일컬었다. 동주(東周)시대에 이르러 왕조의 관리들이 문서 관리를 소홀히 한 결과, 공문서가 민간에 흘러 들어갔다.

훗날 공자는 이러한 사료를 편집하여 교재로 사용했는데 이것이 바로 100편으로 된 『상서 尙書』이다. 그리고 한(漢)나라 시대에 이르러서 비로소 지금과 같은 『서경』이나 『상서』라는 명칭이 생기게 되었다.

『상서』라는 이름 가운데 '상(尙)'은 상고(上古), 혹은 숭상(崇尙)의 의미가 있기 때문에 상고시대의 숭상되는 책이라는 뜻을 내포하고 있다. 공안국

(孔安國)은 상고 시대의 '서(書)'를 『상서』라고 했다. 이 책에 기록·보존된 것이 모두 상고시대의 사료이기 때문에 그렇게 명칭을 붙였다. '서(書)'란 기록류의 일반적 호칭이므로 여기서는 선왕의 귀중한 기록이라는 의미로 쓰인다. 『국어 國語』·『춘추좌씨전 春秋左氏傳』의 기록에 의하면 춘추시대(기원전 8~5세기)에 이미 『서』가 널리 교양서로서 읽히고 있음을 알 수 있다.

이제 그 편찬 내용을 보기로 하자. 원래 공자가 요약한 100편은 매 편마다 각각의 편명이 있는데, 맨 앞이 「요전 堯典」이고 맨 뒤가 「진서 秦書」이다. 공자가 편집한 『상서』 100편은 진시황의 분서갱유를 거친 이후 한나라 때에 이르러 이미 42편이 없어졌다. 지금 전해지는 『상서』는 58편이지만, 그 중의 25편은 동진(東晋)시대 매색(梅賾)이 위작한 것이다. 이를 두고 『위고문상서 僞古文尚書』라고 한다.

위작을 뺀 나머지 33편 가운데 4편은 원래 독립된 편명이 아니기 때문에 실질적으로는 29편이 된다. 이 29편을 『금문상서 今文尚書』라고 한다. 『사기』에 의하면 이 『금문상서』는 한대 초기에 복생(伏生)이 책을 찾았으나 이미 수십 편은 없어지고 오직 29편만을 발견할 수 있었을 뿐이라고 했다. 『금문상서』란 한나라 당시에 일반적으로 쓰이던 예서로 쓴 것이다.

반면 『고문상서』란 춘추시대의 옛 글씨체인 올챙이 모양의 과두문자 즉 고문자로 쓴 것을 말한다. 이 글씨는 옛 글자이기 때문에 당시에도 잘 알 수 없었는데 한나라 무제 때 학사 공안국이 금문으로 번역하여 읽을 수 있었다. 여기에는 45편이 있다. 그러나 『고문상서』의 원본은 잘 읽혀지지 않다가 마침내 없어지게 되었다. 그 뒤 앞에서 언급한 매색과 같은 학자들이 간혹 이를 위작하여 세상에 내놓고는 했는데 이러한 책들을 『위고문상서』라고 한다.

(2) 『서경』의 체제

먼저 『금문상서』29편의 체제를 공안국이 지은 『서경』의 문체 형식에 입각하여 보기로 한다.

① 전체(典體)

요와 순이 관직을 임명하고 궁정을 찬양한 일에 대해 기재한 것이다. 예를 들면 「요전 堯典」과 같은 것이다.

② 모체(謨體)

우(禹)나 순 임금의 현신인 고요(皐陶)·백익(伯益) 등이 순왕과 함께 국사를 모의한 말을 기록하였다. 예를 들면 「고요모 皐陶謨」와 같은 것이다.

③ 훈체(訓體)

제사지낼 때 왕에게 아뢴 것, 또는 왕에게 안일과 쾌락을 경계하라고 아뢴 말을 기록한 것이다. 예를 들면 「고종융일 高宗肜日」·「무일 無逸」과 같은 것이다.

④ 고체(誥體)

도읍을 옮겨 백성들에게 훈계한 말을 기록한 것, 정벌할 때 부하들에게 훈계한 내용, 도읍을 건설하고 왕에게 아뢴 말, 유민을 도읍지로 옮길 때 왕을 대신하여 유민들에게 알린 말을 기록하였다. 예를 들면 「반경 盤庚」·「대고 大誥」·「낙고 洛誥」·「다사 多士」와 같은 것이다.

⑤ 서체(誓體)

대부분 정벌에 앞서 군사들에게 맹세를 한 말이다. 예를 들면 「감서 甘誓」·「탕서 湯誓」·「목서 牧誓」·「비서 費誓」·「진서 秦誓」와 같은 것이다.

⑥ 명체(命體)

천자가 제후에게 명령을 내린 말, 왕이 임종할 때 유언을 기술한 것이다. 예를 들면 「문후지명 文侯之命」·「고명 顧命」과 같은 것이다.

(3)『서경』의 연구와 주해

한대 이전에는 『서경』을 주해한 사람이 없었다. 한대에 복생이 『서경』을 처음으로 전한 뒤에 그의 제자들이 스승의 학설을 모아 『상서대전 尙書大典』을 지은 것이 첫 번째의 주석서이다.

이후에도 복생의 학설에 기반한 주석서가 나오지만 이들 금문가들은 대부분 자귀의 주석에는 힘쓰지 않고 경문 내용을 빌어 정치를 논하고, 불분명한 음양오행설까지 첨부하는 등 본말이 전도되는 양상을 보였다.

그래서 이들은 한나라 말엽에 이르러 경문을 쉽고 자세하게 풀이하는 고문가들인 마융·정현·왕숙 등에게 압도당하고 만다. 당나라 초기에 공영달이 지은 『상서정의 尙書正義』가 나오자 이전까지 학계에 큰 영향을 끼쳤던 마·정·왕의 학설도 밀려나게 된다.

공영달의 『상서정의』는 후대에 『위공전 僞孔傳』으로 불리며 논란이 그치지 않는 『상서공전 尙書孔傳』을 저본(底本)으로 삼고 여기에다 소(疏)를 달았다. 『상서공선』은 복생이 전하는 『금문싱시』29편의 경문을 33편으로 늘려 공안국이 주를 달았다는 이른바 『공안국전 孔安國傳』에다 누군가가 25편의 경문을 추가시켜 모두 58편이다.

송나라에 이르러 소식(蘇軾)의 『서전 書傳』을 비롯하여 주석서가 나오기 시작했는데, 마침내 오역(吳棫)은 처음으로 앞의 『공안국전』 가운데 25편의 경문이 가짜일 수 있다고 의문점을 제기하였고, 이로부터 다른 학자들도 경문의 진실 여부에 관심을 갖기 시작하였다. 그 뒤에 나온 주자의 제자인 채침의 『서집전 書集傳』은 서경학을 일신한 저술이었다.

원나라 시대에는 이 책을 과거시험의 정본으로 사용했고, 그 뒤 청나라 말엽까지 600여 년간 『서경』의 대표적인 주석서로 군림하였다. 중국 『서경』 연구사에서 당대 공영달의 『상서정의』와 송대 채침의 『서집전』은 학계에 가장 큰 영향을 끼쳤다.

한편 앞서 송나라 오역에 의해 제기되었던 위작에 대한 의심은 명나라 매작(梅鷟)의 『상서고이 尙書考異』에서 구체적으로 위작을 논의하고 조작의 책임자를 진(晉)나라 황보밀(皇甫謐)로 지목하였다. 당대에는 이러한 지적이 주목받지 못하다가 청나라에 이르러 염약거(閻若璩)가 이를 높이 평가함으로써 학계의 각광을 받았다. 학자에 따라서는 위작의 장본인으로 왕숙 또는 매책을 지목하기도 한다.

우리나라에서 『서경』에 대한 전통적인 현토는 고려왕조 말엽과 조선왕조 초기 사이에 정몽주와 권근의 현토로부터 본격화 되지만, 본격적인 주석과 연구는 권근의 『오경천견록』에서 비롯된다. 권근은 그 가운데 「서천견록 書淺見錄」에서 선유(先儒)들이 과제로 남겨놓은 쟁점을 30항목으로 정리하여 정밀하게 변론하였는데 내용이 다양하다. 그 구성을 보면 첫째 기존 통설에 대해서 이견을 제시한 경우, 둘째 『서집전』과 기타의 학설이 대립하는 부분에 대해서 오히려 기타 학설을 옹호한 경우, 셋째 『서집전』에서 두 가지 학설을 제시하여 시비를 유보한 부분에 대해서 어느 한 설을 분명히 단정하거나 제 3의 학설을 제시한 경우, 넷째 『서집전』의 해석에 근거하여 보충해석을 한 경우 등이 있다. 권근은 여기서 공자의 산서설(刪書說)에 의거하여 편제의 의미를 부여하고 있다.

훈민정음 발표 이후에 언해본이 간행되기 시작했는데 세종 때 유신(儒臣)들이 간행한 『경서음해 經書音解』, 성종 때 유숭조가 편찬한 『칠서언해구두 七書諺解句讀』, 선조 때 조정의 유신들이 편찬한 『칠서언해 七書諺解』

등이 있다. 이이는 4서5경의 언해를 시작하였으나 4서만을 완성한 채로 중단되었다.

권근의 연구 이후로는 이황의 저술을 교정한 제자 금응훈의 『삼경사서석의 三經四書釋疑』가 있는데 이는 여러 학자의 해석을 종합하고 비평한 것이다. 김장생의 『경서변의 經書辨疑』는 경서를 배우고 명유들과 질의 응답한 내용이고, 조익의 『서경천설 書經淺說』은 각 편의 장귀 밑에 자신의 의견을 붙여 변석(辨析)하고 논란(論難)한 것이다. 그 뒤 정약용은 『매씨상서평 梅氏尙書平』·『상서고훈 尙書古訓』·『상서지원록 尙書知遠錄』 등을 지었는데, 특히 『상서고훈』은 공영달의 『상서정의』를 중심으로 중국의 여러 관련된 저작에서 언급된 주석과 변론을 종합하고 자신의 의견을 덧붙여 일목요연하게 주석한 역작이다.

2) 사상과 내용

먼저 『서경』의 주요 사상적 측면을 일별하기로 한다. 『서경』은 요·순시대의 개벽으로부터 비롯된 왕도(王道)의 성업이 역대의 성군의 뒤를 이어 주나라에 와서 완비되는 과정과 그 뒤로 면면히 계승되는 것을 보여주고 있다. 이는 단순한 역사 서적이 아니라 왕도의 진범을 보여준다. 그리고 여기에 일관되게 드러난 사상은 경천명(敬天命), 명덕(明德)과 신벌(愼罰), 안민(安民) 이 세 가지의 강령을 핵심으로 하고 있다. 특히 경천명은 「고요모 皐陶謨」에서 말하듯이 총명은 바로 우리 인민의 총명을 말한다고 할 만큼 민의를 존중하는 뜻으로 해석할 수 있다. 『서경』은 민본주의 정치사상을 천명한 것이며, 통치에 관여하는 자는 이를 바탕으로 정치에 임해야 된다는 점을 훈계한 교훈서이다.

또한 요순의 선양(禪讓)이나 탕무(湯武)의 방벌(放伐)이 모두 하늘을 대신한 행위로 보는 것인데, 이 역시 경천(敬天) 사상의 발로이다. 그리고 이러한 하늘의 큰 법칙을 말미암아 인도(人道)의 경위(經緯)를 세운 것이 이른바 '홍범(洪範)·구주(九疇)'이다. 우(禹)는 낙서(洛書)를 얻어 기자(箕子)에게 전하고 기자는 무왕을 위하여 「홍범」을 지어 가르쳤기 때문에 「주서 周書」에 실리게 되었다.

'홍범·구주'는 오행(五行)·오사(五思)·팔정(八政)·오기(五紀)·황극(皇極)·삼덕(三德)·계의(稽疑)·서징(庶徵)·오복(五福)과 육극(六極)을 말한다.

오행은 금(金)·목(木)·수(水)·화(火)·토(土)이다. 오사는 모(貌)·언(言)·시(視)·청(聽)·사(思)이다. 팔정은 식(食)·화(貨)·사(祀)·사공(司空)·사도(司徒)·사구(司寇)·빈(賓)·사(師)이다. 오기는 세(歲)·월(月)·일(日)·신성(晨星)·역수(易數)이다. 황극은 황극기유극(皇極其有極)·염시오복(斂施五福)이다. 삼덕은 정직(正直)·강극(剛克)·유극(柔克)이다. 계의는 우(雨)·제(霽)·몽(蒙)·역(驛)·극(克)·정(貞)·회(悔)이다. 서징은 우(雨)·양(暘)·욱(燠)·한(寒)·풍(風)·시(時)이다. 오복은 수(壽)·부(富)·강녕(康寧)·유호덕(攸好德)·고종명(考終命)이다. 육극은 흉단절(凶短折)·질(疾)·우(憂)·빈(貧)·악(惡)·약(弱)이다.

다음으로 『금문상서』29편을 중심으로 각 편의 내용과 의미를 살펴보기로 한다. 『서경』은 크게 「우서 禹書」·「하서 夏書」·「상서 商書」·「주서 周書」 네 부분으로 나뉘므로 이 네 부분에 관하여 개괄적으로 설명한 다음 각 부분에 속한 편명의 요지를 약술하기로 한다.

(1) 「우서 虞書」

「우서 虞書」는 우(虞)나라의 사관(史官)이 쓴 기록이기 때문에 이같은 이름이 붙여진 것이다. 『금문상서』는 2편으로 되었으며, 요와 순 두 임금의 사적과 현신의 충언을 함께 기록하고 있다. 하늘의 질서에 따라 백성을 다스리는 임무를 일으켜서 관직을 설치하고, 덕이 있는 자를 임명하며, 군신이 서로 삼가하여 이상적인 정치를 펼치는 것을 묘사하고 있다. 이는 정치 교화의 이념을 표현하는 핵심이 담겨 있다.

① 「요전 堯典」

「요전」은 요임금에 관한 기록이란 뜻이다. 요는 오제(五帝)의 한사람으로서 제곡(帝嚳)의 아들이다. 전(典)은 책으로 기록한 치적의 문서이다. 요임금은 중국 민족 형성기에 전설적인 인물로 받들어지고 있다. 그의 치적은 역상(曆象)을 정리하고, 윤법(閏法)을 만들고, 황하의 범람을 막고, 제위를 순임금에게 선양(禪讓)한 일이다. 특히 제위를 순임금에게 선양한 일은 유가에서 이상적인 정치로 존숭되어 왔다. 아들에게 물려주지 않고 덕망이 있고 현능한 자에게 물려준 것은 지공무사(至公無私)의 표본이기 때문이다.

② 「고요모 皐陶謨」

「고요모」는 순임금의 신하인 고요가 순임금 앞에서 우(禹)와 나눈 여러 가지 정책적인 의견을 수록한 것이다. 고요는 순임금 밑에서 형옥을 관장하는 벼슬을 지냈기 때문에 법을 잘 알고 있었으나 덕으로 다스리기를 힘썼다. 훗날 우가 왕이 되었을 때 고요모를 재상으로 삼으려고 하였는데 이내 죽고 말자 대신 그의 아들을 영륙(英六)에 봉하였다. 『서경』에서 정치이념이 가장 잘 나타나 있는데 특히 민본주의가 두드러진다. 『맹자 · 등문공상』에서는 순임금이 우와 고요를 얻을 수 있느냐의 여부로 노심초사할 정도라고 언급하였다.

(2) 「하서 夏書」

「하서 夏書」는 하 왕조의 사관이 기록하여 후세에 남긴 것이다. 하 왕조는 우임금으로부터 시작된 중국 역사상 첫 번째 왕조로서 중국민족을 하(夏)라고 일컫게 된 유래이기도 하다. 『금문상서』에는 2편이 실려 있다. 여기서는 「우서」에서 밝힌 하늘의 이치에 대응하는 땅과 그 사이에 존재하는 인간의 이치를 오행의 원리로 설명하고 있다. 오행을 인간이 이룩하는 모든 사업의 근원이 되는 대지의 생산을 가능케 하는 자연의 법칙으로 여겼기 때문이다.

오른손에 치수 도구를 든 우임금 석상

① 「우공 禹貢」

「우공」은 우임금이 황하의 범람하는 홍수를 다스리고 중국을 9개의 주(州)로 나눈 업적 등을 기록하였다. 공(貢)은 제후들이 바치는 토산물을 말한다. 홍수를 다스리고 안정된 생활을 할 수 있어서 조세제도가 확립되었다.

② 「감서 甘誓」

「감서」는 우임금의 뒤를 이어 왕이 된 계(啓)가 전쟁의 취지를 밝히고 군령을 전달하는 동시에 장졸을 격려하는 맹서이다. 계가 왕위에 오른 뒤 유일하게 복종하지 않았던 제후 유호씨(有扈氏)를 정벌하면서 감(甘) 땅에서 「감서」를 지어 훠하

장병을 격려하였다. 이후 유호씨를 멸망시키고 하 왕조의 기틀을 확립하게 된다.

(3) 「상서 商書」

「상서 商書」는 상나라 왕조의 사적을 기록한 것이다. 성탕(成湯)이 무도한 하나라 걸(桀)왕을 없애고 세운 왕조의 국호를 '상'이라고 불렀다. '상'은 원래 성탕의 조상이 제후로 봉함을 받은 땅 이름이었다. 『금문상서』에는 5편이 들어있다. 여기서는 천명을 계승하고 삼가며 천도(天道) 또한 백성위주로 판단해야 할 것을 명시하면서 나라 경영의 자세를 보여주고 있다. 그리고 백성 다스리는 일을 태만히 하여 백성을 흩어지게 하고 돌아보지 않는 자에게는 두려운 천명이 내린다는 혁명의 필연성을 제시한다.

① 「탕서 湯誓」

하나라 폭군 걸(桀)을 치고 은상(殷商)을 개국한 탕왕

「탕서」는 상의 성탕이 무도한 하 왕조의 걸왕을 척결하려는 취지를 밝힌 글이다. 제후로서 왕을 축출하는 하극상이기 때문에 세상 사람들의 비난을 감안하여 출병에 신중을 기하고 정벌의 취지를 제후들에게 알리는 내용이다. 명재상 이윤을 등용하여 마침내 하 왕조를 멸망시킨다.

② 「반경 盤庚」

「반경」은 상나라를 중흥시킨 왕으로서 도읍을 엄(奄)땅에서 은(殷)으로 옮긴 인물이다. 이때부터 상나라는 은라로 불리게 된다. 기원전 1384년 경이다. 「반경」에는 도읍을 옮겨야 할 취지를 밝힘으로써 천도를 꺼리는 백성을 달랜 내용이 담겨 있다.

③「고종융일 高宗肜日」

「고종융일」은 무정(武丁)왕의 뒤를 이어 왕위에 오른 조경(祖庚)이 부왕에게 융제(肜祭)를 지내던 날에 꿩이 날아와 정(鼎)에 앉아 울자 조사(祖巳)라는 신하가 조경에게 왕이 실덕(失德)한 징표라며 도의로써 간언한 내용이다. 고종은 무정왕의 시호다. '융'은 제사지낸 다음날 다시 제사를 지내는 명칭이며, '융일'은 융제를 지낸 날이다.

④「서백감려 西伯戡黎」

「서백감려」는 서백이라 불렀던 주나라 문왕이 여나라를 정벌하여 이겼다는 뜻이다. '여'는 나라 이름이다. 여후(黎侯)가 무도해지자 문왕이 이를 정벌하였다. 이를 보고 상나라의 현신인 조이(祖伊)가 상나라의 장래를 걱정하여 주(紂)왕에게 훈계한 내용이다.

⑤「미자 微子」

미자는 은나라 마지막 왕인 주(紂)왕의 이복형이다. 「미자」는 왕이 갈수록 포악무도하자 같은 왕족인 기자(箕子)와 비간(比干) 등과 함께 나라를 구하고자 자신들이 할 일을 의논한 내용이다.

(4)「주서 周書」

『금문상서』에 실린 「주서」는 모두 22편이다. 「주서」는 주 왕조의 사관이 기록하여 모아 놓은 사서이다. 주나라의 조상은 순임금 때 태(邰)땅에 제후로 봉해졌는데, 고공단보(古公亶父) 때에 융적의 침입을 받아 기산(岐山)땅으로 옮기면서 그때부터 주(周)라는 이름으로 불리게 되었다. 이때는 이미 상나라 말기에 해당한다. 고공단보의 손자인 창(昌) 곧 서백(西伯)이자 문왕(文王) 때에 이르러 번창하였고, 다시 그의 아들인 무왕(武王) 때에 상나라를 멸망시키고 지금의 서안(西安)인 호(鎬) 땅으로 도읍을 정하고 국호를 정식으로 주(周)라고 하였다. 이때가 기원전 1122년이다.

「주서」는 대부분 주나라 초기의 기록인데 그 중에서도 성왕(成王)시대의 기록이 절반 이상을 차지한다. 「주서」는 내용을 대략 다섯 부분으로 구분할 수 있다. 따라서 여기서 22편을 일일이 거론하지 않고 다섯 부분을 개괄하는 것으로 대신한다.

첫째, 「홍범」 등에서 오행설을 기초로 하여 천지질서를 법도로 삼아 왕의 권위를 확립하고 인품을 갖춘 자를 등용하며 하늘의 뜻을 살피고 신상필벌을 강조하였다. 또 왕의 사고, 군신간의 이간, 내란 등에 대처하는 규범을 제시하고 있다.

둘째, 제후를 세워 왕을 돕고 천명을 바로잡는 전형을 제시하고 술을 경계하고 덕을 밝히며 형벌을 신중히 집행할 것을 밝혔다.

셋째, 신흥국가인 주나라의 기초를 다지고 이전 왕조의 남은 신하들을 설득하여 왕업의 영원한 번영을 꾀하는 방책을 논하고 있다.

넷째, 천명을 받드는 왕업의 예와 신상필벌의 시행을 밝혔다.

다섯째, 춘추시대를 언급한 내용들로서 외적을 물리치고 왕가를 안정시키는 일, 덕망이 높은 인재를 존중하는 일 등 왕도정치의 지속을 밝히고 있다.

3) 가치와 영향

『서경』은 주로 상고 시대의 정사를 기술한 역사서이다. 이러한 사료는 오늘날 고대를 고증하는 중요한 자료이고, 자신을 바로 세우고 나라를 다스리는 귀감이 된다. 『서경』은 2제(二帝)와 3왕(三王)이 주고받은 언어의 기록으로 4천여년 전의 사실과 사상을 엿볼 수 있는 유일한 귀감이며, 동양 최고의 경전이라는 데는 아무 이의가 없다. 또한 문학적으로도 각 시대의 문체가 뚜렷하다. 하나라 시대에는 충성을 숭상하는 기풍 때문에 문체가 웅혼한 기상이 있는데, 이는 「우공 禹貢」에서 확인할 수 있다. 은나라 시대에는 질박함을 숭상하는 기풍 때문에 문체가 매우 간명했는데, 이는 「반경 盤庚」에서 확인할 수 있다. 주나라 시대에는 문식을 숭상한 기풍 때문에 완곡한 표현이 많은데, 이는 「목서 牧誓」에서 확인할 수 있다.

다음으로 후대의 『서경』에 대한 평가를 살펴보기로 한다. 순자는 『서경』의 정치적 이념과 그 이상적 형태를 두고 정치의 기틀이라고 했고, 공영달은 왕의 정치 운영의 기대를 『서경』에서 찾아 왕의 말과 명령의 법전이라고 했다. 채침은 2제(二帝)·3왕(三王)의 도를 이상으로 삼으려 한다면 먼저 그들의 마음을 찾아야 되는데, 그렇게 하기 위해서는 『서경』이외의 것은 없다고 단언하였다. 사마천은 5경의 장점을 설명하면서 『서경』은 선왕의 일을 기록한 것이므로 정사에 장점이 있으며, 공자의 말을 인용하여 사리에 밝아 막히지 않고 멀리 아는 것은 『서경』의 교화적 효과라고 하였다.

후세에 『서경』 문체를 습득하여 뛰어난 작품을 남긴 이들이 많았다. 예를 들면 한유의 「평준서비 平准西碑」는 『서경』의 「요전 堯典」·「순전 舜典」을 환골탈태한 것이며, 제갈량의 출사표는 「이훈 伊訓」의 영향을 크게 받은 것임을 알 수 있다.

3. 『역경』

1) 편찬과 작자

오늘날 『역경 易經』은 『주역 周易』이란 말과 사실상 동일하게 사용하고 있다. 『주역』의 의미를 말하기에 앞서 우선 '역(易)'의 의미를 먼저 파악하는 것이 필요하다. '역'의 기원에 관해서는 대략 세 가지 관점이 존재한다.

첫째, 석척(蜥蜴)설로서 변통의 관점이다. 이것은 '역'이 도마뱀의 옆모습을 상형화한 글자인 석척(蜥蜴)의 척(蜴)에서 유래된 '역(易)'으로 보는 관점이다. 글자의 윗부분 '日'은 도마뱀의 머리 부분을 나타내고 그 가운데의 '一'은 입을 나타낸다. 아랫부분 '勿'은 도마뱀의 다리와 꼬리를 나타낸다. 도마뱀이란 보호색을 펴서 주위의 환경이나 빛에 교묘히 대응하면서 하루에도 열두 번씩 피부 색깔이 변한다는 십이시충(十二時蟲)이라고 하는 동물이다. 인생 역시 주변의 상황 변화에 대응하면서 살아가므로 『주역』의 지혜를 바로 이와 같은 곳에서 찾고자 한 것이다.

둘째, 일월(日月)설로서 음양의 원리에 입각하고 있다. 일은 양을, 월은 음을 상징하기 때문에 이는 음양의 원리를 바탕으로 하는 『주역』의 기원과 일치하는 것으로서 일(日)과 월(月)을 상하로 배열해 놓았다는 주장이다.

셋째, 일경관측(日景觀測)의 처신법칙에서 비롯되었다는 것이다. 이는 해(日)와 금지(勿)의 뜻이 합쳐진 회의문자로 보는 견해다. 고대에 사람들이 해를 관찰하고 기상 여건을 판단하여 그날의 일과에서 할 것과 하지 말 것을 결정했다는 설이다.

『주역』의 또 다른 의미 세 가지가 있는데 그것은 간이(簡易)・변역(變

易)・불변(不變)이다. 이는 동한 시대 정현(鄭玄)의 『육예론 六藝論』에서 언급된 것이다. '간이'는 『주역』의 원리가 기반하고 있는 자연현상은 끊임없이 변화하지만 그 변화의 원리는 아주 간략하고 평이하여 누구나 쉽게 알 수 있음을 말하는 것이다. 이는 『주역』의 기본 괘인 곤괘(坤卦)와 건괘(乾卦)의 설명에서 그 원리를 서술하고 있다. '변역'은 자연계의 모든 현상은 해가 가고 달이 가면서 잠시라도 변하지 않는 것이 없으며 『주역』의 괘・효사(爻辭)는 그러한 변화의 원리를 담고 있다는 뜻이다. '불역'은 모든 자연계의 만물이 쉼 없이 변화하지만 그 변화의 원리는 항구불변의 법칙을 지니고 있어서 일정한 틀 안에서 영원히 변하지 않는다는 뜻이다.

다음으로 '역'에는 삼역(三易)이 있는데, 이는 『연산역 連山易』과 『귀장역 歸藏易』 그리고 『주역 周易』을 말한다. 이 '3역'의 작자에 관해서는 이설이 많다. 『주례』의 주석에 나와 있는 기록에 의하여 편린을 짐작할 수 있을 뿐이다. 『연산역』은 복희씨(伏犧氏) 또는 신농씨(神農氏)에게서 나와서 하나라 왕조에서 쓰여진 것으로서 산에서 나온 구름이 연결되었다는 뜻을 지니 것으로 볼 때 간(艮)괘를 으뜸 괘로 삼았을 것을 보인다. 『귀장역』은 황제씨(黃帝氏) 또는 신농씨로부터 나와서 은나라 왕조에서 쓰여진 것으로서 '귀장'이 돌아가 감춘다는 뜻임을 미루어 볼 때, 이는 곤(坤)괘를 으뜸 괘로 삼았을 것이다. '주역'은 주나라에서 쓴 것으로 오늘날 전해지고 있는데 건(乾)를 으뜸 괘로 삼고 있다. 이를 통해 보면 『주역』 이전에 이미 두 개의 『역』이 있었음을 알 수 있다. 동한 초기 환담(桓譚)의 『신론 新論』에서는 "연산은 8만언, 귀장은 4천 3백언."이라고 언급한 것을 보면 아마 당시에는 일정한 형태로 전해지고 있었음을 알 수 있다.

『주역』의 작자에 관해서도 이설이 많다. 그러나 대체로 이미 「계사전」에서 언급된 내용을 후대에 다시 『주역정의 周易正義』에서 왕보사(王輔嗣)의 설을 좇아 밝힌 것이 대체적인 통설이 되었다. 여기에 따르면 8괘와 64괘

『주역』의 신비화에 늘 이용되는 전설상 인물 복희씨

는 복희씨가 만들었다고 하는데, 이 역시 『주역』을 신비화하고 신성시하기 위해서 초자연적인 힘을 소유한 정령으로서 신격화했던 전설적 인물에 의탁했을 것이다.

그리고 괘사(卦辭)와 효사(爻辭)는 각기 문왕과 그의 아들 주공이 쓴 것으로 전해온다. 문왕은 은나라 마지막 군주이자 폭군인 주(紂)에 의해 갇힌 몸이 되었으나 그 속에서 괘사를 썼고, 다시 문왕의 아들 주공이 여기에 보충해서 효사를 썼다는 것이다.

십익(十翼)은 공자가 지은 것으로 공자의 십익 편찬에 대해서는 『사기·공자세가』에서 공자가 만년에 『역』을 좋아하여 '위편삼절(韋編三絶)'했다는 유명한 이야기가 전하여 온다. 여기서 십익의 편명에 관련된 글귀가 보인다. 또 『논어·술이』에서도 "나에게 몇 년이 수명만 더해주어 50세에 『역』을 공부할 수 있다면 큰 과실은 없을 것이다"라고 하는 공자의 『역』에 관한 언급이 있음을 볼 때 공자와 『역』의 상관관계를 유추할 수 있다. 공자가 십익을 디하게 됨으로서 『역』은 비로소 길흉을 점치는 점서에서 철학서로 바뀔 수 있게 되었다.

『주역』은 이와 같이 중국 고대 성인들을 거치면서 완성된 것이기 때문에 경전으로서 높은 지위를 누리게 되었다. 그러면 『역』의 활용은 어떻게 진행되어 왔는가? 과거 원시인들에게 어떤 중대한 일을 결정하는 데 있어서는 자연의 이치나 신의 뜻에 가탁하는 일이 거의 공통적으로 나타난다. 과학적 지식이나 방법을 갖지 못했던 원시인들에게는 자연에 의지하거나 신탁에 의

하여 불안을 씻고 용기를 지녀 행동을 결정할 수 있었다. 자연의 이치나 신의 뜻을 사람에게 전하고 사람의 뜻을 자연이나 신에게 물어보는 이른바 영매자(靈媒者)는 절대적 권위를 가지고 백성들에게 군림하거나 권력자에게 영향력을 행사하였다. 중국에서는 바로 무당이 이 같은 역할을 했는데 이들은 거북점과 시초점을 사용하여 이러한 역할을 수행하였다.

거북점은 13세기 황하 유역을 지배했던 은나라 때 성행하던 점법이다. 은나라 민족은 원래 수렵을 하는 목축민족으로서 거북이 껍질이나 짐승의 뼈에 자연의 이치나 신의 뜻이 머물러 있다고 생각했다. 시초점은 시(蓍)라는 풀의 줄기로 점을 치는 것인데 이는 일찍이 농경생활에 정착한 주나라 민족에 의해 발전된 것이다. 뒤에 이것이 사용하기에 불편해지자 대나무 가지로 바꿔 사용했는데 이것을 서죽(筮竹)이라고 한다. 이러한 도구로 점치는 방법은 「십익」의 「계사전」상편에 나오는데 뒤에 다시 언급하겠다.

앞서의 거북점과 시초점은 단순히 점치는 도구가 다를 뿐만이 아니라 생활양식과 의식의 상이한 차이에서 비롯된 것이다. 거북점은 주로 무당의 영험에 의존한 것이지만 시초점은 수리(數理)를 기초로 하여 이론화시킨 것이다. 이는 수렵과 목축생활의 차이에서 나온 결과이다. 농경생활에서는 기후조건이 가장 중요하기 때문에 천문(天文)과 역수(曆數)는 지대한 관심의 대상이었다. 따라서 사람들은 자연의 현상 가운데 일정한 법칙을 발견하고 그 법칙에 순응하는 길을 운명으로 받아들이고자 했다. 그래서 점서로만 간주된 『역』이 자연철학과 처세철학의 성격을 지니게 되었다. 『역』의 8괘와 64괘, 그리고 383효가 처음부터 정연한 내용은 아니고 긴 세월을 거쳐 보충하고 배열시켰듯이 『역』의 철학적 성격도 일시에 성립된 것은 아니었다.

2) 내용과 사상

(1) 8괘와 64괘

『주역』은 괘·괘사·효사·십익으로 구성되어 있다. 괘는 음양의 부호로 구성된다. 태극(太極)이 분화된 것이 양의(兩儀)인데 이것이 음양이다. 태극이란 우주만물의 생성 근원이 되는 본체, 즉 천지와 음양이 아직 분화되기 이전인 혼돈상태의 원기(元氣)를 뜻한다. 양의는 쉽게 말해서 음·양을 말하는데, 음양은 주야·남녀·한서·일월·강유·대소 등과 같이 상반되는 모든 두 종류의 보편적이고도 공통적인 원리이자 작용으로서 변화와 길흉의 산실이라고 할 수 있다. 이 음양을 '--'과 '-'라는 부호로 나타낸다. 이것은 서수와 기수, 또는 땅과 하늘을 의미하는데 각기 음효(陰爻)·양효(陽爻)라고 말한다.

이러한 음양의 부호, 즉 음효와 양효를 한 개씩 사용해서 두개의 결합을 만들어 내면 네 가지 유형의 변화가 생긴다. 이를 사상(四象)이라고 한다.

여기에다 다시 음양의 부호를 한번 씩 더 붙여 반복하면 여덟 가지의 변화를 얻을 수 있다. 이것이 '팔괘(八卦)'이다. 이렇게 해서 8괘를 구성하는 세 개의 효는 삼재(三才)를 뜻하여 천·지·인을 가리킨다. 세 개의 효로 구성된 것을 소성괘(小成卦)라고 하며, 소성괘가 상하로 두 개씩 결합된 것, 즉 육효로 구성된 것을 대성괘(大成卦)라고 한다. 소성괘는 건(乾)·태(兌)·이(離)·진(震)·손(巽)·감(坎)·간(艮)·곤(坤)의 8개가 있어서 이를 8괘라고 한다. 대성괘는 건(乾)괘에서부터 미제(未濟)괘까지 64개가 있어서 이를 '육십사괘(六十四掛)'라고 한다. 이를 도식으로 나타내면 다음과 같다.

태극(太極)　　　　(☯)

양의(兩儀)　　　　(음 · 양)

사상(四象)　　(노음 · 소양 · 소음 · 노양)

팔괘(八卦)　(건 · 곤 · 진 · 손 · 감 · 리 · 간 · 태)

8괘는 각 괘마다 괘덕 · 괘의 성질을 비롯하여, 가족관계 · 인체 · 동물 · 계절 · 방위 · 시각 · 계절 · 맛 · 색 · 음 · 숫자 · 기후 등 자연생활과 인간생활에서 경험하는 온갖 현상을 상징하는 고유의 의미가 부여되었다. 이 가운데 중요한 것만 도표로 나타내면 다음과 같다.

	건(乾) ☰	곤(坤) ☷	진(震) ☳	손(巽) ☴	감(坎) ☵	리(離) ☲	간(艮) ☶	태(兌) ☱
괘상	천(天)	지(地)	뢰(雷)	풍(風)	수(水)	화(火)	산(山)	택(澤)
괘덕	강건	유순	발동	이입	함험	부착, 명지	정지	희열
가족	부	모	장남	장녀	중남	중녀	소남	소녀
신체	머리	배	발	다리	귀	눈	손	입
동물	말	소	용	닭	돼지	꿩	개	양
방위	서북	서남	동	동남	북	남	동북	서

64괘는 단순한 8괘만으로는 복잡한 인간 만사의 실상을 점치기가 어려워서 8괘를 교차시켜 배열하여 각기 6개의 효로 된 64개의 결합을 만들어 384개의 효를 형성한 것이다. 이 64괘의 고안은 단순한 양적인 확대가 아니고 보다 다양하고 동적이며 질적인 변화를 나타내고 있다.

64괘의 명칭과 순서는 다음과 같다.

① 상경 上經

1) 건 乾　2) 곤 坤　3) 둔 屯　4) 몽 蒙　5) 수 需
6) 송 訟　7) 사 師　8) 비 比　9) 소축 小畜　10) 이 履
11) 태 泰　12) 부 否　13) 동인 同人　14) 대유 大有　15) 겸 謙
16) 예 豫　17) 수 隨　18) 고 蠱　19) 임 臨　20) 관 觀
21) 서합 噬嗑　22) 비 賁　23) 박 剝　24) 복 復　25) 무망 无妄
26) 대축 大畜　27) 이 頤　28) 대과 大過　29) 감 坎　30) 이 離

② 하경 下經

31) 함 咸　32) 항 恒　33) 둔 豚　34) 대장 大壯　35) 진 晉
36) 명이 明夷　37) 가인 家人　38) 규 睽　39) 건 蹇　40) 해 解
41) 손 損　42) 익 益　43) 쾌 夬　44) 구 姤　45) 췌 萃
46) 승 升　47) 곤 困　48) 정 井　49) 혁 革　50) 정 鼎
51) 진 震　52) 간 艮　53) 점 漸　54) 귀매 歸妹　55) 풍 風

56) 여 旅　57) 손 巽　58) 태 兌　59) 환 渙　60) 절 節
61) 중부 中孚　62) 소과 小過　63) 기제 旣濟　64) 미제 未濟

(2) 계사와 효사

『역경』의 경문에는 계사와 효사가 있다. 일설에는 원래 괘·효사가 먼저 작성된 것은 아니었다. 주나라 조정을 중심으로 귀족 사이에 서죽(筮竹)으로 점치는 것이 유행했는데 점친 결과를 두루마리 천에 기록하여 보관했다가 매년 연말이 되면 그 점이 맞았는지 틀렸는지를 검토했다고 한다. 그러다가 64괘의 조직과 괘의 이름이 확정되자 그때까지 축적되어온 점에 관한 말들 가운데서 각 괘와 각 효에 적합한 말이 각각 배당되어 점서의 원전이 편찬되었다고 한다. 또 다른 일설에는 당시 유행하던 민요 가사 가운데 각 괘와 효와 적합한 말이 배당되었다고 한다. 이러한 설은 문왕이나 주공이 지었다는 설과는 모두 다르다.

괘사는 괘의 상에 대한 해석이다. 괘에는 우선 괘의 명칭이 있다. 그 다음으로는 괘덕·괘의 길흉·이해관계에 관하여 서술하고 있다. 이런 성격들을 기초로 하여 괘의 판단사인 점단(占斷)을 내린다. 문체는 매우 간결하고 소박하다.

효사는 각 효가 그 괘에서 차지하고 있는 공간과 시간적인 의미, 그리고 처해있는 상황과 변화의 가능성을 말하고 있다. 일부는 구체적인 사례를 제시하여 언급을 하고 있지만 대부분 상징적이고 비유적인 표현으로 서술하고 있는데, 연역적인 전개로 점의 길흉 판단을 하고 있다.

(3) 십익

「십익 十翼」은 경문의 이해를 돕기 위해 그 의미를 해석하고 부연한 10편의 전(傳)을 말한다. 여기에는 「단전 彖傳」상하·「상전 象傳」상하·「계사전 繫辭傳」상하·「문언전 文言傳」·「설괘전 說卦傳」·「서괘전 序卦傳」·「잡괘전 雜卦傳」이 있다. 원래는 모두 경문의 뒤에 따로 수록되어 있었으나, 지금 전해오고 있는 『역경』에는 「단전」과 「상전」이 각기 매 해당 괘의 아래에 함께 수록되어 있다. 이는 후대 왕필이 주석을 달고 편찬하면서 옮겨 놓았다는 설이 있다. 그리고 「단전」과 「상전」이 각기 2편씩 되어있는 것은 원래 상하 양편으로 나뉘어 있는 『역경』 경문의 끝에 각기 달려 있었기 때문이다.

「십익」이 공자의 작품이라고 전해지지만 근래 많은 학자들이 의심을 하고 있다. 통일적인 이론으로 구성되지 못한 괘·효사를 다시 해석하려다 보니 괘·효사와 마찬가지로 무리한 해석이 다르고, 각 전의 내용 상호간의 연결과 일관성에 있어서 모순된 주장이 드러나고 있음을 볼 때 한 사람의 저술로 보기에는 어려운 점이 있다. 이 역시 『역경』의 권위를 높이기 위해 공자의 명성을 빌렸을 것으로 보인다.

「단전 彖傳」은 괘사의 의미를 해설하기 위해서 내괘와 외괘의 관계, 6효마다의 음양, 강약과 상호관계, 괘명의 의미와 그 괘의 상징성 등을 바탕으로 해설한 것이다. 괘의 의미와 자연의 법칙을 결합시키고 인간의 행위를 변화의 시간과 공간의 변화에 적응시키려고 한 운문이다.

「상전 象傳」은 대상(大象)과 소상(小象) 두 부분으로 나뉜다. '대상'은 그 괘의 전체 뜻과 상·하괘의 배치를 자연현상과 관련짓고, 이에 대한 논리를 수신 도덕과 정치등 유가적인 교훈과 연상시켜 요지를 설명하고 있다. '소상'은 각 효마다 처한 효의 위치와 이를 상징하는 신분등을 연계시키고 다른 효와의 상관관계를 통해 도덕과 이해를 설명하였다.

「계사전 繫辭傳」 상편은 『역경』의 주석서라고 하기 보다는 오히려 『역경』을 철학적으로 해석하여 이 책을 점서가 아닌 자연철학과 실천윤리를 말하는 경전의 성격으로 전환시키고 있다. 후대에 『역경』을 경서로서 선양시킨 가장 큰 공헌은 이 「계사전」의 영향이라고 할 수 있다. 『역경』의 성립근거와 그 기능, 『역경』과 유교의 도덕과의 관게 등 총론적 성격이 짙다.

「계사전 繫辭傳」 하편은 공자가 말한 것, 문왕이 말한 듯이 암시된 것 등으로 뒤섞여 표기되었다. 상찬(賞讚)의 대목이 많이 보인다.

「문언전 文言傳」은 음양의 원리와 유가의 실천도덕 원리에 의거하여 건괘와 곤괘 양괘의 괘·효사에 대해서만 해설한 것인데, 특히 건괘에 주안점을 두고 있다.

「설괘전 說卦傳」은 이전부터 전해 내려온 괘상을 총괄하고 『역경』의 구성원리를 담은 총론 부분과 팔괘가 상징하는 물상을 설명한 각론 부분으로 되어있다.

「서괘전 序卦傳」은 64괘의 배열 순서에 의미를 부여하고 만물의 생성 순서를 설명하였다.

「잡괘전 雜卦傳」은 64개의 괘를 순서와는 상관없이 주로 괘의 의미상 인간사에서 상반되는 2개씩 묶어서 비교한 것이다.

『역경』의 사상은 괘·효사에 잘 나타나 있다. 괘·효사는 천변만화하는 시간과 공간에 대처하는 인간 만사를 서술하고 있다. 따라서 괘·효사는 고정된 이치가 있는 것은 아니지만 세상에 임하는 인간의 일관된 자세를 요구하는 사상이 있다. 이를 요약하면 다음과 같다.

첫째, 현재의 안주가 아니라 매래의 변화에 대비하여 최선을 다하고 그 결과에 순응하라는 것이다.

둘째, 중용을 견지하여 처신과 사물의 판단에서 극단을 피하라는 것이다.

셋째, 과욕을 버리고 겸손하게 자제하라는 것이다.

넷째, 일을 처리할 때 근신하고 근면해야 하며, 처음 선택과 전환기에는 특히 주의를 해야 한다는 것이다.

다섯째, 상호 다른 처지에 있다고 해도 역지사지를 하여 이기적인 자세를 버리고 공동체 의식을 지녀야 한다는 것이다.

3) 가치와 영향

『역경』의 가치와 영향은 한낱 점서에 불과했던 본래의 미신적이고 신비적인 요소를 떨쳐내고 중국 유학사상의 핵심적 위치로 발돋움한 데에 있다. 따라서 여기서는 이와 같은 측면에 주안점을 두어 서술하기로 한다.

『역경』이 경(經)과 전(傳)의 형태를 다 갖추게 된 것은 한(漢)나라 초기의 일이다. 이 시기는 이미 진시왕의 가혹한 사상적 통제가 붕괴되자, 마치 이전의 제자백가를 재현하는 듯한 사상적 활기가 감돌았던 시기였다. 더욱이 한나라 무제(武帝)는 유교의 도덕정치 사상과 예악문물제도를 통해 자신의 체제를 유지시키기 위해서 기원전 136년에 유교를 국교로 선포하고 국학을 세웠다. 『역경』은 이때 시작된 5경 강의에 편입되었고 오경박사까지 설치되자 본격적인 유교 경전 연구의 중심으로 자리를 잡게 되었다.

원래 점서로 취급되어 진시왕의 분서갱유 참화에서도 화를 면했던 『역경』이 이렇듯이 5경의 반열에 오르고 유가 경전의 으뜸으로 받들어져 동아시아 사상의 원천으로 숭앙된 것은 무엇 때문인가? 그것은 당시 한(漢)나라가 처한 시대적 요청에 부응할 수 있었기 때문이다. 한나라는 새로운 통일적 중앙집권체제의 구축이 절실하였는데, 이것이 『역경』의 음양 대립과 그 대립을 통해 통일을 시키는 태극의 원리와 결부될 수 있었기 때문이다. 이는 본래부터 『역경』이 지니고 있었던 신비적인 성격으로 왕권을 강화시켰던 바탕위에서 더욱 유효한 통치의 상징이 될 수 있었다. 물론 이는 「계사전」에 나타난 철학적 이치에 기반한 것이었다.

이로부터 『역경』은 점서뿐만 아니라 인간사의 교훈과 격언의 위치로 존중되었다. 이후 양한(兩漢) 500년 동안 『역경』은 6경의 맨 앞자리에서 유가의 정통학문으로 자리를 잡게 된다. 그러나 이 기간 동안 『역경』은 주로 8괘가 상징하는 상(象)과 점괘를 정할 때 음양을 표시하는 수(數)를 중심으로 괘·효사를 해석하려는 이른바 상수학(象數學)이 주류를 이루었다.

세상을 풍미했던 한대의 상수학은 위진 남북조 시대의 현학가 왕필(王弼)이 등장하여 도가와 유가를 종합하고 현학적인 철학의 색채로 『역경』을 해석함으로써 급속히 쇠퇴하여 역사의 무대에서 사라져버렸다. 이후 왕필의 의리역학(義理易學)은 당송을 거쳐 원나라 말기까지 교육과 과거시험의 주요 교재로 채택되어 왔다.

왕필이 비판한 한대 역학의 주요 대상은 호체(互體)·괘변(卦變)·오행(五行) 등 『역』이 허용하는 범위 밖에서 끌어들여 『역』을 해설한 기이한 세 가지 이론이었다. 이런 해석 방법들은 그 폭이 대단히 넓어서 주석자의 입장에서는 아주 편리한 방법이지만 억지로 꿰맞추어 이현령비현령의 소지가 크다는 것이다. 이는 상에 너무 집착하여 정작 『역』의 본뜻을 무시해버리는 본말 전도의 오류를 범한다고 보는 것이다. 이러한 맥락에서 왕필은 상수를 넘어 의리를 중시하고 이를 가지고 『역』을 해석하려는 역학적 입장을 갖게 된다. 이른바 득의망상론(得意忘象論)이다. 이는 복잡 다양한 의미들을 함축하는 괘상에 대해 문맥에 맞는 하나의 의미를 얻었다면 더 이상 괘상에 대해 집착해서는 안 된다는 것이다. 그 의리의 근거를 「역전 易傳」에서 찾게 되는데 특히 「단전 彖傳」을 중시한다. 왜냐하면 「단전」은 하나의 중심되는 효를 가지고 한 괘의 전체적인 의미를 설명하고 있다고 보기 때문에 왕필은 이 주효(主爻)를 통해 다른 효들과의 관계와 변화를 조명해보는 주효론(主爻論)의 이론을 구체화시켰다. 이같은 세상의 번다함을 간이하게 정돈하고자 했던 철학적 문제의식은 노장의 현묘한 도리와 유가의 도덕적 의리를 종합한 것이었다. 이는 훗날 송명 이학의 이(理) 개념의 형성과 불교 번역의 이해에 지대한 영향을 끼쳤다.

송대에 들어와서 도가사상과 불교사상에 압도된 유학은 신유학이라는 이름으로 재기에 성공하는데, 이때 중요한 역할을 한 것이 바로 『역경』의 이치를 철학적으로 심화시킨 것이었다. 종래 도가의 입장에서 가해진 『역』에 대한 해석을 비판하고 유가의 입장에서 『역』 철학을 해석했는데, 대표적인 사상가로서 바로 정이(程頤)와 주희(朱熹)를 들 수 있다. 이들의 『역』 사상은 이후 명대에 들어와 왕필의 의리학을 대체하면서 중국 유학 사상사에서 지대한 영향을 끼치게 된다.

Ⅳ

사서삼경 경구의 지혜

1. 사서의 경구 강해

1)『논어』

【 원문 1 】

子曰："學而時習之, 不亦說乎? 有朋自遠方來, 不亦樂乎? 人不知而不慍, 不亦君子乎?" 「학이 學而 · 1」

【 주석 】

時 시 : 때에 맞추어. 주희(朱熹)의『논어집주 論語集注』에서는 '時時'라 하여 '때때로' 또는 '항상'으로 해석하였으나, 왕숙(王肅)의 주는 '맹자'의 '斧斤以時入山林'을 예로 들면서 '일정한 시기' 또는 '적당한 때'로 해석하였다.

習 습 : 실습하다. 하안(何晏)의『논어집해 論語集解』는 '외우며 익히다'로 해석하고,『집주』는 '복습하다'로 해석하였다. 공자의 가르침이 당시의 실제적인 사회생활 내지 정치생활과 밀착한 내용임을 감안할 때, 오히려 예(禮) · 악(樂) · 사(射) · 어(御) 등을 실습한 것으로 보아야 한다.

說 열 : 기쁘다. 마음으로부터 즐겁다. '즐겁다'는 뜻일 때는 '悅(열)'과 같다.

朋 붕 : ①동문수학한 벗. 학문적 동지. '有朋'이 '友朋'으로 된 고본도 있다. ②제자.『사기 · 공자세가』의 "故孔子不仕, 退而修詩書禮樂, 弟子彌衆, 至自遠方來。"를 근거로 '제자가 멀리서 찾아오다.'로 풀이하며, 한대에는 붕우가 제자를 가리키기도 하였다.

樂 락 : 즐겁다.

人不知 인부지 : 남이 몰라주어도. 곧 남이 나의 학문적 성취를 알아주지

못한다는 뜻이다.

慍 온 : 화내다. 성내다.

君子 군자 : 군자답다. 『논어』에 나오는 군자는 천자에서 사(士)까지의 관직에 있는 위정자와 도덕을 갖춘 선비로 나눠진다. 여기서는 후자의 뜻이다.

【 해설 】

이 장은 '논어'의 가장 첫머리에 나오는 글로, 학문하는 방법과 즐거움 및 태도를 잘 설명하고 있다. 새롭게 배운 지식을 때맞춰 실습함은 지행합일의 방법이며, 의기투합하는 옛 동문이 먼 길을 마다않고 찾아옴은 마음껏 학문을 토론할 수 있는 즐거움이고, 자신의 학문적 성취를 남이 몰라준다고 세상을 원망하거나 화를 내지 않음 또한 수양이 깊은 군자만이 취할 수 있는 태도이다.

【 원문 2 】

子曰："吾十有五而志于學; 三十而立; 四十而不惑; 五十而知天命; 六十而耳順; 七十而從心所欲, 不踰矩。" 「위정 爲政·4」

【 주석 】

十有五 십유오 : 열하고 다섯 살, 즉 15세. 숫자 사이의 '有'는 '또 又(우)'자와 같은 작용을 한다. 고대에는 나이 열다섯에 대학에 입학하였다.

學 학 : 본격적인 학문. 여기에서의 '학'은 소학(小學)과 반대되는 대학(大學)으로, 군자가 되는 도리를 배우는 학문을 가리킨다.

立 입 : 사회적으로 자립하다. 「태백」의 '立於禮'와 「계씨」의 '不學禮, 無以立。' 등의 용례에서 보듯이, '立'은 모두 예와 함께 쓰였다. 즉 독립된 성인으로서, 언행이 모두 예에 부합되어 독자적으로 업무를 처리할 능력을 갖추었음을 말한다.

不惑 불혹 : 판단기준이 분명하여 동요하지 않다. 「자한」과 「헌문」의 '知者不惑'이란 말로 볼 때, 지식의 축적으로 인생의 도리에 대한 신념이 확고하여 외부의 이욕(利慾)에 마음이 전혀 흔들리지 않음을 가리킨다.

耳順 이순 : ①남의 말이 귀에 거슬리지 않다. 이미 화순해져 귀에 거슬리는 말을 들어도 화내지 않고 받아들이는 아량이 생겼다는 뜻이다. ②듣고 저절로 이해하다. '집주'는 이미 지혜가 극에 달하여 다른 사람의 말을 듣기만 해도 저절로 뜻을 감지하여 파악하는 경지라고 해석하였다.

從 종 : ①따르다. ②마음껏 풀어놓다. 마음대로 하다. 유종원(柳宗元)의 「여양회지서 與楊晦之書」는 이 구절을 '七十而縱心, 所欲不踰矩。'로 다르게 읽었다.

踰矩 유구 : 법도를 뛰어넘다. 도리를 어기다. '구'는 원래 네모와 모서리를 그릴 때 쓰이는 척도인데, 이를 응용하여 법도의 뜻으로 많이 사용한다.

【 해설 】

이 장은 공자의 일생을 통한 수양과 그 진전 과정을 서술한다. 공자는 열다섯 살 즈음에 본격적인 학문의 길에 들어서기로 뜻을 정하고, 서른 살 즈음에 이미 배운 것을 사회에 나와 적용하여도 예법에 어긋나지 않게 되었고, 마흔 살 즈음에 유가적 학문 체계가 확고하게 정립되어 외부의 어떠한 유혹에도 전혀 미동하지 않고 자신의 노선을 견지하였으며, 쉰 살 즈음에 우주의 운행 질서에 통달하여 세속적인 성공과 실패에 초연하게 되었고, 예순 살 즈음에 세상사에 대한 지혜가 극에 달하여 만사에 너그럽게 대할 수 있었으므로 사리에 맞지 않는 말을 들어도 귀에 거슬리지 않았으며, 일흔 살 즈음에는 무슨 일이든 마음대로 하여도 언행이 진리에 벗어나지 않는 경지에 이르렀다고 술회하고 있다.

내용상 이 장은 공자가 만년에 자기 일생을 되돌아보며 제자들에게 교훈을 내린 장면임을 알 수 있으며, 이 과정에서 공문(孔門)의 학문하는 차례를 엿볼 수 있다.

【 원문 3 】

子曰 : "管仲之器小哉!" 或曰 : "管仲儉乎?" 曰 : "管氏有三歸, 官事不攝, 焉得儉?" "然則管仲知禮乎?" 曰 : "邦君樹塞門, 管氏亦樹塞門。邦君爲兩君之好, 有反坫, 管氏亦有反坫。管氏而知禮, 孰不知禮?"

「팔일 八佾 · 22」

【 주석 】

管仲 관중 : 춘추시대 제(齊)나라의 명재상. 이름은 이오(夷吾)이고, 환공(桓公)을 도와 그를 춘추시대 최초의 패자(覇者)가 되게 하였다.

器 기 : 기도(器度). 그릇. 즉 인물됨의 크기.

儉 검 : 검약하다. 검소하다.

三歸 삼귀 : ①부인 셋을 맞아들이다. 제환공이 부인 셋을 맞아들이자 관중도 따라 세 나라에서 부인을 맞아들였다. (『집해』와 황간의 『논어의소』) ②세 곳에 관저를 두다. (유월(俞樾)의 '군경평의 羣經平議') ③시조(市租), 곧 시장세를 여러 번 거두다. (양백준(楊伯峻)의 『논어역주』) ④대(臺)의 이름. (『집주』)

攝 섭 : 겸직하다. 경대부(卿大夫)는 가신을 다 둘 수 없어 한 사람이 여러 일을 겸하였으나, 관중은 한 관리가 한 가지 일만 맡고 겸직하지 않도록 하였다. 관저가 세 곳이란 설에 따르면, 관저 세 곳에 각각 관리를 따로 두었다는 말이 된다.

焉 언 : 어찌. 문장 앞에서 의문사로 쓰일 때는 '何(하)'와 같다.

邦君 방군 : 한 나라의 임금.

樹塞門 수색문 : 병풍을 세워 방 안을 가리다. 방문 앞에 병풍을 세워 안을 가리는 것은 임금만이 할 수 있는데, 이를 관중도 따라하였다.

好 호 : 우호. '爲兩君之好'는 두 나라의 임금이 만났을 때의 우호증진을 위한다는 뜻이다.

反坫 반점 : 술잔을 놓아두는 대. 옛날 두 나라의 임금이 만나 연회를 할 때, 손님된 임금이 받은 술을 다 마시고나면 빈 술잔을 흙으로 높게 쌓아 올린 점대(坫臺)에 다시 올려놓는다고 하여 이를 '반점'이라고 불렀다.

孰 숙 : 누구. 무엇. 의문대명사.

【 해설 】

이 장은 당시 명재상으로 명성이 자자하던 관중에 대한 공자의 인물 평가이다. 공자는 세 가지 측면에서 관중을 비판하였다. 우선 관중은 인물의 그릇됨이 작으며, 관저를 여러 군데 두어 검약의 모범을 보이지 못한데다 관리를 많이 두어 행정 낭비를 초래하였고, 마지막으로 무엇보다도 방문을 가리는 병풍을 세우고 술잔을 내려놓는 점대를 쌓은 것은 임금의 예를 참례(僭禮)한 행위로 예의를 모른다고 크게 나무랐다.

공자의 이런 비난은 관중의 구체적 행위에 대한 것이고, '헌문·11'에서는 관중의 전체 공적에 대하여 '인(仁)'이란 말로 긍정적 평가를 내렸다.

【 원문 4 】

子曰 : "富與貴, 是人之所欲也。不以其道得之, 不處也; 貧與賤, 是人之所惡也。不以其道得之, 不去也。君子去仁, 惡乎成名? 君子無終食之間違仁, 造次必於是, 顚沛必於是。" 「이인 里人·5」

【 주석 】

以其道得之 이기도득지 : 그에 합당한 올바른 방법으로 얻다. '以'는 '~로써'의 뜻으로 수단격 조사이다. '道'가 여기에서는 방법 또는 수단의 뜻으로 쓰였다. 양백준의 『맹자역주』에 의하면, '得'은 원래 얻

다는 뜻으로 부귀는 얻는다고 표현해야 옳지만 아래의 '貧與賤'과 연결된 '不以其道得之'의 '得'자는 사리에 맞지 않는다. 빈천은 얻기보다 물리쳐야 하므로, 아래의 '得'은 문맥상 '去(거)'가 되어 '물리치다' 또는 '멀리하다'로 해석해야 한다. '不去(불거)'는 억지로 가난을 떠나지 않고 오히려 안빈낙도(安貧樂道)할 수 있다는 뜻이다.

處 처 : 가지다. 차지하다.

惡 오 : 싫어하다. 미워하다.

惡乎 오호 : 어떻게, 어디에서, 무엇으로. 여기의 '惡'는 의문사로 '어찌 何(하)'와 같다.

成名 성명 : 이름에 걸맞다. 명분을 세우다. 명성을 얻다.

終食之間 종식지간 : 밥 한 그릇을 먹을 정도의 짧은 시간. 잠시라도.

違 위 : 떠나다. 멀리 떠나있다. 「공야장 · 19」의 '棄而違之'도 '떠날 離(이)'의 뜻으로 쓰였다.

造次 조차 : 몹시 바쁜 와중에 처하다. 갑작스레 일이 생겨 총망할 때.

必於是 필어시 : 반드시 이에 말미암다. 반드시 인에 입각하여 행동한다는 뜻이다. 여기의 '於'는 '말미암을 由(유)'와 같다.

顚沛 전패 : 넘어지고 엎어지다. 곤경에 처하다. 위난(危難)을 당하다.

【 해설 】

이 장은 부귀와 빈천 앞에 군자가 어떻게 처신할 것인가 문제를 제기하고, 나아가 군자는 언제 어디서나 잠시라도 '인'을 떠날 수 없음을 강조한다. 공자의 핵심사상인 '인'을 향한 구도의 정신과 모습을 잘 보여주는 대목이다. 부자와 존귀한 신분은 누구나 다 바라지만 정당한 방법이 아니면 차지하지 않으며, 가난과 천한 신분은 누구나 다 싫어하지만 정당한 수단으로 물리치지 못하면 억지로 벗어나려 하지않고 않고 오히려 안빈낙도함이 옳다. '인'을 포기한 군자는 군자가 아니므로, 군자라면 밥을 먹는 시간에도, 촌각을 다투는 급한 일에도, 매우 위험한 곤경에 처해도, 잠시라도 인을 떠나지 말고 '인'

을 실천해야 한다.

이 장의 군자론은 『맹자』의 양기론(養氣論)과 함께 선비의 자세와 도덕 수양에 관한 좋은 길잡이가 된다.

【 원문 5 】

子謂子産。"有君子之道四焉: 其行己也恭, 其事上也敬, 其養民也惠, 其使民也義。"

「공야장 公冶長 · 16」

【 주석 】

子產 자산 : 춘추시대 소국 정(鄭)나라의 재상. 정목공(鄭穆公)의 손자로, 성은 공손(公孫)이고 이름은 교(僑)이며 자가 자산이다. 정간공(鄭簡公)과 정정공(鄭定公) 사이에 22년간 집정하면서, 진(晉)과 초(楚) 두 강대국 사이에서 당시 소국이던 정나라의 자존심과 안전 모두를 지켜낸 현명한 재상으로 유명하다.

行己 행기 : 행실. 행동거지(行動擧止). 몸가짐.

恭 공 : 겸손하다. 공손하다. 조심스럽다.

事上 사상 : 윗사람을 섬기다.

敬 경 : 공경하다. 공경스럽다.

養民 양민 : 백성을 양육하다. ①백성을 먹여 살리다. 곧 민생문제를 해결하여 준다는 뜻이다. ②백성을 다스리며 교화하다.

惠 혜 : 은혜를 베풀다.

使民 사민 : 백성을 부리다. 백성에게 부역을 시키다.

義 의 : 올바르다. 공정하다. 합리적이고 명분이 뚜렷하다.

【 해설 】

이 장은 공자가 자산이 갖춘 네 가지 군자다운 미덕을 칭송한 글이다. 자산은 스스로 몸가짐이 겸손하였고, 윗사람을 섬길 때 공경스러웠고, 백성을 다스릴 때는 은혜를 베풀었으며, 백성을 동원할 때는 공정하고 명분이 뚜렷하였는데, 이것이 바로 자산이 역대로 훌륭한 재상으로 칭송받는 이유이다.

【 원문 6 】

子貢曰 : "如有博施於民, 而能濟衆, 如何? 可謂仁乎?" 子曰 : "何事於仁? 必也聖乎! 堯舜其猶病諸! 夫仁者, 己欲立而立人, 己欲達而達人。能近取譬, 可謂仁之方也矣!" 「옹야 雍也 · 28」

【 주석 】

子貢 자공 : 공자의 제자 단목사(端木賜).

博施 박시 : 널리 시혜를 베풀다.

濟衆 제중 : 민중을 구제하다. 백성을 어려움에서 건져내다. 즉 경제상황을 호전시켜 백성들의 생활여건이 향상됨을 말한다.

何事於仁 하사어인 : 어찌 인에만 그칠 일인가?

病 병 : 안타까워하다. 근심하다. 가슴 아프게 여기다. '其猶病諸(기유병저)'는 '오히려 그렇게 하지 못함을 안타깝게 여겼다.'라고 해석한다. 여기의 '諸'는 '之乎'의 준말에 해당한다.

立 입 : ①입지를 세우다. 체면을 세우다. ②앞에 나서다. ③의견을 관철하다.

達 달 : ①출세하다. 유명해지다. ②자기의 뜻을 표현하다. 포부를 펼치다.

能近取譬 능근취비 : 비근한 예를 취하다. 자기 가까이에 있는 눈에 보이는 쉬운 것을 예로 삼아 차근차근 해나간다는 뜻이다.

方 방 : 방법. 방편.

【 해설 】

이 장은 '인'을 실천하는 방법을 설명한다. 자공이 당장 복지정책을 널리 시행하여 백성들의 생활을 향상시키는 것이 '인'이냐고 기대치를 높이 잡아 물어왔다. 그러나 공자는 박시제중(博施濟衆)은 '인'을 넘어 성인의 영역에 속하며, 요순임금 같은 성인도 이루지 못하였다고 지적한다. 오히려 '인'이란 자기가 나서고 싶으면 남을 먼저 세워주고 자기의 일을 형통하게 하려면 남의 일을 먼저 형통하게 해주는 것으로, 이처럼 쉬운 일부터 실천하는 것이 '인'을 추구하는 방법이라고 일러준다.

【 원문 7 】

子謂顔淵曰:"用之則行, 舍之則藏, 惟我與爾有是夫!" 子路曰:"子行三軍, 則誰與?" 子曰:"暴虎馮河, 死而無悔者, 吾不與也。必也臨事而懼, 好謀而成者也。" 「술이 述而·10」

【 주석 】

顔淵 안연 : 공자의 애제자 안회(顔回). 자(字)는 자연(子淵)이고, 안자(顔子)라고도 부른다.

用之則行 용지즉행 : 나를 등용하면 세상으로 나아가 경륜을 펼치다.

舍之則藏 사지즉장 : 나를 버리면 세상에서 물러나 재주를 숨기다. '舍'는 '버릴 捨(사)'와 같으며, 내팽개치고 등용하지 않는다는 뜻이다. '藏'은 '초야에 숨다' 또는 '재주를 숨기다'라는 뜻이다.

爾 이 : 너. 자네. 당신. 이인칭대명사.

有是 유시 : 이와 같은 덕목을 갖추다. 이처럼 할 수 있다.

子路 자로 : 공자의 제자 중유(仲由). 자가 자로이며 공자보다 9살 어리다.

子 자 : 선생님. 어르신네. '子'는 원래 상대방의 신분에 관계없이 두루 적용되는 이인칭대명사다. 그러나 면전의 스승에게 '子'라고 호칭하는 용례는 매우 드물다.

行三軍 행삼군 : 삼군, 곧 대국의 군대를 이끌고 나가다. 『집주』에 따르면, 장정 1만 2천 5백명의 군대가 일군(一軍)이며, 대국은 중군(中軍)·좌군(左軍)·우군(右軍) 삼군을 두었다고 한다.

與 여 : 같이 하다. 함께 참여시키다.

暴虎馮河 포호빙하 : 범을 맨손으로 때려잡고 황하(黃河)를 배 없이 맨발로 건

너다. '포호'와 '빙하' 모두 『시경』과 『주역』 등에 많이 나오는 관용어로 용기가 지나쳐 무모함을 가리킨다.

懼 구 : 두려워하다. 매우 신중하여 적을 얕잡아 보지 않는다는 뜻이다.

好謀 호모 : 심사숙고하여 면밀한 계획을 세우다. 김도련(金都鍊)선생의 『논어주주금석 論語朱注今釋』에서는 '謀'를 '군사상의 권모와 방략'으로 풀이하였다.

【 해설 】

이 장에서 공자는 안연의 진퇴에 관한 원칙에 동의하였고, 자로에 대해서는 용맹함을 너무 좋아해서 충동적이고 계획성이 없다고 나무랐다. 안연은 자기를 등용해 주면 벼슬에 나가 도를 행하고, 쓰이지 않으면 은거하여 경륜을 숨긴다. 공자는 안연이 선비로서 진퇴가 분명한 것이 자기와 공통점이 있다고 칭찬하였다. 이에 자극을 받은 자로는 공자에게 삼군을 호령하는 기회가 있다면 누구와 함께 하겠느냐고 묻는다. 당연히 용감한 자기를 선택하리라고 기대한 질문이었다. 그러나 공자는 맨손으로 범을 잡고 맨발로 황하를 건너는 식의 무모한 일에 목숨을 거는 사람과는 함께 하지 않을 것이며, 맡은 일에 대해 전전긍긍 조심하고 심사숙고하여 계획을 잘 세우는 사람과 함께 하겠다며 자로의 단점을 지적하면서 이를 보완하도록 유도한다. 제자의 개성에 맞게 가르치는 공자의 교육방법이 돋보인다.

【 원문 8 】

曾子有疾, 孟敬子問之。曾子言曰 : "鳥之將死, 其鳴也哀; 人之將死, 其言也善。君子所貴乎道者三: 動容貌, 斯遠暴慢矣; 正顔色, 斯近信矣; 出辭氣, 斯遠鄙倍矣。籩豆之事, 則有司存。"

「태백 泰伯 · 4」

【 주석 】

曾子 증자 : 공자의 제자 증삼(曾參). 자가 자여(子輿)이고, 공자보다 46세 어리다.

孟敬子 맹경자 : 노나라 대부 중손첩(仲孫捷).

問 문 : 문병하다. 위문하다.

其鳴 기명 : 그 우는 소리.

君子 군자 : ①윗자리에 있는 사람. ②덕망이 높은 선비. 맹경자가 대부인 점을 감안하면 여기에서는 ①의 뜻으로 쓰인 듯하다.

所貴乎道者 소귀호도자 : 귀하게 여기는 도리. 소중하게 여겨야할 원칙.

動容貌 동용모 : ①몸가짐을 엄숙히 하다. ②일신을 예법대로 움직이다. 예에 맞게 처신하다.

斯遠暴慢 사원폭만 : ①이에 상대방의 거칠고 무례함을 물리칠 수 있다. ②이에 사납고 방자함을 멀리하다.

正顔色 정안색 : 얼굴 표정을 단정히 하다. 얼굴빛을 바르게 하다. 정색하다.

近信 근신 : 신실하게 보이다. 믿음직하다.

出辭氣 출사기 : ①위엄이 깃든 어조로 말하다. ②표현할 말과 어조를 잘 고려하다. '辭'는 언사(言辭)를 가리키고, '氣'는 어기(語氣) 곧 어조를 가리킨다.

遠鄙倍 원비배 : 비루함과 이치에 어긋남에서 멀어지다. 천박한 모습과 부정확한 의사 전달에서 탈피하다. '倍'는 '어긋날 背(배)'와 같다.

籩豆之事 변두지사 : 제사를 진행하면서 제기를 놓는 것과 같은 사질구레한 예식절차. '籩'은 대나무로 짠 그릇의 일종으로 제사 때 과일을 놓는 제기이고, '豆'는 제사 때 국물이 있는 음식을 담는 목기이다. 모두 놓는 위치와 용도가 제사의 세부 절차와 관계된다.

有司 유사 : 담당 관리. 여기서는 예의절차를 주관하는 관리를 가리킨다.

【 해설 】

이 장은 증자가 자기에게 병문안을 온 맹경자에게 윗자리에 있는 사람이 지녀야할 세 가지 도리를 당부하는 내용이다. 먼저 몸가짐을 예법에 맞게 단속하여 남이 무례하고 불경스런 태도를 취하지 못하도록 하고, 둘째 얼굴 표정을 정색하여 남에게 신뢰를 주고, 셋째 말을 할 때는 단어 선택과 어조를 조심하여 천박하거나 부정확한 표현을 피해야 한다. 그리고 고위 공직자는 큰 원칙만 정해주고, 구체적으로 어떤 제기를 어디에 놓아야 하는지와 같은 세목(細目)은 담당 관리에게 일임하라고 당부한다. 증자가 이 말을 남길 때는 이미 병이 깊은 때였다. 죽음을 앞둔 새의 울음소리가 더욱 애처롭듯이 자기도 죽음을 앞두고 좋은 말을 남기려 한다는 대목은, 읽는 이의 마음을 숙연하게 하는 동시에 내용의 진실성을 더해준다.

【 원문 9 】

子疾病, 子路使門人爲臣。疾間, 曰:“久矣哉, 由之行詐也! 無臣而爲有臣, 吾誰欺? 欺天乎? 且予與其死於臣之手也, 無寧死於二三子之手乎! 且予縱不得大葬, 予死於道路乎!” 「자한 子罕·11」

【 주석 】

爲臣 위신 : 가신(家臣)의 신분이 되어 상례를 치를 준비를 하다. 고대에는 제후의 경우 죽기 전에 가신들이 미리 치상주비(治喪籌備) 즉 '신례(臣禮)'를 행하였고, 많은 경대부도 신분을 뛰어넘어 '신례'를 행하였다. 당시 공자는 벼슬에서 이미 물러나 가신이 없었으나 자로가 공자의 문인들을 동원하여 '신례'를 준비시켰다. 자로의 충정은 이해되나 예법에는 어긋나는 행동이다.

間 간 : 약간 차도(差度)가 보이다. 어느 정도 호전되다.

由 유 : 자로의 이름. 자로의 성명이 중유(仲由)라서 공자가 '由也(유야)'라고 불렀다. 이름 뒤에 어조사 '也'가 따르는 표현은 춘추시대, 특히 『논어』에서 많이 사용한 관용어법이다.

行詐 행사 : 속이다. 속임수를 행하다.

無臣而爲有臣 무신이위유신 : 가신이 없는데도 가신이 있는 것처럼 꾸미다. 여기의 '爲'는 「술이」의 '亡而爲有(없는데도 있는 것처럼 꾸미다.)'에서 보듯 '거짓으로 꾸미다'의 뜻이다.

與其~也無寧~乎 여기~야무녕~호 : ~하기 보다는 차라리 ~하다. 여기의 '無'는 발어사(發語詞)로 아무 뜻이 없다.

死於臣之手 사어신지수 : 신례(臣禮)를 행할 가신의 손에서 죽음을 맞다.

二三子 이삼자 : 여러분. 자네들. 눈앞의 몇 사람을 지칭하는 호칭.

縱 종 : 비록 ~하여도.

大葬 대장 : 성대한 장례. 군신(君臣)의 예에 맞게 격식을 갖춘 장례.

【 해설 】

이 장에서 공자는 자신이 중환으로 위독하자 가신이 없는데도 마치 있는 것처럼 이른바 신례(臣禮)를 진행시킨 자로를 호되게 꾸짖는다. 이 장은 공자를 위하는 자로의 충정과 함께, 일을 진행할 때 앞뒤를 재지 않는 자로의 급한 성정이 잘 드러난 장으로 유명하다. 자로가 사기 행각을 저지른 것이 오래되었다는 공자의 개탄으로 보아, 비슷한 사고가 한두 번이 아님을 알 수 있어 더 흥미롭다. 또한 예를 중시하는 공자가 거짓 가신의 손에 죽느니 제자들이 지켜보는데서 조용히 죽고 싶으며, 장례를 성대하게 치르지 못하더라도 설마 길에서 죽겠냐고 반문한 대목은 공자의 분노가 얼마나 대단하였는지 느끼게 한다.

【 원문 10 】

廏焚。子退朝, 曰 : "傷人乎?" 不問馬。 「향당 鄕黨 · 12」

【 주석 】

廏 구 : 마구간.

退朝 퇴조 : 조정에서 물러나다. 조정에서 되돌아오다.

傷人 상인 : 사람을 다치게 하다. 사람이 상하다.

不問馬 불문마 : 말에 대하여 묻지 않았다. 왕양명(王陽明)은 '不'를 '傷人' 뒤에 붙여 '傷人否乎? (사람이 다치지 않았느냐?)'라 한 다음 '問馬。(말에 대하여 물었다.)'고 독해하여, 백성을 인애(仁愛)하면서 사물도 아끼는 마음을 보여준다고 풀이하였다.

【 해설 】

이 장은 공자의 '인'사상이 인간중심주의임을 잘 나타낸다. 집안의 마구간에 불이 났는데, 저녁에 공자가 퇴궐하여 집으로 돌아와 다친 사람이 없는지 사람의 안위만을 묻고 말이 어떻게 되었는지는 묻지 않았다. 고대에 말은 집안의 매우 귀중한 재산이었다. 그런데 공자가 말의 손상 여부를 묻지 않은 것은 재난 가운데서 인간 생명과 안전의 확보가 최우선이고 재물상의 손실은 관심의 우선 대상이 아니기 때문이다. 유가에서는 인간에 대한 사랑이 가장 중요하며, 여력이 있으면 이를 확대하여 동식물 등 자연물까지 미치도록 한다. 그러므로 공자가 말의 안부를 차후의 일로 여겨 묻지 않은 것이다.

【 원문 11 】

季路問事鬼神。子曰："未能事人，焉能事鬼?" 曰："敢問死。" 曰："未知生，焉知死?"

「선진 先進 · 12」

【 주석 】

季路 계로 : 자로. 자로가 막내라서 계로라고도 불렀다.

事 사 : 섬기다.

焉 언 : 어찌.

【 해설 】

이 장은 공자가 실제 삶과 관련이 없는 무익한 말은 하지 않았음을 보여준다. 자로가 귀신을 어떻게 섬겨야 하는지 묻자, 공자는 아직 사람도 잘 섬기지 못하면서 어떻게 귀신까지 섬길 수 있냐고 반문한다. 다시 자로가 죽음에 대하여 묻자, 공자는 아직 삶이 무엇인지도 잘 모르는데 어떻게 죽음에 대해 알겠느냐고 반문한다. 귀신과 죽음처럼 미지의 세계는 실제 생활에서 급히 해결해야 할 문제가 아니라는 유가의 실용적 세계관을 엿볼 수 있다.

【 원문 12 】

子貢問政。子曰："足食足兵, 民信之矣。" 子貢曰："必不得已而去, 於斯三者何先?" 曰："去兵。" 子夏曰："必不得已而去, 於斯二者何先?" 曰："去食。自古皆有死, 民無信不立!"

「안연 顏淵·7」

【 주석 】

足食足兵 족식족병 : 양식과 군비를 충분히 갖추다. 『논어』·『맹자』와 5경에서 나오는 '兵'자는 대부분 병기 또는 무기를 가리키나, 여기에서는 군비의 개념으로 쓰였다.

民信之 민신지 : 백성이 임금의 교화나 정책을 믿다. 백성이 정부를 신뢰하다.

去 거 : 버리다. 포기하다.

不立 불립 : 국가의 권위가 서지 않다.

【 해설 】

이 장에서 공자는 국가의 경제력과 국방력도 중요하지만, 국민의 정부에 대한 신뢰가 가장 중요하다고 역설한다. 자공이 치국의 도리에 대하여 묻자, 공자는 백성을 배불리 먹이고 군비를 갖춰 국방을 튼튼히 하며 백성들의 지지를 받는 것 이 세 가지라고 하였다. 자공이 이 세 가지 중 부득이한 경우 무엇을 먼저 포기해야 하느냐고 묻자 공자는 군비라 대답하였고, 남은 두 가지 중 포기할 것을 묻자 양식이라고 대답하였다. 왜냐하면 양식이 없으면 죽지만 어차피 모두 한번은 죽기 마련이고, 백성의 신뢰를 사지 못한 정부는 교화를 펼칠 여지가 없기 때문이다. 치국의 근본이 국민의 신뢰와 지지에서 비롯된다는 유가의 민본주의적 정치관이 잘 드러난다.

【 원문 13 】

子曰："不得中行而與之, 必也狂狷乎! 狂者進取, 狷者有所不爲也。"

「자로 子路·21」

【 주석 】

中行 중행 : 언행이 중용의 도리에 합당하다. 언행이 중용을 지키다.

與 여 : ①함께하다. 서로 왕래하며 교분을 나누다. ②도를 전수해 주다. '주다'는 뜻으로 '予(여)'와 같다.

狂 광 : 아직 실천을 못하고 있지만 포부가 큰 사람.

狷 견 : 자기의 한계를 미리 깨닫고 남은 것이라도 고집스럽게 지키는 사람.

有所不爲 유소불위 : 하지 않는 일이 있다. 견자(狷者)는 보수적이고 고집스러워 분명한 선을 긋고 원칙에 어긋난 일은 하지 않는다.

【 해설 】

이 장은 공자가 중용의 인격자를 찾지 못하였을 때 차선으로 선택하는 인간형을 설명한다. 공자는 중용의 도에 합당한 인물을 찾아 사귀거나 도를 전수하지 못한다면, 차선책으로 '광자' 곧 과격한 사람이나 '견자' 곧 고집불통인 사람을 고른다고 하였다. 왜냐하면 '광자'는 진취적 포부가 있어 큰일을 할 가능성이 있고, '견자'는 도리에 어긋난 짓은 하지 않아 최소한 청렴한 절개는 유지하기 때문이다. 『맹자·만장 萬章』도 이 문제를 거론하며 공자의 이러한 선택은 부득이한 차선책이라 변호하면서 그래도 '광자'가 '견자'보다 낫다고 부연 설명하였다.

【 원문 14 】

原壤夷俟。子曰："幼而不孫弟, 長而無述焉, 老而不死, 是爲賊。" 以杖叩其脛。

「헌문 憲問 · 46」

【 주석 】

原壤 원양 : 공자의 옛 친구. 『예기 禮記 · 단궁 檀弓』에 의하면, 원양의 모친이 죽어 공자가 장례를 도와 주려고 갔는데 원양은 도리어 관 위에 올라가 노래를 불렀고 공자는 못들은 척하였다고 한다. 이로 보아 도가(道家)의 광자(狂者)류에 속한 은자가 아닌가 한다.

夷俟 이사 : ①두 다리를 뻗고 앉아 기다리다. ②쭈그리고 앉아 기다리다.

不孫弟 불손제 : 겸손할 줄도 모르고 어른을 공경할 줄도 모르다. 즉 예절이 없다는 뜻이다. '孫弟'는 '遜悌(손제)'와 같다.

述 술 : 일컫다. 입에 올릴 만한 업적 또는 칭찬받을 만한 점을 말한다.

賊 적 : 몹쓸 사람. 인륜을 해치고 미풍양속을 어지럽히는 사람이란 뜻으로 거의 욕에 가깝다.

叩 고 : 두드리다. '叩其脛(고기경)'은 쭈그리고 앉은 친구에게 일어나라며 장난으로 그의 정강이를 가볍게 툭툭 친다는 뜻이다.

【 해설 】

이 장은 표면적으로는 공자가 옛 친구 원양의 무례함을 책망하나, 사실은 공자의 인간적 모습이 잘 드러난다. 공자가 옛 친구 원양을 보러갔는데 원양이 쭈그리고 앉아 맞이하자 "자네는 어릴 적부터 무례하게 어른을 못 알아보고, 커서도 칭찬할 것이 없더니만 늙어서 죽지도 않다니. 몹쓸 친구야!"라고 호통치고, 지팡이로 일어나라며 정강이를 툭툭 쳤다. 공자도 옛 친구 앞에서는 장난기가 발동하는 모습은 매우 인간적이라 친근감이 가는 장면이다. 공자의 책망은 원양과 같이 '광자'류의 독특한 개성을 지닌 옛 친구를 만날 때 흔히 보는 반가움의 반어적 표현이다.

【 원문 15 】

子貢問曰：“有一言而可以終身行之者乎?” 子曰：“其恕乎! 己所不欲, 勿施於人。” 「위령공 衛靈公·18」

【 주석 】

終身行之 종신행지 : 죽을 때까지 실천하다. 평생 실천하다.

恕 서 : 서도(恕道). 자기의 입장을 미루어서 남을 생각하는 정신, 즉 처지를 바꿔 상대방의 입장에서 생각한다는 역지사지(易地思之)의 도리. '其~乎'는 '~정도 일 것이다' 또는 '~가 아닐까'로 해석한다.

勿 물 : '~하지 말라'는 금지사이다.

施 시 : 베풀다. 시행하다.

【 해설 】

이 장은 '인'의 핵심내용 가운데 하나인 '서도(恕道)'를 설명한다. 자공이 평생 받들고 실천할 만한 덕목 한 마디가 있느냐고 묻자, 공자는 '서도'가 있다며 자신이 바라지 않는 것을 남에게 그대로 적용시키지 말라는 뜻이라고 설명한다. '서'는 '충'과 합하여 '충서지도(忠恕之道)'라 하는데, '충'은 자기보다 남을 먼저 배려하는 적극적인 도덕으로 모든 사람이 다 실행할 수 있는 덕목은 아니다. 반면에 '서'는 소극적인 도덕이지만 누구나 다 실천할 수 있다. 그러므로 공자가 한 마디의 덕목으로 '충'이 아닌 '서'를 선택한 것이다. 『예기 禮記·대학 大學』의 '혈구지도(絜矩之道)'가 바로 '서도'이다.

【 원문 16 】

孔子曰：“天下有道, 則禮樂征伐, 自天子出; 天下無道, 則禮樂征伐, 自諸侯出。自諸侯出, 蓋十世希不失矣; 自大夫出, 五世希不失矣; 陪臣執國命, 三世希不失矣。天下有道, 則政不在大夫; 天下有道, 則庶人不議。” 「계씨 季氏·2」

【 주석 】

禮樂征伐 예악정벌 : 예악을 제정하고 출병을 결정하는 주도권.

蓋十世希不失矣 개십세희불실의 : 대개 10대 동안 망하지 않는 경우가 드물다. '世'는 '代(대)'와 같으며, '希'는 고서에서 자주 '드물 稀(희)'를 대신한다. '失'은 정권이나 작위의 상실을 뜻한다.

陪臣執國命 배신집국명 : 가신(家臣)이 국가의 정령(政令)을 장악하다. '陪臣'은 가신을 말한다.

政不在大夫 정부재대부 : 정령이 대부의 손에 달려있지 않다. 정치나 정책의 결정권이 대부에 의하여 좌지우지되지 않음을 말한다.

議 의 : 논의하다. '庶民不義(서민불의)'는 일반 백성은 정부의 시정에 대하여 이러쿵저러쿵 논란을 벌이지 않는다는 뜻이다.

【 해설 】

이 장에서는 천하대세의 주도권을 논하였다. 공자는 천하에 왕도(王道)가 확립되어 있으면 예악의 제정과 정벌의 결정이 천자에게서 나오고, 왕도가 무너지면 예악의 제정과 정벌의 결정이 제후에게서 나온다고 하였다. 제후가 주도권을 가지면 10대 안에, 대부가 주도권을 가지면 5대 안에, 가신이 국정을 농단하면 3대 안에 망하지 않는 경우가 드물다. 천하에 왕도가 행해질 때는 정치의 주도권이 대부에게 있지 않으며 일반 서민들이 정치에 관심을 갖고 시비를 걸지 않는다. 공자의 이러한 평가는 아마 당시 정세를 보고 나온 결론일 것이다.

요순임금에서 서주(西周)까지는 천하에 왕도가 행하였고, 제환공(齊桓公) 이후로는 주나라 천자의 권위가 유명무실해지고 제후가 패권을 잡았다. 제나라는 환공에서 간공(簡公)까지 10대를 이어갔고 간공이 진황(陳恒)에 피살되는 것을 공자가 직접 보았으며, 진(晉)나라는 문공(文公)에서 경공(頃公)까지 9대를 이어갔고 6경(卿)이 전권을 휘두르는 것을 공자가 직접 보았으므로 제후는 10대를 넘기지 못한다는 말은 사실이다. 노(魯)나라는 대부

계무자(季武子)가 권력을 전횡한 후 환자(桓子)까지 4대를 거치다가 가신 양호(陽虎)에게 구금되었으니, 대부는 5대 이상 가지 않는다는 말 또한 사실이다. 그리고 양호 같은 가신 무리들은 당대에 망하였으니 3대도 가지 않았다. 당시 각국에서 가신이 정권을 쥐고 있는 경우가 있어 공자가 3대 이상 가기 힘들다고 이를 비판한 것이다.

【 원문 17 】

宰我問："三年之喪, 期已久矣。君子三年不爲禮, 禮必壞; 三年不爲樂, 樂必崩。舊穀旣沒, 新穀旣升, 鑽燧改火, 期可已矣。" 子曰："食夫稻, 衣夫錦, 於女安乎?" 曰："安。" "女安則爲之! 夫君子之居喪, 食旨不甘, 聞樂不樂, 居處不安, 故不爲也。今女安則爲之。" 宰我出, 子曰："予之不仁也! 子生三年, 然後免於父母之懷。夫三年之喪, 天下之通喪也。予也, 有三年之愛於其父母乎?"

「양화 陽貨 · 21」

【 주석 】

宰我 재아 : 공자의 제자 재여(宰予).

期 기 : ①1주기(週期), 즉 1년. (『집주』) ②기간.

爲禮 위례 : 예를 익히다. 예를 실습하다. 이때의 예는 빈례(賓禮) · 제례(祭禮) · 군례(軍禮) · 가례(嘉禮) 등을 말한다.

穀 곡 : 곡식.

沒 몰 : 없어지다. 다 먹다. '盡(진)'과 같다.

升 승 : 올라오다. 솟아오르다.

鑽燧改火 찬수개화 : 구멍을 뚫어 불씨를 얻는 부싯나무의 불을 바꾸다. 고대에는 나무를 마찰시켜서 불씨를 얻었다. 봄에는 느릅나무와 버드나무를 쓰고 여름에 대추나무와 살구나무를 쓰는 등, 계절마다 나무를 바꾸어 1년 주기로 돌아가며 사용하였다.

期可已矣 기가이의 : ①부모의 상(喪)도 1년이면 그만둬도 된다. '期'는 '朞

(기)' 곧 기년(朞年)으로 상을 1주년만 지키는 것을 말하며, '已'는 '그치다'의 뜻이다. ②1년이면 되다. '已矣'를 종결형 어조사로 보면 불씨도 1년만 사용하고 나무를 바꿀 수 있다는 뜻이 된다.

食夫稻 식부도 : 쌀밥을 먹다. '夫'는 동사와 목적어 사이의 지시대명사이다. 중국의 북방은 수답(水畓)이 어려워 쌀이 귀하므로, 상을 치르는 사람은 죄인이라 하여 귀한 쌀밥을 먹지 않았다.

衣夫錦 의부금 : 비단옷을 입다. '衣'는 동사로 쓰였다.

女 여 : 너. 자네. '汝(여)'와 같다.

食旨 식지 : 맛있는 음식. 기름진 음식.

聞樂不樂 문악불락 : 음악을 들어도 즐겁지 않다.

居處不安 거처불안 : 좋은 거처에서 지내는 것을 불안하게 여기다. 옛날 효자는 부모의 상을 지키는 동안 임시로 초막(草幕)을 짓고 풀로 엮은 거적자리 위에 흙 베개를 만들어 잠을 잤다.

予 여 : 재아의 이름.

免於父母之懷 면어부모지회 : 부모의 품을 떠나다. 부모의 가슴에서 벗어나다.

通喪 통상 : 천자에서 일반 백성까지 모두 통용되는 상례.

有三年之愛於其父母乎 유삼년지애어기부모호 : ①자기 부모에게서 3년 동안 사랑을 받았겠지? ②자기 부모에게 3년 동안 추모할 애심(愛心)도 없단 말인가?

【 해설 】

이 장은 부모의 삼년상을 지키는 것이 옳으냐에 대하여 논술하였다. 재여가 삼년상이 너무 길어 사회생활에 지장이 있으므로 1년이 적당하다고 하였다. 공자가 재여에게 부모가 돌아가신 지 3년이 되지 않았는데 쌀밥을 먹고 비단옷을 입으면 마음이 편하겠냐고 묻자 재여는 편하다고 답하였다. 공자는 대개 군자는 상을 당하면 맛있는 음식을 먹어도 달지 않고, 음악을 들어도 즐겁지 않고, 좋은 곳에 거처해도 편하지 않아서 그렇게 하지 않는데, 자네가 편하다고 여기면 그렇게 하라고 말하였다. 재여가 나가자 나무라기를, 재여는 어질지 못하니 자식이 태어난 지 3년이 지나야 부모의 품을 떠나므로 삼년상을 지키는 것은 천하의 통상적 상례이거늘, 재여도 부모에게서 3년 동안 내리사랑을 받았겠지 하였다. 효는 모든 선행의 근본이라 여기는 공자는 이처럼 효에 관해 제자가 그릇된 견해를 가지고 있으면 가차없이 훈계하였다.

【 원문 18 】

楚狂接輿歌而過孔子曰："鳳兮鳳兮! 何德之衰? 往者不可諫, 來者猶可追。已而, 已而! 今之從政者殆而!" 孔子下, 欲與之言。趨而辟之, 不得與之言。

「미자 微子 · 3」

【 주석 】

楚狂接輿 초광접여 : 초(楚)나라의 광인 접여. 고대에 미친 척하며 세상을 등지고 은둔한 현자(賢者)로, '광자'류에 속하는 인물로 보인다. 조지승(曹之升)의 『사서척여설 四書摭餘說』에 의하면, '논어'에 나오는 은사(隱士)는 각자의 사적에 따라 이름을 붙였다고 한다. 예를 들어 문에서 만나면 '신문(晨門)', 지팡이를 짚은 사람이면 '장인(丈人)', 나루터에서 만났으면 '저(沮)' 또는 '익(溺)'이라 하는 식이며, 수레를 타고 있을 때 만나서 '접여'라 하였다고 고증하였다. 매우 일리가 있는 주장이다.

鳳 봉 : 봉황(鳳凰). 길한 조짐을 알리는 신령한 새로, 세상에 도가 있으면 나타나고 도가 없으면 숨는다고 한다. 여기에서는 공자를 비유한다.

何德之衰 하덕지쇠 : 어찌 덕행이 이처럼 쇠퇴하였소? 세상에 도가 없는데 공자 당신은 무슨 할 일이 있다고 여기까지 찾아왔느냐며 공자를 비꼬는 말이다.

往者不可諫 왕자불가간 : ①지나간 일은 만회할 수 없다. 과거지사는 어쩔

수 없다는 뜻이다. ②지난 일은 만류할 수 없었다. 이미 옛날에 한 일이라 충고할 기회조차 없었다는 뜻이다.

來者猶可追 내자유가추 : 장래의 일은 오히려 따라 잡을 수 있다. 지금이라도 나를 따라 은거해도 늦지 않았다는 뜻이다.

已而 이이 : 그만두다. 여기의 '而'는 강조의 어감을 나타내는 어기사이다.

從政者 종정자 : ①정치에 참여하는 사람. ②집권층.

殆而 위이 : ①아주 위험하다네. ②매우 잔인하다.

下 하 : 수레에서 내리다.

與之言 여지언 : 그와 이야기를 나누다.

趨而辟之 추이피지 재빨리 달아나 피해버리다.

【 해설 】

이 장은 접여라는 은자가 공자에게 정치의 소용돌이에서 벗어나 조용히 은거할 것을 권면하는 내용을 담고 있다. 접여는 춘추시대 초나라의 현자로 일부러 미친 척 노래를 부르며 열국을 주유하는 공자의 수레 행렬 옆을 지나갔다. "봉황아, 봉황아! 어찌 덕행이 이처럼 쇠퇴하였나? 지난 일은 어쩔 수 없지만 앞으로는 날 따라할 수 있으리. 그만두게나, 그만두게나! 요즘 정치하기엔 너무 위태롭다네." 공자가 자신이 정치에 참여하는 이유를 그에게 설명하려고 수레에서 내렸으나, 접여가 피해서 달아나버려 대화를 나누지 못하였다.

그 당시에도 공자의 세상을 구제하려는 노력은 높이 사나, 부질없는 짓이라고 안타깝게 여기는 사람들이 있었던 것 같다. 접여 역시 이런 부류의 은자로, 공자의 어려움을 알고 자기처럼 은거하지 않는다고 풍자하였다.

【 원문 19 】

衛公孫朝問於子貢曰："仲尼焉學?" 子貢曰："文武之道, 未墜於地, 在人。賢者識其大者, 不賢者識其小者, 莫不有文武之道焉。夫子焉不學? 而亦何常師之有?" 「자장 子張 · 21」

【 주석 】

公孫朝 공손조 : 위(衛)나라의 대부. 춘추시대에 공손조라는 인물이 여러 명 있었으므로 앞에 '衛'를 붙여 위나라 공손조라고 구별하였다.

焉 언 : 어디에서. 누구에게.

文武之道 문무지도 : 주(周)나라 문왕과 무왕의 업적과 가르침. 즉 왕도(王道)정치에 바탕을 둔 주나라의 예악과 문물제도.

未墜於地 미추어지 : 아직 땅에 떨어지지 않다. 아직 다 땅속으로 사라지지 않다.

在人 재인 : 인간세상 여기저기에 남다. 사람들 기억에 남아 있다.

識 지 : 기억하다. 알아보다. '記(기)'와 같다.

其大者 기대자 : 그 중의 큰 것. 그 가운데 중요한 것.

何常師之有 하상사지유 : 어찌 고정된 스승이 있겠는가? '何～之有?'는 '어찌 ～가 있으리?' 또는 '어찌 ～함이 있으리?'로 해석한다.

【 해설 】

이 장은 공자의 학문은 주나라 문왕과 무왕의 도에서 나왔으며 성인은 일정한 스승이 없음을 설명한다. 위나라의 대부 공손조가 자공에게 공자는 어디서 학문을 배웠는지 물었다. 자공이 답하길, 주나라 문왕과 무왕의 가르침이 아직 땅에 떨어지지 않고 사람들 기억에 남아 있어, 현명한 사람은 그 요점을 기억하고 현명하지 못한 사람은 덜 중요한 것들을 기억하여 문왕과 무왕의 가르침을 지니지 않은 자가 없는데, 공자께서 어디선들 배우시지 않았겠으며 또한 어찌 고정된 스승을 둘 필요가 있었겠냐며 반문하였다. 자공으로선 공자의 학문이 문왕과 무왕의 정통성을 이어서 그 가르침의 핵심을 계승하였으나, 이를 집대성한 규모가 워낙 방대하여 어디서 누구에게 배웠다고 구체적으로 규정할 수 없다고 보았다.

【 원문 20 】

子曰："不知命, 無以爲君子也; 不知禮, 無以立也; 不知言, 無以知人也。"

「요왈 堯曰 · 3」

【 주석 】

命 명 : 천명(天命). 천명은 수동적으로는 길흉화복(吉凶禍福) · 영욕득실(榮辱得失) · 사생궁통(死生窮通) 등 하늘이 인간에게 부여한 움직일 수 없는 명령이다. 그러나 능동적으로는 지성이면 감천이란 말처럼 인간의 노력으로 하늘의 의지가 바뀔 수도 있다고 해석된다. 정자(程子)는 '지명(知命)'을 천명이 있음을 알고서 믿는 것이라고 풀이하였다.

無以立也 무이입야 : 사회에서 입신(立身)할 여지가 없다. '논어'에서 '立'은 늘 '예(禮)'와 연결되어 나오며, 사회에서 독자적으로 예의절차를 주관하여도 큰 하자가 없음을 가리키는 말로 쓰인다.

知言 지언 : 남의 말을 듣고 그 말의 옳고 그름과 좋고 나쁨을 판단하다. 『맹자 孟子 · 공손추상 公孫丑上』에 나오는 '我知言'의 '知言'과 뜻이 같다.

【 해설 】

이 장은 『논어』의 마지막 편 마지막 장이며, 공자가 군자의 세 가지 급무인 지명(知命) · 지례(知禮) · 지언(知言)에 대하여 언급하였다. 공자는 천명을 이해하지 못하면 군자가 될 길이 없고, 예를 모르면 사회적 지위를 확보할 수 없으며, 언어의 본질을 꿰뚫지 못하면 타인에 대한 시비와 선악을 판단할 방도가 없다고 하였다. 정약용(丁約庸)의 『논어고금주 論語古今註』에서는, 『논어』 첫 편 「학이」의 '학(學)'에서 시작하여 끝 편 「요왈」의 '명(命)'으로 마무리하는 것은 아래로 학문에 힘써 위로 천명을 깨닫는 순서를 고려한 편집이라고 여겼다.

2) 『맹자』

【 원문 1 】

孟子見梁惠王。王曰:"叟, 不遠千里而來, 亦將有以利吾國乎?" 孟子對曰:"王何必曰利? 亦有仁義而已矣。王曰:'何以利吾國?' 大夫曰:'何以利吾家?' 士庶人曰:'何以利吾身?' 上下交征利, 而國危矣。萬乘之國, 弑其君者, 必千乘之家; 千乘之國, 弑其君者, 必百乘之家。萬取千焉, 千取百焉, 不爲不多矣; 苟爲後義而先利, 不奪不饜。未有仁而遺其親者也, 未有義而後其君者也。王亦曰仁義而已矣, 何必曰利?"

「양혜왕상 梁惠王上 · 1」

【 주석 】

梁惠王 양혜왕 : 위(魏)나라 임금 앵(罃). 양은 위나라 수도 대량(大梁)이며, 수도가 국명을 대신하였다. 혜는 시호(諡號)이다. 양혜왕은 재위한 지 20여년 만에 전국칠웅(戰國七雄) 중 최강자가 되자 참칭하여 스스로 왕이라 불렀다.

見 현 : 알현하다. 뵙다.

叟 수 : 지팡이를 짚는 노인, 즉 노인장(老人丈).

遠 원 : 멀다고 여기다.

利 이 : 이롭게 하다. 여기서는 부국강병에 대한 구체적 실천책을 가리킨다.

對 대 : 아뢰다. 아랫사람이 윗사람의 물음에 대답할 때 쓰인다.

大夫 대부 : 벼슬 이름. 삼대(三代)의 관직은 경(卿) · 대부 · 사(士)로 나뉘며, 천자와 제후 모두 둘 수 있다. 그러나 고서에서 말하는 대부는 대부분 경까지 포함한다.

士庶人 사서인 : 일반 선비와 백성.

交征利 교정리 : 서로 사리(私利)를 취하다. 서로 이익을 다투다.

乘 승 : 병거(兵車) 한 대. 고대에는 병거의 수로 나라의 크기를 구분하여

천자국을 만승지국(萬乘之國), 제후국을 천승지국(千乘之國), 대부의 봉읍을 백승지가(百乘之家)로 각각 불렀다. 그러나 전국시대 말에 이르자 전국칠웅 등의 대국은 참칭하여 왕이 되면서 이미 만승의 나라가 되었고, 송(宋)·위(衛)·중산(中山) 등 소국만 천승을 유지하였다. 그러므로 여기의 만승지국은 제후국 중 대국을, 천승지국은 소국을, 백승지가는 대부의 봉읍을 가리킨다.

弑 시 : 아랫사람이 윗사람을 죽이는 것을 시 또는 시해(弑害)라고 한다.

萬取千焉 만취천언 : 만에서 천을 취하다. '焉'은 종결형 어기사이다.

不爲不多 불위부다 : 많지 않은 것은 아니다. 곧 적지 않다는 뜻이다.

後義而先利 후의이선리 : 공의(公義)를 뒤로 하고 사리(私利)를 앞세우다.

不奪不饜 불탈불염 : 빼앗지 않으면 만족하지 않다. '饜'은 '물리다'는 뜻이다.

未有仁而遺其親者也 미유인이유기친자야 : 어질면서 자기 어버이를 버리는 자가 있지 않다.

【 해설 】

이 장은 『맹자』의 첫 편 첫 장으로, 처음부터 맹자의 중심 학설인 인의론이 선보인다. 양혜왕 35년에 예의를 갖춰 널리 인재를 초빙하자 이 해 맹자도 양나라로 들어가 혜왕을 만났다. 혜왕의 첫 마디는 나라를 이롭게 할 방책 즉 부국강병책을 묻는 것이었고, 맹자는 자신의 지론인 인의론으로 맞대응하였다. 맹자의 정치철학과 양혜왕의 현실적 필요가 첨예하게 대립하는 모습을 잘 보여준다. '이(利)'는 보통 부당한 방법으로 사리를 앞세우거나 편의를 위하여 원칙을 저버리는 공리주의적 용어라서 맹자는 '이'를 매우 배격한다. 그러므로 '이'의 폐해가 결국 임금을 시해함에 이른다는 논리로, 인의만이 그나마 왕위를 보존하는 방도라고 설득하였다.

임금의 요구에 즉각 자기의 지론으로 맞서는 맹자의 당당함이 돋보이나, 하지만 앞으로 양나라에서 포부를 펼치기가 순조롭지 않을 것도 예감된다.

【 원문 2 】

孟子謂齊宣王曰：“王之臣, 有託其妻子於其友, 而之楚遊者。比其反也, 則凍餒其妻子, 則如之何?” 王曰：“棄之。” 曰：“士師不能治士, 則如之何？” 王曰：“已之。” 曰：“四境之內不治, 則如之何？” 王顧左右而言他。

「양혜왕하 梁惠王下 · 6」

【 주석 】

託 탁 : 맡기다.

之 지 : 가다.

比其反也 급기반야 : 그가 돌아옴에 미치어. ‘比’는 ‘미치다’ 또는 ‘이르다’의 뜻이고, ‘反’은 ‘돌아오다’의 뜻으로 ‘返(반)’과 같다. 참고로 초순(焦循)의 『맹자정의 孟子正義』에서는 ‘比’를 ‘예를 들다’로 해석하였다.

凍餒 동뇌 : 추위에 떨고 굶주리게 하다. 헐벗고 굶주리게 하다.

如之何 여지하 : 그를 어떻게 하느냐. ‘如何’의 목적어가 대명사일 때에는 ‘如’와 ‘何’ 사이에 목적어를 둔다.

棄 기 : 버리다. 절교하다.

士師 사사 : 옥관(獄官). 감옥 업무를 관장하는 관리로 오늘날의 사법관에 해당한다.

治士 치사 : 관리를 다스리다. 부하를 관리하다. 『주례 周禮』에 의하면 사사 밑에 향사(鄕士)와 수사(遂士) 등의 부하를 두었다고 한다.

已 이 : 그만두게 하다. 파면시키다.

四境之內 사경지내 : 나라 안.

顧而言他 고이언타 : 돌아보며 다른 말을 하다. 두리번거리며 딴전을 피우다.

【 해설 】

이 장은 맹자가 두 개의 간명한 비유와 질문으로 제선왕을 궁지에 몰아넣는 장면이 인상적이다. 맹자는 먼저 제선왕에게 처자를 친구에게 맡기고 초나라로 여행을 떠났다 돌아오니 친구가 처자를 헐벗고 굶주리게 하였다면 이런 친구는 어떻게 하면 좋으냐고 물었다. 제선왕이 절교한다고 하자 맹자는 다시 형옥을 관장하는 관리가 부하 관리를 못한다면 어떻게 하겠느냐 재차 물으니, 제선왕이 그만두게 한다고 대답하였다. 이에 또 다시 맹자가 나라를 다스리지 못하면 어떻게 하냐고 묻자 임금이 딴청을 부리며 화제를 돌렸다.

작심한 듯 제선왕을 추궁하는 맹자의 기상이 가관이며, 작은 설문에서 시작하여 핵심 질문으로 유도하는 논변의 기술이 절묘하다. 임금도 정치를 잘 못하면 응분의 책임을 져야 한다는 추궁을 통해 임금보다 백성을 우위에 두는 맹자의 군주관을 엿볼 수 있다.

【 원문 3 】

孟子曰：“人皆有不忍人之心。先王有不忍人之心， 斯有不忍人之政矣。以不忍人之心，行不忍人之政，治天下可運之掌上。所謂人皆有不忍人之心者：今人乍見孺子將入於井，皆有怵惕惻隱之心；非所以內交於孺子之父母也， 非所以要譽於鄕黨朋友也， 非惡其聲以然也。

由是觀之，無惻隱之心，非人也；無羞惡之心，非人也；無辭讓之心，非人也；無是非之心，非人也。惻隱之心，仁之端也；羞惡之心，義之端也；辭讓之心，禮之端也；是非之心，智之端也。人之有是四端也，猶其有四體也。有是四端而自謂不能者，自賊者也；謂其君不能者，賊其君者也。

凡有四端於我者，知皆擴而充之矣，若火之始然，泉之始達。苟能充之，足以保四海；苟不充之，不足以事父母。”

(「공손추상 公孫丑上・6」)

【 주석 】

不忍人之心 불인인지심 : 남을 차마 어찌하지 못하는 마음. 남의 불행을 차마 보지 못하는 마음.

先王 선왕 : 윗대의 임금. 즉 고대의 훌륭한 임금들.

斯 사 : 이에.

可運之掌上 가운지장상 : 손바닥 위에서 움직이다. 손바닥 위에서 굴리다.

乍 사 : 문득. 갑자기.

孺子 유자 : 젖먹이. 갓난아이.

怵惕 출척 : 두렵고 놀라다.

惻隱 측은 : 가엽게 여기다. 불쌍히 여기다.

內交 납교 : 교분을 맺다. '內'는 '들일 納(납)'과 서로 통용하며, 또한 '맺을 結(결)'과 같다.

要譽 요예 : 칭찬을 구하다. 칭찬을 바라다.

鄕黨 향당 : 마을. 옛날에는 2,500가구의 고을을 '향'이라 하고 500가구의 고을을 '당'이라 하였으며, 합하여 향리(鄕里) 또는 인근 마을이라 불렀다

惡 오 : 싫어하다. 꺼려하다.

聲 성 : ①마을 사람들의 비난하는 소리. 마을 소문. ②갓난아이의 울음소리.

羞惡之心 수오지심 : 부끄러워하고 미워하는 마음. 곧 자기의 불선(不善)을 부끄러워하고 남의 불선을 미워하는 마음.

端 단 : ①단서(端緖). 실마리. ②단초(端初). 싹. 본래 '耑'이며, '耑'자의 윗부분은 사물이 처음 생겨나는 형태를, 아래 부분은 사물의 뿌리

를 각각 상형(象形)한다.

四體 사체 : 사지(四肢).

賊 적 : 해치다.

若火之始然 약화지시연 : 불이 막 타오르는 듯하다. '然'은 '탈 燃(연)'과 같다.

達 달 : 통하다. 뚫리어 솟구치다.

保四海 보사해 : 사해를 보전하다. 천하를 안정시키다.

事父母 사부모 : 부모를 섬기다. 부모를 모시다.

【 해설 】

이 장은 성선설을 인정론과 연계하여 설명한다. 맹자는 사람은 모두 남의 불행을 차마 보지 못하는 마음이 있다고 전제하고 우물에 빠지려는 갓난아이를 예로 들었다. 이를 보고 누구나 깜짝 놀라고 가엽게 여기는데, 이는 갓난아이의 부모와 교분을 맺으려거나 남들의 비난이 두려워서가 아니다. 사람이 측은지심·수오지심·사양지심·시비지심이 없으면 사람이 아니며, 이 네 가지 마음은 각각 인·의·예·지의 단서로 사단(四端)이라고 한다. 사람이 사단을 가진 것은 사지가 있는 것과 같으니, 이러한 사단을 확충하면 어진 정치를 베풀어 천하의 백성을 보호할 수 있다. 하지만 할 수 없다고 포기하여 확충할 줄 모르면 작게는 자신을 망치고 크게는 임금을 그릇되게 해, 부모님도 모시지 못할 지경에 이른다고 경계하였다.

【 원문 4 】

孟子曰："天時不如地利, 地利不如人和。三里之城, 七里之郭, 環而攻之而不勝。夫環而攻之, 必有得天時者矣, 然而不勝者, 是天時不如地利也! 城非不高也, 池非不深也, 兵革非不堅利也, 米粟非不多也, 委而去之, 是地利不如人和也。故曰, 域民不以封疆之界, 固國不以山谿之險, 威天下不以兵革之利, 得道者多助, 失道者寡助。寡助之至, 親戚畔之;

多助之至, 天下順之。以天下之所順, 攻親戚之所畔, 故君子有不戰, 戰必勝矣!"

「공손추하 公孫丑下 · 1」

【 주석 】

天時 천시 : ①전쟁하기 좋은 때. 『순자 荀子 · 왕패 王覇』에서는 천시 · 지리 · 인화가 각각 농시(農時) · 지력(地力) · 분업(分業)의 뜻으로 사용되었다. 여기의 주제는 전쟁이므로, 천시를 전쟁에 적당한 기후 조건을 갖춘 계절로 본다. ②하늘이 정한 때. 복서(卜筮)를 통해 얻은 길시(吉時), 곧 하늘이 전쟁을 허락한 때를 말한다.

地利 지리 : 지리적 이점. 전쟁 때 공격과 수비에 유리한 험준한 산악이나 물살이 급한 하천, 또는 깊게 판 성지(城池)와 높은 성벽 등의 지형지물을 가리킨다.

人和 인화 : 단결된 민심. 즉 전쟁에 대한 백성들의 전폭적 지지.

郭 곽 : 바깥 성. 성(城)은 원래 안쪽 성을 가리키는 말이다.

環 환 : 둘러싸다. 포위하다.

必有得天時者 필유득천시자 : 반드시 천시를 얻는 경우가 있다. 오랫 동안 포위하다 보면 천시가 내 편이 되어 승전의 기회를 잡는 경우가 꼭 생긴다는 뜻이다.

池 지 : 성지(城池). 적의 접근을 막으려고 성 바깥쪽을 돌아가며 파놓은 해자(垓字).

兵革 병혁 : 무기와 갑주(甲冑). '革'은 갑옷과 투구 모두를 가리킨다.

堅利 견리 : 견고하고 예리하다. 튼튼하고 날카롭다.

米粟 미속 : 쌀과 조 같은 양식. 즉 군량미.

委而去之 위이거지 : 버리고 도망가다.

域民 역민 : 백성들의 거주 지역을 정하다.

封疆之界 봉강지계 : 변강(邊疆)의 경계선, 즉 국경선.

固國 고국 : 국방을 공고히 하다. 국력을 튼튼히 하다.

威天下 위천하 : 천하에 위세를 떨치다. 천하에 위엄을 보이다.

得道者 득도자 : 치국의 도리를 터득한 자. 즉 인정(仁政)을 베푸는 임금.

寡助之至 과조지지 : ①도움의 손길이 없는 것이 극에 달하다. '至'는 '極(극)'과 같다. ②도움의 손길이 부족한 임금. '至'는 '主(주)'와 같으며 군주(君主)를 뜻한다.

親戚畔之 친척반지 : 일가친척이 배반하다. '畔'는 '배반할 叛(반)'과 같다.

君子有不戰 군자유부전 : 어진 임금은 싸우지 않을 수 있다. 어진 군주는 간혹 싸움이 필요가 없다. 여기의 '君子'는 인덕을 갖춘 위정자를 가리키고, '有'는 고서에서 '或(혹)'과 통용되는 용례가 많다.

【 해설 】

이 장은 맹자가 전쟁에서 승리하는 비결을 설명한다. 맹자는 전쟁의 승패를 결정하는 요인으로 천시와 지리 그리고 인화 세 가지를 들었다. 그러나 하늘이 내려준 때도 지리적 이점만 못하고, 지리적 이점도 백성들의 단합된 힘만 못하다. 백성들을 붙들어 두는 것은 국경선이 아니며, 국방을 튼튼히 하는 것은 험준한 요새가 아니며, 천하에 위세를 떨치는 것은 예리한 병기도 아니다. 인정의 도를 깨우친 임금이라야 백성의 도움을 받을 수 있고, 폭정을 하는 임금은 도움의 손길이 전혀 없다. 또한 백성의 단결된 지지가 극에 달하면 천하가 다 따르지만, 백성의 지지가 완전히 끊어지면 일가친척도 등을 돌린다. 그러므로 맹자는 천하의 지지를 받고서 친척조차 등을 돌린 임금을 친다면, 싸우지 않으면 모를까 싸운다면 반드시 이긴다고 강조하였다. 이 주장은 공자의 인자무적(仁者無敵)론과 일맥상통한다.

【 원문 5 】

滕文公爲世子, 將之楚, 過宋而見孟子。 孟子道性善, 言必稱堯舜。 世子自楚反, 復見孟子。 孟子曰 : “世子疑吾言乎? 夫道, 一而已矣。 成覸謂齊景公曰 : ‘彼, 丈夫也; 我, 丈夫也。 吾何畏彼哉?’ 顔淵曰 : ‘舜何人也? 予何人也? 有爲者亦若是。’ 公明儀曰 : ‘文王我師也, 周公豈欺我哉?’ 今滕絶長補短, 將五十里也, 有可以爲善國。 書曰 : ‘若藥不瞑眩, 厥疾不瘳。’”

「등문공 滕文公 · 1」

【 주석 】

世子 세자 : 태자(太子). 즉 천자와 제후의 적자(嫡子). ‘世’와 ‘太’의 옛 음은 서로 같았다.

過 과 : 지나가다. 경유하다. 등나라는 서주(西周)의 북쪽에 있어 초나라로 가려면 반드시 남쪽으로 송나라를 거쳐서 가야 한다.

道性善 도성선 : 성선설을 말하다. ‘道’는 ‘말할 說(설)’과 같다.

言必稱堯舜 언필칭요순 : 입만 열면 필히 요임금과 순임금을 거론하다.

自楚反 자초반 : 초나라에서 돌아오다. ‘自’는 ‘~로 부터’의 뜻이고, ‘반’은 ‘돌아올 返(반)’과 같다.

道一而已矣 도일이이의 : 진리는 단 한 가지뿐이다. ‘而已矣’는 강조를 나타내는 종결형 어기사이다.

成覸 성간 : 제나라의 용사(勇士). 힘으로 제경공(齊景公)을 섬겼다고 한다.

彼 피 : 저. 그 사람. 여기서는 순임금을 가리킨다.

有爲者亦若是 유위자역약시 : 뭔가 성취가 있는 자 또한 이처럼 될 것이다. 출중한 업적이 있으면 그 또한 순임금처럼 된다.

公明儀 공명의 : ①노(魯)나라의 현인(賢人). ②증자(曾子)의 제자.

豈欺我哉 기기아재 : 어찌 날 속이겠는가.

絶長補短 절장보단 : 긴 것을 잘라 짧은 것을 보충하다. 이 말은 『묵자 墨子 · 비명 非命』과 『전국책 戰國策 · 초책 楚策』에도 나오며, 당

시 땅의 넓이를 계산할 때 널리 쓰였던 상투적인 표현이다.

書 서 : 『서경』. 『고문상서 · 설상상 說相上』에 아래의 인용 구절이 보인다. 아픈 사람이 약 먹기를 피하지 않듯이, 요순의 도가 어렵다고 포기하지 말라는 내용이다.

若藥不瞑眩 약약불명현 : 약기운이 어지럽지 않다. '瞑眩'은 아찔하고 어지럽다는 뜻이다.

厥疾不瘳 궐질불추 : 그 병이 낫지 않는다. '厥'은 '그 其(기)'와 같다.

【 해설 】

이 장은 누구나 다 노력하면 요순이 될 수 있고, 작은 나라도 인정을 펼치면 왕도정치의 모범이 될 수 있다고 향상심을 고취시킨다. 소국 등나라의 문공이 세자일 때 초나라로 가면서 송나라를 지나가는 참에 맹자를 만나니 맹자는 성선설과 요순의 도리만 이야기하였다. 돌아오는 길에 다시 맹자를 찾으니 맹자는 도는 한 가지뿐인데 내가 한 말을 의심하느냐고 힐문하였다. 맹자는 제경공을 힘으로 섬긴 성간이 순임금도 대장부고 나도 대장부인데 내가 꿀릴 것이 무엇인가 하였고, 안연은 노력하면 순임금처럼 될 수 있다 하였고, 공명의도 문왕은 나의 스승이라고 한 주공이 날 속이겠냐 하였다고 소개하면서, 등나라가 사방 50리의 소국이지만 노력하여 인정을 베풀면 좋은 나라를 만들 수 있다며 격려하였다. 맹자사상의 핵심인 '성선'이란 용어가 이 장에서 처음으로 나왔다.

【 원문 6 】

戴盈之曰 : "什一, 去關市之征, 今茲未能。請輕之, 以待來年, 然後已, 何如 ?" 孟子曰 : "今有人, 日攘其鄰之鷄者, 或告之曰 : '是非君子之道。' 曰 : '請損之, 月攘一鷄, 以待來年, 然後已。' 如知其非義, 斯速已矣, 何待來年?"

「등문공하 滕文公下 · 8」

【 주석 】

戴盈之 대영지 : 송나라 대부.

什一 십일 : 10분의 1을 거둬가는 정전법(井田法). 하(夏)나라는 1가구에 50무(畝)를 나눠주고 공법(貢法)을, 은상(殷商)은 1가구에 70무를 나눠주고 조법(助法)을, 주(周)나라는 1가구에 100무를 나눠주고 철법(徹法)을 각각 실시하였는데 세율은 모두 10의 1이다. 그러나 교외의 들은 9분의 1을 받았다.

去關市之征 거관시지정 : 통관세와 물품세를 면제하다. 국경을 통관할 때 내는 세금과 시장에서 상품을 유통시킬 때 내는 세금을 면제해주는 것을 말한다. '去'는 '없애다'라는 뜻이다.

今玆 금자 : 금년. '玆'는 '年(년)'과 같다.

輕 경 : 경감하다. 가볍게 해주다.

已 이 : 그만두다. 폐지하다. 중지하다. '已'는 '止(지)'와 같다.

攘 양 : ①몰래 훔치다. ②제 발로 온 것을 차지하다.

請損之 청손지 : 줄이도록 하겠다.

知其非義 지기비의 : 그것이 옳지 않음을 알다.

斯速已矣 사속이의 : 이에 속히 그만두다.

【 해설 】

이 장은 스스로 잘못이 있음을 알면서도 속히 고치지 않고 변명하는 사람을 신랄하게 풍자한다. 송나라 대부가 맹자에게 선생님께서 건의하신 전세(田稅)의 세율을 십분의 일로 하고, 통관세와 물품세를 면제하는 것은 금년은 이미 늦었으니 올해는 경감만 해주고 내년에 가서 폐지하면 어떠냐고 물어왔다. 맹자가 답하길, 어떤 사람이 날마다 이웃집 닭을 훔치길래 누군가 그더러 군자가 취할 도리가 아니라고 나무라자 그럼 줄여서 한 달에 한 마리만 훔치고 내년에 가서 중지하겠다고 하였는데, 잘못을 알면 속히 고쳐야지 내년까지 기다릴 것이 무엇이냐며 쏘아붙였다. 대영지의 말과 논조를 그대로 차용한 비유를 들어 문제점을 지적해내는 맹자의 변론 솜씨가 돋보인다.

【 원문 7 】

淳于髡曰："男女授受不親, 禮與？" 孟子曰："禮也。" 曰："嫂溺, 則援之以手乎？" 曰："嫂溺不援, 是豺狼也。男女授受不親, 禮也; 嫂溺援之以手者, 權也。" 曰："今天下溺矣, 夫子之不援, 何也？" 曰："天下溺, 援之以道; 嫂溺, 援之以手。子欲手援天下乎？"

「이루상 離婁上 · 17」

【 주석 】

淳于髡 순우곤 : 제나라의 변사(辯士). 순우가 성이고 곤이 이름이다.
嫂 수 : 형수.
授受不親 수수불친 : 직접 손으로 물건을 주고 받지 않다.
援之以手 원지이수 : 손을 내밀어 건져주다.
豺狼 시랑 : 승냥이와 이리.
權 권 : 재량권. 임시변통. 부득이하게 상례에 벗어난 행동을 하나 사리에는 합당할 경우를 말한다.
手援天下 수원천하 : 손으로 천하를 건져내다.

【 해설 】

이 장은 천하를 구원하는 원칙과 임기응변의 문제를 다루고 있다. 제나라의 변론가 순우곤이 남녀가 손으로 물건을 주고 받는 것이 예법에 맞는가 물어 왔다. 맹자가 예법에 맞다 하자, 순우곤은 다시 형수가 빠지면 손으로 건지냐고 물었다. 이에 대하여 맹자는 형수가 빠졌는데 건져주지 않으면 이는 짐승이며, 남녀가 손으로 물건을 주고 받지 않음은 예이고, 형수가 물에 빠지면 손을 내밀어 건져줌은 임기응변이라고 응대하였다. 다시 순우곤이 지금 천하가 도탄에 빠졌는데 선생께서 왜 건져주지 않느냐고 묻자, 맹자는 도탄에 빠진 천하는 인의의 도리로 건지고 물에 빠진 형수는 손을 내밀어 건지는데 자네는 나더러 손으로 천하를 구하라는 말이냐고 반문하였다. 말하자면 천하를 구원하는 일은 형수를 손으로 건지는 임기응변의 문제가 아니라, 인의의 도리로 구하는 원칙의 문제라는 뜻이다.

【 원문 8 】

齊人有一妻一妾而處室者, 其良人出, 則必饜酒肉而後反; 其妻問所與飮食者, 則盡富貴也。其妻告其妾曰 : “良人出, 則必饜酒肉而後反。問其與飮食者, 盡富貴也; 而未嘗有顯者來。吾將瞯良人之所之也。” 蚤起, 施從良人之所之。徧國中無與立談者。卒之東郭墦間之祭者, 乞其餘; 不足, 又顧而之他。此其爲饜足之道也! “其妻歸, 告其妾曰 : “良人者, 所仰望而終身也。今若此!” 與其妾訕其良人, 而相泣於中庭; 而良人未之知也, 施施從外來, 驕其妻妾。由君子觀之, 則人之所以求富貴利達者, 其妻妾不羞也, 而不相泣者, 幾希矣!

『이루하 離婁下 · 33』

【 주석 】

良人 양인 : 남편. ‘良’은 신랑(新郎)의 ‘郎’과 같으며, 옛날에는 부인이 자기 남편을 ‘良’이라고도 불렀다. 그러나 당시 남편을 가리키는 말로 ‘夫(부)’가 많이 쓰였는데, ‘양인’이라고 한 것은 전체 내용으로 보아 풍자의 의도가 짙다고 볼 수 있다.

饜酒肉而後反 염주육이후반 : 술과 고기를 물리도록 먹고 돌아오다. ‘饜’은 너무 많이 먹어서 물린다는 뜻이고, ‘反’은 ‘돌아올 返(반)’과 같다.

問所與飮食者 문소여음식자 : 음식을 함께 먹은 사람을 묻다. 누구와 함께 음식을 먹었는지 묻다.

未嘗有顯者來 미상유현자래 : 아직 번듯한 사람이 온 적이 없다. ‘顯者’는 부귀한 신분을 가진 사람을 가리킨다.

將瞷良人之所之 장간양인지소지 : 장차 남편이 가는 곳을 엿보고자 하다. '瞷'은 '覸'과 같은 글자로 '엿보다'의 뜻이면 '간'으로, '곁눈질하다'의 뜻이면 '한'으로 읽는다. 앞의 '之'는 주격조사이고, 뒤의 '之'는 동사 '가다'로 해석한다.

蚤 조 : 아침. 일찍. 원래 뜻은 벼룩이며, 벼룩이 보통 새벽에 활동하여 '아침 早(조)'의 뜻을 겸한다.

施從 이종 : 몰래 따라가다. 여기의 '施'는 '비스듬할 迤(이)'와 같다.

徧國中 편국중 : 도성 안을 두루 돌아다니다. 옛날에는 '國'과 도성을 혼용하였다.

東郭墦間之祭者 동곽번간지제자 : 동쪽 성곽 밖 묘지 사이에서 제사지내는 사람.

之他 지타 : 다른 곳으로 가다.

饜足之道 염족지도 : 물리도록 먹는 방법.

仰望而終身 앙망이종신 : 우러러보며 평생 의지하다.

訕 산 : 헐뜯다. 흉보다.

相泣 상읍 : 서로 붙들고 울다. 함께 울다. '相'은 '더불어 與(여)'와 같다.

中庭 중정 : 마당 한 복판. 여기서는 '庭中'의 뜻이다.

施施 시시 : 히득거리다. 희열(喜悅)에 찬 모습.

驕 교 : 자랑을 하다. 교만을 떨다. 거들먹거리다.

幾希 기희 : 거의 드물다.

【 해설 】

이 장은 우언(寓言)의 형식으로 전국시대에 부귀영달을 추구하는 인물들의 위선을 고발한다. 맹자는 제인이 외출하면 항상 술과 고기를 물리도록 먹고 귀가하여 아내와 첩에게 부귀한 사람들과 함께 먹었다고 자랑하기에, 아내가 몰래 뒤를 따라가 보니 종일 혼자 돌아다니다 묘지 참배객의 제사 음식 찌꺼기를 걸식(乞食)하는 꼴을 보고 실망하고 돌아와 첩과 함께 우는데도, 제인은 히득거리며 귀가하여 여전히 거들먹거렸다는 우화를 소개하였다. 그러면서 맹자는 오늘날 부귀영달을 추구하는 자 치고 그 방법이 자기의 아내와 첩을 부끄럽게 하지 않으며, 서로 붙잡고 울지 않게 하는 자가 거의 드물다고 개탄하였다.

이 장은 허영을 좇는 소인배의 추악한 형상을 극적인 구성으로 생생하게 묘사하고 시대상을 날카롭게 풍자하였다고 문학적으로 높이 평가되며, 심지어 중국 고대단편소설의 추형(雛形)으로 꼽히기도 한다.

【 원문 9 】

咸丘蒙問曰："語云, '盛德之士, 君不得而臣, 父不得而子。' 舜南面而立, 堯帥諸侯北面而朝之, 瞽瞍亦北面而朝之。舜見瞽瞍, 其容有蹙。孔子曰：'於斯時也, 天下殆哉, 岌岌乎!' 不識此語誠然乎哉?" 孟子曰："否, 此非君子之言, 齊東野人之語也。堯老而舜攝也。堯典曰：'二十有八載, 放勳乃徂落, 百姓如喪考妣, 三年, 四海遏密八音。' 孔子曰：'天無二日, 民無二王。' 舜旣爲天子矣, 又帥天下諸侯以爲堯三年喪, 是二天子矣。"

咸丘蒙曰："舜之不臣堯, 則吾旣得聞命矣。詩云, '普天之下, 莫非王土, 率土之濱, 莫非王臣。' 而舜旣爲天子矣, 敢問瞽瞍之非臣, 如何?" 曰："是詩也, 非是之謂也, 勞於王事而不得養父母也。曰：'此莫非王事, 我獨賢勞也。' 故說詩者, 不以文害辭, 不以辭害志。以意逆志, 是爲得之。如以辭而已矣, 雲漢之詩曰："周餘黎民, 靡有孑遺。"信斯言也, 是周無遺民也。孝子之至, 莫大乎尊親, 尊親之至, 莫大乎以天下養。爲天子父, 尊之至也, 以天下養, 養之至也。詩曰：'永言孝思, 孝思維則。' 此之謂也。書曰：'祗載見瞽瞍, 夔夔齊栗, 瞽瞍亦允若。' 是爲父不得而子也。"

「만장상 萬章上 · 4」

【 주석 】

咸丘蒙 함구몽 : 맹자의 제자. 제나라 사람으로 함구가 성이고 몽이 이름이다.

語 어 : 옛날 말. 옛날부터 전해오는 말.

南面而立 남면이립 : 남쪽을 향하여 서다. 왕으로 군림하다. 임금이 조정에서 신하들을 대할 때 남쪽을 향하여 앉는다.

北面而朝 북면이조 : 북쪽을 향하여 조현(朝見)을 드리다. '朝'는 신하가 조회에 참석하여 임금을 알현하는 것을 말한다.

瞽瞍 고수 : 순임금 아버지의 이름. 원래 소경을 가리킨다. 순임금의 아버지가 눈이 멀어서가 아니고, 순임금을 박해하여 사리분별을 못한다고 해서 붙여진 이름이다.

蹙 축 : 오그라들다. 불안하여 움츠리는 모습을 형용하는 말이다.

岌岌 급급 : 금방 무너질 듯 높고 위태로운 모습. '天下岌岌乎殆哉'가 도치되었다.

齊東野人之言 제동야인지언 : 제나라 동쪽 야인들이 한 말. 사실이 아니고 함구몽의 고국 제나라에 떠도는 소문이란 뜻이다.

堯典 요전 : 『상서』의 편명. 사실 뒤에 인용된 몇 구는 「순전 舜典」에 나온다.

放勳乃徂落 방훈내조락 : 요임금이 죽다. '方勳'은 요임금의 호이고, '徂'는 '죽을 殂(조)'와 같다.

如喪考妣 여상고비 : 마치 부모를 잃은 듯하다. 마치 부모상을 당한 듯하다. 죽은 사람을 호칭할 때 아버지를 '考', 그 배우자를 '妣', 아버지 윗대를 '祖(조)'라고 한다.

遏密八音 알밀팔음 : 모든 음악 연주를 그만두다. 천하의 백성들이 일절 음악소리를 내지 않고 조용히 지내다. '遏'은 '그칠 止(지)'의 뜻이고, '密'은 소리가 없이 고요함을 말한다. '八音'은 쇠·돌·현·죽·박·흙·가죽·나무 등 8가지 재료로 만든 악기가 내는 소리이다.

不臣堯 불신요 : 요임금을 신하로 여기지 않다. 요임금이 북면하여 조현하지 않도록 하다.

詩 시 : 『시경·소아·북산 北山』. 「모시서 毛詩序」는 "북산"이 대부가 유왕(幽王)을 풍자한 시로, "왕의 부역에 시달려 부모를 봉양할 수 없다."라고 설명한다.

率土之濱 솔토지빈 : 모든 영토 내의 물가. 즉 온 천하. '率'은 '두르다'의 뜻이다.

我獨賢勞 아독현로 : ①나만 유독 많이 힘들다. '賢'은 '많을 多(다)'의 뜻으로 쓰였다. ②나만 유독 좋은 재주를 갖고도 고생하다. '賢'은 현재(賢才)를 말한다.

不以文害辭 불이문사해 : 한 글자를 가지고 말 전체를 해치지 않는다. 한 글자의 뜻에 얽매여 어구(語句) 전체의 뜻을 곡해하지 말라는 뜻이다. '文'은 글자이고, '辭'는 말이다.

不以辭害志 불이사해지 : 말 한 구절을 가지고 작자의 본뜻을 해치지 않는다. 시 한 구절을 갖고 작자의 창작의도를 곡해하지 말라는 뜻이다. '志'는 작가의 뜻 또는 작품의 주지(主旨)를 말한다.

以意逆志 이의역지 : ①자기의 의견을 작가의 뜻에 맞춰가다. '逆'은 영합(迎合)하다는 뜻이다. ②자기의 의견을 미루어 작가의 뜻을 추측하다. '逆'은 추측하다는 뜻이다.

雲漢 운한 : '시경·대아'에 실린 시의 제목.

周餘黎民 주여여민 : 주나라에 남은 백성. '黎民'은 일반 백성을 말한다.

靡有孑遺 미유혈유 : 남은 사람이 하나도 없다. '靡'는 '없을 無(무)'와 같으며, '孑'과 '遺'는 모두 나머지란 뜻이다.

至 지 : 극치.

莫大乎尊親 막대호존친 : 어버이를 높이는 것 보다 큰 것이 없다. '乎'는 '於(어)'와 같으며 비교격조사로 쓰였다.

以天下養 이천하양 : 천하를 가지고 봉양하다. 온 천하를 들어 봉양하다.

詩曰 시왈 : '시경·대아·하무 下武'.

孝思維則 효사유칙 : 효도는 천하의 법칙이다. 효도는 천하가 본받을 원칙이다.

書 서 : 주자는 『상서·대우모 大禹謨』이라고 하였으나, 초순의 『맹자정의』에서는 『금문상서』에 보이지 않아 일편(逸篇)이라고 단정하였다

祗載 지재 : 공경스럽게 모시다. 공손히 모시다. '祗'는 '공경하다'의 뜻이고 '載'는 '모시다'의 뜻이다.

夔夔齊栗 기기제율 : 삼가고 무서워하는 모양. '齊'는 '엄숙할 齋(재)'와 같으며, '栗'은 '두려워할 慄(율)'과 같다. 재율(齋慄)은 제사를 지낼 때 공경스럽고 조심하는 모습을 말한다.

允若 윤약 : ①효순하다고 믿다. ②진정으로 순리에 따르다. '允'은 '진실로 信(신)'과 같고, '允'은 '따를 順(순)'과 같다.

【 해설 】

이 장의 주제는 『시경』을 비롯한 고전 자료에 대한 해석방법과 태도이다. 제자 함구몽이 옛날 말에 순임금이 남면해서 천자의 자리에 서고 요임금과 아버지 고수가 북면해서 신하에 자리에 섰다고 하는데 사실이냐고 물었다. 맹자가 요임금이 연로하여 순임금이 섭정하였으며 요임금이 살아 있을 때는 천자 자리에 오르지 않았다고 대답하였다.

함구몽이 『시경・소아・북산』에 "천하에 임금 땅이 아닌 곳이 없고 사해 안이 임금 신하가 아닌 사람이 없다."고 하였으나, 순임금이 천자인데 고수는 왜 신하가 아니냐고 물었다. 맹자는 이 시가 임금의 부역에 시달려 부모를 봉양하지 못한 사람이 모든 것이 임금의 일인데 다 나와 해야지 왜 나만 힘들게 하느냐고 원망한 시라고 하였다. 시를 말하는 사람은 한 자에 얽매여 한 구 전체를 왜곡하지 말아야 하고, 한 구절에 얽매여 작자의 본뜻을 왜곡하지 말아야 하며, 자기 의견을 작자의 본뜻을 헤아리고 맞춰가야 옳다. 예를 들어 『시경・대아・운한』에 "주나라의 유민 하나도 남질 않았네."라 하였는데, 이 말대로라면 주나라는 유민이 한 사람도 없어야 한다는 것이다. 표면적인 자귀 해석으로 작품의 원뜻을 해치는 함구몽의 시 해석을 통렬하게 교정하였다. 맹자가 『시경』과 『서경』에 밝았다는 역대의 평가가 과언이 아님을 알겠다. '以意逆志'설은 후대에 와서 시 감상과 평론의 방법론이 되었다.

【 원문 10 】

齊宣王問卿。孟子曰：“王何卿之問也?” 王曰：“卿不同乎?”曰：“不同, 有貴戚之卿, 有異姓之卿。” 王曰：“請問貴戚之卿。” 曰：“君有大過則諫, 反覆之而不聽, 則易位。” 王勃然變乎色。曰：“王勿異也! 王問臣, 臣不敢不以正對。” 王色定, 然後請問異姓之卿。曰：“君有過則諫, 反覆之而不聽, 則去。”

「만장하 萬章下 · 9」

【 주석 】

問卿 문경 : 공경(公卿)에 대하여 묻다.

貴戚之卿 귀척지경 : 같은 성의 친족 공경. 조기의 주는 '내외친족(內外親族)'이라며 외척까지 포함시켰는데, 이것은 한대에 극성을 부린 외척의 득세에 영향을 받은 해석이다.

易位 역위 : 왕위를 바꾸다. 임금을 종실의 어진 이로 교체함을 뜻한다.

勃然 발연 : ①얼굴색이 변하는 모양. 성내는 모양. ②갑작스런 모양.

勿異 물이 : 이상하게 여기지 말라. 다르게 생각하지 말라.

正對 정대 : 바르게 아뢰다. 성실히 아뢰다. '正'은 '誠(성)'과 같다.

色定 색정 : 안색이 안정되다. 안색을 회복하다.

【 해설 】

이 장은 임금이 간언을 받아들이지 않을 때 신하가 취할 태도에 대하여 거론하였다. 제선왕이 경에 대하여 묻자, 맹자는 어떤 경을 묻느냐고 하였다. 제선왕이 다르냐고 하자, 맹자는 성이 같은 경과 성이 다른 경이 있다고 하였다. 제선왕이 같은 성의 경에 대하여 묻자, 임금에게 큰 허물이 있으면 간언을 드리고, 반복해도 듣지 않으면 임금을 바꾼다고 대답하였다. 제선왕이 발끈 화를 내며 안색이 변하자, 맹자는 왕께서 묻기에 성실히 아뢰었으니 나무라지 말라고 응수하였다. 왕이 진정하고 성이 다른 경에 대하여 묻자 맹자는 임금의 허물이 있으면 간언을 드리고 반복해도 듣지 않으면 떠난다고 대답하였다.

성이 같은 경은 사직과 운명을 함께 하므로, 사직을 보존하기 위해 임금을 교체한다. 임금을 바꾼다는 이 말은 매우 도발적이다. 그리고 성이 다른 경은 떠난다는 말 역시 맹자 자신도 곧 떠날 수 있음을 암시한다.

【 원문 11 】

孟子曰："仁, 人心也; 義, 人路也。舍其路而弗由, 放其心而不知求, 哀哉! 人有鷄犬放, 則知求之; 有放心而不知求。學問之道無他, 求其放心而已矣。"

『고자상 告子上·11』

【 주석 】

人心 인심 : 사람이면 누구나 갖고 있는 착한 마음.
人路 인로 : 사람이면 누구나 다 가야할 올바른 길.
舍 사 : 버리다. '捨(사)'와 같다.
弗由 불유 : 말미암지 않다. 다니지 않다.
放 방 : 잃어버리다. '잃을 失(실)'과 같다.
人有鷄犬放 인유계견방 : 사람이 닭이나 개를 잃어버리는 일이 있다면.
求 구 : 되찾다.
道 도 : 궁극적인 목표. 궁극적인 목적.
無他 무타 : 다른 것이 없다. 다름이 아니다.

【 해설 】

이 장은 학문의 궁극적인 목표는 인간의 착한 본심을 회복하는 데에 있다고 밝힌다. 맹자는 '인'이란 사람의 타고난 마음이고 '의'는 사람이 가야할 길인데, 사람들이 옳은 길을 버리고 가지 않으며 타고난 마음을 잃었는데 되찾을 줄 모르니 슬프다고 하였다. 집에 기르는 닭과 개 같은 가축을 잃어버리면 되찾을 줄 알지만 착한 마음을 잃고서는 되찾을 줄 모른다는 것이다. 그러므로 학문의 궁극적인 목표는 다름이 아니라 우리의 잃어버린 착한 마음을 회복하는 것이라고 강조하였다.

맹자는 성선설에 바탕을 두고 '인'과 '의'를 비교적 쉬운 비유를 들어 설명하였다. 또한 학문의 궁극적인 목표를 분명히 하여 인간의 향상심을 북돋운다.

【 원문 12 】

任人有問屋廬子曰："禮與食孰重?" 曰："禮重。" "色與禮孰重?" 曰："禮重。" 曰："以禮食, 則飢而死; 不以禮食, 則得食; 必以禮乎? 親迎, 則不得妻; 不親迎, 則得妻; 必親迎乎?" 屋廬子不能對。明日之鄒, 以告孟子。

孟子曰："於答是也何有! 不揣其本, 而齊其末, 方寸之木, 可使高於岑樓。金重於羽者, 豈謂一鉤金與一輿羽之謂哉! 取食之重者, 與禮之輕者而比之, 奚翅食重? 取色之重者, 與禮之輕者而比之, 奚翅色重? 往應之曰：'紾兄之臂, 而奪之食, 則得食; 不紾則不得食, 則將紾之乎? 踰東家牆而摟其妻子, 則得妻; 不摟則不得妻, 則將摟之乎?'"

「고자하 告子下 · 1」

【 주석 】

任 임 : 나라 이름.

屋廬子 옥려자 : 맹자의 제자. 이름은 연(連)이다.

以禮食 이예식 : 예법대로 먹을 것을 찾다.

親迎 친영 : 친히 맞이하다. 고대의 혼인에서는 제후에서 백성까지 모두 신랑이 직접 가서 신부를 맞았다. 천자는 『좌전』에는 직접 맞이하지 않는다고 하였고, 『공양전』에는 직접 맞이한다고 하였다.

鄒 추 : 나라이름. 원래 춘추시대의 주(邾)나라였으나, 노목공(魯穆公) 때 추나라로 바꿔 불렀다. 임나라와 백리 정도 떨어져 있어 옥려자가

다음날 갈 수 있었다.

於答是也何有 어답시야하유 : 이것을 답하는 것에 무슨 어려움이 있겠는가.

揣其本 췌기본 : 사물의 근본을 따지다. '揣'는 '재다' 또는 '측량하다'의 뜻이다.

齊其末 제기말 : 끝부분을 가지런히 하다.

岑樓 잠루 : ①산의 뾰족한 봉우리. ('조기주') ②산봉우리처럼 뾰족하게 높이 솟은 누각. ('집주') '岑'은 '날카로울 銳(예)'와 같다.

一鉤金 일구금 : 혁대 장식에 쓰이는 쇠. 쇠는 원래 무거우나, 혁대 장식은 작으므로 가볍다. 이처럼 예도 음식과 여색보다 덜 중요한 것이 있다.

奚翅食重 해시식중 : 어찌 먹는 것이 중요하다 마다겠는가. '奚'는 '어찌'의 뜻이고 '翅'는 '그칠 止(지)'와 같다.

紾兄之臂 진형지비 : 형의 팔을 비틀다.

踰 유 : 넘다. 타넘다.

摟其處子 누기처자 : ①그 집 처녀를 억지로 껴안다. ②그 집 처녀를 납치하다.

【 해설 】

이 장은 사물마다 경중이 있으며 그 경중을 단순 비교할 수 없음을 말한다. 임나라 사람이 옥려자에게 예법대로 행하면 굶어죽거나 장가를 들 수 없고 예법에 따르지 않으면 음식을 얻거나 장가를 들 수 있다면, 반드시 예법에 따라야 하는가 물었다. 옥려자가 대답을 못하고 맹자에게 가르침을 청하였다. 맹자는 이 질문은 본질은 따지고 않고 표면만 보고 비교한 것이라 규정한다. 음식과 여색의 중대한 문제와 예법의 사소한 문제를 함께 비교한다면 음식과 여색이 당연히 중요하다며 이렇게 반문한다. "형의 팔목을 비틀면 먹을 수 있고 비틀지 않으면 먹을 수 없다면 비틀겠느냐? 동편 이웃집 담을 넘어 그 집 처녀를 억지로 껴안으면 장가들고 껴안지 않으면 장가를 못 든다면 껴안겠느냐?" 매우 적절한 비유로 상대의 형식논리를 무력화시켰다. 맹자는 비유에 능하였다는 평가가 증명되는 순간이다.

【 원문 13 】

孟子曰："君子有三樂, 而王天下不與存焉。父母俱存, 兄弟無故, 一樂也; 仰不愧於天, 俯不怍於人, 二樂也; 得天下英才而教育之, 三樂也。君子有三樂, 而王天下不與存焉。" 「진심상 盡心上 · 20」

【 주석 】

王天下 왕천하 : 천하를 왕도정치로 다스리다. 천하에 임금노릇하다. '王'이 동사로 쓰였다.

不與存 불여존 : 포함되지 않다. 안에 들어가지 않다.

無故 무고 : ①재난 등 사고가 없이 편안하다. ②병환이 없이 건강하다.

愧 괴 : 부끄러워하다.

俯 부 : 굽어보다. 땅을 내려다보다.

怍 작 : 부끄러워하다.

【 해설 】

이 장은 맹자가 군자의 즐거움 세 가지에 만승을 가진 천자는 끼지도 못함을 거듭 강조한다. 군자에게 세 가지 즐거움이 있는데, 부모님이 모두 생존해 계시고 형제들이 별고가 없음이 첫 번째 즐거움이요, 하늘을 우러러 부끄럽지 않고 땅을 굽어보아 남에게 부끄럽지 않음이 두 번째 즐거움이요, 천하의 영재를 얻어 교육시킴이 세 번째 즐거움인데, 천하를 상대로 왕도정치를 펼치는 재미도 여기에는 포함되지 않는다고 하였다. 이 말은 아마 맹자가 정치일선에서 물러나 제자들과 학문에 전념할 때 나온 말이 아닌가 여겨진다.

【 원문 14 】

孟子曰："由堯·舜至於湯, 五百有餘歲, 若禹·皐陶則見而知之, 若湯則聞而知之。由湯至於文王, 五百有餘歲, 若伊尹·萊朱則見而知之, 若文王則聞而知之。由文王至於孔子, 五百有餘歲, 若太公望·散宜生則見而知之, 若孔子則聞而知之。由孔子以來至於今, 百有餘歲, 去聖人之世, 若此其未遠也, 近聖人之居, 若此其甚也! 然而無有乎爾, 則亦無有乎爾!"

「진심하 盡心下·38」

【 주석 】

五百有餘歲 오백유여세 : 500년 남짓 되었다. '有'는 '또 又(우)'와 같으며 '歲'는 '해 年(년)'과 같다.

禹 우 : 하나라의 시조. 요임금의 치세에 섭정을 맡은 순의 명을 받아 치수에 성공하였다. 순임금에게서 제위를 선양받아 국호를 하(夏)로 바꿨다.

皐陶 고요 : 순임금의 신하. 사구(司寇) 곧 사법부의 장을 지냈다.

湯 탕 : 은(殷)나라의 시조 성탕(成湯). 이윤의 도움을 받아 하 왕조의 걸왕(桀王)을 내쫓고 은나라를 세운 후 국호를 상(商)이라 정하였다.

文王 문왕 : 주(周)나라의 기초를 닦은 성군. 덕치에 힘써 천하 제후의 3분의 2가 따라 서백(西伯)이라 칭하였다. 사후에 아들 무왕이 아버지를 문왕으로 추존하였다.

伊尹 이윤 : 탕임금의 명재상.

萊朱 내주 : 탕임금의 신하.

太公望 태공망 : 주나라 초기의 명재상 여상(呂尙). 본명은 강상(姜尙)이고 강태공으로 더 유명하다. 무왕을 도와 은나라 주왕(紂王)을 내쫓고 천하를 평정한 공으로 제(齊)나라의 시조가 되었다.

散宜生 산의생 : 문왕의 신하. 태공망은 용맹과 지략으로 장군이 되었고, 산의생은 문덕이 뛰어나 재상이 되었다고 한다.

近聖人之居 근성인지거 : 성인이 살던 옛집과 가깝다. 공자는 노나라 사람

이고 맹자는 추나라 사람으로, 노나라에서 치는 방범 딱딱이 소리가 추나라에 들릴 정도로 두 곳의 거리가 매우 가깝다고 한다.

無有乎爾 무유호이 : 계승할 사람이 없다. 두 번 나오는데 앞의 '無有乎爾'는 이미 성인의 도를 직접 보고 아는 사람이 없다는 뜻이고, 뒤의 '無有乎爾'는 앞으로 성인의 도를 얻어 들을 사람조차 없겠다는 뜻이다. '乎爾'는 탄식조의 어기사이다.

【 해설 】

이 장은 맹자의 마지막 편 마지막 장으로, 맹자가 차례대로 옛 성인의 도통을 설명하며 성인의 출현을 기대한다. 요임금과 순임금에서 탕왕까지 500년 남짓인데, 우임금과 고요는 성인의 도를 직접 보아서 알고, 탕왕은 들어서 안다. 탕왕에서 문왕까지 500년 남짓인데, 이윤과 내주는 직접 보아서 알고, 문왕은 들어서 안다. 문왕에서 공자까지 500년 남짓인데, 태공망과 산의생은 직접 보아서 알고, 공자는 들어서 안다. 공자에서 맹자까지 100년 남짓인데, 성인께서 살던 시대와 그렇게 멀지 않으며, 성인께서 거처하던 곳과 매우 가깝다. 그러나 직접 본 사람이 없으니 성인의 도를 전해들을 사람도 끊어지겠구나! 맹자가 이처럼 도통의 단절을 거듭 탄식하였는데, 이는 자신이 도통의 계승자임을 자임하는 외침이다.

3)『대학』

【 원문 1 】

大學之道, 在明明德, 在親民, 在止於至善。知止而后有定, 定而后能靜, 靜而后能安, 安而后能慮, 慮而后能得。物有本末, 事有終始, 知所先後, 則近道矣。古之欲明明德於天下者, 先治其國; 欲治其國者, 先齊其家; 欲齊其家者, 先修其身; 欲修其身者, 先正其心; 欲正其心者, 先誠其意; 欲誠其意者, 先致其知。致知在格物, 物格而后知至; 知至而后意誠, 意誠而后心正; 心正而后身修, 身修而后家齊; 家齊而后國治, 國治而后天下平。自天子以至於庶人, 壹是皆以修身爲本。其本亂而末治者否矣, 其所厚者薄, 而其所薄者厚, 未之有也。

「경 1장 經一章」

【 주석 】

大學 대학 : ①중국 고대의 최고학부 태학(太學), 또는 거기에서 가르치는 학문. ②대인의 학문. 곧 성인(聖人)의 학문. ③큰 공부. 즉 본격적인 학문.

道 도 : 궁극적인 목표. 이념으로서 나아갈 길.

明明德 명명덕 : 명덕을 밝히다. 예지(叡智)를 밝히다. '명덕'에 대하여 학자의 해석이 구구하다. 정현은 '지극한 덕'이라고, 공영달은 '자기의 광명한 덕'이라고, 주희는 '사람이 하늘에서 받아 허령불매(虛靈不昧)하면서 모든 이치를 갖추어서 온갖 일에 응하는 것'이라고 풀이한다. 『시경』과 『서경』에도 흔히 보이는 용어로, '하늘에서 부여받은 영명한 이성' 또는 '사리를 분별하는 밝은 재덕' 정도의 개념이다.

親民 신민 : ①백성을 새롭게 하다. '親'은 정자가 '새로울 新(신)'으로 읽었고 주자가 이를 따랐다. ②백성을 친애(親愛)하다. 공영달과 왕양

명은 '親'을 '친할 친'으로 읽었다.

止於至善 지어지선 : 지극한 선에 머물다. '止'는 그 자리에 도달하여 떠나지 않고 굳건하게 머무는 것을 가리킨다. '至善'은 주희가 '사리의 당연함이 극치에 달한 것'이라고 하였는데, 지극한 선의 경지를 말한다.

知止而后 지지이후 : 머무는 곳을 안 뒤에야. '而後(이후)'로 된 판본도 있다.

有定 유정 : ①정함이 있다. 곧 자신의 목표를 안 다음에 의지의 방향이 뚜렷하게 정해진다는 뜻이다. ②안정됨이 있다. 곧 자신의 목표를 안 다음에 마음이 안정된다는 뜻이다.

靜 정 : 고요하다. 외부의 유혹이나 방해를 받아도 마음이 함부로 흔들리지 않는다는 뜻이다.

安 안 : 편안하다. 마음의 여유가 생겨 편안하다는 뜻이다.

慮 려 : 생각하다. 깊이 헤아리다. 사물의 앞뒤를 살펴 정확한 정보로 올바르게 판단한다는 뜻이다.

得 득 : 얻다. 모든 일을 적절하게 처리하다. 정현은 "일의 마땅함을 얻다."로 풀이하였고, 주자는 "자기가 머물 곳을 얻다."라 하여 지선의 경지에 머무는 것으로 풀이하였다.

本末 본말 : 근본과 말단.

終始 종시 : 끝과 처음. 끝맺음과 시작. 근본과 시작은 '명명덕'과 '격물치지'를 가리키고, 말단과 끝맺음은 '지어지선'과 '평천하'를 가리킨다.

近道 근도 : 도에 가깝다. 올바른 방법이니 순서에 가깝다. 대학의 도에서는 먼저 할 것과 나중에 할 것의 순서 또는 방법을 아는 것이 중요하다는 뜻이다.

古 고 : 옛날. 여기서는 옛날의 어진 임금, 즉 요와 순 같은 성군이 다스리던 시대를 말한다.

先治其國 선치기국 : 먼저 그 나라를 다스리다. '國'은 제후가 다스리는 나라이다. 고대의 왕제(王制)로는 천자가 다스리는 나라가 천하인데 바로 중국 전체를 가리킨다.

齊 제 : 가지런히 하다. ①(집안을 화목하게) 잘 다스리다. ②(대부의 '가'를 질서가 있게) 잘 정돈하다. ③(사회의 각 가정을) 골고루 잘 살게 하다.

正 정 : 바르게 하다.

誠 성 : 정성되게 하다. 성실하게 하다. 『중용』에서도 '정성됨은 하늘의 도이며, 정성되게 함은 사람의 도리이다.'라고 하여 '誠'을 매우 중시하였다. 『대학』의 구본인 『예기 · 대학』을 주해한 동한의 정현과 당의 공영달은 성의를 격물치지보다 중시하였다.

致 치 : 끝가지 밀고 나가다. 궁극에 이르게 하다.

知 지 : 지적 능력. 여기서는 일반적인 지식이 아니라 지각 · 인식 · 식별 · 판단 · 추리 · 사고 등의 지적 활동의 능력을 가리킨다. '致其知(치기지)'는 자신의 지적 능력을 궁극에 이르게 하여 지식이 다함이 없게 됨을 말한다. 그러나 왕양명은 일반 유가들이 '그 지식을 채우고 넓힌다.'라고 풀이하는 것을 비판하고, '내 마음의 양지(良知)를 극진하게 하다.'로 풀이하였다.

格物 격물 : ①사물의 이치를 궁구하다. 주희는 '格'을 '이를 至(지)'로 보았다. ②일이 그 사람이 좋아하는 것에 따라 오다. 정현은 '格'을 '올 래(來)'로 보고, 사람이 선에 대해 잘 알면 선한 일이 찾아오고 악한 일에 대해 잘 알면 악한 일이 찾아온다고 하였다. ③바르지 못한 일을 바로잡다. 왕양명은 '格'을 '바르게 할 正(정)'으로 보고, 바르지 못한 일을 바로잡음은 악을 버림이고 바르게 되돌아감은 선을 행함이라고 하였다. ④그 일을 체험하다. 진풍도 '格'을 '至'로 보고 '至事(지사)'를 '체험하다'로 풀이하고, '격물'은 독서와 체험을 겸하는 것이며 '치지'는 견식을 넓히고 키움을 말한다고 하였다. 네 사람 모두 '物'은 '일 事(사)'와 같다고 하였다.

國治 국치 : 나라가 다스려지다. 여기의 '治'는 형용사로 이미 잘 다스려진다는 뜻이다.

庶人 서인 : 작위가 없는 일반 백성.

壹是 일시 : 한결같이. 모두.

其本亂而末治者否矣 기본란이말치자부의 : 그 근본이 어지로우면서 말단이 잘 다스려지는 일은 없다. 근본은 '수신'을 가리키고, 말단은 '치국'과 '평천하'를 가리킨다. '否'는 부정사로 '~한 일은 없다.'라는 뜻이다.

其所厚者薄 기소후자박 : 후대해야 할 사람을 박대하다. '厚'는 '두터이 여기다' 곧 '중시하다'의 뜻이고, '薄'은 '박하게 대하다' 곧 '홀대하다'의 뜻이다. 『맹자 · 진심상』에도 이와 비슷하게 "그만두어서 안 될 대목에서 그만두는 사람은 그만두지 않은 일이 없다. 후대할 상대에게 홀대한다면 홀대하지 않을 사람이 없다.(於不已而已者, 無所不已; 於所厚者薄, 無所不薄也.)"라는 구절이 있다. 주자는 두터이 해야 할 대상을 자신과 집안이라고 하였는데, 그렇다면 나라와 천하가 홀대의 대상이 되므로 썩 좋은 해석이라 할 수 없다. 다만 '厚'를 '우선시하다'로 보면, 우선 중요한 자신과 가정도 잘 다스리지 못하는 사람이 치국과 평천하는 어떻게 할 수 있느냐로 해석이 되어, 주자의 설명이 반드시 틀렸다고도 할 수 없다.

未之有也 미지유야 : 그런 일은 아직 없다.

【 해설 】

이 장은 『대학』의 원론에 해당하는 이른바 「경 1장」으로 『대학』의 첫머리이다. 첫머리답게 첫대목부터 『대학』의 궁극적 목표로 세 가지 이론 강령을 제시하고, 방법론으로 여덟 가지 실천 조목을 소개하고 있다. 3강령은 밝은 덕을 밝히는 것 즉 명명덕(明明德)과 백성을 새롭게 하는 것인 신민(親民), 그리고 최고의 선의 경지에 그대로 머무는 것인 지어지선(止於止善)이다. 8조목은 격물 · 치지 · 성의 · 정심 · 수신 · 제가 · 치국 · 평천하로 자신을 수양하고 남을 다스리는 덕목이 고르게 배열되어 있다. 이 8조목을 살펴보면 평천하에 이르는 바탕은 수신이고, 수신에 이르는 바탕은 격물이다. '대학'의 시작은 격물치지로 사물의 이치를 궁구하여 축적된 지식과 지혜를 바탕으로 천하의 평화를 보장한다는 이론 구조이다. 오늘날로 치면 개인의 학문연구가 궁극적으로 인류평화에 이바지한다는 말과 같다. 이 장의 끝부분에 근본을 바로 세우고 우선순위를 맞게 정할 것을 거듭 강조하는 까닭은 격물치지가 바로 '대학'의 핵심 방법론이기 때문이다.

【 원문 2 】

湯之盤銘曰 : "苟日新, 日日新, 又日新。" 康誥曰 : "作新民。" 詩曰 : "周雖舊邦, 其命維新。" 是故, 君子無所不用其極。

「전 2장 신민 親民」

【 주석 】

湯 탕 : 은나라를 세운 임금 성탕(成湯). 하나라의 걸(桀)임금을 몰아내고 중원을 차지하여 국호를 상(商)이라 하였다.

盤銘 반명 : 제기에 새겨 스스로를 경계하는 글. '盤'은 물을 담는 놋그릇으로, 제사 때 신을 부르는 의식을 행하기 전에 손을 씻는 제기의 일종이다. '銘'은 문체의 한 가지로, 늘 쓰는 그릇 위에 스스로를 경계하기 위해 새겨 넣은 글이다. 공열달의 『예기정의』에서는 탕임금이 목욕하던 용기, 즉 세면기에 새겨놓은 자경문(自警文)이라고 해석하였다.

苟 구 : 진실로. 참으로.

日新 일신 : 날로 새로워지다.

康誥 강고 : 『서경 · 주서 周書』 중의 한 편명. 주나라 성왕(成王)이 강숙(康叔)을 은나라의 옛 땅인 위(衛)에 봉하면서 정치의 도리를 훈계하는 내용을 담고 있다.

作新民 작신민 : ①새로워진 백성을 고무시키다. ②새로이 백성을 진작시키다. ③백성이 새로워지도록 다스리다.

詩 시 : 『시경 · 대아 · 문왕 文王』의 첫 장 구절. 『대학』에서 『시경』을 인용할 때 모두 '詩云(시운)'이라고 하였는데, 여기에서만 '詩曰(시

왈)'로 한 것을 보아 잘못된 표기인 듯하다.

周雖舊邦 주수구방 : 주나라가 비록 오래된 나라지만. 주나라의 시조 후직(后稷)이 요임금에게 태(邰)를 봉지로 받고난 후 문왕까지 천 년 가량 지났으므로 오래된 나라라고 하였다.

其命維新 기명유신 : ①그 천명이 오로지 새롭기만 하네. 문왕이 백성에게 새롭게 덕을 끼쳐 비로소 천명을 받았으니, 천명을 받은 지가 오래되지 않았다는 뜻이다. ②그 가르침이 오로지 스스로를 새롭게 하네. 문왕이 베푸는 교명(教命)은 오로지 덕을 쌓아 스스로를 새롭게 한다는 뜻이다. (공영달의 소)

君子 군자 : ①재위에 있는 위정자. ②덕이 높은 현자.

無所不用其極 무소불용기극 : 자신의 최선을 다하지 않음이 없다. '極'은 최선의 법도, 최상의 방법을 통틀어 말한다. 후대에 와서 '無所不用其極'은 수단과 방법을 가리지 않는다는 말로 많이 쓰인다.

【 해설 】

이 장은 백성을 새롭게 한다는 조목의 뜻을 『서경』과 『시경』의 말을 인용하여 설명한다. 탕임금이 자신을 일깨우던 글에 "날로 새로워지고 나날이 새로워지고 또 날마다 새로워진다."고 하였고, 『서경』의 「강고」편에는 "백성이 새로워지도록 고무시켰네."라 하였고, 『시경』의 「문왕」시에는 "주나라가 비록 오래되었지만 그 천명만은 오직 새롭네."라 하였는데, 이 때문에 군자는 자신의 최선을 다하지 않음이 없다고 한다. 위정자의 덕이 나날이 새로워져 백성을 혁신시키는 교화를 펼치면 하늘도 감명하여 천명을 새롭게 내려주므로 군자는 최선의 다해 덕을 닦아야 한다는 것이다. 인용된 경문의 '日新'·'新民'·'維新' 등을 근거로 '親民'을 '新民'으로 해석하는 근거로 삼지만, 그러나 「문왕」시의 내용으로 보아 다소 무리가 있다.

【 원문 3 】

所謂誠其意者, 毋自欺也。如惡惡臭, 如好好色, 此之謂自謙。故君子必愼其獨也。小人閒居, 爲不善, 無所不至; 見君子而后, 厭然揜其不善而著其善; 人之視己, 如見其肺肝然, 則何益矣? 此謂誠於中, 形於外。故君子必愼其獨也。曾子曰 : 十目所視, 十手所指, 其嚴乎! 富潤屋, 德潤身, 心廣體胖。故君子必誠其意。

「전 6장 성의 誠意」

【 주석 】

毋自欺 무자기 : 스스로를 속이지 말라. '毋'는 '~하지 말라'는 뜻의 금지사.

如惡惡臭 여오악취 : 마치 나쁜 냄새를 싫어하듯 하다. 앞의 '惡'는 동사로 '미워하다' 또는 '싫어하다'의 뜻이다.

如好好色 여호호색 : ①마치 멋진 경치를 좋아하듯 하다. 앞의 '好'는 동사로 '좋아하다'의 뜻이고, '好色'은 좋은 경색이란 뜻이다. ②마치 미인을 좋아하듯 하다. '好色'은 미색(美色), 즉 아름다운 여인을 가리킨다. ③마치 아름다운 색깔을 좋아하듯 하다. '好色'은 아름다운 안료(顔料)의 색깔을 가리킨다.

自謙 자겸 : 스스로 만족하다. 스스로 흡족하게 여기다.

愼其獨 신기독 : 자기 홀로 있을 때를 삼가다. '愼'은 '신중히 하다'의 뜻이다. 주희는 '獨'을 '남은 모르고 자기 혼자만 아는 장소'라 하였다.

閒居 한거 : ①한가하게 지내다. 즉 평상시를 가리킨다. ②홀로 지내다.

無所不至 무소부지 : 이르지 않은 데가 없다. 즉 못하는 짓이 없이 온갖 악행을 다 저지른다는 뜻이다.

厭然 염연 : 슬며시 가리고 숨기는 모양.

揜其不善 엄기불선 : 자신의 선하지 못한 짓을 가리다. '揜'은 '가리다'의 뜻이다.

著 저 : 드러내다.

如其肺肝然 여기폐간연 : 마치 몸속의 폐와 간을 들여다보듯 하다. 즉 사람의 마음속을 환하게 꿰뚫어 본다는 뜻이다. '如~然'은 '마치 ~한 듯하다' 또는 '마치 ~와 같다'라는 뜻의 관용구이다.

誠於中 성어중 : 마음 중심이 정성되다. 본질에 충실하다.

形於外 형어외 : 겉으로 나타나다. 밖으로 드러나다. 『중용』의 "정성되면 겉으로 드러난다(誠則形)."와 같은 의미이다.

曾子 증자 : 공자의 제자. 이름은 삼(參)이고 자는 자여(子輿)이다. 공자보다 46세 아래고 특히 효행에 뛰어났다고 한다.

十目所視 십목소시 : 열 눈이 지켜보다. 많은 사람이 지켜본다는 뜻이다.

十手所指 십수소지 : 열 손이 가리키다. 많은 사람이 손가락질한다는 뜻이다.

其嚴乎 기엄호 : 그 엄연함이여. 그 얼마나 무서운가. 정현은 '嚴'을 '매우 외경스럽다'의 뜻으로 보았다.

潤 윤 : 윤택하게 하다. 빛나게 하다. 여유가 있게 하다.

心廣體胖 심광체반 : 마음이 넓어지고 몸이 편안해지다. 정현은 '胖'을 '클 大(대)'와 같다고 하여 '살찌다'의 뜻으로 보았으나, 덕이 몸을 윤택하게 하여 편안해진다고 보아야 한다.

【 해설 】

이 장은 '성의'의 뜻을 풀이하였다. '성의'란 인간의 착한 본성에 맞게 자아를 정성되게 한다는 의미이며, 맹자의 성선설과 사상적 맥락이 같다. 자아에의 충실이란 스스로 속이지 않음이 중요하다. 그러므로 이 장의 '성의'에 대한 설명은 사람이 홀로 있을 때의 자의의 충실에 집중한다. 군자는 성실하여 속이지 않으므로 홀로 있을 적에도 평소와 같이 정성되며 오히려 더욱 삼가며 조심한다. 그러나 소인은 한가히 홀로 있을 때 온갖 몹쓸 짓을 한다. 그러다가 군자를 보면 슬며시 위장하여 자신의 나쁜 짓을 가리고 잘한 짓만 드러낸다. 마음속 자아에 얼마나 충실했느냐가 겉으로 드러난다는 사실을 모른 것이다. 이런 면에서 증자가 보이지 않는 가운데서도 "수많은 사람의 눈이 지켜보며 수많은 사람이 손가락질하니 얼마나 떨리는 일이 아닌가!"라고 한 말은 군자가 홀로 있을 때를 삼가야 이유를 잘 설명해 준다.

【 원문 4 】

一家仁, 一國興仁; 一家讓, 一國興讓; 一人貪戾, 一國作亂; 其機如此。此謂一言僨事, 一人定國。堯舜帥天下以仁, 而民從之; 桀紂帥天下以暴, 而民從之。其所令反其所好, 而民不從。是故, 君子有諸己而後求諸人, 無諸己而後非諸人。所藏乎身不恕, 而能喩諸人者, 未之有也。故治國在齊其家。

「전 9장 제가치국 齊家治國」

【 주석 】

一家 일가 : 한 집안. 온 집안.

仁 인 : 여기에서 인은 부모에 대한 효도와 형제간의 우애, 자식에 대한 사랑이 모두 포함된 개념이다. 확장하면 임금을 섬기고 윗사람을 공경하고 백성을 사랑하여 온 나라가 인으로 흥성하게 된다.

讓 양 : 양보하다.

一人 일인 : 위정자 한 사람. 임금 한 사람.

貪戾 탐려 : ①탐욕스럽고 잔학하다. ②사사로운 이익을 탐내다. 정현은 '戾'를 '利(이)'의 가차자(假借字)라 하였다.

作亂 작란 : 난이 일어나다. 혼란이 일다.

機 기 : 빌미. 일의 근본 동기가 되는 기미.

僨事 분사 : 일을 망치다. 일을 그르치게 하다.

定國 정국 : 나라를 안정시키다.

帥 수 : 이끌다. 거느리다.

暴 포 : 포악. 횡포. 즉 인정(仁政)과 반대되는 폭정(暴政).

其所令反其所好 기소령반기소호 : 그가 명령하는 바가 그가 좋아하는 것과 어긋나다. 즉 임금 자신의 행동은 포학하고 어질지 못하면서, 백성

에게는 인효(仁孝)의 도리를 다하라고 영을 내린다는 뜻이다.

有諸己 유저기 : 자신에게 있다. 주자는 이 구절을 "자기에게 선이 있은 연후에 남더러 선하라고 요구할 수 있고, 자기에게 잘못이 없는 연후에 남의 잘못을 바로잡을 수 있다. 모두 자신 자신을 미루어 남에게 미치니 이른바 '서(恕)'이다."라고 설명하였다. '諸'는 '之於(지어)'의 준말 형태로, '저'로 읽는다.

藏 장 : 간직하다. 소장하다.

喩 유 : 일깨우다. 깨우쳐주다.

【 해설 】

본문은 제가와 치국의 뜻을 풀이하는 "전 9장"의 일부이다. 위정자 한사람의 덕에 따라 나라에 기풍이 달라지므로, 위정자가 솔선수범하여 백성이 따를 수 있도록 하라는 것이 요지이다. 위정자가 모범을 보일 최우선 덕목은 인과 양보이다. 위정자의 집안이 어질고 겸양하면 온 나라가 어질고 겸양해진다. 위정자는 우선 백성의 일을 자기의 일처럼 챙겨주고 백성의 입장을 먼저 헤아려주는 '서도(恕道)'를 갖춘 다음에야, 백성들에게 인과 양보의 정신을 본받고 따르라고 요구할 수 있다. '서도'는 가족이 부모의 입장과 자식의 입장이 되어 서로를 이해하는 골육의 정에서 비롯되므로, 나라를 다스리는 근본은 집안을 가지런히 하는 데에 있다고 하였다.

【 원문 5 】

所謂平天下在治其國者, 上老老而民興孝; 上長長而民興弟; 上恤孤而民不倍。是以君子有絜矩之道也。所惡於上, 毋以使下; 所惡於下, 毋以事上; 所惡於前, 毋以先後; 所惡於後, 毋以從前; 所惡於右, 毋以交於左; 所惡於左, 毋以交於右, 此之謂絜矩之道也。

「전 10장 치국평천하 治國平天下」

【 주석 】

平 평 : 화평하게 하다.

上 상 : 윗사람. 임금.

老老 노로 : 노인을 노인 대접하다. 앞의 것이 동사이고, 뒤의 것은 명사로 목적어이다. 주희는 이 말을 '내 노인네를 노인 대접하다.'라고 풀이하였다. 곧 우리 집 노인을 모시는 마음으로 노인들을 공경한다는 뜻이다.

興孝 흥효 : 효도하는 풍조가 일어나다.

長長 장장 : 어른을 어른 대접하다. 곧 윗사람을 공경하다.

恤孤 휼고 : 고아를 긍휼히 여기다. '恤'은 '불쌍히 여기다'의 뜻이다. '맹자·양혜왕하'에서 "늙어 아내가 없는 사내를 환(鰥)이라 하고, 늙어 남편이 없는 여자를 과(寡)라 하고, 늙어 자식이 없는 노인을 독(獨)이라 하고, 어려서 아비가 없는 아이를 고(孤)라 한다."라고 하였다. 이들은 모두 의지할 데 없이 불쌍한 사람이므로, 여기의 '孤'는 맹자가 말한 환·과·독·고를 모두 가리킨다.

倍 배 : 배신하다. 등을 돌리다. '北(배)' 또는 '배(背)'와 서로 통하며 '등지다'의 뜻이다.

絜矩 혈구 : 곡척(曲尺)을 재다. 주희는 '絜'은 '헤아리다'이며, '矩'는 네모를 그릴 때 쓰는 굽은 자라 하였다. '혈구지도'는 곡척을 재어서 법도를 얻는 것처럼, 임금도 사람의 마음이 다 같음을 깨달아 만사를 백성의 입장에서 생각해야 함을 말한다.

所惡乎上 소오호상 : ①윗사람이 나에게 그렇게 하면 싫은 일. ②윗사람이 싫어하는 일.

毋以使下 무이사하 : 아랫사람을 부리지 말라. 아랫사람을 시키지 말라.

所惡乎下 소오호상 : ①아랫사람이 나에게 그렇게 하면 싫은 일. ②아랫사람이 싫어하는 일.

毋以事上 무이사상 : 윗사람을 섬기지 말라.

【 해설 】

본문은 『대학』의 마지막 장 첫머리로 8조목의 끝 단계인 치국과 평천하의 방법을 설명한다. 나라를 다스리고 천하를 화평하게 하는 요체는, 위정자가 경로와 긍휼의 애민정신을 확대하여 백성의 입장에 서서 백성이 싫어하는 정치를 하지 않음이다. 이것을 '혈구지도'라 한다. 『대학』의 내용은 크게 자신을 수양하는 수기(修己)의 공부와 남을 다스리는 치인(治人)의 방법으로 요약된다. 수기의 목표가 '신독'의 경지라면, 치인의 기본정신은 '혈구지도'로써 모두 『대학』의 특징을 가장 잘 대표하는 핵심어이다.

4) 『중용』

【 원문 1 】

天命之謂性, 率性之謂道, 修道之謂教。道也者, 不可須臾離也; 可離, 非道也。是故, 君子戒愼乎其所不睹, 恐懼乎其所不聞。莫見乎隱, 莫顯乎微, 故君子愼其獨也。喜怒哀樂之未發, 謂之中; 發而皆中節, 謂之和。中也者, 天下之大本也; 和也者, 天下之達道也。致中和, 天地位焉, 萬物育焉。 「제 1장」

【 주석 】

命 명 : 명하여 내려주다. 즉 선천적으로 부여하다.

性 성 : 본성. 천성.

率 솔 : 따르다.

須臾 수유 : 잠시. 매우 짧은 시간 동안을 가리킨다.

戒愼乎其所不睹 계신호기소부도 : 지켜보지 않음에도 경계하고 삼가다. 남들의 이목이 없는 장소에서도 행동을 조심한다는 뜻이다. 여기의 '乎'는 처소격 조사로 '於(어)'와 같으며, '睹'는 '목격하다'의 뜻이다.

恐懼 공구 : 두려워하다.

莫見乎隱 막현호은 : 숨은 것보다 더 잘 드러나는 것이 없다. '見'은 '드러나다'의 뜻으로 쓰였고, 음은 '현'이다. '乎'는 '~보다'라는 뜻의 비교격 조사로 쓰였고 '於'와 통한다.

莫顯乎微 막현호미 : 미세한 것보다 더 뚜렷한 것이 없다. '顯'은 '나타나다'의 뜻이고, '微'는 미세한 것을 말한다.

未發 미발 : 아직 표현하지 않다. 아직 드러나지 않다.

中節 중절 : 절도에 맞다.

達道 달도 : 언제 어디서나 통용되는 도리.

致 치 : 끝까지 밀고 나가다. 이르다. 도달하다.

位 위 : 자리 잡다.
育 육 : 육성하다. 순조롭게 자라다.

【 해설 】

이 장은『중용』의 첫 번째 장으로『중용』의 총론에 해당하며, 우주의 본원인 천에서 출발하여 본성을 발견하고 도에 이르고, 그 도를 교육을 통하여 생활에 적용시키는 중용의 도리를 설명한다. 주희에 따르면 모두 네 단락으로 나눌 수 있다. 첫 단락은 도의 근원이 하늘에서 나와서 바꿀 수 없음을 밝혔고, 둘째 단락은 도와 잠시라도 떨어질 수 없음을 강조하고, 셋째 단락은 도를 지키고 키우며 살피고 반성하는 데 필요한 요점을 말하였고, 넷째 단락은 도의 성스럽고 신비한 조화의 극치를 보여준다. 희노애락의 감정을 함부로 드러내지 않고 절제하고 드러내 절도에 맞는 것이 중화이다. 중화는 바로 중용의 상태로 중용의 도를 따를 때 이루어진다. 유가에서는 중화가 이루어진 세상을 이상세계로 본다.

【 원문 2 】

仲尼曰 : "君子中庸, 小人反中庸。君子之中庸也, 君子而時中; 小人之中庸也, 小人而無忌憚也。" 「제 2장」

【 주석 】

仲尼 중니 : 공자의 자. 옛날에는 관례(冠禮)를 치르면서 이름 외에 별도로 자를 지어 불렀다.

君子中庸 군자중용 : 군자는 중용을 따른다. 여기의 '中庸'은 동사로 쓰였다.

君子而時中 군자이시중 : 군자라서 행동이 시의적절하다. 군자는 덕을 갖췄으므로 행동이 상황에 따라 늘 알맞고 올바르다. '時'는 '때에 따라' 혹은 '늘'의 뜻이고, '中'은 '적중하다' 또는 '적당하다'의 뜻이다.

無忌憚 무기탄 : 아무런 거리낌이 없다. 곧 염치나 체면을 가리지 않고 꺼리는 바가 없이 행동한다는 뜻이다. '忌憚'은 꺼리고 무서워함을 말한다.

【 해설 】

이 장은 중용의 도리를 설명한다. 중용은 무조건 중간을 지키는 것과는 거리가 멀다. 중용은 덕을 쌓은 군자가 지키는 도리이다. 중용을 지키는 데 가장 중요한 것은 '시중' 곧 때에 알맞게 행동함이다. 군자의 행동은 도덕에 근거하나, 항상 주위 환경을 감안하여 그 당시 사정에 알맞게 행동한다. '시중'은 앞 장의 '중화'와 서로 의미가 통한다. 반면에 소인은 이런 도리를 모르고 행동에 아무 거리낌이 없다. 이처럼 중용의 도리는 군자와 소인을 구분하는 기준이 된다.

【 원문 3 】

子曰 : "人皆曰予知, 驅而納諸罟・擭・陷阱之中, 而莫之知辟也。人皆曰予知, 擇乎中庸而不能期月守也。" 「제 7장」

【 주석 】

曰予知 왈여지 : 나는 똑똑하다고 말하다.

驅 구 : 몰다. 몰아넣다.

納諸罟擭陷阱 납저고획함정 : 그물・덫・함정에 빠트리다. '納'은 '들여 놓다'의 뜻이고, '諸'는 '之於'를 합친 말이다. '罟'는 그물이고, '擭'은 덫이며, '陷穽'은 사람이나 동물을 빠트리려고 파놓은 웅덩이이다.

莫之知辟 막지지벽 : 그것들을 피할 줄 모르다. '辟'은 '피할 避(피)'와 같다.

期 기 : 기약하다. 기대하다.

月守 월수 : 한 달을 지키다. 중용의 도리를 한 달 동안 지켜냄을 말한다.

【 해설 】

이 장은 스스로 잘난 체 하는 사람은 중용의 도리를 지키기 힘들다고 설명한다. 공자가 살던 춘추시대의 사람들은 자신의 지략과 언변을 믿고 제후들 사이를 왕래하며 일신의 출세를 추구하였지만, 종말이 거의 다 비참하였다. 공자는 이러한 결과는 그들이 중용의 도를 지키지 않았기 때문이며, 더군다나 중용의 도는 매우 어려워 아무리 총명한 사람도 한 달이나마 중용의 도리를 지키기 어렵다고 지적하였다. 그러므로 중용의 도를 지키려면 평소에 부지런히 덕을 닦는 것이 중요하다.

【 원문 4 】

子曰 : "天下國家可均也, 爵祿可辭也, 白刃可蹈也, 中庸不可能也。"

「제 9장」

【 주석 】

均 균 : 고루 잘 다스리다. 가지런하도록 잘 다스리다.
爵祿 작록 : 벼슬과 봉록. '祿'은 벼슬을 하고 받는 대가.
辭 사 : 사양하다. 물리치다. 사퇴하다.
白刃 백인 : 흰 칼날. 곧 날이 시퍼렇게 선 칼날.
蹈 도 : 밟다. 여기서는 칼날 위에 서는 것을 말한다.

【 해설 】

이 장도 중용을 지켜내기가 지극히 어려움을 설명한다. 공자가 보기로는 천하와 국가를 고루 잘 다스릴 경륜을 지녔어도, 높은 벼슬과 재물을 마다할 절개를 지녔어도, 시퍼런 칼날 위를 걸을 용기를 지녔어도, 모두 반드시 중용의 도를 지킨다는 보장이 없다고 지적한다. 주희는 공자의 뜻을 다음과 같이 보충하였다. "중용은 비록 쉽게 해낼 것 같지만 인의의 도리에 정통하고 무르익어서 조금도 사욕이 없는 사람이 아니라면 미치지 못한다. 세 가지는 어렵지만 쉽고 중용은 쉽지만 어려우니 이 때문에 잘 해내는 사람이 드물다."

【 원문 5 】

子曰 : "素隱行怪, 後世有述焉, 吾弗爲之矣。君子遵道而行, 半途而廢, 吾弗能已矣。君子依乎中庸, 遯世不見知而不悔, 唯聖者能之。"

「제 11장」

【 주석 】

素隱 소은 : ①해를 피하여 숨어사는 경향을 보이다. 정현은 '素'를 '향할 傃(소)'와 같다고 보았다. '隱'는 '은거하다'의 뜻이다. ②은벽(隱僻)한 도리를 추구하다. 주희는 '素'를 '찾을 索(색)'과 글자의 모양이 비슷하여 혼동한 오자라고 보았다. '隱'은 '숨겨진 도리', 곧 보통 사람은 잘 모르는 특이한 일이나 생각을 말한다.

行怪 행괴 : 이상한 행동을 하다. 괴이한 짓을 하다.

述 술 : 칭술(稱述)하다. 칭찬하여 떠받들다.

弗爲之 불위지 : 그런 짓은 하지 않는다.

遵 준 : 따르다. 준수하다.

半途而廢 반도이폐 : 중도에 포기하다. '途'는 '길 途(도)'와 같다.

弗能已 불능이 : 그만둘 수 없다.

依乎 의호 : ~에 의지하다.

遯世 둔세 : 세상을 등지고 숨어 살다. '遯'은 달아나 피한다는 뜻이다.

不見知 불견지 : 알려지지 않는다. 세상 사람들이 자기의 재주와 능력을 알아주지 않는다는 뜻이다. 여기에서의 '見'는 뒤의 동사와 합하여 피동을 나타낸다.

唯 유 : 오로지. 오직.

【 해설 】

이 장에서 공자는 세상에서 특이한 행동을 하기보다 평범한 중용의 도를 지킴이 낫다고 강조한다. '논어 · 술이'에서 공자가 "괴력난신(怪力亂神)을 언급하지 않았다."라고 적고 있듯이, 특이한 행동이나 은벽한 학설은 공자와 거리가 멀다. 괴이한 일 · 힘으로 하는 일 · 어지러운 일 · 귀신에 관한 일 등은 특이하기 때문에 남의 주목을 받기 쉽고 후세 사람들의 칭찬을 받기 쉬우나, 보편성이 없어 오래가지 못한다. 중용의 도리는 평범하여 군자가 따르나, 꾸준히 덕을 쌓으며 수양하지 않으면 중도에서 포기하고 만다. 그러므로 비록 군자라 해도 중용의 도가 올바른지 가릴 수 있는 정도이고, 아무도 없는 곳에서 세상이 몰라주어도 후회함이 없이 끝까지 중용의 도리를 따르는 일은 오로지 성인만이 할 수 있다.

【 원문 6 】

子曰 : "道不遠人。 人之爲道而遠人, 不可以爲道。"

「제 13장」

【 주석 】

遠 원 : 멀리하다. 멀리 떨어지다.
爲道 위도 : 도를 행하다. 즉 중용의 도를 추구하고 실천하다.
遠人 원인 : 사람에게서 멀어지다. 사람살이와 동떨어지다.

【 해설 】

본문은 제 13장 첫머리에 나오는 공자의 말이다. 중용의 도는 사람과 먼 곳에 있지 않다. 사람들이 중용의 도를 한답시고 실제 사람살이와 동떨어지게 추구하니, 중용의 도가 행하여질 리 만무하다. 도는 잠시라도 사람과 떨어질 수 없으며, 떨어지면 이미 도가 아니다. 중용의 도를 추구하려면 고상한 원칙보다 실생활에서 충서(忠恕)를 실천해야한다. 자식에게 바라는 마음을 미루어 어버이를 섬기고, 신하에게 바라는 마음을 미루어 임금을 섬기고, 아우에게 바라는 마음으로 형을 섬기고, 벗에게 바라는 마음으로 벗에게 먼저 베푸는 등 일상의 삶 속에서 실천하는 인(仁)이 바로 중용이다.

【 원문 7 】

好學近乎知, 力行近乎仁, 知恥近乎勇。知斯三者, 則知所以修身; 知所以修身, 則知所以治人; 知所以治人, 則知所以治天下國家矣。

「제 20장」

【 주석 】

好學近乎知 호학근호지 : 배움을 좋아함은 지에 가깝다. 즉 배움을 좋아하는 자세를 지닌것 그 자체로 이미 지혜롭다는 뜻이다. '知'는 '지혜로울 智(지)'와 같다.

力行 역행 : 선을 힘써 실천하다.

知恥 지치 : 부끄러움을 알다. 수치를 알다.

斯 사 : 이. 사물이나 사람을 가리키는 지시대명사.

知所以修身 지소이수신 : 자신을 수양하는 방법을 알다. '所以'는 대개 뒤에 오는 말의 방법이나 이유 등을 나타낸다.

【 해설 】

본문은『중용』에서 가장 긴 편장인 제 20장의 일부이다. 오륜(五倫)을 행할 때 개개인이 갖추어야할 세 가지 보편적인 덕목으로 지(知)·인(仁)·용(勇)이 있다. '지'는 지식과 지혜를 통괄한 개념으로 '지'가 없으면 오륜을 행하여야 할 이치를 모르고, '인'이 없으면 사람답지 못하여 오륜을 실천하지 못하며, '용'이 없으면 수치심을 몰라 잘못을 고칠 수 없다. 사람들이 이러한 '지'·'인'·'용'을 갖출 때 사회는 오륜을 온전히 갖추어 평안한 세상이 된다는 내용이다.

주희는 지·인·용의 효용을 설명하기를, "배움을 좋아함이 '지' 자체는 아니나 어리석음을 타파할 수 있고, 힘써 실천함이 '인' 자체는 아니나 사사로운 욕심을 잊게 하며, 부끄러움을 아는 것이 '용' 자체는 아니나 나약한 자를 일으키게 한다."라고 하였다.

【 원문 8 】

至誠之道, 可以前知。國家將興, 必有貞祥; 國家將亡, 必有妖孽。見乎蓍龜, 動乎四體, 禍福將至, 善必先知之。不善必先知之。故至誠如神。 「제 24장」

【 주석 】

前知 전지 : 미리 알다. 즉 정성됨이 극에 달하면 미래의 일을 미리 아는 능력이 생긴다는 뜻이다.

禎祥 정성 : 상서로움 조짐. 길조.

妖孽 요얼 : 요망스럽고 괴이한 조짐. 흉조.

見 현 : 나타나다. '나타날 現(현)'과 같다.

蓍龜 시귀 : 시초(蓍草)점과 거북점. 옛날 중국에서는 개인과 국가의 중대사를 앞두고 점을 쳤는데, 다년생 풀인 시초로 만든 점대를 써서 『역경』을 가지고 길흉을 재는 시초점과, 거북의 마른 등껍질을 불로 지져 생긴 균열을 보고 길흉을 재는 귀복(龜卜), 이 두 가지가 가장 영험하다고 믿었다.

動乎四體 동호사체 : 사지의 동작에서 드러나다. 몸을 움직일 때 나타나다. '四體'는 사지(四肢), 곧 몸을 말한다.

善必先知之 선필선지지 : 좋은 것은 반드시 먼저 알아 본다. 복이 찾아오면 그것이 복이라고 금방 알아 본다는 뜻이다.

【 해설 】

이 장은 지극히 정성됨의 효용을 설명한다. 지극히 정성된 사람은 성인이며 성인은 하늘의 도와 통하는데, 하늘의 도에는 일정한 섭리가 있으므로 미리 알 수 있다. 임금이 정치를 잘하여 국운이 흥성할 때는 기린(麒麟)이 나타나고 봉황(鳳凰)이 날아드는 길조가 나타나고, 임금이 정치를 못하여 나라가 망할 때는 지진이나 일식(日蝕) 등의 기이한 현상이 일어난다. 성인은 이와 같은 자연현상의 변화를 통하여 앞날을 미리 감지할 뿐만 아니라, 점복을 통해서도 미래의 일을 자세히 알게 된다. 선을 가려내어 굳게 믿고 지키는 것이 정성됨이요, 사람의 도리이다. 그러므로 선함 또는 불선함이 그 사람의 화복에 영향을 준다. 정성됨의 극치인 성인은 이런 모든 기미를 훤히 꿰뚫고 있어 신처럼 앞날을 미리 알 수 있다.

【 원문 9 】

非天子, 不議禮, 不制度, 不考文。今天下, 車同軌, 書同文, 行同倫。雖有其位, 苟無其德, 不敢作禮樂焉; 雖要其德, 苟無其位, 亦不敢作禮樂焉。 「제 28장」

【 주석 】

不議禮 불의례 : 예의를 거론하지 않다. 천자가 아니라면 예의의 옳고 그름을 따지지 않음을 가리킨다.

不制度 불제도 : 법제를 제정하지 않다.

不考文 불고문 : 문자를 결정하지 않다. 어떤 서체의 글자를 사용할 것인가 연구하여 결정하지 않는다는 뜻이다.

同軌 동궤 : 수레바퀴의 폭을 같게 하다. 전국시대에는 나라마다 수레의 궤폭이 달랐으나, 진나라 시황제가 천하를 통일한 후 궤폭을 일정하게 통일하여 교통과 운수를 편리하도록 하였다.

同文 동문 : 문자를 같게 하다. 진나라의 시황제가 대전체(大篆體)로 문자

를 통일하였다.

行同倫 행동륜 : 행실의 윤리를 같게 하다. 진나라 시황제가 분서갱유를 통하여 사상의 통일을 꾀하였다.

其位 기위 : 그만한 지위. 그만한 일을 할 만한 자리나 벼슬.

其德 기덕 : 그만한 덕. 즉 지위에 걸맞는 품덕.

作禮樂 작예악 : 예와 악을 제정하다. 고대 중국에는 음악도 예와 마찬가지로 사람의 성정 도야와 풍속 순화의 효용이 있다고 여겨, 예와 악을 습관적으로 한꺼번에 거론하였다.

【 해설 】

본문은 제 28장의 일부이며, 사람은 자기 본분을 지켜야 한다고 논한다. 사람은 자기의 신분에 합당한 처신을 하여야 하는데, 군자는 시대의 변화에 따라 이에 알맞게 거취를 정하나 소인은 자기 분수를 잊고 제멋대로 행동한다. 또한 무작정 옛날의 법도를 고수하여도 결국 시대에 뒤떨어져 재앙을 당하게 된다. 분수와 시대에 맞는 처신이 중요하다. 천자가 아니면 천자의 일을 함부로 참견하지 못한다. 마찬가지로 천자의 자리에 있더라도 성인의 덕이 없으면 감히 예악을 함부로 제정하지 않으며, 성인의 덕은 갖췄으나 천자의 지위에 있지 않을 경우도 감히 예악을 함부로 제정하지 못한다.

본문에서 "지금 천하는 차폭이 같고 책의 문자가 같으며 행실 윤리가 같다."라고 한 부분은 진나라 통일 이후의 일이다. 청대의 학자 유월(兪樾)은 이 네 구를 근거로 『중용』은 진나라 이후에 쓰였다고 주장하였다.

【 원문 10 】

詩曰 : "衣錦尙絅。" 惡其文之著也。故君子之道, 闇然而日章; 小人之道, 的然而日亡。君子之道, 淡而不厭, 簡而文, 溫而理, 知遠之近, 知風之自, 知微之顯, 可與入德矣。 「제 22장」

【 주석 】

衣錦尙絅 의금상경 : 비단옷 입고 겉에다 홑옷을 걸쳤다. '衣'는 동사로 '입다'는 뜻이고, '錦'은 선명하게 채색한 비단옷을 가리킨다. '尙'은 '더하다'의 뜻이고, '絅'은 위에 걸치는 홑옷을 가리킨다. 홑옷이란 속에 안감을 대지 않은 옷을 말한다. 『시경』의 「위풍 衛風 · 석인 碩人」과 「정풍 鄭風 · 봉 丰」에는 모두 '衣錦褧衣(의금경의)'로 되어 있다.

惡 오 : 싫어하다. 미워하다.

文 문 : 무늬. 채색한 문양.

著 저 : 드러나다. 현저하게 눈에 띄다.

闇然 암연 : 어둑어둑한 모양. 어렴풋한 모양. '闇'은 '어두울 暗(암)'과 통한다.

日章 일장 : 날로 밝아지다. '章'은 '밝을 彰(창)'과 같다.

的然 적연 : 밝은 모양. 뚜렷한 모양.

亡 망 : 없어지다. 사그라들다.

淡而厭 담이염 : 담담하나 싫증이 나지 않다.

簡而文 간이문 : 간결하나 문채(文彩)가 나다. 즉 간단명료하나 문장이 빼어남을 가리킨다.

溫而理 온이리 : 온화하나 조리가 있다. 어조가 부드러우나 논리가 분명하다는 뜻이다.

遠之近 원지근 : ①멀리 가려면 가까운 곳으로부터 출발한다. ②먼 것과 가까운 것. 유월의 『고서의의거례 古書疑義擧例』에서는 '之'를 접속사 '與(여)'로 보았다.

風之自 풍지자 : 바람이 불어오는 방향. '自'는 '말미암을 由(유)'와 같으며, '출발하다' 또는 '시작하다'의 뜻이다.

微之顯 미지현 : 안에 있던 미세한 것이 밖으로 뚜렷이 드러나다. 곧 「제 1장」의 "숨은 것보다 잘 보이는 것은 없으며, 미세한 것보다 잘 드러나는 것은 없다.(莫見乎隱, 莫顯乎微。)"라는 구절과 같은 의미이다.

【 해설 】

본문은『중용』의 마지막 장인「제 33장」 첫 단락이다.「제 33」장은『시경』 구절을 7차례나 인용하여 성인군자가 조심해야 할 점 몇 가지를 추가로 설명한다. 여기에 인용한 "비단옷 입고 겉에다 홑옷을 걸쳤네."의 구절은 본질과 내면보다 형식과 외모에 치우침을 경계한다. 군자가 지키는 중용의 도리란 겉으로 보기에는 어렵고 재미가 없어 암담하지만, 날이 갈수록 명료하여 싫증이 나지 않는다. 처음에는 눈에 확 띄나 갈수록 볼 것이 없어 사그라지는 소인의 도와 매우 대조적이다. 군자의 도인 중용은 간결한 문체에 온화한 어조이나, 문장도 뛰어나고 조리가 정연하다. 다만 먼 곳은 가까운 곳에서 시작되며, 풍화(風化)가 어디에서 비롯되는지, 은밀하게 감춰진 도리는 반드시 밝게 드러난다는 등의 도리만 깨우치면 누구나 중용의 덕에 입문할 수 있다. 중용의 덕에 들어가려면 스스로의 결심이 중요함을 강조하였다.

2. 삼경의 경구 강해

1) 『시경』

【 원문 1 】

[관저 關雎]

關關雎鳩，在河之洲。窈窕淑女，君子好逑。

參差荇菜，左右流之。窈窕淑女，寤寐求之。
求之不得，寤寐思服。悠哉悠哉，輾轉反側。

參差荇菜，左右采之。窈窕淑女，琴瑟友之。
參差荇菜，左右芼之。窈窕淑女，鍾鼓樂之。

「국풍 國風 · 주남 周南」

【 주석 】

關關 관관 : 물새 한 쌍이 서로 정답게 지저귀며 화답하는 소리. 즉 의성어로 암수의 정다움을 표시한다.

雎鳩 저구 : 물수리. 징경이. 수리과에 속하며 물가에서 고기를 잡아먹는 물새. 주희의 『시집전 詩集傳』은 "물새로 일명 '왕저'라고 한다. 모양은 물오리를 닮았고 지금 장강과 회수 사이에서 볼 수 있다. 나면서부터 짝이 정해져 서로 난교하지 않으며, 늘 짝지어 헤엄치면서도 서로 함부로 희롱하지 않는다."라고 하였다. 그러나 문일다(聞一多)의 『풍시유초 風詩類鈔』에는 "물수리는 여자를 비유하고, 지저귀는 소리는 여자의 웃는 말소리를 형용한다."라고 풀이하였다.

河 하 : 황하(黃河). 『시경』에 나오는 '하'는 모두 황하를 가리킨다.

州 주 : 강 가운데에 쌓여있는 마른 모래밭.

窈窕 요조 : 얌전하고 참하다. 진환(陳奐)의 『시모씨전소 詩毛氏傳疏』에서는 "'요'는 부인의 덕성이 얌전함을 말하고, '조'는 부인 모습이 단아함을 말한다."라고 하였고, 양웅(揚雄)의 『방언 方言』도 "참한 모습이 '조'이고, 참한 마음씨가 '요'이다."라고 하였다.

淑女 숙녀 : 현숙한 여자. 즉 선량한 품성을 지닌 여자. '淑'은 '착할 善(선)'과 같다. '요조숙녀'는 미모와 재덕을 겸비한 고대의 이상적 여인상이다.

君子 군자 : ①인품이 빼어난 남자. ②도덕과 학문을 갖춘 남자. ③관작을 가진 남자.

好逑 호구 : ①참한 배필감. 좋은 짝. (『모전 毛傳』) ②원수와 화목하게 지내다. 후비(后妃)가 좋은 여자라, 임금을 위하여 중첩(衆妾)의 원망을 달래고 화목하게 지낸다는 뜻이다. (『정전 鄭箋』) ③쫓아가길 좋아하다. '好'는 동사로 '좋아하다'의 뜻이고, '逑'는 '구할 求(구)'와 같으며, '쫓아다니다'의 뜻이다. ④짝. '好'는 '배필 匹(필)'과 같으며 '逑'는 '짝 비(妃)'·'짝 仇(구)'·'짝 儔(주)'와 같다. '좌전·환공(桓公) 2년'조에 "서로 사랑하여 보기 좋은 배필을 비(妃)라 하고, 서로 반목하여 원망하는 배필을 구(仇)라 한다."라고 하였다. (문일다의 『시경신의 詩經新義』) 참고로 『노시 魯詩』와 『제시 齊詩』에는 모두 '仇'로 되어 있다.

參差 참치 : 들쭉날쭉하다. 가지런하지 못하다. 올망졸망하다.

荇菜 행채 : 노랑어리연꽃. 마름풀. 조름나물과에 속하는 다년생 물풀로, 연못에 주로 서식하며 여린 잎은 끓여서 먹을 수 있다.

左右 좌우 : 이리저리. 이쪽저쪽.

流 유 : ①찾다. ('모전') ②잡다. 고르다. (고본한(高本漢)의 『시경주석 詩經注釋』) ③흘러 다니다.

寤寐 오매 : 자나 깨나. 꿈속에서도. 밤새도록. 몽매(夢寐)에도. '寤'는 깨어 있는 것이고, '寐'는 잠자는 것이다.

求 구 : 쫓아다니다.

思服 사복 : 그리워하다. 사모하다. '思'는 어조사로 아무런 뜻이 없고, '服'은 항상 그리워함이다.

悠 유 : ①그리워하다. '悠'는 '思(사)'와 같으며 '그리워하다'는 뜻이다. ('모전') ②길다.

輾轉反側 전전반측 : 엎치락뒤치락 잠 못 이루다. 뒤척이며 잠 못 이루다. '주전'에 의하면 '輾'은 반만 구르는 동작이고, '轉'은 한 바퀴를 다 구르는 동작이고, '反'은 한 바퀴 넘게 구르는 동작이고, '側'은 구르기를 멈추는 동작이다.

采 채 : 따다. 채취하다. '딸 採(채)'와 같다.

琴瑟 금슬 : 거문고와 비파. 거문고와 비파를 함께 연주하면 화음이 잘 맞아 매우 듣기 좋으므로, 부부 사이의 화목한 정을 비유한다. 여기서는 군자와 숙녀가 부부로 맺어짐을 비유한다.

友 우 : 가까이 다가가다.

芼 모 : 뽑다. 가려내다. 집어 들다.

鐘鼓 종고 : 종과 북. 종묘제례나 국가의 큰 의식 때 사용하는 악기 명칭. 왕국유(王國維)는 천자와 제후만이 종과 북을 모두 사용하며, 사대부는 북만을 사용하므로 "관저"의 작가는 왕족이라고 추정하였다.

樂 낙 : 즐겁게 하다

【 해설 】

이 시는 "국풍 · 주남"의 첫 수이자, '시경'의 첫 수이다. "주남"은 주나라 남쪽 장강과 한수 유역에 있던 남국의 노래이다. "소남 召南"와 함께 '이남(二南)'이라고 한다. '이남'은 주나라 전성기 때의 남쪽 속국으로 주나라의 예악과 문물을 잘 보존하여 '아(雅)'에 가깝다고 하여 정풍(正風)이라 불러 다른 13국풍과 구별한다. "모시서"는 "관저"가 임금을 위하여 기꺼이 숙녀를 얻어 짝을 지어주려는 후비(后妃)의 덕행을 말한다고 하였다. "모시서"는 "주남"11편 모두 후비와 문왕(文王)의 작품이라 하였는데, 이는 모시 계열의 편향된 해석을 잘 보여준다. 문일다의 '풍시유초'는 이 시를 "여자가 물가에서 마름을 따는데 군자가 보고 좋아하게 되었다."라고 설명하면서 남자가 숙녀를 그리워하는 정가(情歌)로 보았다.

이 시는 만남에서 결혼까지 사랑이 맺어짐을 노래하였다. 남자가 물가의 여인을 보고 첫 눈에 반하여 오매불망 그리워하며 쫓아다니다 연애하고 마침내 결혼에 성공하는 전 과정이 매우 분명하게 묘사되어 있다. 만약 '모시'의 견해대로 후비가 임금을 위하여 삼궁육첩(三宮六妾)을 뽑으면서 적당한 인선을 찾지 못하여 오매불망 잠 못 이룬다면 이는 너무 사리에 맞지 않는다. 왕비가 임금의 후궁을 얻는 일에 스스로 나서는 것은 남성 중심의 구시대에서 자신의 지위를 확보하기 위한 적극적 자구책일 수 있다. 하지만 후비도 결국 여자인데 아무리 후덕해도 또는 후덕한 척 가장해도, 마음에 드는 후궁을 찾지 못해 잠 못 이룬다는 것은 이미 인지상정에서 한참 벗어났다. 유가에서는 인지상정을 매우 중시하는데, 굳이 후비의 후덕함을 강조하려고 인지상정에서 벗어나게 『시경』을 해석할 필요는 없다고 본다. 이 시는 명백하게 남자가 여자에게 구애를 하고 승낙을 받기 전 잠 못 이루며 애태우는 내용이라야 사리에도 맞고 문학적 재미도 더할 수 있다.

【 원문 2 】

[도요 桃夭]

桃之夭夭, 灼灼其華。之子于歸, 宜其室家。

桃之夭夭, 有蕡其實。之子于歸, 宜其家室。

桃之夭夭, 其葉蓁蓁。之子于歸, 宜其家人。

「국풍 國風 · 주남 周南」

【 주석 】

夭夭 요요 : ①야들야들. 갓 자라나 여리고 무성한 모양. (『모전』) ②하늘하늘. 나뭇가지가 바람에 따라 휘어지는 모양. (문일다의 『시경통의』) ③젊고 싱싱한 모양. (『설문해자』)

灼灼 작작 : 꽃이 활짝 피어 곱고 환한 모양.

華 화 : 꽃. '花(화)'의 옛 자이다.

之子 지자 : 이 처녀. 이 아가씨. '之'는 지시대명사 '이 是(시)'와 같다.

于歸 우귀 : 시집가다. 여기에서 어조사 '于'는 동사 앞에 놓여서 동작의 진행을 나타낸다. '歸'는 여자가 출가(出嫁)함이다. 돌아간다고 표현하는 것은 남편의 집을 내가(內家)로 보고 친정부모의 집을 외가(外家)로 보기 때문이다.

宜 의 : 화목하게 하다. 사이좋게 지내다. 「종사 螽斯」의 '宜爾子孫'의 '宜'도 같은 뜻으로 쓰였다.

有蕡 유분 : 크고도 많은 모양. 크고도 탐스런 모양. 고대 어법에서는 형용사나 부사 앞에 '有'가 오면, 형용사와 부사 뒤에 '然(연)'을 붙이는 것과 같다. '蕡然(분연)'은 사물의 상태나 모양을 형용한다. '蕡'은 열매가 탐스럽게 맺은 모양이다.

蓁蓁 진진 : 잎이 무성한 모양.

【 해설 】

이 시는 여자가 시집가는 것을 축하한다. 「모시서」는 후비가 "투기하지 않아 남녀 관계가 바로 잡히고 혼인이 제때에 이루어져 나라에 홀아비가 없다."라고 이 시를 설명하나 받아들이기 힘들다. 방옥윤(方玉潤)의 『시경원시 詩經原始』에는 신혼의 즐거움을 읊은 시라 하였고, 굴만리(屈萬里)의 『시경전석 詩經詮釋』에선 시집가는 딸을 축하하는 시라 하였다. 두 견해 모두 통한다. 여자에게 시집가서 가정을 잘 꾸리라고 거듭 당부하면서, 복숭아 열매가 주렁주렁 달리듯 자손을 많이 낳아 집안을 번성시키라고 축복하는 내용으로 보아야 한다.

【 원문 3 】

[한광 漢廣]

南有喬木, 不可休息。 漢有游女, 不可求思。
漢之廣矣, 不可泳思。 江之永矣, 不可方思。

翹翹錯薪, 言刈其楚。 之子于歸, 言秣其馬。
漢之廣矣, 不可泳思。 江之永矣, 不可方思。

翹翹錯薪, 言刈其蔞。 之子于歸, 言秣其駒。
漢之廣矣, 不可泳思。 江之永矣, 不可方思。

「국풍 國風 · 주남 周南」

【 주석 】

喬木 교목 : 우뚝 솟은 큰 나무. 가지가 옆으로 벌어지지 않고 위로만 높이 솟은 나무를 말한다. 남방에는 수목과 조수가 번창하여 아름드리나무가 많다.

休 휴 : ①쉬다. '쉴 息(식)'과 같다. ②나무그늘. '그늘 庥(휴)'와 같다.

思 사 : 어조사. 『시경』에서 '思'가 구절 끝에 오면 어조사가 되는 대표적인 예이다. 『한시 韓詩』에는 '思'로 되어 있으나, 판본에 따라서 '息(식)' 또는 '爾(이)'로 되어 있는 경우도 있는데 모두 어조사이다. 공영달의 소(疏)에서는 운자가 필요하여 '思'를 사용하였다고 설명하는데 일리가 있다. '不可休思(불가휴사)'는 교목이 너무 높이 솟고 가지가 없는 탓에 그림자가 너무 작아 거기서 쉴 수가 없음을 말한다.

漢 한 : 한수(漢水). 장강(長江)의 큰 지류 가운데 하나이다.

遊女 유녀 : ①나들이 나온 아가씨. (『주전』) ②한수의 신. 한수의 신은 가끔 보이지만 원할 때마다 볼 수는 없다는 뜻이다. (『문선 文選』주)

求 구 : 원하다. 추구하다.

泳 영 : 자맥질하다. 헤엄치다.

江 강 : 강수(江水). 장강의 본 이름이다. 영강(永康)의 군민산(軍岷山)에서 발원하여 동쪽으로 흘러 한수와 합하여 진다.

永 영 : 길다. 『한시』에는 '출렁거릴 漾(양)'으로 되어있으나 뜻은 같다.

方 방 : 뗏목을 띄우다. 뗏목을 띄워 강을 건너다. 『노시』에는 '배 舫(방)' 즉 작은 배로 되어 있다.

翹翹 교교 : ①잡초가 높이 솟은 모습. 원래 새 꼬리에 난 긴 깃털을 말하나 그 생김새가 잡초가 무성하게 핀 모습과 비슷하다. ②나무가 길고 짧게 더부룩이 자란 모습. 위원(魏源)의 『고시미 古詩微』에 의하면, 『시경』에서 아내를 취하는 시는 모두 땔나무를 꺾는 것으로 '흥(興)'으로 삼았으며, 이는 옛날에 시집가고 장가들 때 반드시 화톳불을 밝혀 화촉으로 삼았기 때문이라고 한다.

錯薪 착신 : 섶나무가 어지러이 뒤섞이다. 섶나무는 주로 땔감에 쓰인다.

言 언 : 어조사.

刈 예 : ①풀과 나무을 베다. 잘라오다. ②취하다. (『경전석문 經典釋文』)

楚 초 : 가시나무. 가시나무는 땔감 잡목 중에서 유난히 무성하게 덤불이 진다. 호승공(胡承拱)의 『후전 後箋』에 의하면, 고대의 혼례에는 섶과 꼴을 예물로 보내기도 하였는데, 꼴은 말을 먹이고 섶으로는 횃불을 밝혔다고 한다. 「사혼례 士婚禮」에 "따르는 수레가 두 대이고 등촉을 잡은 자가 말 앞에 선다."라고 한 것으로 보아 땔나무로 등촉을 밝혔음을 알 수 있다.

秣 말 : 소나 말에게 꼴을 먹이다. '言秣其馬(언말기마)'는 두 가지 뜻이 있다. 하나는 말에게 배불리 꼴을 먹여 신부를 맞으러 감이고, 다른 하나는 그녀가 탄 말을 끄는 마부라도 마다하지 않음이다. 혜주척(惠周惕)의 『시설 詩說』은 "혼례에 신랑이 친영(親迎)한 후에 나가서 신부가 탄 수레를 모는데, 신랑이 수레의 손잡이 줄을 잡고 세 바퀴가 구르도록 몬다. 그러므로 '之子于歸, 言秣其馬。'는 만약 이 아가씨가 나에게 시집온다면 나는 몸소 맞으러 가서 직접 수레를 몰고 데려올 것이라는 말이다. 수레를 몬다고 하지 않고 말을 먹인다고 하여 행차가 빨라지길 바라면서 또한 완곡하게 불

만을 표현하였다."라고 설명한다. 호승공(胡承拱)과 마서진(馬瑞辰)의 견해도 혜씨(惠氏)와 같다.

蔞 루 : ①갈대풀. '갈대 蘆(노)'의 가차자이다. ②물쑥. 물쑥은 부드러울 때는 먹을 수 있으며 늙으면 땔감으로 사용하는데, 키가 한 길 남짓이다.

駒 구 : 망아지.

【 해설 】

이 시는 한수가의 나무꾼이 나들이 나온 아가씨를 애모하나 가까이 다가갈 수 없어 애태우는 내용의 연가(戀歌)이다. "모시서"는 문왕의 교화가 한수 유역까지 미치어, 예를 범할 생각을 못하고 그냥 바라만 보다가 사랑을 얻지 못했다고 설명하였다. 시의 본뜻에 근접하였지만, 문왕의 덕과 교화의 결과를 운운함이 흠이다. 내용은 대략 이러하다. 한수가에서 나무꾼이 나무를 하다가 강 건너에 나들이 나온 아가씨를 보고 반하였다. 나무꾼은 만나보아야 사랑을 할 것인데 강물이 넓고 길어서 헤엄쳐서 건널 수 없고 걸어서도 갈 수 없다고 한탄한다. 잡목 더미에서 싸리나무 베어다가 그 아가씨 시집올 때 타고 올 말에게 꼴이라도 먹여야지 다짐한다. 이 시는 당연히 유녀를 애모하나 차지하지 못한 강 아래 나무꾼이 부른 노래이다.

【 원문 4 】

[여분 汝墳]

遵彼汝墳, 伐其條枚。未見君子, 惄如調饑。

遵彼汝墳, 伐其條肄。既見君子, 不我遐棄。

魴魚赬尾, 王室如燬。雖則如燬, 父母孔邇。

「국풍 國風 · 주남 周南」

【 주석 】

遵 준 : 따르다. 쭉 따라가다. 따라 걷다.

汝 여 : 강 이름. 즉 여수(汝水). 지금의 하남성(河南省)에서 발원하여 동쪽으로 안휘(安徽)를 거쳐 회수(淮水)로 흘러든다.

墳 분 : 큰 제방. 큰 방죽.

伐 벌 : 베다. 벌목하다.

條枚 조매 : 작은 나뭇가지. 가지에서 따로 뻗어 나온 것이 '枚'이고, '枚'에서 따로 뻗어 나온 것이 '條'이다. 그러므로 '條'는 작은 가지이다.

君子 군자 : 남편. 여기에서는 아내가 남편을 높여 부르는 말로 쓰였다.

惄 녁 : ①시장기를 느끼는 모양. (『모전』) ②마음이 주린 모양. 굶주린 사람이 음식을 생각하듯, 무슨 일을 간절히 바라는 모양을 형용한다. ③애타게 그리워하는 모양. ④걱정으로 애를 태우는 모양. (『정전』)

調饑 조기 : 아침에 일어날 때 느끼는 시장기. '調'는 '아침 朝(조)'의 가차자(假借字)이다. 『정전』은 "남편을 아직 만나지 못하였을 때는 마치 아침 시장기에 음식이 생각나는 듯하였다."라고 해석하였다.

肄 이 : 곁가지. 줄기를 잘라낸 부분에 다시 자라나는 잔가지를 말한다.

遐 하 : ①멀리 떠나가다. 멀리하다. ②어조사. 굴만리(屈萬里)의 『시경전석詩經詮釋』의 고증에 따르면, '시경'에서 '不遐(瑕)'가 시구의 첫머리에 오거나 혹은 '不～瑕～'의 형태를 한 것은 '瑕'자가 모두 어조사로 아무런 뜻이 없다. '不我瑕棄(불아하기)'는 곧 '不我棄'이며, '나를 버리지 마세요.'라는 뜻이다.

魴魚 방어 : 방어. 머리가 작고 몸통이 납작한 네모형이라 편어(鯿魚)라고도 하며, 비늘이 가늘며 꼬리가 붉은 어종이다. 배에 기름기가 많아 맛있다고 한다. 노고를 많이 하여 꼬리가 붉다는 뜻으로 적미어(赤尾魚)라고도 부른다.

赬尾 정미 : 붉은 꼬리. 방어의 수컷이 암컷의 산란을 위해 꼬리를 흔들어 모래를 파고, 산란을 마치면 다시 꼬리가 붉어지도록 흔들어 그곳을 보이지 않게 가리는 수고를 남편의 노고에 비유하였다.

王室 왕실 : ①주나라 말기의 쇠락한 왕실. 즉 작자 당대의 왕실. ②주(紂)

임금이 생존할 당시의 은나라 왕실.

如燬 여훼 : ①불타는 듯하다. 역산(酈山)에서 패망한 일을 가리키며, 왕실이 한창 난리를 만나 시국이 혼란에 빠진 상태를 비유한다. ②더욱 뜨거워지다. 백성들이 도탄에 빠졌는데 왕실에서는 군역에 나오라는 독촉을 날로 혹독하게 한다는 의미이다.

孔邇 공이 : 아주 가까운 곳. 왕실이 불타는 듯 비록 시국은 혼란하고 남편은 군역에 나갔지만 부모가 가까이 계시니 한번은 돌아와 살펴보아야 한다는 뜻이다. 물론 이렇게 해야 부부도 함께 모일 수 있다는 기대도 포함되어 있다.

【 해설 】

이 시는 부인이 자기 남편이 군역에서 돌아온 것을 기뻐하는 시이다. 이 시의 함의에 대하여는 설들이 구구하나, 주요 쟁점은 '惄如調饑(녁여조기)'와 '魴魚赬尾(방어정미)' 이 두 구절에 대한 해석이다. 먼저 결론을 말하자면, '惄如調饑'의 '饑'는 고대의 은어로 성적인 행위를 가리킨다. 문일다 선생에 의하면, 옛날에는 성행위를 '먹는다'로 표현하고, 성욕이 만족되지 않은 생리적 상태를 '배고프다'라 표현하며, 만족한 후를 '배부르다'라 표현하였다. 「형문 衡門」 시에 '시장기를 때울 수 있네.'라 하였고, 또 '소녀는 이에 기아에 떨고 있네.'라고 하는 시구들은, 시의 뜻을 파고들면 굶주림이 곧 성욕을 뜻함이 매우 명확해 진다. 본문의 "未見君子, 惄如調饑。(남편을 못 만났으니 주리기가 아침을 굶은 듯하네.)"는 역시 남편을 만나지 못하자 '주렸다'고 성욕을 표현하는 말로 성에 대한 굶주림을 대신하는 말이다. 그리고 『시경』에서 등장하는 물고기는 대부분 남성의 성기를 상징하는 점도 『시경』을 해석하는 중요한 코드(code)가 된다.

【 원문 5 】

[작소 鵲巢]

維鵲有巢, 維鳩居之。之子于歸, 百兩御之。

維鵲有巢, 維鳩方之。之子于歸, 百兩將之。

維鵲有巢, 維鳩盈之。之子于歸, 百兩成之。

「국풍 國風 · 소남 召南」

【 주석 】

維 유 : 말 첫머리에 나오는 발어사(發語詞)로, 뜻은 없다.

鵲 작 : 까치. 울음소리가 기쁜 소식을 전한다고 하여 희작(喜鵲)이라고 부르기도 하며, 둥지를 매우 튼튼하게 잘 짓는다.

巢 소 : 둥지. 보금자리.

鳩 구 : ①비둘기. (구양수의 『시본의 詩本義』) ②뻐꾸기. 두견새. ('모전') ③구관조. 지빠귀. (굴만리의 『시경전석』) '鳩'가 어떤 새인가에 대하여 여러 가지 설명이 있으나, 비둘기 · 뻐꾸기 · 구관조 등이 모두 스스로 둥지를 짓지 못하고 까치가 이미 지어 놓은 둥지에 들어가 까치 새끼를 밖으로 밀어내고 둥지를 차지하는 것은 분명하다.

居 거 : 살다. 깃들다.

百兩 백량 : 수레 백 대. 고서의 숫자관념으로 볼 때 '百'은 개략적인 숫자로 대체로 많은 수량을 말하며, '兩'은 '수레 輛(량)'과 같다.

御 아 : ①친영하다. 곧 직접 신부를 맞으러 나간다는 뜻이다. '맞을 訝(아)'의 가자차이며 '마중할 迓(아)'와도 통한다. ('모전') 『예기 · 곡례 曲禮』에는 대부와 선비는 반드시 친영해야 한다고 하였다. ②모시다. 시중들다. '모실 侍(시)'와 같다. '百兩御之'는 수많은 수레로 그녀를 모시다는 뜻이다. ('경전석문')

方 방 : ①차지하다. '放(방)'과 같으며, '의거하다' 또는 '점거하다'의 뜻이다.

(왕인지의 『경의술문 經義述問』) ②자기 집으로 삼다. ‘房(방)’과 통한다.

將 장 : 전송하다. 배웅하다.

盈 영 : 가득하다.

成 성 : 완성하다. 마치다. 혼례를 온전히 잘 치렀음을 가리킨다.

【 해설 】

이 시는 「국풍 · 소남 召南」의 첫 번째 시이다. 「소남」은 주나라의 경기 지방 남쪽 밖에 소재하여 소백(召伯)의 통치를 받았다고 해서 붙여진 명칭이고, 「주남」과 함께 대체로 주나라가 동천한 시기를 전후해서 춘추 초기까지에 지어진 시들이다. 「모시서」는 이 시를 남편을 도와 집안을 일으킨 부인의 덕이 마치 뻐꾸기와 같으며 서로 어울리는 배필이라고 하였는데, 설명이 다소 황당하다. 사실 「작소」는 어느 지체 높은 귀족의 딸이 시집가는 것을 축하하는 시이다. 시집가는데 수레 백 대가 뒤따름은 과장된 표현이나, 이는 신부가 평민이 아님을 증명한다. 작소구거(鵲巢鳩居)란 성어가 이 시에서 나왔다. 뻐꾸기는 둥지를 짓지 못해 까치 둥지를 차지해서 산다. 이것이 여자가 남편의 집으로 시집가서 그 곳을 자기 집으로 여기고 사는 것과 비슷하므로 비유로 삼았다.

【 원문 6 】

[행로 行露]

厭浥行露, 豈不夙夜, 謂行多露?

誰無雀無角? 何以穿我屋? 誰謂女無家? 何以速我獄?
雖速我獄, 家室不足。

誰無鼠無牙? 何以穿我墉? 誰謂女無家? 何以速我訟?
雖速我訟, 亦不女從。

「국풍 國風 · 소남 召南」

【 주석 】

厭浥 염읍 : 촉촉하게 젖은 모양.

行 행 : 길. 도로.

夙夜 숙야 : ①새벽과 밤. 밤낮. ②이른 꼭두새벽.

謂 위 : ①말의 첫머리에 나오는 발어사. '維'와 같다. ②어쩔 수 없다. '어찌할 奈(내)'와 같다. (육덕명의 『경전석사 經典釋詞』) ③꺼려하다. '두려워할 畏(외)'의 가차자로, 길에 이슬이 많음을 꺼려한다는 뜻이다. (마서진의 『모시전전통석 毛詩傳箋通釋』) ④핑계를 대다. 굴만리의 '시경통석'은 '豈不夙夜, 謂行多露?' 이 구절을 "어찌 이른 새벽도 아닌데 오히려 길에 이슬이 많다고 하느냐?"라며 핑계를 댄다는 뜻으로 해석하였다.

雀 작 : 참새.

角 각 : 부리. '부리 噣(주)'의 본래 자이다.

穿 천 : 뚫다. 참새가 단단한 부리로 남의 집을 뚫고 들어가 차지함을 가리킨다.

女 여 : 너. '너 汝(여)'와 같다. 우격다짐의 남자를 가리킨다. ('정전')

家 가 : ①배경이 든든한 집안. 세도를 부리는 집안. ②재물. 가재(家財). 재례(財禮). 즉 중매쟁이를 통하여 예단을 보내 가정을 꾸리는 예의를 말한다. (『주전』) 정현은 『예기 · 단궁 檀弓』의 '君子不家於喪'을 "죽은 사람 덕분으로 이득을 취함을 싫어한다."라고 주를 달아, '不家'를 집안의 재물을 더하지 않는다는 뜻으로 해석하였다. 『장자 · 열어구 列禦寇』에도 "천금이나 되는 재물을 다 없애다.(單千金之家。)"라 하였는데, '家'가 재물의 뜻으로 쓰였다. 여기의 '誰謂女無家(수위여무가)'는 "누가 당신더러 재산이 없다 했던가?"

의 뜻으로, 장가들 때는 가난하여 재례를 갖추지 못한다며 핑계를 대놓고 사실은 집안에 재산이 많아 이를 믿고 송사를 일으켰다고 원망하는 말이다.

速 속 : ①재촉하다. ②이르게 하다. 빠트리다. '이를 致(치)'와 같다.

獄 옥 : 옥사, 곧 송사(訟事). 『주례 · 대사구직 大司寇職』의 주에 의하면, '獄'은 서로 죄가 있다고 고소하는 것을 말한다.

室家不足 실가부족 : ①가정을 이룰 수는 없다. 즉 그대에게 시집갈 수 없다는 뜻이다. ②재산이 부족할 것이다. 그대가 비록 송사를 일으켜도 집안의 재산을 불어나게 하지는 않겠다는 뜻이다. ③재례(財禮)가 부족하다. 그대 집안은 혼인할 예단을 갖추지 않았다는 뜻이다. (진환의 『시모씨전소 詩毛氏傳疏』)

鼠 서 : 쥐. 문일다의 '풍시유초'에 "남을 옥송(獄訟)에 빠트린 자는 남의 재산을 탕진케 하므로 참새와 쥐에 비유하였다."라고 하였다.

墉 용 : 담.

不女從 불여종 : 그대를 따르지 않겠다. 재례를 포기하면서까지 그대같은 우격다짐의 사내를 따르지는 않겠다는 뜻이다. (『모전』) 고대 어법에서 不 · 未 · 莫 등의 목적어가 대명사일 때는 '不 · 未 · 莫 + 목적격대명사 + 동사'의 어순을 따른다.

【 해설 】

이 시는 남자가 혼인을 강요하자 여자가 이를 거절하는 내용을 담고 있으며, 남녀가 송사를 다투는 것이 요지이다. 신(申)이라는 지역의 여자가 풍(酆)이라는 지역으로 시집가기를 허락하였는데, 시댁에서 예를 갖추지 않고 그녀를 맞아들이려 해 여자가 혼사를 거절하였다. 시댁에서는 여자가 이미 승낙하고선 따라나서지 않는다고 송사를 걸어 그녀를 옥에 넣었다. 이에 여자가 이 시를 짓게 되었다. 이것은 유향(劉向)의 『열녀전』에 나오는 설명으로, 사실은 『노시』의 설이며 『한시외전』에도 보인다. 이 시의 내용에 대해서도 학자들의 견해가 매우 분분하나, 노시가 사실에 가장 가깝다. 임의

광(林義光)의『시경통석 詩經通釋』에 의하면, 고대의 혼인법도에 가난하여 예를 갖출 수 없는 자는 예를 생략하여 치를 수도 있었다고 한다. 이 시에서는 아마도 남자가 가난하여 예를 갖출 수 없다고 핑계대고 여자를 취하려고 하자 여자가 거절하며 사실은 남자 집안에 재산이 많다고 말한 것이다. 이 설은『노시』를 충분히 보충 설명한다.

【 원문 7 】

[은기뢰 殷其雷]

殷其雷, 在南山之陽。何斯違斯, 莫敢或遑?
振振君子, 歸哉, 歸哉!

殷其雷, 在南山之側。何斯違斯, 莫敢遑息?
振振君子, 歸哉, 歸哉!

殷其雷, 在南山之下。何斯違斯, 莫敢遑處?
振振君子, 歸哉, 歸哉!

「국풍 國風 · 소남 召南」

【 주석 】

殷 은 : 천둥소리가 요란히 울리는 모양.

其 기 : 어조사. 어구의 중간에 쓰이는 어조사이며, 앞에 나온 말의 상태와 정도를 형용하여 '그럴 然(연)'과 같은 문법적 작용을 한다. '殷其'는 '殷然'과 같다.

雷 뢰 : 우뢰. 천둥. 옛날에는 많은 전차가 출동하거나 수레가 지나가는 소리를 천둥소리에 비유하였다. 여기에서는 은나라 말기의 폭정을 비유한다.

陽 양 : 산의 남쪽. 햇빛이 늘 드는 곳이며, 햇볕이 들지 않는 산의 북쪽은

'陰(음)'이라고 한다.

何斯 하사 : ①어떻게 이렇게. ②어떻게 이 사람이. '斯'는 이 사람을 가리키며, 군자 또는 님을 말한다. (『주전 朱傳』)

違斯 위사 : 집을 떠나다. '違'는 '갈 거(去)'와 같으며, '去'는 '떠날 離(이)'와 통한다. '斯'는 '여기'를 말한다. (『주전』) 주희의 설에 따르자면, '何斯違斯'의 '斯'는 지시대명사이며, '어찌 이 사람이 여기를 떠나'로 해석해야 한다. 그러나 전체 문맥을 볼 때 '어찌 이처럼 여기를 떠나가'로 해석함이 나을 듯하다.

或遑 혹황 : 짬을 내다. 겨를이 있다. 마서진의 '시경통석'에 따르면 '或'이 옛날에는 '있을 有(유)'와 통용하였다고 한다. '或'을 '혹시라도' 또는 '조금이라도'라고 해석해도 역시 통한다. '遑'은 '한가한 겨를'이란 뜻이다.

振振 진진 : ①위풍당당한 모습. (대진(戴震)의 『시경보주 詩經補注』) ②늠름하고 믿음직한 모습. (『모전』)

君子 군자 : 남편. 외지로 군역나간 남편.

歸哉 귀재 : 돌아오소서. 남편이 돌아오길 간절히 바라는 말이다.

側 측 : 옆. 곁.

遑息 황식 : 쉴 틈. 곧 집에 돌아와 쉴 겨를.

處 처 : 가만히 쉬다. 일을 쉬고 숙소에 머물다. 한쟁영(韓崢嶸)의 『시경역주 詩經譯註』에서는 '일손을 놓고 게으름을 피우다'라는 뜻으로 풀이하였는데 참신한 해석이다.

【 해설 】

이 시는 아내가 외지로 군역에 나간 남편을 그리워하는 내용이다. 『모시서』는 이 시를 "소남의 대부가 멀리 집을 떠나 정사를 돌보느라 편히 쉴 틈이 없자 집에서 그가 고생스러움을 안타까이 여기고 의로써 권면하였다."고 해설하였으나, 주희의 「시서변설 詩序辨說」은 "이 시는 의로써 권면하는 뜻이 없다."고 반박하였다. 이 시는 남국의 아낙네가 군대의 전차 행렬이 천지를 진동시키며 지나가자, 그 소리를 듣고 멀리 군역에 나간 남편이 떠올라 하루 빨리 돌아오길 바라는 내용이라고 보아야 옳다. 그리고 전차 행렬을 천둥소리로 비유한 것은 바로 대규모 전쟁을 일삼는 주나라 말기의 폭정에 염증을 느끼는 민초들이 이를 비꼬고 원망하는 심정을 암시한다.

【 원문 8 】

[표유매 摽有梅]

摽有梅, 其實七兮! 求我庶士, 迨其吉兮。

摽有梅, 其實三兮! 求我庶士, 迨其今兮。

摽有梅, 頃筐塈兮! 求我庶士, 迨其謂之。

「국풍 國風 · 소남 召 南」

【 주석 】

摽 표 : ①떨어지다. ('모전') ②치다. 장대로 쳐서 매실을 따다. (굴만리의 '시경전석') ③내던지다. (문일다의 『시경통론』)

有 유 : 어조사.

梅 매 : 매실. 매화나무의 열매. '한시'에는 '楳(매)'로 되어 있으나 '梅'와 같은 자이다.

實 실 : 열매. 즉 매실을 가리킨다.

七 칠 : 7할. 즉 매우 많다는 뜻이다. 매실이 7할이나 나무에 달렸다는 말은 아가씨가 매우 젊어 한창 때임을 과시한다. 이 시의 '七'과 '三'은 실제 수량이 아니다. 고대에는 습관상 10에서 7까지의 숫자로 다수를 나타내고, 3이하의 숫자로 소수를 나타내었다.

求 구 : 구혼하다. 청혼하다.

庶士 서사 : 여러 선비. 여러 총각. '庶'는 '많을 衆(중)'과 같다. '求我庶士

(구아서사)'는 '나에게 장가들려는 많은 선비님들'이란 뜻이다.

迨 태 : ①~에 맞추다. '미칠 及(급)'과 같다. ('정전') ②바라다. '바랄 願(원)'과 같다. (『경전석문』)

吉 길 : ①좋은 날. 길일. (『모전』) ②멋진 선비. 길사(吉士). '迨其吉兮(태기길혜)'는 좋은 총각을 골라 시집가는 것을 말한다. (임의광의 『시경통해』) ③좋은 시절. 곧 가장 젊고 아리따운 때를 가리킨다. (『정전』)

今 금 : ①지금 당장. 지금 당장 서둘러야 한다는 뜻이다. (『모전』) ②괜찮은 총각. 듬직한 총각. '견딜 堪(감)'으로 읽으며, '堪'자는 '맡길 任(임)'과 같다. '여씨춘추'와 '묵자'에 '감사(堪士)'와 '임사(任士)'란 말이 보이는데, 모두 일을 맡길만한 사람이란 뜻으로 쓰였다. (문일다의 『시경통론』)

頃筐 경광 : 대바구니. 키의 일종으로 뒤가 높고 앞이 낮은 대광주리.

塈 기 : ①취하다. 주워 담다. ('모전') ②주다. '气(기)'와 같다. '頃筐气之(경광기지)'는 '광주리 채 준다'는 뜻이며, 매실을 다 던져주고 나서 광주리도 함께 딸려 준다고 하여 아가씨의 다급한 심정을 나타낸다. (문일다의 『시경통론』)

謂 위 : ①말하다. 말만 하고 데려가면 된다는 뜻이다. (『주전』) ②말이 나왔을 때. 『모전』에 의하면, 서른 살이 된 남자와 스무 살이 된 여자는 예를 기다리지 않고 알아서 만나 혼인하는 것도 인구를 늘이는 방편이었다. 『정전』도 여자 나이 스물이 넘으면 노처녀라며 이럴 경우는 예를 갖추지 않고 함께 도망가도 금하지 않는다고 하였다.

【 해설 】

이 시는 젊음이 빨리 지나가는데 아직 시집을 못간 노처녀의 초조한 심정을 노래하였다. 처녀가 한창 젊을 때는 동네 총각들에게 이 좋은 때를 놓치지 말라고 권유하였다. 나이가 좀 들자 지금 이 때를 놓치지 말라고 재촉하기 시작하였고, 노처녀가 되자 예단도 갖추지 말고 말만하고 데려가라고 하고 부모가 승낙하지 않으면 도망가자고 애원한다.

종래에 『모시서』는 이 시의 내용을 "문왕의 교화를 입어 남녀가 제때에 혼인할 수 있었다."라며 문왕의 교화에 중점을 두었다. 그런데 문일다의 '풍시유초'는 "여자가 신랑감을 구할 때 과실을 내던져서 예물로 삼는다."라고 색다른 주장을 한다. 그의 설명에 따르면, 옛날 풍속에는 여름에 과일이 제철일 때 새해를 알리는 제사를 지내고 부족 사람들 모두 과수원에 모여 즐기는데, 이 때 남녀별로 각각 나눠 앉아 여자들은 경쟁적으로 햇과일을 마음에 드는 남자에게 던지고 과일에 맞은 남자가 패옥(佩玉)을 풀어 선물하면 서로 부부가 되었다고 한다. 충분히 참고의 가치가 있는 해석이다.

【 원문 9 】

[녹명 鹿鳴]

呦呦鹿鳴, 食野之苹。我有嘉賓, 鼓瑟吹笙。
吹笙鼓簧, 承筐是將。人之好我, 示我周行。

呦呦鹿鳴, 食野之蒿。我有嘉賓, 德音孔昭。
視民不恌, 君子是則是傚。我有旨酒, 嘉賓式燕以敖。

呦呦鹿鳴, 食野之芩。我有嘉賓, 鼓瑟鼓琴。
鼓瑟鼓琴, 和樂且湛。我有旨酒, 以燕樂嘉賓之心。

「소아 小雅 · 녹명지습 鹿鳴之什」

【 주석 】

呦呦 유유 : 사슴이 우는 소리. 의성어.

苹 평 : 다북쑥. 사철쑥. 들풀로 줄기가 청백색이고 젓가락처럼 생겼다. '食

野之苹(식야지평)'은 사슴들이 울면서 들의 다북쑥을 뜯어먹는다는 뜻으로, 친구와 사이좋게 지냄을 비유한다.

嘉賓 가빈 : 귀한 손님. 자기와 뜻이 맞는 손님을 말한다.

鼓瑟吹笙 고슬취생 : 큰 거문고를 뜯고 생황을 불다. '笙'은 생황이라는 취주악기를 말한다. '瑟'과 '笙' 모두 연회나 예식에 쓰이는 악기이다.

簧 황 : 생황. 황은 생 속에 든 피리 혀 같은 것으로, 큰 생은 19황이 있고 작은 생은 13황이 있는데 생황을 불면 황이 진동하여 소리를 낸다. '鼓笙吹簧(고생취황)'은 '생황을 불다'로 해석한다.

承 승 : 받들다. '받들 奉(봉)'과 같다.

筐 광 : 광주리. 비단 같은 예물을 담는 대나무 그릇.

將 장 : 바치다. '바칠 獻(헌)'과 같다. 손님을 맞아 잔치를 베풀고 풍악을 울릴 뿐만 아니라 폐백(幣帛)까지 올려 손님을 극진히 대접한다. 폐백은 옛날 사람들이 처음 만났을 때 주고 받는 예물이다. (『정전』)

人 인 : 그 사람. 그이. 여기서는 가빈을 가리킨다.

好 호 : 좋아하다.

周行 주행 : 큰 도리. 예의의 도리. '行'은 길을 뜻하며, '周行'은 주나라로 가는 길을 가리킨다. ('주전') 주나라로 가는 길은 큰 길이므로 대도(大道) 혹은 지극한 도를 뜻하게 되었다. (『공소』) '示我周行'은 가빈은 덕을 갖춘 분이라 인륜의 올바른 도리를 몸소 나에게 보여준다는 의미이다.

蒿 호 : 쑥. 다북쑥. '주전'에서 '靑蒿(청호)'라고 하였는데, 앞의 '苹'과 비슷한 쑥이면서 더 푸른 빛깔을 띤다.

德音 덕음 : ①청랑한 말소리. ②말씀. 남의 말을 높여서 부를 때 덕된 말씀이라고 한다. ③덕행과 명성.

孔昭 공소 : 매우 밝다. 매우 현저하다.

視 시 : 보이다. 나타내다. 시범을 보이다. '보일 示(시)'의 고자(古字).

恌 조 : 경박하다. 투박하다. '示民不恌(시민불조)'는 백성들에게 시범을 보

여 경박하지 않도록 인도한다는 뜻이다.

則 칙 : 본받다.

傚 효 : 본받다. 배우다. '본받을 效(효)'와 같다. '君子是則是效'는 군자도 본받고 따른다는 뜻이다.

旨酒 지주 : 맛있는 술.

式燕以敖 식연이오 : 잔치하며 즐기다. '式'은 어조사이고, '燕'은 '잔치 宴(연)'과 같고, '敖'는 즐겁게 논다는 뜻이다.

芩 금 : ①풀이름. (『모전』) ②수초이름. 줄기는 비녀대와 같고 잎은 대나무와 같이 생긴 덩굴풀. 택지의 낮은 개펄에 자생하며, 말과 소도 즐겨 먹는다고 한다. (육덕명의 소)

湛 담 : 오래 즐기다. 즐거움에 푹 빠지다. '즐거울 媅(담)'과 통한다.

樂 낙 : 즐겁게 하다.

【 해설 】

이 시는 「소아·녹명지습 鹿鳴之什」의 첫 번째 시로 임금이 여러 신하와 가빈(嘉賓)에게 잔치를 베푸는 내용이다. '아'와 '송'은 나라이름에 따른 구별은 없으나 중원의 노래가 대부분을 차지하는데, 이 지역은 중화문화의 중심지여서 '시경'에 실린 작품이 특별히 많은 것이다. 이에 '아'와 '송'은 나라에 상관없이 시 10편씩을 묶어 습(什)이라 한다. 이는 '아'와 '송'의 편수가 많은 것에 따른 편의상 구분으로, 군대의 법제가 10명을 습으로 하는 것과 유사하다. 각 습의 첫 편을 습명으로 삼았다. 『의례·향음주 鄉飮酒』편 정현의 주에 "「녹명」이란 임금과 신하 그리고 사방에서 온 여러 손님들이 잔치에서 도를 강론하고 덕을 닦은 악가(樂歌)"라고 하였다. 이 시는 원래 여러 신하와 가빈에게 연회를 베풀 때 쓰였으나, 뒤에 와서 향인(鄉人)들도 잔치를 할 때 이 시가를 사용하였다.

【 원문 10 】

[청묘 淸廟]

於穆淸廟, 肅雝顯相。濟濟多士, 秉文之德。

對越在天, 駿奔走在廟。不顯不承, 無射於人斯。

「주송 周頌 · 청묘지습 淸廟之什」

【 주석 】

於 오 : 감탄사.

穆 목 : 아름답다. 빛나다. 멋지다.

淸廟 청묘 : 청정한 묘. 정결하고 고요한 묘. 여기서는 문왕의 묘를 가리킨다. '廟'는 조상의 신주를 모시거나 신에게 제사를 지내는 사당을 말한다.

肅雝 숙옹 : 공경스럽고 부드럽다. '雝'은 '和(화)'와 같으며 화순(和順)하다는 뜻이다.

顯相 현상 : 제례(祭禮)를 돕는 번듯한 공경대부와 제후들. '顯'은 '밝을 明(명)'과 같다. '相'은 '도울 助(조)'와 같으나 여기서는 명사로 쓰여 제사를 돕는 사람, 즉 제례를 도우려고 온 공경대부와 제후들을 말한다. (『주전』) '肅雝顯相'은 번듯한 공경과 제후들이 제사를 돕는 마음이 공경스럽고 협조적이라는 뜻이다.

濟濟 제제 : 많은 모양.

多士 다사 : 제사에 참여하여 일을 맡은 선비.

秉文之德 문왕지덕 : 문왕의 덕을 받들다. '秉'은 '뜻을 받들다'의 뜻이고, '文'은 주나라 문왕을 가리킨다.

對越 대월 : 받들어 높이다. 높이 받들다.

在天 재천 : 하늘에 있는 조상의 영. '對越在天'은 하늘에 계신 조상님의 신령을 높이 받들어 모심을 말한다.

駿 준 : 빨리. 급하게.

奔走在廟 분주재묘 : 묘당 사이를 바쁘게 뛰어 다니다.

不顯不承 불현불승 : ①크게 드러내고 크게 이어받다. 문왕의 덕을 계승하여 발양함을 말한다. ②매우 밝게 드러나 크게 도와주다. '不'은 '클 丕(비)'와 같으며, '顯'은 문왕의 신령이 밝게 드러남을 말한다. '承'은 '지킬 保(보)'와 같으며, 문왕이 후손을 지켜줌을 말한다. ('석의')

射 역 : 싫어하다.

斯 사 : 어조사. '無射於人斯(무역어인사)'는 싫증을 내는 사람이 없다는 뜻이다.

【 해설 】

이 시는 '송'의 첫 번째 시로 문왕에게 제사를 올릴 때 부르던 악가이다. 이 시는 '부'에 속하고 압운을 하지 않았다. 정현의 『시보』에는 「주송」은 이 나라 왕실이 공을 이루고 화평하였던 시절을 노래한 시로 주공이 섭정하던 성왕(成王) 초기의 작품이라고 하였다. 그러나 주희는 강왕(康王) 이후의 시도 있다고 하였다. 그러나 「주송」은 대부분 압운하지 않고 문사도 옛 티가 많아, 『시경』 가운데에 가장 오래된 작품이라고 볼 수 있다. "모시서"에는 "청명은 문왕에게 제사를 드린 것이다. 주공이 낙읍(洛邑)을 다 이루어 놓고 제후들의 조회를 받자 이들을 이끌고 문왕에게 제사를 올렸다."라고 하였다. 주공의 낙읍 경영은 『서경 · 주서』에도 보인다. 섭정한 지 5년 만에 낙읍을 완성하고 그 이듬해에 제후들이 조회를 드리려고 와서 제사를 지냈는데, 이 시도 이를 노래한 것으로써 역사 기록을 보존한 가치도 인정받는다.

2)『서경』

【 원문 1 】

曰若稽古帝堯, 曰放勳。欽・明・文・思・安安, 允恭克讓, 光被四表, 格于上下。克明俊德, 以親九族; 九族旣睦, 平章百姓; 百姓昭明, 協和萬邦。黎民於變時雍。

「우서 虞書・요전 堯典」

【 주석 】

曰若 왈약 : 어조사.

帝堯 제요 : 요임금.

放勳 방훈 : 공훈에 구애받지 않다. 공훈이 헤아릴 길이 없이 크다는 뜻이다.

欽 흠 : 행동이 공경스러움.

明 명 : 총명함. 명석함.

文 문 : 우아하고 예의가 바름.

思 사 : 심사숙고함. 생각이 깊음.

安安 안안 : 평안한 모습.

允恭克讓 윤공극양 : 참으로 공손하고 능히 양보하다. '克'은 '能(능)'과 같다.

被 피 : 미치다. 뒤덮다.

四表 사표 : 사방. 온 세상을 뜻하다.

格于上下 격우상하 : ①하늘과 땅에까지 이르다. ②천신에서 지신까지 감동시키다.

俊德 준덕 : 큰 덕.

九族 구족 : 구대. 즉 고조부・증조부・조부・부친・본인・아들・손자・증손자・고손자.

平章百姓 평장백성 : ①백성을 밝게 다스리다. ②백관의 직분을 분명하게 처리하다.

昭明 소명 : 밝아지다. 투명해지다.

協和萬邦 협화만방 : 천하 만방의 제후들이 고분고분 잘 따르다.

黎民 여민 : 백성. 창생(蒼生). 일반 백성들은 갓이나 두건을 착용하지 않아 검은 머리가 보이기 때문에 붙여진 명칭이다. 창생은 검은 머리가 때로는 짙푸르게 보여 붙여진 명칭이다.

於 오 : 감탄사.

變時雍 변시옹 : 온화하게 변하다. 친절하게 변하다. '時'는 어조사이다.

【 해설 】

이 글은 『서경』의 가장 첫 머리로 옛날 요임금의 덕을 살펴보고 있다. 요임금은 큰 공훈을 세웠으며, 매사에 조심스럽고 총명하고 문채가 나고 사려가 깊고 편안한 어른이었다. 지극히 공손하고 지극히 사양하여 광채가 천하를 뒤덮고 천지신명을 감동시킬 정도였다. 인륜의 큰 도리를 밝혀 구족이 친목하게 지내도록 하고 백관들은 자기 직분을 잘 지키게 하니, 온 천하 만방이 고분고분 잘 따르고 백성들도 온순하게 변하였다.

【 원문 2 】

象以典刑。流宥五刑。鞭作官刑, 扑作教刑, 金作贖刑。眚災肆赦, 怙終賊刑。“欽哉欽哉, 惟刑之恤哉。”

「우서 虞書 · 요전 堯典」

【 주석 】

象 상 : 본보기를 보이다. 지시하다. '보일 示(시)'와 같다.

典刑 전형 : 정상적인 형법. 일정한 형벌. '典'은 '늘 常(상)'과 같다.

流宥五刑 유유오형 : 귀양을 보냄으로써 오형을 범한 죄를 관대하게 줄여주다. '流'은 '내쫓을 放(방)'과 같고 이곳저곳 떠돌며 귀양살이한다는 뜻이며, '宥'는 너그럽게 용서한다는 뜻이다. '五刑'은 얼굴을

먹으로 뜨는 묵형(墨刑)・코를 베는 의형(劓刑)・발을 자르는 비형(剕刑)・불알을 까는 궁형(宮刑)・사형을 하는 대벽(大辟) 등 다섯 가지 형벌이며, 여기에서는 이러한 오형의 죄를 범한 사람을 가리킨다.

鞭 편 : 채찍질.

扑 복 : 매질. 회초리로 종아리를 때림을 말한다. '칠 打(타)'와 같다.

教刑 교형 : 가르칠 때 쓰는 형벌. 학교에서 내리는 벌.

金作贖刑 금작속형 : 황금으로 대속하다. 돈을 내어 형벌을 대신하다.

眚災 생재 : 실수로 죄를 범한 사람.

肆赦 사사 : 그러면 사면하다. '肆'는 '故(고)'와 같으며 '그러므로'라는 뜻이다.

怙終 고종 : 거듭하여 죄를 범하고 끝까지 회개하지 않는 사람.

賊刑 적형 : ①사형시키다. '賊'은 원래 해친다는 뜻이나 여기서는 '죽인다'는 뜻으로 쓰였다. ②곧 형벌을 내리다. '賊'은 '곧 則(즉)'과 통한다. (우성오(于省吾)의 『상서신증 尙書新證』)

欽哉 흠재 : 조심하라. 근신하라. 순임금이 관리들에게 당부하는 말이다.

惟刑之恤哉 유형지휼재 : 형벌에 대하여 여러모로 잘 생각해야 한다. 역시 관리에게 당부하는 말로, 무조건 형벌을 내리지 말고 잘 고려하라는 뜻이다. '之'는 '是(시)'와 같다. 여기의 '恤'은 불쌍하다는 의미보다 '고민하다'의 뜻으로 쓰였고, '사기'에는 '靜(정)'으로 되어있다.

【 해설 】

이 경문은 순임금이 형벌에 대하여 관리들에게 내린 당부이다. 백성들에게 일정한 형벌을 내리고 귀양을 보내는 것으로 오형에 해당하는 중벌을 줄여준다. 채칙으로 치는 것은 관부에서 내리는 형벌이고, 회초리로 종아리를 치는 것은 학교의 벌이다. 금이나 구리 같은 속전으로 형벌을 감해주고, 고의가 아닌 과실범이면 그냥 풀어주고, 끝까지 개전의 정을 보이지 않는다면 그때서야 형벌을 적용한다. "조심하고 조심하라. 형벌을 내릴 때 너희들은 잘 생각해야 하느니라." 순임금의 시정 원칙은 덕치에 있으나 국가의 법률 체계상 부득이 형법이 필요하다. 관리들이 형벌을 적용할 때 백성의 입장에 서서 중벌보다는 감형을 우선 고려해야 한다는 당부는 지금도 시사하는 바가 크다고 하겠다.

【 원문 3 】

帝曰："夔, 命汝典樂, 教胄子。直而溫, 寬而栗, 剛而無虐, 簡而無傲, 詩言志, 歌永言, 聲依永, 律和聲; 八音克諧, 無相奪倫; 神人以和。"

「우서 虞書 · 요전 堯典」

【 주석 】

帝 제 : 천자. 여기서는 순(舜)임금을 가리킨다.

夔 기 : 순임금 신하의 이름.

胄子 주자 : 장자. 즉 천자와 경대부 등의 맏아들을 이르는 표현이다. '胄'는 '長(장)'과 같다.

直 직 : 정직하다. 곧다.

栗 율 : ①공경스럽다. 조심스럽다. ②위엄이 서리다.

剛 강 : 과감하다. 강단이 있다. 과단성이 있다.

簡 간 : 일처리가 간단하다. 행동이 시원시원하다.

傲 오 : 오만하다. 거만하다.

詩言志 시언지 : 가사는 마음속의 뜻을 읊어낸다.

歌永言 가영언 : 노래는 말을 길게 늘어뜨림이다. '永'은 '長(장)'과 같으며 '길게 늘어뜨리다'의 뜻이다.

聲依永 성의영 : 악기소리는 고저장단에 의지한다.

律和聲 율화성 : 율려(律呂)는 악기소리를 조화롭게 한다. 곧 음계는 악기소리가 화음을 이루도록 한다는 뜻이다.

八音 팔음 : 금(金) · 석(石) · 사(絲) · 죽(竹) · 포(匏) · 토(土) · 혁(革) · 목(木) 등 8가지 악기재료에서 나오는 소리.

克諧 극해 : 능히 잘 어울리다. '克'은 '能(능)'과 같다.

奪倫 탈륜 : 질서를 잃다. 순서에서 벗어나다.

神人以和 신인이화 : 신과 사람이 조화를 이루다. 귀신과 사람이 화목해지다.

【 해설 】

이 경문은 순임금이 기에게 음악을 관장하고 왕족과 경대부의 적장자 교육을 담당하도록 맡기면서 당부한 말이다. 장자들을 교육시킬 때는 정직하면서도 온화하고, 너그럽고도 위엄이 서며, 추진력이 있으되 가혹하지 말며, 선이 굵게 행동하나 오만하지 않도록 한다. 노래가사는 마음속의 뜻을 읊어내며, 노래는 말을 길게 늘였으며, 악성은 고저장단에 따라 달라지며, 궁(宮)·상(商)·각(角)·치(徵)·우(羽)는 화음을 만들어 낸다. 음악을 관장할 때 이런 질서를 잃지 않도록 하면 사람과 귀신 사이도 화해를 이루어 낼 수 있다.

【 원문 4 】

皐陶曰:"都! 在安人, 在安民。" 禹曰:"知人則哲, 能官人, 安民則惠, 黎民懷之, 何憂乎驩兜? 何遷乎有苗? 何畏乎巧言令色孔壬?"

「우서 虞書 · 고요모 皐陶謨」

【 주석 】

皐陶 고요 : 순임금의 중신(重臣). 형벌을 관장하였다.

都 도 : 감탄사. 상대방의 말에 긍정하는 어기사이다.

知人 지인 : 인재를 알아보다. '在知人'은 임금의 관리 임명은 인재를 알아봄이 가장 중요하다는 뜻이다.

安民 안민 : 백성을 안정시키다. '在安民'은 위정의 급선무는 백성의 생활을 안정시키는 데에 있다는 뜻이다.

哲 철 : 명철하다. 지혜롭다. '사기'에는 '智(지)'로 되어 있다.

官 관 : 관리로 임용하다. 관리로 부리다. '官人'은 사람을 제자리에 맞게 쓸 수 있다는 말이다.

惠 혜 : 은혜롭다. 인애하다.

驩兜 환두 : 순임금 때의 사흉(四凶) 가운데 한 사람. "순전"에 나오는 사흉은 바로 환두・유묘(有苗)・공공(共工)・곤(鯀)이다. 유묘는 묘족(苗族)을 말하며, 곤은 우임금의 아버지다.

遷 천 : 중원 밖으로 추방하다.

巧言令色 교언영색 : 교묘한 말솜씨와 겉으로 선한 척 꾸민 얼굴. '令'은 '착할 善(선)'과 같다.

孔壬 공임 : 아첨이 매우 심한 사람. '孔'은 심하다는 뜻이고, '壬'은 '아첨할 佞(영)'과 같다.

【 해설 】

이 경문은 우임금이 고요의 정치에 관한 질문에 답한 기록이다. 고요는 순임금 밑에서 형벌을 관장하던 중신으로, 덕이 뛰어나 백성들을 바르게 인도하고 자신의 직분을 충실히 수행하였다는 평가를 받는 인물이다. 고요는 인재를 알아보는 것을 위정자의 유력한 수단으로 보고, 백성을 편안하게 하는 것을 위정자의 목표로 보았다. 우임금도 이에 동의하고, 이렇게 되면 백성들이 사모하여 모여들 것이니 지혜로우면서 인애한 마음이 넘치면 환도와 같은 악인이 두려울 까닭도 없고, 묘족 같은 부족을 굳이 중원 밖 멀리까지 내쫓을 필요도 없으며, 교언영색하며 아첨을 일삼는 못된 무리에게 속임을 당하는 일이 없을 것이라고 화답하였다.

【 원문 5 】

禹曰 : "洪水滔天, 浩浩懷山襄陵; 下民昏墊。予乘四載, 隨山刊木。曁益奏庶鮮食。予決九川, 距四海, 濬畎澮, 距川。曁稷播奏庶艱食・鮮食, 懋遷有無化居。烝民乃粒, 萬邦作乂。"

「우서 虞書・고요모 皐陶謨」

【 주석 】

滔天 도천 : 하늘에 닿다.

浩浩 호호 : 넓고 큰 모양.

懷山 회산 : 산을 에워싸다. 산이 물에 잠겼음을 말한다.

襄陵 양릉 : 높은 언덕까지 차오르다

下民 하민 : 백성.

昏墊 혼점 : 물에 빠져 가라앉다.

四載 시재 : 네 가지 교통 수단. '사기'에 의하면 땅에서는 수레를 타고, 강을 만나면 배를 타고, 진흙 구덩이에서는 썰매를 타고, 산에서는 가마를 탔다고 한다.

刊木 간목 : 나무를 베다. 나무를 쳐내다. '刊'은 나무를 찍어내 길을 알리는 표시를 함을 뜻한다.

曁益奏庶鮮食 기익주서선식 : ①백익과 더불어 백성들에게 어별(魚鱉)류를 먹는 법을 가르쳐 주다. '曁'는 '더불어 與(여)'와 같으며, '益'은 진(秦)나라의 선조 백익(伯益)이다. '奏'은 '進(진)'과 같다. '庶'는 일반 민중을, '鮮'은 생선을 각각 가리킨다. ②백익과 더불어 여러 가지 어별류를 먹는 법을 가르쳐 주다. '庶'는 많다는 뜻으로 '衆(중)'과 같다.

決 결 : 파내어 트이게 하다. 파내어 소통시키다.

九川 구천 : 약수(弱水)・흑수(黑水)・황하・장강・양수(漾水)・연수(沇水)・회수(淮水)・위수(渭水)・낙수(洛水).

距 거 : 이르게 하다.

濬畎澮 준견회 : 밭도랑과 봇도랑을 파내어 물길을 내다. 논밭 사이를 준설하여 수로를 연결하다.

川 천 : 큰 하천.

暨稷播奏庶艱食 기직파주서간식 : 후직과 더불어 곡물을 파종하여 민중들에게 얻기 힘든 먹을거리를 제공하다. '稷'은 주나라의 선조 후직(后稷)이다. '奏'는 '줄 予(여)'로 해석한다. '艱食'은 홍수 때 구하기 힘든 오곡을 가리킨다. 마융은 '근식(根食)' 곧 뿌리에서 나는 백곡이라 하였는데 이런 해석도 역시 뜻이 통한다.

懋 무 : 사고 팔다. 교역하다.

遷有無 천유무 : 남는 물자를 물자가 부족한 곳으로 옮기다. '遷'는 '옮길 徙(사)'와 같다.

化居 화거 : 팔거나 저축하다. '化'는 '貨(화)'의 옛 자로 '팔다'의 뜻이다.

烝民 증민 : 백성. 여러 백성.

粒 립 : '설 立(립)'이 되어야한다. 백성의 생활이 안정되게 자립하는 것을 말한다.

作乂 작예 : 다스려지다. 옛날에는 '作'과 '則'을 통용하였다.

【 해설 】

이 경문은 우임금이 백익과 후직의 도움을 받아 치수한 내용을 적고 있다. 고대에 큰 홍수가 나서 강물이 산릉 꼭대기까지 차올라 백성들이 수해로 큰 피해를 당하였다. 당시 우임금은 순임금의 명을 받들어 육로와 수로 그리고 진흙길과 산길을 마다않고 길을 개척하면서 돌아다니며, 홍수 후 기아에 시달리는 백성에게 백익과 함께 생선을 먹는 법을 가르쳐 주었다. 9대 하천의 물꼬를 터서 바다에 이르게 하고, 논밭의 수로를 깊게 파서 큰 시냇가로 흐르게 하고, 후직과 함께 백성들에게 오곡을 파종하는 법을 일깨워 주고, 서로 필요한 물자를 교역하도록 하였다. 마침내 백성들의 생활이 안정되고 천하만방이 잘 다스려지게 되었다고 한다.

【 원문 6 】

若網在綱, 有條而不紊; 若農服田力穡, 乃亦有秋。

「상서 商書 · 반경 盤庚」

【 주석 】

網 망 : 그물.

綱 강 : 벼리. 그물을 버티는 큰 밧줄을 말한다. 그물은 벼리가 있어야 잘 다룰 수 있다.

條 조 : 조리.

紊 문 : 문란하다. 어지럽다.

農 농 : 농사를 짓는 사람. 농민.

服 복 : ①종사하다. ②다스리다.

力 력 : 노력하다.

穡 색 : 경작하다. 밭을 갈고 거두다.

有秋 유추 : 수확이 있다. 곡물을 풍성하게 거두다.

【 해설 】

이 경문은 은나라 임금 반경이 무사안일을 일삼고 오만무례하며 자신에게 비협조적인 관원들을 꾸짖으며 든 비유이다. 여러 신하들은 임금의 명령을 반드시 따라야 한다. 그물을 예로 들면, 벼리가 밧줄에 묶여 있어야 비로소 조리가 있어 문란하지 않게 된다. 농사꾼을 예로 들면, 들로 나가 힘써 경작을 해야 또한 수확할 수 있다. 벼리는 임금 반경 자신이고 그물은 여러 신하들을 비유하며, 존비(尊卑)의 질서를 알 것을 경고한다. 농사꾼이 열심히 일해야 가을에 풍년을 기약하듯이, 각자 임무에 충실해야 상급이 따를 것임을 분명히 해 두었다.

【 원문 7 】

予告汝于難, 若射之有志。汝無侮老成人, 無弱孤有幼。各長于厥居, 勉出乃力, 聽予一人之作猷。無有遠邇, 用罪伐厥死, 用德彰厥善。邦之臧, 惟汝衆; 邦之不臧, 惟予一人有佚罰。

「상서 商書 · 반경 盤庚」

【 주석 】

汝 여 : 너. 너희.

射 사 : 활쏘기.

志 지 : 표지(標識). 과녁. 즉 목표를 말한다.

侮 모 : 모멸하다. 경멸하다. 가벼이 여기다.

老成人 노성인 : 나이가 들었으나 경험이 풍부한 선배.

無弱孤有幼 무약고유약 : ①외롭고 고달픈 어린이라고 괴롭히지 말라. '無'는 '勿'과 같고, '弱'은 경시하여 침범한다는 뜻이다. '有'는 어조사 '于'와 같다. ②고아와 과부를 업신여기거나 어린 사람의 생각에 의구심을 품지 말라. '有'는 '疑'의 가차자이다. (魯迅)

長于厥居 장우궐거 : ①지금 사는 그 곳을 존중하다. '長'은 '높일 尊(존)'과 같다. ②지금 사는 그 곳에 늘 거주하다. '長'은 '길 永(영)'과 같다.

乃力 내력 : 너의 힘. 너의 역량. '乃'는 '너 汝(여)'와 같다.

聽 청 : 듣다. 따르다. '從'과 같다.

作猷 작유 : 계획을 작성하다. 여기에서는 나 한사람이 만든 계획이라는 뜻이다.

無有遠邇 무유원이 : 먼 장래나 가까운 때를 막론하고.

用罪 용죄 : 악행을 저지르다. 나쁜 짓을 하다. 죄를 짓다.

伐厥死 벌궐사 : 그들을 베어 죽이다.

用德 용덕 : 선행을 하다.

臧 장 : 잘 되다. '善'과 같다.

惟汝衆 유여중 : 오로지 너희 여러 사람의 공로이다.

佚罰 일벌 : 잘못. '佚'은 '逸'의 가차자로 허물이라는 뜻이고, '罰'은 작은 죄라는 뜻이다.

【 해설 】

이 경문은 은나라 임금이 백성을 달래는 내용이다. 반경이 도읍을 옮기려 하였으나 민원이 일자, 백성들을 설득하며 이렇게 일깨워 주었다. "내가 너희에게 곤란한 일을 말해 줄 터이니 활쏘기처럼 뚜렷한 목표가 있어야 한다. 너희들은 경험이 많은 노인도 무시하지 말고, 외롭고 고단한 어린사람이라고 깔보지 말라. 너희들이 사는 곳을 중히 여긴다면 내가 만든 계획을 따르라. 시기가 멀거나 가까움에 상관없이 너희들이 잘못된 길을 걷는다면 너희들을 죽일 것이고, 너희들이 착한 길을 걷는다면 너희들의 선행을 표창할 것이다. 나라가 잘 되면 그것은 너희들의 공로이고, 나라를 망치면 그것은 나의 잘못으로 벌을 달게 받겠다." 위정자의 백성을 설득하는 마음과 책임을 지려는 자세가 돋보이며 권선징악의 의지 또한 확연하다.

【 원문 8 】

九、五福 : 一曰壽, 二曰富, 三曰康寧, 四曰攸好德, 五曰考終命。六極, 一曰凶短折, 二曰疾, 三曰憂, 四曰貧, 五曰惡, 六曰弱。

「주서 周書 · 홍범 洪範」

【 주석 】

壽 수 : 장수.

康寧 강녕 : 건강과 안녕.

攸好德 수호덕 : 미덕을 닦다. '攸'는 '수양하다'의 뜻으로 '닦을 修(수)'와 같으며, 음도 '수'로 읽는다.

考終命 고종명 : 늙어서 수명을 다하고 맞이하는 죽음. '考'는 '늙을 老(노)'와 같다.

極 극 : 불행. 횡액(橫厄).

凶短折 흉단절 : 비명횡사하여 요절하는 것. 60세 전에 죽는 것을 단명이라 하고, 30세 전에 죽는 것을 요절이라고 한다.

疾 질 : 질병.

憂 우 : 근심. 우환.

惡 악 : ①지나치게 악독함. ②흉사(凶死). ③보기 흉한 신체 외형. 불구자를 가리킨다.

弱 약 : 허약한 체질. 여기서는 몸이 허약하여 자손을 보지 못함을 말한다.

【 해설 】

이 경문은 사람의 다섯 가지 복과 여섯 가지 불행을 설명한다. 오복의 첫째는 장수를 누림이고, 둘째는 건강하게 편안히 사는 것이고, 셋째는 부자로 사는 것이고, 넷째는 미덕을 닦아 선행을 펼침이고, 다섯째는 수명을 다하고 곱게 맞는 죽음이다. 여섯 가지 불행의 첫째는 재난이나 사고 또는 질병으로 인하여 흉측한 꼴로 죽는 것이고, 둘째는 질병에 걸려 고생함이고, 셋째는 근심거리가 많음이고, 넷째는 가난이며, 다섯째는 성질이 포악함이고, 여섯째는 허약한 체질로 자손을 보지 못함이다.

【 원문 9 】

文王誥教小子・有正・有事, 無彝酒。越庶國飮, 惟祀, 德將無醉。惟曰:"我民迪小子, 惟土物愛, 厥心臧, 聰聽祖考之彝訓。越小大德, 小子惟一。"

「주서 周書・주고 酒誥」

【 주석 】

誥 고 : 훈시하다. 천자가 포고문 형식으로 내리는 훈시를 '誥'라 한다.

小子 소자 : 젊은이.

有正 유정 : 관청의 장. '有'를 어조사로 보아도 되고, '司(사)'와 같다고 보

아도 된다.

有事 유사 : 일반 관리.

無彝酒 무이주 : 술을 늘 마시지 말라. '彝'는 '늘 常(상)'과 같다.

越 월 : 어조사.

庶國 서국 : 제후들의 각 나라. 모든 제후국. '庶'는 '衆'과 같다.

德將 덕장 : ①적당량에 그치다. '德'은 '得(득)'과 같고, '將'은 '量(양)'과 같다. ②도덕으로 자신을 지탱하다. 도덕으로 자신을 단속하다. '將'은 '떠받칠 扶(부)'와 같다.

惟曰 유왈 : ①오로지 말하노라. ②어조사.

民 민 : ①백성. ②힘쓰다. 면려하다. '힘쓸 敃(민)'으로 읽으며, '勉(면)'과 같다.

迪 적 : 이끌다. 인도하다.

土物 토물 : 땅에서 나는 생산물. 즉 곡물, 곡식.

愛 애 : 아끼다. 아까워하다.

臧 장 : 선하다. 착하다.

祖考 조고 : 할아버지와 아버지. 각각 돌아가신 조부와 부친에 대한 호칭이다.

彝訓 이훈 : 본받을 교훈. 법도와 교훈. '彝'는 '法(법)'과 같다.

越 월 : 어조사.

德 덕 : 행위.

一 일 : 일관되다. 전일(專一)되다. 한 곳으로 쏠리다.

【 해설 】

이 경문은 문왕이 청년들과 관리에게 음주를 자제하라는 가르침을 담고 있다. 문왕은 은나라 주(紂)임금이 술에 취하고 여색에 빠졌던 영향이 아직 남아 있어, 이에 풍속을 쇄신하고 풍기를 바로 잡으려고 젊은이와 관리들에게 이러한 당부를 하였다. 술을 늘 마시지 말고 술을 마시려면 제사 때나 조금 마시고 자제를 해야 한다는 것이다.

【 원문 10 】

王曰："封! 予不惟若茲多誥。古人有言曰：『人無於水監, 當於民監。』 今惟殷墜厥命, 我豈可不大監撫于時! "

「주서 周書 · 주고 酒誥」

【 주석 】

封 봉 : 강숙(康叔)의 이름. 강숙은 주나라 무왕의 동모(同母) 동생으로, 위군(衛君)에 봉해졌다. 주공(周公)이 강숙에게 훈계를 내린 것이 바로 「강고 康誥」이다.

若茲 약자 : 이처럼. 이와 같이.

監 감 : 비추다. 비쳐보다. '거울 鑑(감)'과 같다. '無於水鑑'는 '물에다 자신을 비쳐보지 말라', 즉 물을 거울로 삼지 말라는 뜻이다.

當於民監 당어민감 : 마땅히 백성에게서 살펴보다. 백성을 거울로 삼다.

殷墜厥命 은추궐명 : 은나라가 그 천명을 잃다. '墜'는 '떨어뜨리다' 또는 '잃다'의 뜻이다.

監撫于時 감무우시 : 이를 관찰하다. 은나라가 망국한 이 일을 잘 살펴본다는 뜻이다. '撫'는 '볼 覽(람)'과 같으며, '時'는 '이 是(시)'와 같다.

【 해설 】

이 경문 주공이 성왕(成王)의 명으로 위군(衛君) 강숙에게 내린 훈계이다. 주공은 이 기회에 거듭해서 너에게 잘 일러주어야 하겠다며, 옛 사람들이 전하는 말에 "임금된 사람은 물을 거울로 삼지 않고 백성을 거울로 삼는다."라고 하는데, 지금 은나라가 그들의 천명을 잃었으니 내가 어찌 이 일을 두루 살펴보지 않을 수 있겠냐고 강조한다. 임금의 덕이 높으면 백성이 기뻐하나, 임금이 덕을 잃으면 백성의 원성을 산다. 그러므로 마치 물에 자신의 얼굴이 비치듯, 백성의 반응을 통해 임금의 덕을 살펴볼 수 있는 것이다. 은나라가 천명을 잃고 망국한 까닭은 바로 이런 일을 게을리 하였기 때문이다.

【 원문 11 】

王若曰："爾殷多士! 今惟我周王, 丕靈承帝事。有命曰：『割殷。』 告勅于帝。惟我事不貳適, 惟爾王家我適。予其曰, 惟爾洪無度; 我不爾動, 自乃邑。予亦念天卽于殷大戾, 肆不正。"

「주서 周書 · 다사 多士」

【 주석 】

若曰 약왈 : 이와 같이 말하다. 이렇게 말하다.

多士 다사 : 관원들. 주나라로 볼 때는 완고한 사람들이고, 은나라로 볼 때는 의로운 사람들이다.

丕 비 : ①어조사. ②크다.

靈 령 : 잘. '善(선)'과 같다.

帝事 제사 : 상제가 맡긴 일. 하늘이 명령한 일.

割 할 : 빼앗다. 멸하다. '사기'에는 '奪(탈)'로 되어 있다.

告勅于帝 고칙우제 : 칙령이 상제로부터 나오다. 상제가 명령을 내리다. '勅'은 '令(영)'과 같다.

事 사 : 임무. 곧 정벌하는 일을 가리킨다.

不貳 불이 : 단순하다. 다름이 아니다. '貳'는 '별도' 또는 '이 외'의 뜻이다.

適 적 : ①가다. '갈 往(왕)'과 같다. '我事不貳適'은 '내 임무는 다른 곳으로 가는 것이 아니다.'라는 뜻이다. ②하나에 전념하다. 오로지 하나이다. '我事不貳適'은 '내 임무는 다름이 없고 단순하다.'라는 뜻이다.

爾王家 이왕가 : 너희들 임금의 나라. 너희들 은나라 왕조.

洪無道 홍무도 : 크게 법도에 맞지 않다. 너무 법도가 없다. '洪'은 '大(대)'와 같다.

不爾動 불이동 : 너희들을 놀라게 하다. 너희들을 소란스럽게 하다. 목적어 '爾'가 이인칭대명사이므로, '不'과 동사 '動' 사이에 놓였다. '動'은 '소동(騷動)'의 뜻으로 쓰였다.

自乃邑 자내읍 : 너희 은나라 쪽에서 비롯되다. 이러한 소동은 실제로 은나라 무강(武康)이 먼저 불러 일으켰음을 말한다. '自'는 '말미암을 由(유)'와 같고, '邑'은 은나라를 가리킨다.

天卽于殷大戾 천즉우은대려 : 하늘이 은나라에게 엄벌을 내리다. '卽'은 '나아갈 就(취)'와 같으며, '戾'는 '罪(죄)'와 같다.

肆不正 사부정 : ①그러므로 너희들에게는 죄를 묻지 않겠다. '肆'는 '故(고)'와 같고, '正'은 치죄하여 잘못을 바로 잡는다는 뜻이다. ②그러므로 너희들의 죄를 바로 잡아주는 것이다. '不'는 어조사로 '丕(비)'로 읽는다.

【 해설 】

이 경문은 「주서 · 다사」의 일부이며, 「다사」편은 주나라 성왕(成王)이 은나라 유민을 낙(雒)으로 옮긴 후에 주공이 성왕 대신에 은나라 유민과 관원들에게 내린 포고문이다. 오로지 주나라 왕만이 옥황상제가 부여한 사명을 잘 지켜 나가자, 하늘에서 은나라를 멸망시키라고 명령하였다. 이 명령은 옥황상제의 지상명령으로, 주나라가 은나라를 친 것은 은나라가 스스로 법도를 무너뜨렸기 때문이다. 주공은 주나라 입장에서는 오히려 하늘이 은나라를 엄하게 질책하리라 믿어 굳이 바로 잡을 필요도 없었다고 강조한다. 아무래도 은나라를 멸망시킨 것에 대한 정복자 주나라의 정당화 논리로 보인다.

【 원문 12 】

周公曰 : "嗚呼! 君子所其無逸。先知稼穡之艱難, 乃逸; 則知小人之依。相小人, 厥父母勤勞稼穡, 厥子乃不知稼穡之艱難, 乃逸乃諺旣誕。否則侮厥父母, 曰 : 『昔之人無聞知。』"

「주서 周書 · 무일 無逸」

【 주석 】

君子 군자 : 벼슬자리에 있는 사람. 곧 위정자.

所 소 : ①어조사. ②거하다. 안주하다. '處(처)'와 같다.

無逸 무일 : 안일함에 빠지지 말라. '無'는 금지사 '勿(물)'과 같다.

稼穡 가장 : 곡식을 심고 거두는 일. 농사.

小人 소인: 일반 백성.

依 의 : 숨은 고통. '衣'와 같으며, '衣'는 '隱(은)'과 같다. (『경의술문 經義述聞』)

相 상 : 살펴보다. '볼 視(시)'와 같다.

諺 언 : 향락에 빠지다.

誕 탄 : 망녕되다. 광망(狂妄)하다. 황당하다.

否則 비즉 : 이에. 고어에서는 '否'와 '비(丕)'가 서로 통용되었다. '丕則'은 "주서" 중에 여러 차례 보인다.

昔之人 석지인 : 옛날 사람. 즉 구시대에 속하여 고리타분한 사람을 가리킨다.

聞知 문지 : 견식. 견문.

【 해설 】

이 경문은 「주서 · 무일」에서 나왔으며, 주공이 성왕(成王)에게 안일함에 빠지지 않도록 경계함이 위정자의 중요한 과제라고 강조한다. 위정자가 먼저 농사에서 수확의 어려움을 안다면 백성들의 말 못할 고충을 이해한다. 백성들을 살펴보면, 부모는 고생스럽게 힘들어 농사를 짓는데, 자식들은 농사의 어려움을 모른 채 안일에 젖고 향락에 빠지니 황당하기 짝이 없다. 더욱이 자기 부모더러 옛날 사람이라 아는 것이 없다며 업신여긴다. 사마천의 '사기'에서 "무일"에 대하여 "부모가 되어 가업이 오래 가도록 일궜으나, 자손이 교만하고 사치하여 잊어버리고 집안을 망하게 한다. 남의 자식이 된 자가 어찌 신중하지 않을 것인가?"라고 평하였는데 경의 본뜻을 잘 파악하였다.

【 원문 13 】

惟聖罔念作狂, 惟狂克念作聖。天惟五年須暇之子孫, 誕作民主; 罔可念聽。天惟求爾多方, 大動以威, 開厥顧天。惟爾多方, 罔堪顧之。惟我周王, 靈承于旅, 克堪用德, 惟典神天。天惟式教我用休, 簡畀殷命, 尹爾多方。

「주서 周書 · 다방 多方」

【 주석 】

罔念 망념 : 생각을 하지 않다. '罔'은 '不'과 같다.

作 작 : 즉. '곧 則(즉)'과 같다.

狂 광 : 사리를 분간 못하는 광망함. 즉 모반하려는 생각.

克 극 : 능히.

五年 오년 : ①문왕 8년에서 13년까지의 기간. (정현) ②문왕 7년에서 무왕 11년, 주(紂)임금을 치기까지의 기간. (손성연) 중국 고전에서 숫자는 실수가 아닌 개략적인 수인 경우가 많다.

須暇 수가 : 관대하게 대하다. '須'는 '기다릴 待(대)'와 같으며, '暇'는 겨를을 늘려준다는 뜻이다.

之 지 : 지시대명사. 여기서는 '그 其(기)'와 같다. '之子孫(지자손)'은 바로 탕임금의 자손인 주임금을 가리킨다.

誕作民主 연작민주 : 연이어 백성의 주인이 되게 하다. 여전히 백성의 주인 노릇을 하다.

罔可念聽 망가념청 : ①하늘의 뜻에 따를 생각조차 하지 못하다. '聽'은 '따를 從(종)'과 같다. ②끝내 하늘에 들릴만한 선정이 없었다.

求 구 : 책임을 묻다. 죄를 문책하다.

爾多方 이다방 : 너희들 여러 나라. '多方'은 곧 '衆國'을 뜻한다.

動以威 동이위 : 재난을 내리다. '動'은 '경동(驚動)시키다'의 뜻이다.

開 개 : 계발하다. 계시하다.

顧天 고천 : 하늘의 위엄을 돌아보다. 하늘의 위엄을 두려워하다.

堪 감 : 능히. '罔堪顧之(망감고지)'는 하늘이 너희를 시험하는데 너희는 아

무도 생각이 여기까지 미치지 못한다는 뜻이다.

靈承于旅 영승우여 : 백성을 잘 보호하다. '靈'은 '善'과 같고, '承'은 '지킬 保(보)'와 같고, '旅'는 '衆'과 같다.

用德 용덕 : 미덕을 행하다.

典 전 : 본받다. '法'과 같다.

神天 신천 : 신령스런 하늘. 천지신명.

式敎我用休 식교아용휴 : 복된 도리로 나를 가르치다. '式'은 '用'과 같고, '用'은 '以'와 같으며, '休'는 '美'와 같다.

簡 간 : 선택하다. 고르다. 간택하다. '가릴 擇(택)'과 같다.

畀 비 : 주다. 맡기다. 부여하다. '줄 與(여)'와 같다.

尹 윤 : 다스리다.

【 해설 】

이 경문은 주공이 은나라 유민들을 달래는 내용이다. 다방(多方)은 여러 지방, 곧 은나라로부터 이어온 여러 제후국들을 말한다. 600년이 넘는 사직을 잃은 은나라 유민들은 좀처럼 주나라에 순종하지 않고 모반을 거듭하였다. 이에 주공이 나서 은에서 주나라가 세워질 수밖에 없었던 시대적 상황을 지방의 제후들에게 설명하고 이들을 설득한다. 명철한 사람도 항상 생각하지 않으면 광망한 사람이 되고, 광망한 사람도 늘 생각을 하면 명철한 사람이 된다. 하늘이 폭군 주(紂)에게 시간을 주어 은나라를 이어가게 하였으나 하늘의 뜻에 따르지 않자, 죄를 물어 천재지변으로 놀라게 하여 하늘의 뜻을 돌아보도록 일깨웠다. 그래도 제후들이 깨닫지 못하였으나, 오로지 주나라 왕만은 백성을 잘 보호하고 미덕을 베풀어 신령스런 하늘을 본받았다. 하늘이 이에 주나라를 선택하여 은나라의 명운을 넘겨주고 여러 제후국을 통치하게 하였다. 주공의 이러한 설명은 정권 교체의 정당화이지만, 또한 이를 통하여 유가의 전통적 천명사상의 일단을 엿볼 수 있다.

【 원문 14 】

上刑適輕下服, 下刑適重上服, 輕重諸罰有權。刑罰世輕世重, 惟齊非齊, 有倫有要。罰懲非死, 人極于病。非佞折獄, 惟良折獄, 罔非在中。察辭于差, 非從惟從。哀敬折獄, 明啓刑書胥占, 咸庶中正。

「주서 周書 · 여형 呂刑」

【 주석 】

上刑 상형 : 중형. 중한 형벌.

適輕 적 : 형을 가볍게 함이 마땅하다. '適'은 '마땅할 宜(의)'와 같다.

下服 하복 : 낮은 등급의 형벌을 주다. 중형에 해당하나, 정상을 참작하여 감형할 수 있으면 감형한다는 뜻이다.

上服 상복 : 높은 등급의 형벌을 주다. 가벼운 형벌에 해당하나, 정상을 참작하여 엄히 다스릴 필요가 있으면 가중 처벌한다는 뜻이다.

權 권 : 경중을 헤아리다. 즉 재량권을 말한다.

世 세 : 때에 따라. 시의(時宜)에 따라. '時(시)'와 같다.

齊非齊 제비제 : ①감형을 할 것은 감형하고 중형에 처할 것은 중형에 처하다. 중형인데 감형하고 경형인데 가중 처벌하면 불공평하고, 죄를 때에 따라 엄하게 혹은 가볍게 다스리는 재량권을 발휘함은 불공평을 공평하게 하는 일이다. '齊'는 '공평하다' 또는 '공평하게 하다'의 뜻이다. ②가지런하지 못한 사람을 가지런히 하다. 곧 법을 어긴 사람을 가지런하게 교화한다는 뜻이다. '齊'는 '가지런하다' 또는 '가지런하게 하다'라는 뜻이다.

倫 륜 : 조리. 도리.

要 요 : 공정함. '中(중)'과 같다.

非死 비사 : 죽이기 위함이 아니다. 범인을 반드시 죽이려는 목적이 아니다.

極 극 : 곤란을 당하다. 곤액을 치르다.

病 병 : 고통. 병고(病苦). 옥고(獄苦).

佞 영 : 아첨꾼. 말주변이 뛰어난 사람.

折獄 절옥 : 송사(訟事)를 맡다. 옥사(獄事)를 담당하다.

良 양 : 선량한 사람. '착할 善(선)'과 같다.

罔非 망지 : ～하지 않음이 없다. ～하려는 데에 있다.

差 차 : 들쑥날쑥하다. 고르지 않고 차이가 나다.

非從惟從 비종유종 : 복종하지 않았던 사람이 이에 복종하다. '從'은 '따를 順(순)'과 같으며, '惟'는 '곧 乃(내)'와 같다.

哀敬 애경 : 애긍심(哀矜心). 즉 애처롭고 불쌍히 여기는 마음. 여기서는 '敬'이 '불쌍히 여길 矜(긍)'과 같다.

啓 계 : 열다. 펼치다.

刑書 형서 : 형법서.

胥占 서점 : 서로 살피며 대조하다. 조문을 참작하다.

咸 함 : 모두.

幾 기 : 거의.

【 해설 】

이 경문은 주나라 목왕(穆王)이 재상 여후(呂侯)에게 형벌을 적용하는 원칙과 재판에 임하는 자세를 당부하는 내용이다. 비록 죄가 무거워도 감형할 소지가 있으면 감형하고, 죄가 비록 가벼워도 중형에 처할 소지가 있으면 중형에 처한다. 형벌의 경중에는 재량권이 있어, 때로는 감형을 해주고 때로는 형벌을 무겁게 하되 적용이 공평하면 형벌의 질서가 바로 선다. 형벌의 목적이 죄인을 사지에 몰아넣는 데에 있는 것은 아니지만 어차피 옥사를 치르면서 많은 고통을 겪는다. 송사의 진행을 말 잘하는 사람에게 맡기지 않고 선량한 사람에게 맡김은, 공정한 재판을 위해서이다. 자백의 모순되는 점을 잘 살펴 승복하지 않는 자를 승복시키고, 애긍심이 있는 사람이 맡아 형법을 조목조목 잘 살펴야 모든 재판이 공정해 진다. 공안국의 '고문상서전'에서는 여후가 목왕의 사구(司寇)라고 하였다.

【 원문 15 】

昧昧我思之, 如有一介臣, 斷斷猗, 無他技; 其心休休焉, 其如有容。人之有技, 若己有之; 人之彦聖, 其心好之, 不啻如自其口出, 是能容之。以保我子孫黎民, 亦職有利哉。人之有技, 冒疾以惡之; 人之彦聖, 而違之俾不達; 是不能容。以不能保我子孫黎民, 亦曰殆哉。邦之杌隉, 曰由一人; 邦之榮懷, 亦尙一人之慶。

「주서 周書 · 진서 秦誓」

【 주석 】

昧昧 매매 : 묵묵히. 가만히.

一介 일개 : 한낱. '介'가 『대학』의 인용문에는 '낱 个(개)'로 되어 있다.

斷斷 단단 : 성실하고 충정(忠貞)한 모습. 충실하고 전일(專一)한 모습.

猗 의 : 어조사. '兮(혜)'와 통하며, 『대학』의 인용문에도 '兮'로 되어 있다.

休休 휴휴 : ①관대한 모양. (정현의 전) ②아름답고 큰 모양. (『공양전』 하휴의 주)

如 여 : 이에. '곧 乃(내)'와 같다.

容 용 : 남을 받아들이는 아량.

彦聖 언성 : 어질고 명철하다. '彦'은 멋진 선비를 가리키나, 여기서는 '賢(현)'의 뜻으로 쓰였다.

不啻 불시 : 다만 ~뿐만 아니라.

自 자 : ~로부터.

是能 시능 : 참으로 능히. '是'가 『대학』의 인용문에는 '진실로 寔(시)'로 되어있다.

黎民 여민 : 일반 백성.

亦 역 : 어조사. 여기서는 앞뒤 말을 잇는 작용이 없다.

職 직 : 실로. 참으로. 『대학』의 인용문에는 '尙(상)'으로 되어있다.

冒疾 모질 : 시기하다. 질투하다. '冒'는 '강샘할 娼(모)'와 같고, '疾'은 '미워할 嫉(질)'과 같다.

惡 오 : 미워하다. 싫어하다.

違 위 : 견제하다. 누르다. '어그러질 戾(려)'와 같다.

俾不達 비부달 : 통달하지 못하도록 하다. 드러나지 못하도록 하다. '俾'는 '하여금 使(사)'와 같고, '達'은 『대학』의 인용문에는 '通(통)'으로 되어 있다.

杌隉 올얼 : 위태로움. 불안함. '杌'과 '隉' 모두 '위태할 危(위)'와 같다.

曰 왈 : 어조사.

一人 일인 : 진(秦)나라 목공(穆公). 자신을 일컫는 말이다.

榮懷 영회 : 번영과 안녕. '榮'과 '懷' 모두 '편안할 安(안)'과 같다.

尙 상 : 거의 ~에 가깝다. 거의 ~이다.

慶 경 : ①잘한 점. 사람을 잘 쓴 결과라는 뜻이다. ②경사. 나 개인의 경사라는 뜻이다.

【 해설 】

이 경문은 『금문상서』의 마지막 편 「주서 · 진서」의 마지막 장이다. 진목공(秦穆公) 33년에 건숙(蹇叔)의 간언을 듣지 않고 정(鄭)나라를 쳤다. 진의 군대가 정나라에 이르지 못하고 돌아가는 도중 효(崤)땅에서 진양공(晉襄公)의 군대에게 대패하였다. 「진서」는 바로 진목공이 남긴 회한의 서사(誓辭)이다. 어떤 신하가 다른 재능은 없어도 충성스럽고 관대하여 남의 재능과 인품을 포용한다면, 임금의 자손과 백성을 능히 지켜내므로 실로 유용하다. 어떤 신하가 다른 사람의 재능과 인품을 시기하고 견제하여 앞길을 가로 막는다면, 임금의 자손과 백성을 못 지켜내므로 나라가 위험하다. 나라의 위기는 임금 한 사람의 잘못된 선택에서 비롯되며, 나라의 안녕은 임금의 탁월한 인재등용에 달려 있다는 것이다. 『서경』에서 「진서」와 「비서 費誓」만이 천자에 관한 기사가 아닌 제후의 일을 기록하고 있다. 이는 주나라가 쇠퇴하고 제후들의 세력이 강성해졌음을 말하여 준다.

3) 『역경』

【 원문 1 】

君子以多識前言往行，以畜其德。 「대축 大畜」

【 주석 】

君子 군자 : 덕망이나 학식이 있는 사람.
前言往行 전언왕행 : 선현들의 말과 행위
畜 휵/축 : 기르다. 쌓다. 가축.

【 해설 】

선현의 훌륭한 말이나 성공적인 사례, 그리고 역사적 경험은 우리들의 덕성을 함양하는 데에 훌륭한 재료가 된다. 이것들을 크게 축적해서 자신의 교양을 발전시켜 나가는 발판으로 삼아야 한다. 이 괘는 하늘이 산 속에 담겨 있듯이 선현의 언행을 자기의 가슴에 크게 쌓아야 한다는 것을 말하고 있다.

【 원문 2 】

君子體仁，足以長人，嘉會，足以合禮，利物，足以和義，貞固，足以幹事。 「건 乾 · 문언전 文言傳」

【 주석 】

體仁 체인 : 인을 실행하다.
長人 장인 : 다른 사람의 으뜸이 되다.
嘉會 가회 : 아름다움을 불러 모으는 것.
合禮 합례 : 예에 합치되다.
和義 화의 : 의에 조화되다.

貞固 정고 : 바른 도를 견지하다
幹事 간사 : 일을 잘 처리하다.

【 해설 】

오직 군자라야 이 네 가지 덕행을 실천할 수 있다. 이것이 바로 건괘가 상징하는 '元亨利貞(원형이정)' 즉 위대한 근원·형통·의로움과 조화·바르고 견고함을 의미한다.

【 원문 3 】

君子學以聚之, 問以辨之, 寬以居之, 仁以行之。 「건 乾」

【 주석 】

聚 취 : 축적하다. 모으다.
辨 변 : 구분하고 해결하다.
寬 관 : 너그럽다.
居 거 : 대하다. 접하다.

【 해설 】

군자의 덕목으로 부단히 학습하고, 자주 질문을 하며, 너그러운 태도를 지니고, 어진 정신을 갖춰야 함을 강조하고 있다.

【 원문 4 】

與天地相似, 故不違。知周乎萬物, 而道濟天下, 故不過。旁行而不流, 樂天知命, 故不憂。安土敦乎仁, 故能愛。 「계사상4 繫辭上4」

【 주석 】

違 위 : 어기다. 위반하다.

周 주 : 두루 미치다.
濟 제 : 구제하다. 건너다.
旁 방 : 널리. 곁. 가까이.
憂 우 : 근심하다.
安土 안토 : 사는 곳을 편안히 여기다.
敦乎仁 돈호인 : 어진 덕을 풍부하게 지니다.

【 해설 】

성인은 천지와 더불어 유사하기 때문에 그 이치에 어긋나지 않는다. 지혜는 만물에 널리 퍼지고, 도는 천하를 구제하기 때문에 허물을 저지르지 않는다. 광범하게 나아가도 넘쳐흐르지 않고, 천명을 즐길 줄 알기 때문에 근심하지 않는다. 사는 곳을 편안히 여기고, 어진 덕이 두텁기 때문에 사랑하는 마음을 지닐 수 있다. 특히 천명을 알고 즐기는 일은 그 처지가 궁핍하든 영달하든, 가난하든 부자든 간에 상관이 없는 것이다.

【 원문 5 】

夫大人者, 與天地合其德, 與日月合其明, 與四時合其序, 與鬼神合其吉凶。先天而天弗違, 後天而奉天時。天且弗違, 而況于人乎? 況于鬼神乎?

「건 乾」

【 주석 】

大人 대인 : 위대한 인물.
四時 사시 : 춘・하・추・동, 혹은 아침・낮・저녁・밤을 의미한다.
先天 선천 : 자연계나 사회 현상의 변화가 아직 분명히 드러나지 않은 때.
違 위 : 어기다. 어김.
後天 후천 : 자연계나 사회 현상의 변화가 분명히 드러난 때.
天時 천시 : 주야(晝夜)・계절(季節) 등 때를 따라 돌아가는 자연의 현상.

況 황 : 하물며. 또한.

【 해설 】

무릇 대인은 하늘과 땅의 덕과 부합하고, 해와 달의 밝음과 부합하며, 사시의 순서와 부합하고, 귀신의 길흉과도 부합한다. 선천은 하늘이 어기지 않음을 보인 것이고, 후천은 천시를 받들어야 함을 보인 것이다. 하늘도 또한 그를 어기지 않는데, 하물며 사람임에랴! 하물며 귀신임에랴! 대인은 매사에서 자연의 순리에 순응하면서 일을 처리하기 때문에 백성의 삶을 편안하게 키워줄 수 있다.

【 원문 6 】

善不積不足以成名, 惡不積不足以滅身。小人以小善爲無益, 而弗爲也, 以小惡爲無傷, 而弗去也, 故惡積而不可掩, 罪大而不可解。

「계사하 繫辭下」

【 주석 】

積 적 : 쌓다.

滅身 멸신 : 몸을 망치다. 죽게 되다.

以小善爲無益 이소선위무익 : 작은 선을 무익하다고 여기다. '以A爲B'는 'A를 B로 여기다'라는 뜻의 구문이다.

弗爲 불위 : 하지 않는다.

無傷 무상 : 손해가 없다.

弗去 불거 : 버리지 않다.

掩 엄 : 가리다. 숨기다.

解 해 : 해결하다.

【 해설 】

선을 쌓지 않으면 명성을 이루지 못하고, 악을 쌓지 않으면 멸신을 당하지 않는다. 선과 악은 처음에는 작은 것이라도, 결국에는 큰 것으로 발전하게 된다. 소인은 이러한 이치를 모르기 때문에 마침내 감당하지 못할 형국을 초래한다. 악이 쌓이면 가릴 수 없고, 죄가 커지면 해결할 방법이 없기 때문이다.

【 원문 7 】

澤无水, 困, 君子以致命遂志。	「곤 困」

【 주석 】

澤 택 : 연못.
困 곤 : 괘의 명칭. 곤란하다.
致命 치명 : 목숨을 바침.
遂志 수지 : 뜻을 이룸.

【 해설 】

곤괘는 위가 연못이고 아래가 물이다. 물이 아래로 새어 땅으로 스며드는 곤란한 형세다. 따라서 연못에 물이 없는 것이 곤괘의 상징이다. 군자는 비록 이같은 곤란한 경우에 처하더라도 구차하게 피하려 하지 말고, 목숨을 바쳐서라도 뜻을 이루어야 한다는 교훈을 제시하고 있다.

【 원문 8 】

比之匪人, 不亦傷乎?	「비 比」

【 주석 】

比 비 : 괘의 명칭. 서로 친하다. 돕다.
不亦～乎 불역～호 : 또한 ～이 아니겠는가?

【 해설 】

가까이 해야 될 사람이 정당한 사람이 아니라면 참으로 슬픈 일이다. 따라서 가까이 해야 될 사람을 신중히 선별해야 한다.

【 원문 9 】

二人同心, 其利斷金, 同心之言, 其臭如蘭。 「계사상8 繫辭上8」

【 주석 】

斷金 단금 : 쇠를 자르다.
臭 취 : 냄새.
蘭 란 : 난초.

【 해설 】

두 사람의 마음이 같으면 그 날카로움이 쇠를 자르고, 같은 마음에서 나온 말은 그 향기가 난초와 같다. 군자의 가는 길이 출세나 은둔 등으로 다르게 보여도, 실제 목표는 같다는 점에서 가치가 있는 것이다.

【 원문 10 】

地中有山, 謙, 君子以裒多益寡, 稱物平施。 「겸 謙」

【 주석 】

謙 겸 : 64괘 가운데 15번째 괘의 명칭으로, 땅 밑에 산이 있는 형상이다. 겸손의 의미.
裒 부 : 덜다.
稱 칭 : 저울질 하다.
平施 평시 : 고르게 베풀다.

【 해설 】

땅 아래 높은 산이 있는 형상이 겸괘이다. 이것은 낮음 속에 고귀함이 깃들어 있다는 겸손의 가치를 의미한다. 군자는 이러한 정신을 본받아 많은 것을 덜어서 적은 데에 보태주고, 물건의 많고 적음을 저울질하여 공평하게 베풀어야 한다. 겸손과 공평분배의 정신을 강조하는 대목이다.

【 원문 11 】

天道下濟而光明, 地道卑而上行。天道虧盈而益謙, 地道變盈而流謙, 鬼神害盈而福謙, 人道惡盈而好謙。謙尊而光, 卑而不可踰, 君子之終也。 「겸 謙」

【 주석 】

濟 제 : 구제하다.
卑 비 : 낮다.
虧 휴 : 덜어내다. 이지러지다.
盈 영 : 가득 채워 진 상태.
益謙 익겸 : 겸허한 곳에 보태주다.
變盈 변영 : 가득 찬 것을 변화시키다.
害盈 해영 : 가득 찬 것을 해롭게 하다.
惡 오 : 미워하다.
謙尊而光 겸존이광 : 겸손하면 존경 받고 영광을 얻는다.
卑而不可踰 비이불가유 : 비천할 때에도 원칙을 어기지 않는다.
踰 유 : 넘다.
君子之終也 군자지종야 : 군자는 (이렇게) 유종의 미가 있다.

【 해설 】

하늘의 도는 아래로 내려와 만물을 구제하여 빛나고, 땅의 도는 낮은 데서 위로 올라간다. 하늘의 도는 가득 찬 것을 이지러지게 하며, 겸손한 데를 더해준다. 땅의 도는 가득 찬 것을 변화시켜 겸손한 데로 흐르게 한다. 귀신은 가득 찬 것을 해롭게 하고 겸손한 곳에 복을 준다. 사람의 도는 가득 찬 것을 미워하고 겸손한 것을 좋아한다. 유가에서 겸손을 존중함은, 도가의 겸허나 묵가의 겸수(謙受)와 같은 맥락이다.

【 원문 12 】

山上有澤, 咸, 君子以虛受人。 「함 咸」

【 주석 】

咸 함 : 64괘 가운데 31번째 괘의 명칭. 산위에 연못이 있는 형상. 모두 교감하다는 뜻.

以 이 : ~으로써.

虛 허 : 텅 비움.

受 수 : 받아들이다.

【 해설 】

산위에 못이 있는 것이 함(咸)괘인데 이는 서로 상통되는 성질이 있다. 연못의 물이 아래로 흘러 스며들면 연못 밑의 흙은 이를 흡수하여 적시게 된다. 이들은 서로 감응하고 소통하는 것이다. 군자는 이를 본받아 마음을 텅 비워 다른 사람을 받아들이고 널리 소통한다.

【 원문 13 】

地勢坤, 君子以厚德載物。 「곤 坤」

【 주석 】

勢 세 : 형세

坤 곤 : 64괘 가운데 2번째 괘의 명칭. 음을 대표하는 괘로서 대지를 상징한다.

載 재 : 싣는다.

【 해설 】

대지의 형세가 곤(坤)이다. 군자는 이것을 본받아 너그럽고 도타운 덕으로 만물을 지고 싣는 책임을 다한다.

【 원문 14 】

明入地中, 明夷, 君子以莅衆, 用晦而明。 「명이 明夷」

【 주석 】

明夷 명이 : 64괘 가운데 36번째 괘의 명칭. 땅 밑에 태양이 있는 형상으로서, 빛이 손상을 받음을 상징한다.

夷 이 : 손상을 입다. 오랑캐.

莅 리 : 대하다. 임하다.

衆 중 : 대중. 군중.

晦 회 : 그믐.

【 해설 】

빛이 땅속에 들어가 드러나지 않듯이, 군자가 대중을 대할 때 자신의 지혜를 드러내어 자랑하지 않고 우둔하듯이, 평이하게 대할 때 비로소 대중에게 받아들여질 수 있다.

【 원문 15 】

勞而不伐, 有功而不德, 厚之至也。語以其功下人者也。德言盛, 禮言恭, 謙也者, 致恭以存其位者也。 「계사상8 繫辭上8」

【 주석 】

勞 노 : 수고를 하다.
伐 벌 : 자랑하다.
不德 부덕 : 자만하지 않다.
厚之至也 후지지야 : 지극히 후덕한 것이다.
語以其功下人者也 어이기공하인자야 : 그 공으로써 남보다 아래함을 말하다.
下人 하인 : 남보다 아래다. 아랫사람.
致 치 : (힘을) 다하다.

【 해설 】

수고로워도 자랑하지 아니하며, 공이 있어도 덕으로 자처하지 아니함이 후덕의 극치다. 공을 쌓고서도 여전히 겸손한 태도로 남을 대한다. 덕은 융성해야 하고, 예는 공손해야 한다. 겸손이란 힘을 다해 공손하여, 지녀야 할 위치를 보존하는 것이다.

【 원문 16 】

君子居其室, 出其言善, 則千里之外應之, 況其邇者乎? 居其室, 出其言不善, 則千里之外違之, 況其邇者乎? 言出乎身, 加乎民, 行發乎邇, 見乎遠, 言行, 君子之樞機。樞機之發, 榮辱之主也, 言行, 君子之所以動天地也, 可不愼乎? 「계시상8 繫辭上8」

【 주석 】

居其室 거기실 : 그 집에 살다.
況其邇者乎 황기이자호 : 하물며 가까운 곳은 어떻겠는가?
邇 이 : 가깝다.
樞機 추기 : 지도리와 기틀. 사물의 핵심.

榮辱 영욕 : 영예와 치욕.
可不愼乎 가불신호 : 신중하지 않을 수 있겠는가?

【 해설 】

군자의 언행은 영향력이 크다. 집에서 그냥 하는 말이라 해도 선한 경우에는 천리 밖까지 사람을 감동시킨다. 그러기에 가까이 있는 사람이야 말할 것이 있겠는가? 반면에 바르지 못한 말은 천리 밖까지 반박을 불러 일으킨다. 그러기에 가까이 있는 사람이야 말할 것이 있겠는가? 말이나 행동이 자기에게서 한번 떠나면 그것은 마치 문의 지도리나 활시위처럼 어떤 영향을 초래하게 된다. 그렇기 때문에 군자, 즉 지도자의 언행은 신중하지 않을 수 없다.

【 원문 17 】

風自火出, 家人, 君子以言有物, 而行有恒。 「가인 家人」

【 주석 】

自 자 : ~로부터. 스스로.
家人 가인 : 37번째 괘의 명칭. 바람 밑에 불이 있는 형상이다. 집안 식구가 가장 내면적인 근간이 된다는 의미이다.
恒 항 : 항상.

【 해설 】

바람은 불의 열기가 상승하면서 발생한다. 만물은 모두 내재적인 요소로부터 비롯되어 밖으로 형성되는 이치가 있다. 이와 같은 이치에 따라 교화도 집안사람부터 시작해서 천하 사람들에게 이르게 해야한다. 밖으로 표현되는 언어에는 구체적인 내용이 포함되어야 하고, 드러나는 행동에는 일관된 원칙이 내재되어 있어야 한다.

【 원문 18 】

亂之所生也, 則言語以爲階。君不密則失臣, 臣不密則失身, 幾事不密則害成。是以君子愼密而不出也。 「계사상8 繫辭上8」

【 주석 】

階 계 : 계단. 사다리.
密 밀 : 주도면밀. 치밀. 신중.
失身 실신 : 죽다. 목숨을 잃다.
幾事 기사 : 기밀에 속하는 일.
害成 해성 : 해를 입다.

【 해설 】

어지러움이 발생하는 것은 말이 초기 단계가 된다. 임금이 주밀하지 않고 경솔하면 유능한 신하를 잃고, 신하가 주밀하지 못하면 목숨을 잃는다. 기밀에 속하는 일을 주밀하게 하지 못하면 해를 입는다. 따라서 군자는 언어를 신중하게 해야 하며, 멋대로 발설해서는 안 된다.

【 원문 19 】

將叛者, 其辭慙, 中心疑者其辭枝, 吉人之辭寡, 躁人之辭多, 誣善之人其辭游, 失其守者其辭屈。 「계사하12 繫辭下12」

【 주석 】

將叛 장반 : 배반하려고 하다.
辭 사 : 언어. 말.
慙 참 : 부끄럽다.
中心 중심 : 마음속. 심중(心中).
疑 의 : 의심하다.

枝 기 : 잡다하다. 두서없다.
寡 과 : 적다. 과묵하다.
吉人 길인 : 수양이 된 사람.
躁人 조인 : 경박하고 들떠 있는 사람.
誣 무 : 속이다.
游 유 : 왔다 갔다 한다.
失其守者 실기수자 : 조신하지 못한 사람.
屈 굴 : 왜곡되고 타당하지 못하다.

【 해설 】

배반하려는 자, 의구심을 품은 자, 수양이 깊은 자, 조급한 자, 속이려 드는 자, 본분을 지키지 못한 자 등 사람의 본심에 따라 그 말이 각기 다르다. 그러므로 우리는 어떤 사람의 말을 통해서 그 사람의 심적인 상태를 판단할 수 있어야 한다.

【 원문 20 】

風雷, 益, 君子以見善則遷, 有過則改。 「익 益」

【 주석 】

益 익 : 42번째의 괘 명칭. 바람 밑에 우레가 치는 형상이다.
遷 천 : 옮기다.
改 개 : 고치다.

【 해설 】

바람과 우레는 서로 상승작용을 일으킨다. 바람이 강하면 우레 소리도 더욱 커지고, 반대로 우레 소리가 커지면 바람도 더욱 빨라진다. 군자는 이러한 점을 본받아 타인이 자기보다 좋은 점이 있으면 지체하지 않고 바람처럼 바로 따른다. 자신에게 잘못이 있으면 털끝만큼도 거리낌 없이 우레처럼 과단성 있게 허물을 고친다. 선을 보면 옮겨가고, 잘못이 있으면 고치는 것은 유가 수양의 중요한 덕목이다.

【 원문 21 】

"聞言不信", 聽不明也。 「쾌 夬」

【 주석 】

聞言 문언 : 충고의 말을 듣다.
不信 불신 : 믿고 따르지 않다.
聽 총 : 귀 밝음.
夬 쾌 : 43번째 괘 명칭. 결단(決斷)의 의미가 있다.

【 해설 】

충고를 들어도 믿지 않는다고 한 것은 귀 밝음이 밝지 못하기 때문이다. 소인을 척결하는 데는 주저해서도 안 되지만, 충동적으로 해서는 더욱 안 된다는 충고를 받아들일 것을 강조하고 있다. 마치 양을 몰 때 양을 뒤에서 몰아야지, 앞에서 끌려고 하면 양을 놓쳐 후회하는 것과 마찬가지이다. 자신의 위치가 불안정하면 남의 충고를 받아들이지 않고, 결국에는 큰 화근을 불러일으킨다.

【 원문 22 】

損上益下, 民悅無疆, 自上下下, 其道大光。 「익 益」

【 주석 】

自 자 : ~로 부터.

疆 강 : 지경. 끝.

【 해설 】

위에서 덜어내어 아래에 더해주면 백성들이 무한히 기뻐할 것이다. 정부의 수입은 줄어들지만 백성의 재산은 불어나기 때문이다. 또 윗자리에 있는 임금이 겸손한 태도로 아래 백성의 의견을 경청하면 의견 집약이 더욱 빛날 것이다.

【 원문 23 】

君子以遏惡揚善, 順天休命。 「대유 大有」

【 주석 】

休 휴 : 아름답다.
大有 대유 : 14번째 괘의 명칭. 하늘위에 태양이 떠 있는 형상이다.

【 해설 】

태양은 온 천지의 만물을 두루 비추어 크게 수확한다. 이에 왕이 된 자는 광대한 천하를 소유로 하면서 반드시 통치의 방법을 강구해야 한다. 그렇지 않으면 사악함이 틈새를 비집고 발생한다. 군자는 이러한 이치를 본받아 악을 막고 선을 드러내어, 지극히 아름다운 천명에 따라야 한다.

【 원문 24 】

山下有澤, 損。君子以徵忿窒欲。 「손 損」

【 주석 】

損 손 : 41번째 괘의 명칭. 산 아래 연못이 있는 형상. 덜어낸다는 뜻이다.

徵忿 징분 : 분노를 응징하다.
窒欲 질욕 : 욕망을 막다.

【 해설 】

산 아래 못이 있는 형상인 손(損)괘는 덜어낸다는 의미가 있다. 연못속의 흙을 덜어내어 그것으로 산을 더욱 높일 수 있기에 산이 높은 것이다. 또 다른 의미로 산 아래 있는 호수는 물을 덜어 산의 나무를 잘되게 보태준다. 하나를 희생하면 또 다른 하나를 살리는 법이다. 군자는 이러한 자연 현상에서 이치를 발견하고 본받아, 자신의 성냄을 스스로 응징하고 자신의 욕심을 스스로 막는다. 욕심을 줄이면 덕성은 늘어난다. 인욕을 덜어내면 그만큼 천리는 보태지기 때문이다.

【 원문 25 】

兼山, 艮。君子以思不出其位。 「간 艮」

【 주석 】

兼山 겸산 : 산이 겹침.
艮 간 : 52번째 괘의 명칭. 두 개의 산이 중첩된 형상이다. '머무르다' 또는 '정지하여 나아가지 않다'는 의미가 있다.
位 : 위치. 분수.

【 해설 】

산이 겸해 있는 형상인 간(艮)괘는 은인자중하고 정지해서 움직이지 않는 형상이다. 군자는 이러한 형상을 본받아서 그 사고를 본분에서 벗어나지 않도록 한다. 즉 군자는 현재의 위치에 따라 행동하고 분수에 벗어나는 짓을 해서는 안된다.

【 원문 26 】

天地節而四時成, 節以制度, 不傷財, 不害。 「절 節」

【 주석 】

節 절 : 60번째 괘의 명칭. 연못위에 물이 있는 형상이다.
傷財 상재 : 재물을 손상하다.
害 해 : 손해.

【 해설 】

절(節)괘는 연못 위에 물이 있는 형상이다. 물이 연못으로 흘러드는 것이 과도하면 넘쳐나기 때문에, 절제해야 한다는 의미를 지니고 있다. 절제는 미덕이다. 그러나 과도한 절제는 스스로를 곤궁하게 한다. 중용이 필요하다. 하늘과 땅이 절제를 하기 때문에 정연히 사계절의 순서가 있어 순환이 멈추지 않는다. 성현은 마땅히 천지를 본받아 법도를 규정하여 재물을 상하게 하지 않고 백성을 해롭게 하지 않는다. 또 제도를 세워 인간의 욕망을 절제하여 낭비하지 않고 백성을 손상하지 않는다.

【 원문 27 】

能以衆正, 可以王矣。剛中而応, 行険而順, 以此毒天下, 而民従之, 吉又何咎矣! 「사 師」

【 주석 】

能以衆正 능이중정 : 군중 곧 군대를 잘 운용하여 바른 곳으로 돌아갈 수 있다면.
中 중 : 중정(中正)의 도
剛 강 : 강건함.

應 응 : 상하 호응.
行險 행험 : 전쟁을 치르는 것.
順 순 : 자발적으로 원하여 따르다. 대세에 순응하다.
毒 독 : 감독하다. 다스리다.
咎 구 : 허물. 재앙. 미워하다.
師 사 : 7번째 괘의 명칭. 전쟁에 동원되는 군대의 뜻이 있다.

【 해설 】

무력이란 본래 매우 위험한 수단이지만, 위험을 무릅쓰면 장애를 없앨 수 있다. 전쟁이란 불가피하게 재해를 입지만 백성이 원하여 따른다면 결과에 상관없이 당연히 상서로운 것이다. 무슨 재앙이 있을 수 있겠는가? 민심에 따라 그것을 잘 운용하는 치자(治者)야말로 재앙도 재앙으로 여기지 않게 한다.

【 원문 28 】

君子安其身而後動, 易其心而後語, 定其交而後求, 君子脩此三者, 故全也。危以動, 則民不與也, 懼以語, 則民不應也。無交而求, 則民不與也, 莫之與, 則傷之者至矣。 「계사하5 繫辭下5」

【 주석 】

其 기: (대명사) 그.
易 이 : 편안하다.
脩 수 : 닦다.
與 여 : 참여하다.
應 응 : 호응하다.
懼 구 : 두려움.
莫之與 막지여 : 그와 함께 하지 않다. '莫與之'의 도치 구문.

【 해설 】

군자는 제 몸을 안정시킨 뒤에야 행동하고, 자신의 심기를 화평하게 한 뒤에야 말하고, 타인과 정서적 교감을 확정한 뒤에야 요구한다. 군자는 이 세 가지를 닦기 때문에 사람을 대하고 일을 처리하는 데 온전하다. 자기가 위태로우면서도 행동하려고 하면 백성이 따라주지 않는다. 말로 두렵게 하면 백성이 호응해 주지 않는다. 교감 없이 요구한다면 백성이 참여하지 않는다. 백성이 지지하지 않으면 그대를 해칠 사람이 올 것이다. 이 글은 개인의 수양은 자신으로부터 비롯되는 것이지만, 타인과 교류할 적에는 상대의 감정을 먼저 고려해야 한다는 처세 방법을 말하고 있다.

【 원문 29 】

說以先民, 民忘其勞, 說以犯難, 民忘其死, 說之大, 民勸矣哉!

「태 兌」

【 주석 】

說 열 : 기쁨.
勞 로 : 수고로움.
犯難 범난 : 위험을 무릅씀.
勸 권 : 힘쓰다.

【 해설 】

백성이 기뻐할 것을 가지고 백성을 우선시하면 백성은 그 수고로움도 잊어버리고, 백성이 기뻐할 것을 가지고 위험을 무릅쓰게 하면 백성은 죽음의 위험도 잊는다. 기뻐함이 확대되면 백성들은 분투 노력할 것이다. 통치자는 백성의 즐거움을 가장 우선시하는 자세를 지녀야 하며, 막중한 책임을 지니고 있다. 이와 같은 사상은 맹자의 여민동락(與民同樂)과 맥락을 같이한다.

【 원문 30 】

德薄而位尊, 知小而謀大, 力小而任重, 鮮不及矣!

「계사하5 繫辭下5」

【 주석 】

薄 박 : 엷다. 천박하다.

尊 존 : 높다.

謀 모 : 일을 도모하다.

鮮 선 : 드물다.

不及矣 불급의 : 이르지 않는다. '鮮不及矣'는 반드시 화재(禍災)가 닥친다는 말이다.

【 해설 】

덕은 적은데 지위는 높고, 아는 것은 적은데 큰일을 도모하고, 능력은 적은데 맡은 일이 무거우면 화가 미치지 않는 일이 드문 것이다. 덕망과 지위, 지혜와 도모, 역량과 책임의 관계는 적절하게 조화되어야 한다. 균형이 무너지면 불행이 닥친다.

사서삼경(四書三經)의 이해

값 14,000원

초 판 발 행 | 2006년 2월 25일
개정판발행 | 2009년 1월 20일
개정2쇄발행 | 2013년 1월 31일
개정3판발행 | 2013년 9월 2일

저 자 | 박종혁 · 장창호
발행인 | 유지수
발행처 | 국민대학교 출판부
주 소 | 서울시 성북구 정릉로 77
전 화 | 02-910-4242, 3 · 팩스 | 02-910-4240

등록년월일 | 1975. 6. 17
등록번호 | 제6-33호
인 쇄 | (주)상지피앤아이 Tel. 02-2265-4500

ISBN 978-89-7812-330-3 93140

* 잘못된 책은 교환하여 드립니다.

국립중앙도서관 출판시도서목록(CIP)

사서삼경의이해 / 저자: 박종혁, 장창호. -- 개정3판. --
서울 : 국민대학교 출판부, 2013
p. ; cm

ISBN 978-89-7812-330-3 93140 : ₩14000

사서 삼경[四書三經]

140-KDC5
181.11-DDC21 CIP2013016050